普通高等教育"十二五"系列教材

普通高等教育"十一五"国家级规划教材

电力系统自动化

（第三版）

Automation of Electric Power Systems

王 葵 孙 莹 编

万秋兰 主审

U0658105

中国电力出版社

CHINA ELECTRIC POWER PRESS

内 容 提 要

本书为普通高等教育"十一五"国家级规划教材。

本书主要内容包括发电机的自动并列、同步发电机励磁自动控制系统、电力系统频率及有功功率的自动调节、电力系统电压调整和无功功率控制技术、电力系统调度自动化、配电管理系统（DMS）等，力求使学生对电力系统自动化及其基本问题有一个基础性的了解，在内容上重视基本概念、基本原理的讲解，对具体的自动装置不作典型介绍，简化原有教材中某些典型控制装置的具体动作及原理的分析讨论。本书跟踪电力系统成熟的新技术、新原理，在第二版的基础上，增加了励磁系统控制仿真、功率频率控制系统模型与仿真，以及数字化变电所的有关内容。

本书可作为高等院校电气工程及其自动化专业及相关专业的本科教材，也可作为成人（函授）高等教育、高职高专教育的教材，还可供有关工程技术人员参考。

图书在版编目（CIP）数据

电力系统自动化/王葵，孙莹编. —3 版. —北京：中国电力出版社，2012.5（2025.6 重印）

普通高等教育"十二五"规划教材　普通高等教育"十一五"国家级规划教材

ISBN 978 - 7 - 5123 - 2796 - 2

Ⅰ.①电…　Ⅱ.①王…②孙…　Ⅲ.①电力系统—自动化—高等学校—教材　Ⅳ.①TM76

中国版本图书馆 CIP 数据核字（2012）第 039713 号

中国电力出版社出版、发行

（北京市东城区北京站西街 19 号　100005　http://www.cepp.sgcc.com.cn）

北京雁林吉兆印刷有限公司印刷

各地新华书店经售

＊

2004 年 4 月第一版

2012 年 5 月第三版　2025 年 6 月北京第二十九次印刷

787 毫米×1092 毫米　16 开本　13.75 印张　330 千字

定价 **35.00** 元

前　言

　　作为电力工程及其自动化专业的主干课程，本书力求使学生对电力系统自动化及其基本问题有一个基础性的了解。因此，本书在编写过程中，重视基本概念、基本原理的讲解，对具体的自动装置不做典型介绍，简化原教材中某些典型控制装置的具体动作及原理的分析讨论。例如自动准同期装置，本书只介绍框图和波形，不讲解电路。自动调节励磁装置也是一样，只涉及原理的分析讨论时，才保留部分电路。还有一些内容，例如有关晶闸管方面的知识，在电力电子课程中已做详细的讨论，本书也将这部分内容略去。电力系统的频率及有功控制部分，加入了自动发电量控制和经济调度的内容。

　　本书跟踪电力系统成熟的新技术、新原理，在第二版的基础上增加了励磁系统控制仿真、功率频率控制系统模型与仿真，以及数字化变电所的有关内容。编写中力求重点介绍整个系统的总体构成及基本功能，而有关 EMS 及 DMS 本身设计、开发的内容则不做详细讨论，使学生对 EMS 及 DMS 有一个总体的了解，便于将来在工作中能够尽快地做到理论与实践相结合。http：//jc. cepp. sgcc. com. cn 提供本教程电子教案下载。

　　在本书编写的具体工作中，得到了各方面的大力支持与帮助，特别是担任本书第一、二版主审的山东大学潘贞存教授及担任第三版主审的东南大学万秋兰教授，研究生孙英涛、董学静、王珊珊帮助做了大量的录入和校对工作，研究生战杰帮助制作了课件。在此一并表示衷心的感谢。

　　本书中存在的缺点与不足之处，望读者批评指正。

编　者

2012.03

目　　录

绪　　论

现在，电能已经成为关系国计民生的主要能源。一个完整的电能生产与消费网络由发电、输电、配电及用电等几部分组成，其中配电及用电部分不属本专业的范畴，因此本书所指的电力系统只限于由发电厂、变电所及输电线路组成的电力网络，如图 0-1 所示。由于一个电力系统中所包含的厂、所及线路的数量很大，达数百个，且纵横连线，在控制系统的分类中，它属于"复杂系统"；而且分布辽阔，大者达千多公里，小的也有几百公里，加上电能在生产与销售过程中的不可大量储藏性，因此又是很有特点的复杂系统。它不但要求每一时刻发出的总电能等于系统消费的总电能，而且要求所有的中间传输环节都畅通无阻，使发出的电能有秩序地输送开来，耗尽无疑。对于电力系统，除了发不敷求会使部分用户停电，造成用户的损失外，就是中间传输环节的任何阻滞，会在发电与用电两端同时发生"过剩"与

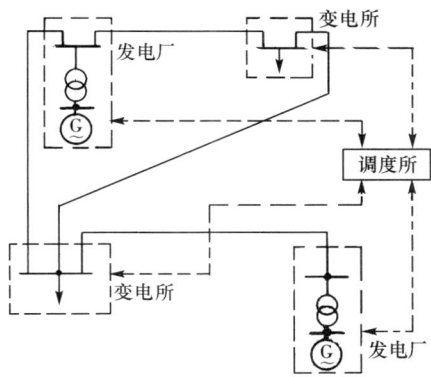

图 0-1　电力系统示意图

"不足"两种截然相反的不正常状态，无论这种阻滞是人为的还是外界因素造成的设备故障，严重时系统可能因此而解列、崩溃，造成大面积恶性停电，使国民经济遭受重大损失。因此，为了保证电力系统可靠、安全地连续供电，电力系统都设有调度所，负责各厂、所间电能生产及（各厂、所之间虽有功率的交流却并不需要信息的有效交换）电能传输的调度与管理（如图 0-1 虚线所示）。调度所与厂、所之间只有运行数据信息的交换，而没有功率的交流，是电力系统中的软环节。电力系统自动化就是为电力系统的安全、可靠及经济地运行服务，目的性是十分明确的。与其他复杂系统的自动控制相仿，电力系统的自动化也是分层实现的。

图 0-2 表示复杂系统的分层控制示意图。第一层是直接控制器。直接控制器从被控制设备直接获取运行状态信息，并按给定值或给定规律控制这些信息（可以是开环顺控的，但一般是指经反馈后闭环的），进而达到直接控制生产过程的目的。直接控制器是复杂系统控制的基础设施，其结构可靠，动作迅速，效果直接且明显，是数量最多，普遍应用的一类自动装置。在复杂系统的自动控制方案中，只要条件许可，一般都尽量采用直接作用的控制装置。分层控制的第二层是监督功能层，它表示直接控制器还应具备对被控设备的监督功能，包括越限报警、越限紧急停车、阻止越限运行及紧急启动等。监督功能一般由设在直接控制器中的专门部件执行，其整定值则根据制造厂或上级技术管理机构的规定来确定。第三层是寻优功能层。寻优功能指的自寻稳态最优解的功能。稳态最优解一般在多个设备并行工作时出现，最优解的结果一般作为控制器的给定值。第四层是协调功能层。协调是指在全系统范围内的协调。根据其工作条件与要求，复杂系统内的应控设备分别采用直接控制及监督与寻优的分层处理后，剩下的就是要在全系统内进行协调处理的内容，线索较为清晰，需要协调

的内容也大为减小，使协调功能能够实时地进行，协调的结果应该是寻优功能的依据。图中的第五层为经营与管理层，并表示它把全系统的技术运行状态与经营依据，如市场、原料、人员及其素质、计划安排等进行综合分析，用以指导系统的协调功能。

　　电力系统的自动化是结合了电力系统运行的特点，按照复杂系统控制的一般规律分层实现的。实现电力系统自动化所需的电力系统方面的基础知识，在电力系统课程中讨论；所需的控制理论方面的基础知识，则在自动控制理论课程中讨论。本书是在这些知识的基础上，对电力系统自动化重点性控制设备的基本动作原理进行分析与讨论，以使读者对电力系统自动化及其基本问题有一个基础性的了解。

　　根据教学大纲的要求，本书共分七章。

　　第一章讲发电机同步并列的自动化原理。这是将同步发电机一台台投入系统进行并列运行，以组成电力系统的基本步骤。第二章讲电力系统励磁自动控制系统，主要讲发电机端电压的自动调整。根据电力系统运行的特点，无功功率必须平衡才能达到电压稳定，满足电能质量在这方面的要求，而我国电网运行规程又规定无功功率要力争做到"分层、分级就地平衡"，所以自动电压调节属于图 0-2 中直接控制器的功能；而第一章的自动并列装置是设有较多的监督功能的控制器，以避免越限并列。由于这两种自动化设备均装设在厂、站现场，动作时不需要其他设备的信息，一般称它们为电力系统常规自动装置。第三章讲电力系统频率和有功功率的调节。频率是电能质量的重要指标，有功功率调整是电力系统经济运行和系统运行方式的重要问题。本章就电力系统的频率特性和调频的有关问题展开讨论，阐述了经济调度和自动调频的问题。还讲述了按频率自动减负荷装置的动作原理，这是一种较为典型的反事故自动装置，装设在部分变电所，但它的整定

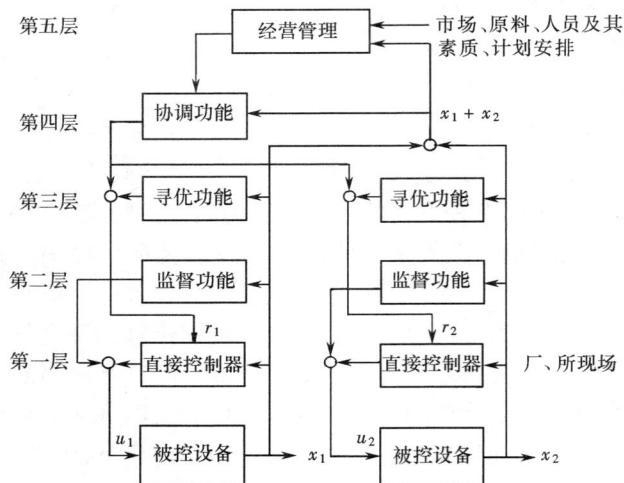

图 0-2　复杂系统的分层控制示意图

值则要经过全系统的协调确定。由于它的动作特点，本书仍将它视为常规自动装置。它至今仍是电力系统重要而有效的反事故措施。第四章讲电力系统电压调整和无功功率控制技术。频率的调整集中在发电厂进行调频控制，且全系统频率相同；而电压水平在全系统各点不同，并且电压控制可分散进行，调节控制电压的手段也多种多样。本章就电力系统电压控制的措施、电压的综合控制及无功电源的最优控制展开讨论，阐述了电压控制的意义和方法。第五、六、七章均讲图 0-1 中所示调度所、变电所、馈线的自动化问题。它是基于计算机技术及通信技术的发展而兴起的现代电力系统的综合自动化系统及数字化变电所。图 0-2 表示的自动控制系统的寻优与协调的基本原理，都属于调度自动化章节中的内容。第五章对电力系统调度自动化的历史进行了回顾，说明了其控制系统的构成及基本任务，介绍了能量管理系统（EMS）的基本监视与控制功能以及能量管理级功能和网络分析级功能。第六章讲配电自动化系统。配电管理系统（DMS）是根据能量管理系统的技术而发展的，主要针

对配电和用电系统。它的主要任务有：调度自动化系统、变电所自动化系统、馈线自动化系统（FA）、自动制图（AM）/设备管理（FM）/地理信息系统（GIS）、用电管理自动化系统、配电系统运行管理自动化系统、配电分析软件（DPAS）等。第七章讲变电所综合自动化系统，它是变电所内的综合自动化，实现了对变电所传统的继电保护、控制方式、测量手段、通信和管理模式的全面变革。

　　本书对电力系统应有的控制功能都进行了讨论，因而可以使读者对电力系统自动化有较为全面的基本了解。

第一章　发电机的自动并列

第一节　概　　述

一、并列操作的意义

电力系统运行中，任一母线电压瞬时值可表示为

$$u = U_m \sin(\omega t + \varphi) \tag{1-1}$$

式中　U_m——电压幅值；

　　　ω——电压的角速度；

　　　φ——初相角。

式（1-1）反映了电网运行中该母线电压的幅值、频率和相角。这三个重要参数常被指定为运行母线电压的状态量。电网的电压也常用相量 $\dot{U}$ 来表示。

如图 1-1（a）所示，一台发电机组在未并入系统运行之前，它的电压 u_G 与并列母线电压 u_x 的状态量往往不等，须对待并发电机组进行适当的操作，使之符合并列条件后才允许断路器 QF 合闸作并网运行。这一系列操作称为并列操作，有时也称为"并车"、"并网"等。

随着负荷的波动，电力系统中运行的发电机组台数也经常要变动。因此，同步发电机的并列操作是电厂的一项重要操作。另外，当系统发生某些事故时，也常要求将备用发电机组迅速投入电网运行。可见，在电力系统运行中，并列操作是较为频繁的。

电力系统的容量在不断增大，同步发电机的单机容量也越来越大，大型机组不恰当地并列操作将导致严重后果。因此，对同步发电机的并列操作进行研究，提高并列操作的准确度和可靠性，对于系统的可靠运行具有很大的现实意义。

同步发电机组并列时遵循如下的原则。

（1）并列断路器合闸时，冲击电流应尽可能的小，其瞬时最大值一般不宜超过 1～2 倍的额定电流。

（2）发电机组并入电网后，应能迅速进入同步运行状态，其暂态过程要短，以减少对电力系统的扰动。

同步发电机的并列方法可分为准同期并列和自同期并列两种。

在电力系统正常运行情况下，一般采用准同期并列方法将发电机组投入运行。因此，这种方法是本书主要介绍的内容。自同期并列方法已很少采用，只有当电力系统发生事故时，为了快速的投入水轮发电机组，过去曾采用自同期并列方法。随着自动控制技术的进步，现在也可用准同期的方法快速投运水轮发电机组。因此，对自同期并列方法本书只介绍它的一般原理。

二、准同期并列

设待并发电机组 G 已经加上了励磁电流，其端电压为 $\dot{U}_G$，调节待并发电机组 $\dot{U}_G$ 的状

态参数使之符合并列条件并将发电机并入系统的操作，称为准同期并列。如图 1-1（a）所示，QF 为并列断路器，QF 的另一侧为电网电压 $\dot{U}_x$。并列断路器合闸之前，QF 两侧电压的状态量一般不相等，须对发电机组 G 进行控制使它符合并列条件，然后发出 QF 的合闸信号。这里需要说明的是，发电机三相电压 $\dot{U}_A$、$\dot{U}_B$、$\dot{U}_C$ 与系统三相电压 $\dot{U}_A$、$\dot{U}_B$、$\dot{U}_C$ 的相序要相同，这在新投运机组的并列操作时特别重要。

由于 QF 两侧电压的状态量不等，QF 主触点间具有电压差 $\dot{U}_s$，其值可由图 1-1（b）的电压相量图求得。

设发电机电压 $\dot{U}_G$ 的角频率为 ω_G，电网电压 $\dot{U}_x$ 的角频率为 ω_x，它们间的相量差 $\dot{U}_G - \dot{U}_x$ 为 $\dot{U}_s$。计算并列时冲击电流的等值电路如图 1-1（c）所示。当电网参数一定时，冲击电流的大小决定于合闸瞬间的 $\dot{U}_s$ 的值。要求 QF 合闸瞬间的 $\dot{U}_s$ 应尽可能的小，其最大值应使冲击电流不超过允许值。最理想的情况是 $\dot{U}_s$ 的值为零，这时 QF 合闸的冲击电流也就等于零；并且希望并列后能顺利进入同步运行状态，对电网无任何扰动。

综上所述，发电机并列的理想条件为并列断路器两侧电源电压的三个状态量全部相等，即图 1-1（b）中的 $\dot{U}_G$，$\dot{U}_x$ 两个相量完全重合并且同步旋转，所以并列的理想条件可表达为

图 1-1 准同期并列
（a）电路示意图；（b）相量图；
（c）等值电路图

$$
\left.
\begin{array}{l}
f_G = f_x \text{ 或 } \omega_G = \omega_x，\text{即频率相等} \quad (\omega_G = 2\pi f_G, \omega_x = 2\pi f_x) \\
U_G = U_x，\text{即电压幅值相等} \\
\delta_e = 0，\text{即相角差为零}
\end{array}
\right\} \quad (1-2)
$$

这时并列合闸的冲击电流等于零，并且并列后发电机 G 与电网立即进入同步运行，不发生任何扰动现象。可以设想，如果待并发电机的调速器和调压器能按式（1-2）进行调节，实现理想的并列操作，则可极大地简化并列过程。

但是，实际运行中待并发电机组的调节系统并不按式（1-2）的理想条件调节，因此三个条件很难同时满足。其实，在实际操作中也没有这样苛求的必要。因为并列合闸时只要冲击电流较小，不危及电气设备，合闸后发电机组就能迅速拉入同步运行，对待并发电机和电网运行的影响较小，不致引起任何不良后果。

因此，在实际并列操作中，并列的实际条件允许偏离式（1-2），其偏离的允许范围则需经过分析确定。下面分析同步发电机组并列时状态量偏离式（1-2）的理想条件时所引起的后果。

（一）电压幅值差

设发电机并列时的电压相量如图 1-2（a）所示，即并列时：①发电机频率 f_G 等于电网频率 f_x；②相角差 δ_e 等于零；③电压幅值不等，$U_G \neq U_x$。在上述条件下，冲击电流最大瞬时值为

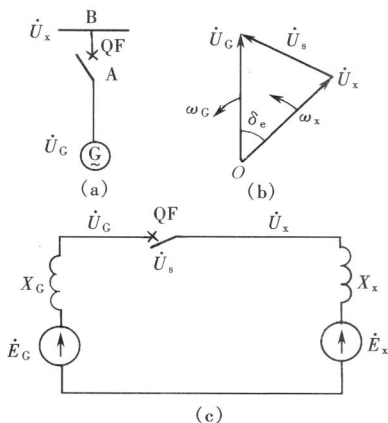

$$i''_{\text{h·max}} = \frac{1.8\sqrt{2}(U_{\text{G}} - U_{\text{x}})}{X''_{\text{d}}} = \frac{2.55U_{\text{s}}}{X''_{\text{d}}} \tag{1-3}$$

式中　U_{G}、U_{x}——发电机电压、电网电压有效值；

　　　　X''_{d}——发电机直轴次暂态电抗。

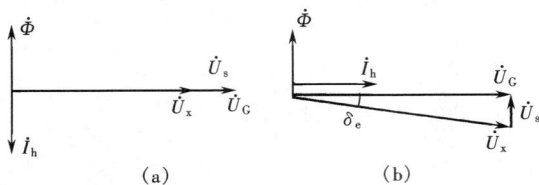

图 1-2　准同期条件分析

(a) $\delta_{\text{e}} = 0$ 时的相量图；(b) $\delta_{\text{e}} \neq 0$ 时的相量图

从图 1-2 (a) 可见，当 δ_{e} 很小时，可认为 $\dot{I}_{\text{h}}$ 与 $\dot{U}_{\text{G}}$ 夹角为 90°，所以由电压幅值差产生的冲击电流 $\dot{I}_{\text{h}}$ 主要为无功冲击电流。

冲击电流的电动力对发电机绕组产生影响，由于定子绕组端部的机械强度最弱，所以须特别注意对它所造成的危害。由于并列操作为正常运行操作，冲击电流最大瞬时值限制在 1～2 倍额定电流以下为宜。为了保证机组的安全，我国曾规定压差并列冲击电流不允许超过机端短路电流的 1/20～1/10。据此，得到准同期并列的一个条件为电压差 U_{s} 不能超过额定电压的 5%～10%。现在一些巨型发电机组更规定在 0.1% 以下，即要求尽量避免无功冲击电流。

（二）合闸相角差

设并列合闸时，断路器两侧电压相量如图 1-2 (b) 所示，即：①发电机频率 f_{G} 等于电网频率 f_{x}；②合闸瞬间存在相角差，即 $\delta_{\text{e}} \neq 0$；③电压幅值相等，$U_{\text{G}} = U_{\text{x}}$。

这时发电机为空载情况，电动势即为端电压，并与电网电压相等，冲击电流的最大瞬时值为

$$i''_{\text{h·max}} = \frac{2.55U_{\text{x}}}{X''_{\text{q}}} \cdot 2\sin\frac{\delta_{\text{e}}}{2} \tag{1-4}$$

式中　U_{x}——系统电压有效值；

　　　　X''_{q}——发电机交轴次暂态电抗。

从图 1-2 (b) 可见，当 δ_{e} 很小时，可认为 $\dot{I}_{\text{h}}$ 与 $\dot{U}_{\text{G}}$ 夹角为 0°，所以由电压幅值差产生的冲击电流 $\dot{I}_{\text{h}}$ 主要为有功冲击电流。

当相角差较小时，冲击电流主要为有功电流分量，说明合闸后发电机立刻向电网输出有功功率，使机组联轴受到突然冲击，这对机组和电网运行都是不利的。为了保证机组安全，一般将有功冲击电流限制在较小数值以内。

设待并发电机电压与电网电压之差为 $\dot{U}_{\text{s}}$，若 $\dot{U}_{\text{G}}$ 与 $\dot{U}_{\text{x}}$ 间既存在幅值差，又存在相角差，这时 $\dot{U}_{\text{s}}$ 所产生的冲击电流可综合以上两种典型情况进行分析。

（三）频率不相等

1. 频差、滑差、滑差周期

设待并发电机的电压相量如图 1-3 所示，且有 $U_{\text{G}} = U_{\text{x}}$，电压幅值相等；当频率不相等即 $f_{\text{G}} \neq f_{\text{x}}$，两者的频率差是一项很重要的参数，用频差 f_{s} 表示，即 $f_{\text{s}} = f_{\text{G}} - f_{\text{x}}$。

当两个交流电压的频率不等（但较接近）时，一般可用两个有相对旋转速度的相量来表示它们，如图 1-3 所示。两个交流电压 $\dot{U}_{\text{G}}$、$\dot{U}_{\text{x}}$ 间的瞬时相角差 δ_{e} 就是图中两个电压相量间的夹角；两电压相量同方向旋转，一快一慢，两者间的电角频率之差称为滑差角频率，简

称滑差，用 ω_s 表示。于是得 $\omega_s = \omega_G - \omega_x$，很显然，$\omega_s$ 是有正负值的，其方向与所规定的参考相量有关。图 1-3 中，以系统电压 $\dot{U}_x$ 为参考相量，于是 $\omega_G > \omega_x$ 时，$\omega_s > 0$；当 $\omega_G < \omega_x$ 时，$\omega_s < 0$。反之，若以 $\dot{U}_G$ 为参考相量，则 ω_s 的方向恰好相反。

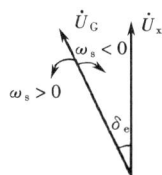

滑差周期为 $T_s = \dfrac{2\pi}{|\omega_s|} = \dfrac{1}{|f_s|}$。可见频差 f_s、滑差 ω_s 与滑差周期 T_s 是可以相互换算的，它们是描述两电压相量相对运动快慢的一组数据。

图 1-3　滑差电压原理图

频差 f_s、滑差 ω_s 和滑差周期 T_s 都可以用来确定地表示待并发电机与系统之间频率差的大小。滑差大，则滑差周期短；滑差小，则滑差周期长。在有滑差的情况下，将机组投入电网，需要经过一段加速或减速的过程，才能使机组与系统在频率上"同步"。加速或减速力矩会对机组造成冲击。显然，滑差越大，并列时的冲击就越大，因而应该严格限制并列时的允许滑差。我国在发电厂进行正常人工手动并列操作时，一般取滑差周期在 10～16s 之间。

2. 频率不相等对待并发电机组的影响

图 1-4 为待并发电机组进入同步运行的暂态过程分析示意图。

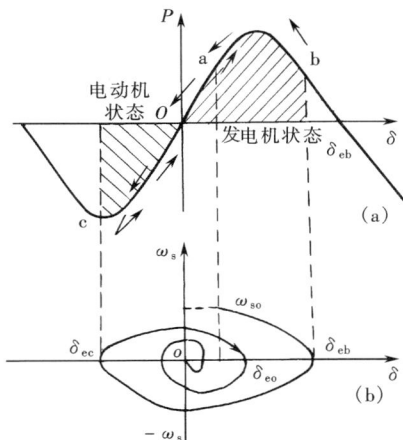

图 1-4　待并发电机组进入同步运行的暂态过程分析示意图

众所周知，当发电机组与电网间进行有功功率交换时，如果发电机的电压 $\dot{U}_G$ 超前电网电压 $\dot{U}_x$，发电机发出功率，则发电机将被制动而减速。反之，当 $\dot{U}_G$ 落后 $\dot{U}_x$ 时，发电机吸收功率，则发电机将被加速。所以交换功率的方向与相角差 δ_e 的正负有关。

下面定义发电机发出功率为"发电机状态"；发电机吸收功率为"电动机状态"。设原动机的输入功率恒定不变，且 $\omega_G > \omega_x$。若合闸时的相角差为 δ_{e0}，此时的滑差为 ω_{s0}（图中 a 点），并为超前情况，则合闸后发电机处于"发电机状态"而受到制动，ω_s 开始减小。发电机功率沿功角特性到达 b 点时，$\omega_G = \omega_x$，但这时 δ_e 达到最大。由于发电机仍处于"发电机状态"，所以 ω_G 继续减小，δ_e 也逐渐减小，发电机功率沿特性曲线往回摆动。到达坐标原点时，电压相量 $\dot{U}_G$ 与 $\dot{U}_x$ 重合（回顾图 1-3），相角差 δ_e 为零，但 $\omega_G < \omega_x$；过原点后，相角差 δ_e 开始变负，交换功率变负，发电机组处于"电动机状态"，又重新加速，即 ω_G 又开始增加。当交换功率沿功角特性曲线变动到 $\omega_G = \omega_x$（图 1-4 中的 c 点），相角差 δ_e 达到滞后方向最大值。在加速力矩作用下 ω_G 继续增大，负 δ_e 减小，ω_G 增大，重复前面的摆动过程，由于阻尼等因素的影响，摆动的幅度逐渐减小直到进入同步运行时为止。

显然，进入同步状态的暂态过程与合闸时滑差角频率 ω_{s0} 的大小有关。当 ω_{s0} 较小时，到达最大相角 b 点时的 δ_{eb} 也较小，可以很快进入同步运行。当 ω_{s0} 较大时，如图 1-4 所示，则需经历较长时间振荡才能进入同步运行（如果 ω_{s0} 很大，b 点超出 180°，则将导致失步）。所以滑差大，暂态过程长；滑差小，暂态过程短。

三、自同期并列

自同期并列操作是将一台未加励磁电流的发电机组升速到接近于电网频率，在滑差角频率 ω_s 不超过允许值，且机组的加速度小于某一给定值的条件下，首先合上并列断路器 QF，接着立刻合上励磁开关 KE，给转子加上励磁电流，在发电机电动势逐渐增长的过程中，由电力系统将并列的发电机组拉入同步运行。

自同期并列最突出优点是控制操作非常简单，限于当时控制技术水平，在电力系统发生事故、频率波动较大的情况下，应用自同期并列可以迅速把备用机组投入电网运行，所以曾一度广泛应用于水轮发电机组，作为处理系统事故的重要措施之一。

自同期并列方式不能用于两个系统间的并列操作。同时应该看到当发电机以自同期方式投入电网时，在投入瞬间，未经励磁的发电机接入电网，相当于电网经发电机次暂态电抗 X_d'' 短路，因而不可避免地要出现较大的冲击电流。

当机组一定时，自同期并列的冲击电流主要决定于系统的情况，即决定于系统电压 U_x 和系统电抗 X_x。自同期时发电机的端电压值 U_G 与冲击电流成正比。

另外，必须指出，发电机母线电压瞬时下降对其他用电设备的正常工作将产生影响，为此，自同期并列法也受到限制，所以自同期并列方法现已很少采用。

第二节　准同期并列的基本原理

在满足并列条件的情况下，采用准同期并列方法将待并发电机组投入电网运行，前已述及，只要控制得当就可使冲击电流很小，且对电网扰动甚微。因此准同期并列是电力系统运行中的主要并列方式。

设并列断路器 QF 两侧电压分别为 $\dot{U}_G$ 和 $\dot{U}_x$；并列断路器 QF 主触头闭合瞬间所出现的冲击电流值以及进入同步运行的暂态过程，决定于合闸时的电压差 $\dot{U}_s$（实为脉动电压）和滑差角频率 ω_s。因此，准同期并列主要是对脉动电压 $\dot{U}_s$ 和滑差角速度 ω_s 进行检测和控制，并选择合适的时间发出合闸信号，使合闸瞬间的 $\dot{U}_s$ 值在允许值以内。检测的信息也就取自 QF 两侧的电压，而且主要是对 $\dot{U}_s$ 进行检测并提取信息。现对脉动电压的变化规律进行分析。

一、脉动电压

（一）$\dot{U}_G$ 与 $\dot{U}_x$ 两电压幅值相等

为便于分析问题，设待并发电机电压 $\dot{U}_G$ 与电网电压 $\dot{U}_x$ 的幅值相等，而 ω_G 与 ω_x 不等，因此 $\dot{U}_G$ 与 $\dot{U}_x$ 是作相对运动的两个电压相量。这时断路器 QF 两侧间的电压差 u_s 为

$$u_s = U_G \sin(\omega_G t + \varphi_1) - U_x \sin(\omega_x t + \varphi_2)$$

设初始角 $\varphi_1 = \varphi_2 = 0$，并应用和差化积公式得

$$u_s = 2U_G \sin\left(\frac{\omega_G - \omega_x}{2} t\right) \cos\left(\frac{\omega_G + \omega_x}{2} t\right) \tag{1-5}$$

令 $u_s = 2U_G \sin\left(\dfrac{\omega_G - \omega_x}{2} t\right)$ 为电压 u_s 的幅值，则

$$u_s = U_s \cos\left(\frac{\omega_G + \omega_x}{2}t\right) \tag{1-6}$$

由式（1-6）可知，u_s 波形可以看成是幅值为 U_{sm}、频率接近于工频的交流电压波形。又 $\omega_s = \omega_G - \omega_x$ 为滑差角频率。两电压相量间的相角差为

$$\delta_e = \omega_s t \tag{1-7}$$

于是

$$u_s = 2U_G \sin\frac{\omega_s t}{2} = 2U_G \sin\frac{\delta_e}{2} = 2U_x \sin\frac{\delta_e}{2} \tag{1-8}$$

由此可见，u_s 为正弦脉动波，所以 u_s 又称为脉动电压，其最大幅值为 $2U_G$（或 $2U_x$）。

$\dot{U}_s$ 的相量图及其瞬时值波形如图 1-5 所示。如用相量分析，则可设想系统电压 $\dot{U}_x$ 固定，而待并发电机的电压 $\dot{U}_G$ 以滑差角频率 ω_s 对 $\dot{U}_x$ 转动。当相角差 δ_e 从 $0 \sim \pi$ 变动时，$\dot{U}_s$ 的幅值相应地从零变到最大值 $2U_G$；当 δ_e 从 $\pi \sim 2\pi$（重合）变动时，$\dot{U}_s$ 的幅值又从最大值变到零。相角差 δ_e 变动 2π 的时间称为脉动周期 T_s。

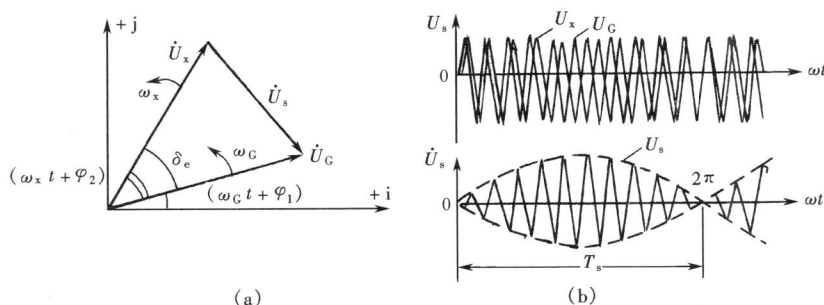

图 1-5 脉动电压
（a）相量图；（b）波形图

（二）$\dot{U}_G$ 与 $\dot{U}_x$ 两电压幅值不相等

如果并列断路器 QF 两侧的电压幅值不相等，由图 1-1（b）的相量图，应用三角公式可求得 U_s 的值为

$$U_s = \sqrt{U_x^2 + U_G^2 - 2U_x U_G \cos\omega_s t} \tag{1-9}$$

当 $\omega_s t = 0$ 时，$U_s = |U_G - U_x|$ 为两电压幅值差；

当 $\omega_s t = \pi$ 时，$U_s = U_G + U_x$ 为两电压幅值和。

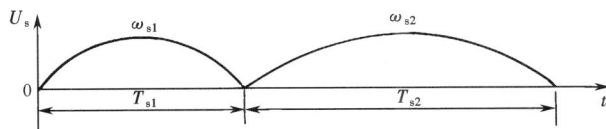

图 1-6 $U_G = U_x$ 时 U_s 的波形

两电压幅值不等时，电压 u_s 波形如图 1-7 所示。由于脉动周期 T_s 只与 ω_s 有关，所以图 1-7 中的脉动电压周期 T_s 表达得与图 1-6 相同。

（三）利用脉动电压 u_s 检测准同期并列的条件

图 1-6 和图 1-7 表明在脉动电压 u_s 的波形中载有准同期并列所需检测的所有信息——电压幅值差、频率差及相角差随时间的变化规律。因而可以利用它为自动并列装置提供鉴别并列条件的信息，以及选择合适的合闸信号发出时间。脉动电压 u_s 有时也称作滑差电压。

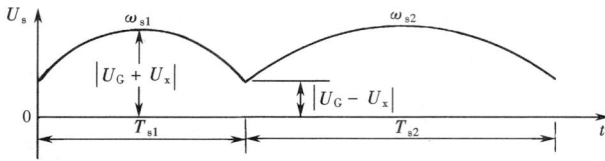

图 1-7　U_G 与 U_x 不等时 U_s 的波形

1. 电压幅值差

电压幅值差 $|U_G-U_x|$ 为对应于脉动电压 $\dot{U}_s$ 波形的最小幅值，由图 1-7 得

$$U_{smin}=|U_G-U_x|$$

通过对 U_{smin} 的测量，就可判断 u_G 与 u_x 间的电压幅值差是否超出允许值。

2. 频率差

U_G 与 U_x 间的频率差就是脉动电压 U_s 的频率 f_s，它与滑差角频率 ω_s 的关系有

$$\omega_s=2\pi f_s$$

可见 ω_s 反映了频率差 f_s 的大小。要求 ω_s 小于某一允许值，就相当于要求脉动电压周期 T_s 大于某一个给定值。

例如，设滑差角频率的允许值 ω_{sy} 最大为 0.2%，即

$$\omega_{sy}\leqslant 0.2\times\frac{2\pi f_N}{100}=0.2\pi(\text{rad/s})$$

对应的脉动电压周期 T_s 的值为

$$T_s\geqslant\frac{2\pi}{\omega_{sy}}=10(\text{s})$$

所以 U_s 的脉动周期 T_s 大于 10s 才满足 ω_{sy} 小于 0.2% 的要求。这就是说测量 T_s 的值可以检测待并发电机组与电网间的滑差角频率 ω_s 的大小，即频率差的大小。

3. 合闸相角差 δ_e 的控制

前面已经提及，最理想的合闸瞬间是在两电压相量 $\dot{U}_G$ 与 $\dot{U}_x$ 重合的瞬间。考虑到断路器操动机构和合闸回路控制电器的固有动作时间，必须在两电压相量重合之前发出合闸信号，即取一提前量。这一段时间一般称为"越前时间"。由于越前时间只需按断路器的合闸时间（准同期装置的动作时间可忽略）进行整定，整定值和滑差及压差无关，故称其为"恒定越前时间"。

二、自动准同期装置

为了使待并发电机组满足并列条件，自动准同期装置设置了三个控制单元。

（1）频率差控制单元。它的任务是检测 $\dot{U}_G$ 与 $\dot{U}_x$ 间的滑差角频率 ω_s，且调节发电机转速，使发电机电压的频率接近于系统频率。

（2）电压差控制单元。它的功能是检测 $\dot{U}_G$ 与 $\dot{U}_x$ 间的电压差，且调节发电机电压 $\dot{U}_G$，使它与 $\dot{U}_x$ 间的电压差值小于规定的允许值，促使并列条件的形成。

（3）合闸信号控制单元。检查并列条件，当待并机组的频率和电压都满足并列条件时，合闸控制单元就选择合适的时间，即在相角差 δ_e 等于零的时刻，提前一个"恒定越前时间"发出合闸信号。

自动准同期装置的组成可用图 1-8 表示。同步发电机的准同期并列装置按自动化程度分为以下几种装置。

（1）半自动准同期并列装置。这种并列装置没有频差调节和电压调节功能，只有合闸信

号控制单元。并列时，待并发电机的频率和电压由运行人员监视和调整，当频率和电压都满足并列条件时，并列装置就会在合适的时间发出合闸信号。它与手动并列的区别仅仅是合闸信号由该装置经判断后自动发出，而不是由运行人员手动发出。

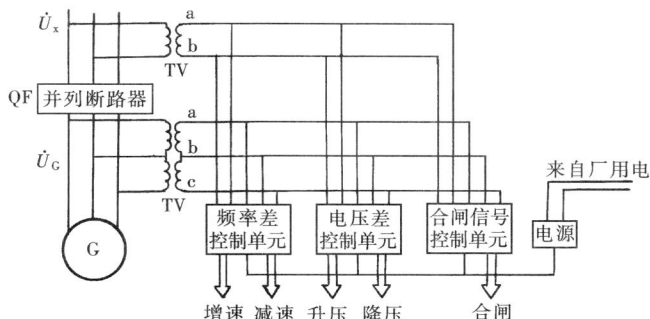

图 1-8 自动准同期并列装置组成示意图

（2）自动准同期并列装置。如图 1-8 所示，其中设置了频率差控制单元、电压差控制单元和合闸信号控制单元。当同步发电机并列时，发电机的频率和电压都由并列装置自动调节，使它与电网的频率、电压间的差值减小。当满足并列条件时，自动选择合适时机发出合闸信号。

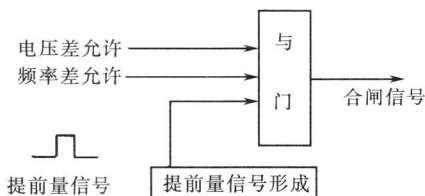

图 1-9 准同期并列合闸信号控制装置的逻辑结构框图

三、准同期并列合闸信号的控制

在准同期并列操作中，合闸信号控制单元是准同期并列装置的核心部件，所以准同期并列装置原理也往往是指该控制单元的原理。其控制原则是在频率和电压都满足并列条件的情况下，在 $\dot{U}_G$ 与 $\dot{U}_x$ 要重合之前发出合闸信号。两电压相量重合之前的信号称为提前量信号，装置的逻辑结构框图如图 1-9 所示。

1. 越前时间 t_{YJ}

越前时间 t_{YJ} 采用的提前量为恒定时间信号，即在脉动电压 U_s 到达两电压相量重合（$\delta_e=0$）之前 t_{YJ} 发出合闸信号，一般取 t_{YJ} 等于断路器的合闸时间 t_{QF} 和自动准同期装置的动作时间 t_c 之和，则有

$$t_{YJ} = t_c + t_{QF} \tag{1-10}$$

式中 t_c——自动准同期装置的动作时间；

t_{QF}——并列断路器的合闸时间。

因此采用恒定越前时间的并列装置，理论上可以使合闸相角差 δ_e 等于零。

应当指出，t_{YJ} 主要决定于 t_{QF}，其值随断路器的类型而不同。所以装置中的 t_{YJ} 应便于整定，以适应不同断路器的需要。

2. 允许滑差角速度

在 δ_e 等于零之前的恒定时间 t_{YJ} 发出合闸信号，它对应的越前相角 δ_{YJ} 的值是随 ω_s 而变化的，其变化规律如图 1-10 所示。

由于 $\delta_{YJ}=\omega_s t_{YJ}$，当 t_{YJ} 为定值时，发出合闸脉冲时的越前相角与 ω_s 成正比，即由于

$$\omega_{s1} > \omega_{s2} > \omega_{s3}$$

所以 $$\delta_{YJ1} > \delta_{YJ2} > \delta_{YJ3}$$

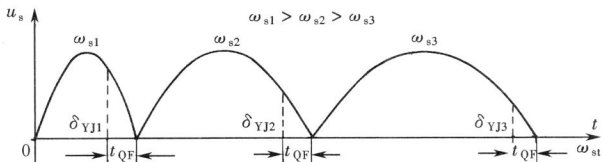

图 1-10 恒定越前时间原理

虽然从理论上讲，按恒定越前时间原理工作的自动并列装置可以使合闸相角差 δ_e 等于零，但实际上由于装置的越前信号时间、出口继电器的动作时间以及断路器的合闸时间 t_{QF} 存在着分散性，因而并列时仍难免具有合闸相角误差，这就使并列时的允许滑差角速度 ω_{sy} 受到限制。

设 δ_{ey} 为发电机组的允许合闸相角，可求得最大允许滑差 ω_{sy} 为

$$\omega_{sy} = \frac{\delta_{ey}}{|\Delta t_c| + |\Delta t_{QF}|} \tag{1-11}$$

式中 $|\Delta t_c|$、$|\Delta t_{QF}|$ ——分别为自动并列装置、断路器的动作误差时间。

δ_{ey} 决定于发电机的允许最大冲击电流值 $i''_{h \cdot max}$。当给定 $i''_{h \cdot max}$ 值后，可求得

$$\delta_{ey} = 2\arcsin \frac{i''_{h \cdot max}(X''_q + X_x)}{2 \times 1.8\sqrt{2}E''_q}(\text{rad}) \tag{1-12}$$

将求得的 δ_{ey} 值代入式（1-11），即可求得允许滑差 ω_{sy}。

【例 1-1】 某发电机采用自动准同期并列方式与系统进行并列，系统的参数为已归算到以发电机额定容量为基准的标幺值。一次系统的参数为：发电机交轴次暂态电抗 X''_q 为 0.125；系统等值机组的交轴次暂态电抗与线路电抗之和为 0.25；断路器合闸时间 $t_{QF} = 0.5s$，它的最大可能误差时间为 t_{QF} 的 ±20%；自动并列装置最大误差时间为 ±0.05s；待并发电机允许的冲击电流值为 $i''_{h \cdot max} = \sqrt{2}I_{Ge}$。

试计算允许合闸相角差 δ_{ey}、允许滑差角频率 ω_{sy}，与相应的脉动电压周期。

解 （1）允许合闸相角差 δ_{ey}。则有

$$\delta_{ey} = 2\arcsin \frac{\sqrt{2} \times 1 \times (0.125 + 0.25)}{\sqrt{2} \times 1.8 \times 2 \times 1.05} = 2\arcsin 0.0992 = 0.199(\text{rad})$$

即为 11.4°。其中考虑并列时电压可能超过额定电压值的 5%，故 E''_q 按 1.05 计算。

（2）允许滑差角频率 ω_{sy}。

断路器合闸动作误差时间 $\Delta t_{QF} = 0.5 \times 0.2 = 0.1$（s）

自动并列装置的误差时间 $\Delta t_c = 0.05$（s）

所以

$$\omega_{sy} = \frac{0.199}{0.15} = 1.33 \ (\text{rad/s})$$

如果滑差角速度采用标幺值表示，则

$$\omega_{sy^*} = \frac{\omega_{sy}}{2\pi f_N} = \frac{1.33}{2\pi \times 50} = 0.42 \times 10^{-2}$$

（3）脉动电压周期 T_s。则有

$$T_s = \frac{2\pi}{\omega_{sy}} = \frac{2\pi}{1.33} = 4.7(\text{s})$$

第三节　恒定越前时间并列装置

前已叙及，脉动电压含有同期合闸所需要的所有信息，即电压幅值差、频率差和合闸相角差。但是，在实际装置中却不能利用它检测并列条件，原因是它的幅值与发电机电压及系统电压有关。这就使得利用脉动电压检测并列条件的越前时间信号和频率检测引入了受电压影响的因素，造成越前时间信号时间误差不准，从而成为引起合闸误差的原

因之一。

一、线性整步电压

在存在滑差的情况下，母线电压与发电机电压之间的相角差 δ_e 不为常数，而是时间 t 的函数。$\delta_e(t) = \omega_s t$，随着 t 的变化，δ_e 从 $0\sim 2\pi$ 做周期性变化。

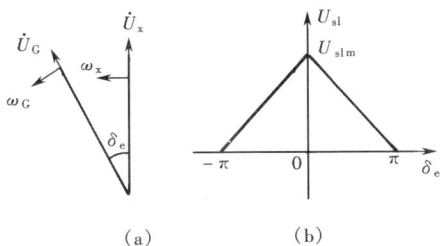

图 1-11 线性整步电压与 δ_e 的关系示意图
(a) $\delta_e = \delta_G - \delta_x$ 时；(b) $\delta_e = 0$ 时

线性整步电压 U_{sl} 是指其幅值在一周期内与角差 δ_e 分段按比例变化的电压，一般呈三角形波形。其特点如下：如图 1-11 (a) 所示，当 $\delta_e = \delta_G - \delta_x$ 在 $0\sim\pi$ 区间时，线性整步电压 U_{sl} 与相角差 δ_e 成反比，线性整步电压的大小随 δ_e 的增加而减小；如图 1-11 (b) 所示，当 $\delta_e = 0$ 时线性整步电压为最大值 U_{slm}，当 δ_e 在 $-\pi\sim 0$ 区间时，线性整步电压 U_{sl} 与相角差 δ_e 成正比，线性整步电压的大小随 δ_e 的增加而增加。由此可见线性整步电压与角差 δ_e 之间是分段的线性关系，而与同期电压 $\dot{U}_x$、$\dot{U}_G$ 的幅值无关。

线性整步电压的数学描述可用两个直线方程表示为

$$\left. \begin{array}{ll} U_{sl} = \dfrac{U_{slm}}{\pi}(\pi + \delta_e) & (-\pi \leqslant \delta_e \leqslant 0) \\[3mm] U_{sl} = \dfrac{U_{slm}}{\pi}(\pi - \delta_e) & (0 \leqslant \delta_e \leqslant \pi) \end{array} \right\} \tag{1-13}$$

式中　U_{slm}——三角波的顶值电压。

线性整步电压形成电路是由整形电路、相敏电路、滤波电路三部分组成。

(1) 整形电路是将 u_G 和 u_x 的正弦波转换成与其频率和相位相同的一系列方波，方波的幅值与 u_G、u_x 的幅值无关，如图 1-12 (a)、(b)、(c) 所示。

(2) 相敏电路是在两个输入信号的电平相同时输出为高电平"1"，两者不同时则输出为低电平"0"，如图 1-12 (d) 所示。

(3) 滤波电路由低通滤波器和射极跟随器组成。为了获得线性整步电压 U_{sl} 与相角差 δ_e 的线性关系，采用 LC 滤波器平滑波形，其特性见图 1-12 (e)。为了提高整步电压信号的负载能力，采用射极跟随器输出。

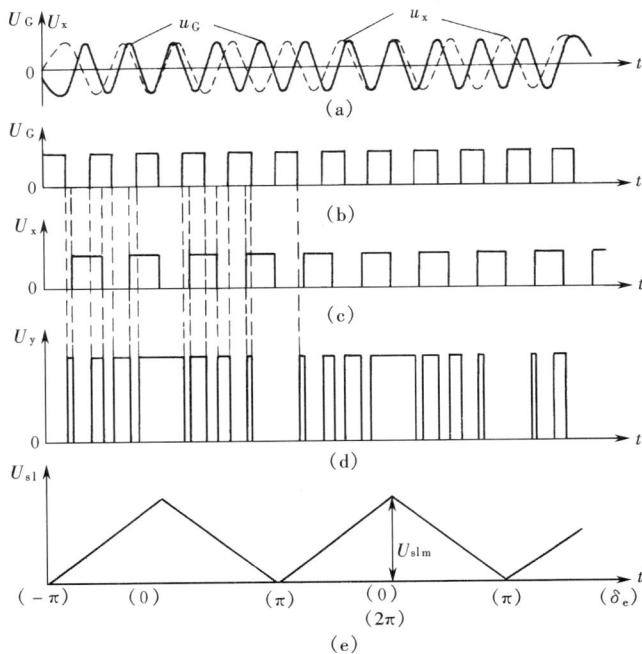

图 1-12 全波线性整步电压
(a)、(b)、(c) 整形电路输出波形；
(d) 相敏电路输出波形；(e) 滤波电路输出波形

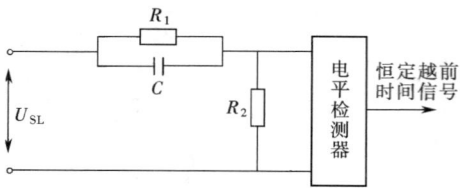

图 1-13　恒定越前时间部分

二、恒定越前时间

恒定越前时间部分是由 R、C 组成的比例—微分回路和电平检测器构成，如图 1-13 所示。

当整步电压加至比例—微分回路后，在电阻 R_2 上的输出电压 U_{R2} 可以利用叠加原理来求出，即图 1-14（a）所示 U_{R2} 为图（b）和图（c）所示输出电压 U'_{R2} 与 U''_{R2} 的叠加。

在图 1-14（b）中，由于电容 C 的容量很小，容抗很大，其作用可以忽略，故

$$U'_{R2} = \frac{R_2}{R_1+R_2} \cdot U_{sl} = \frac{R_2}{R_1+R_2} \cdot \frac{U_{slm}}{\pi}(\pi+\omega_s t) \quad (-\pi < \omega_s t < 0) \tag{1-14}$$

在图 1-14（c）中，若 $T_s \gg \dfrac{R_1 R_2}{R_1+R_2}C$，则

$$U''_{R2} = I_C \frac{R_1}{R_1+R_2}R_2 = C\frac{dU_{sl}}{dt}\frac{R_1 R_2}{R_1+R_2} = \frac{U_{slm}\omega_s}{\pi} \times \frac{R_1 R_2}{R_1+R_2}C \quad (-\pi < \omega_s t < 0) \tag{1-15}$$

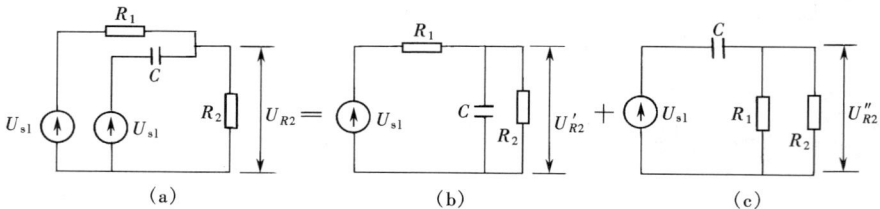

图 1-14　利用叠加原理求 U_{R2} 示意图
（a）叠加求 U_{R2}；（b）输出电压 U'_{R2}；（c）输出电压 U''_{R2}

现讨论在 $-\pi < \omega_s t < 0$ 区间，若电平检测器翻转电平为 $\dfrac{R_2}{R_1+R_2}U_{slm}$，翻转时间为 t_{YJ}，则动作的临界条件为

$$U'_{R2} + U''_{R2} = \frac{R_2}{R_1+R_2}U_{slm}$$

即

$$\frac{R_2}{R_1+R_2} \times \frac{U_{slm}}{\pi}(\pi+\omega_s t_{YJ}) + \frac{U_{slm}\omega_s}{\pi} \times \frac{R_1 R_2}{R_1+R_2}C = \frac{R_2}{R_1+R_2}U_{slm}$$

$$1 + \frac{\omega_s t_{YJ}}{\pi} + \frac{\omega_s R_1 C}{\pi} = 1$$

$$\omega_s t_{YJ} + \omega_s R_1 C = 0$$

$$t_{YJ} = -R_1 C$$

由此表明，电平检测器翻转时间 t_{YJ} 的值与 ω_s 无关，而是仅与 R_1 及 C 的数值有关的常量。等号右端的负号表示与所取时间标尺的方向相反，即为"越前"时间，故 t_{YJ} 为恒定越前时间。图 1-15 表示在不同的滑差周期下，越前时间能够恒定的分析示意图。U'_{R2} 为"比例"部分，U''_{R2} 为"微分"部分，因而在虚线表示的电平检测器翻转瞬间，能够获得恒定的越前时间 t_{YJ}。当开关的合闸时间不同时，可以分别调整 R_1 与 C 的数值，以获得相应的越前

时间，使并列瞬间相角差为零。

三、滑差检测

利用比较恒定越前时间电平检测器和恒定越前相角电平检测器的动作次序来实现滑差检测，如图 1-16 所示。恒定越前相角电平检测器输入线性整步电压 U_{sl}，当输入电压等于或大于整定电平 U_{slk} 时，电平检测器动作，输出低电平，随着滑差

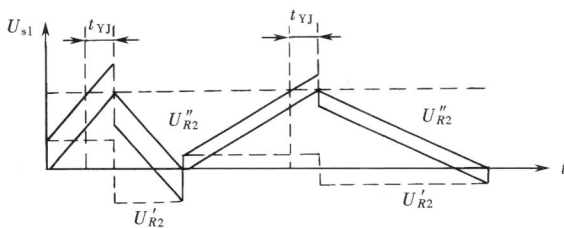

图 1-15　恒定越前时间电平检测器原理示意图

的不断减小，即 $T_{s1} < T_{s2}$，恒定越前相角检测器动作时间 t_{A1}、t_{A2} 随之不断加大。如果将图中 U_{slk} 按允许滑差 ω_{sY} 下恒定越前时间 t_{YJ} 的相应角差值 δ_{YJ} 进行整定，则有如下关系

$$\omega_{sY} t_{YJ} = \omega_s t_A$$

即

$$t_A = \frac{\omega_{sY}}{\omega_s} t_{YJ} \tag{1-16}$$

当 $\omega_s > \omega_{sY}$ 时　　　　　　$|t_A| < |t_{YJ}|$

当 $\omega_s = \omega_{sY}$ 时　　　　　　$|t_A| = |t_{YJ}|$

当 $\omega_s < \omega_{sY}$ 时　　　　　　$|t_A| > |t_{YJ}|$

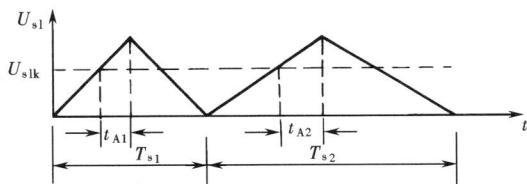

图 1-16　恒定越前相角电平检测器工作原理图

只有当 $|t_A| > |t_{YJ}|$，即恒定越前相角电平检测器先于恒定越前时间电平检测器动作时，才说明这时的 ω_s 小于允许滑差的频率 ω_{sY}，从而作出频率差符合并列条件的判断。反之，如果 t_{YJ} 信号到来时尚未获得恒定越前相角电平检测器的翻转信号，就可作出频率差不符合并列条件的判断。

四、电压差检测

由于线性整步电压不载有并列点两侧电压幅值的信息，所以它就无法作为电压差的检测。电压差检测可直接用 $\dot{U}_G$ 和 $\dot{U}_x$ 的幅值进行比较，两电压分别经变压器、整流桥和一个电压平衡电路检测电压差的绝对值。当此电压差小于允许值时发出"电压差合格允许合闸"的信号。

五、合闸信号控制逻辑

并列装置的合闸控制逻辑框图可以表示为图 1-17。它的工作是当并列条件检测元件测得的信号均符合允许并列条件时，即频率差、电压差都在允许范围内，当越前时间信号 t_{YJ} 测得的瞬间，就发出合闸控制信号；当不符合并列条件时，即频率差或电压差两个条件中任一条件不符（超出允许值），它就发出闭锁信号，阻止 t_{YJ} 信号输出，不让发出合闸信号，即不允许并列。

图 1-17 中频率差检测采用相位比较法。图中与门 Y2 是四端输入的负逻辑与门，是合闸控制信号的输出电路。可见，合闸控

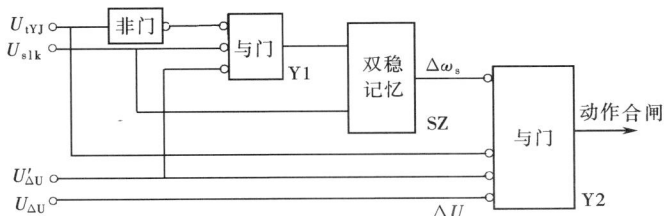

图 1-17　合闸控制逻辑框图

制信号是否输出，决定于 Y2 与门条件是否满足。前已述及，如果频率差或电压差任一条件不符合，相角差 δ_e 在 $-\pi\sim0$ 区间，与门 Y2 相应的输入端（$\Delta\omega_s$，或 ΔU 输入端）即出现高电平，闭锁合闸控制信号输出。当频率差、电压差均满足并列条件时，与门 Y2 输入端中的记忆元件 SZ 输出和 $U_{\Delta U}$ 均为低电平，一旦越前时间 t_{YJ} 信号 $U_{t_{YJ}}$ 出现低电平时，与门 Y2 输入端全为低电平，即允许 t_{YJ} 信号通过，输出合闸信号进行并列。

为了防止并列装置投入瞬间与门 Y1、Y2 输入端电平的随机性可能误发合闸信号，从可靠性考虑，加一瞬时高电平 $U'_{\Delta U}$ 闭锁与门工作，待投入一定时间后，待并列装置检测元件进入正常工作状态，即解除 $U'_{\Delta U}$ 的闭锁作用，也就是正常工作时，$U'_{\Delta U}$ 恒为低电平，不影响并列装置的工作。

六、频差控制

频差控制单元的任务是将待并发电机的频率调整到接近于电网频率，使频率差趋向并列条件允许的范围，以促成并列的实现。如果待并发电机的频率低于电网频率，则要求发电机升速，发升速脉冲。反之，应发减速脉冲。当频率差值较大时，发出的调节量相应大些。当频率差值较小时，发出的调节量也就小些，以配合并列操作的工作。

根据上述要求，频率差控制单元可由频率差方向测量环节和频率调整执行环节两部分组成。前者判别 u_G 和 u_x 间频率的高低，作为发升速脉冲或减速脉冲的依据。后者按比例调节的要求，调整发电机组的转速。

（一）滑差方向的检测原理

图 1-18（a）说明当 $f_G>f_x$，$\omega_s>0$ 时，在相角 $|\delta_e|$ 自 0 运动到 π 的过程中，$\dot{U}_G$ 始终超前 $\dot{U}_x$；相反在 $f_G<f_x$，$\omega_s<0$ 时，在 $|\delta_e|$ 自 0 运动到 π 的过程中，$\dot{U}_x$ 始终超前 $\dot{U}_G$。因此，要判断 ω_s 的方向，只需在 $|\delta_e|$ 自 0 运动到 π 的过程中的任一时间，看 $\dot{U}_G$ 和 $\dot{U}_x$ 谁超前、谁滞后就可以了。如果此时 $\dot{U}_G$ 超前 $\dot{U}_x$，则 $f_G>f_x$，发电机立刻减速；反之，此时 $\dot{U}_x$ 超前 $\dot{U}_G$，则 $f_G<f_x$，发电机应立刻增速。这个原理是通过越前鉴别与区间鉴别两个措施来实现的。所谓越前鉴别就是判定 $\dot{U}_G$ 和 $\dot{U}_x$ 谁是越前电压；所谓区间鉴别就是判定 $|\delta_e|$ 正处在 $0\sim\pi$ 区间。从图 1-18（b）表示的整步电压图形可以看出，U_{sl} 的下倾侧就是所要求的鉴别区间，这区间的任一点都可用来进行越前鉴别。

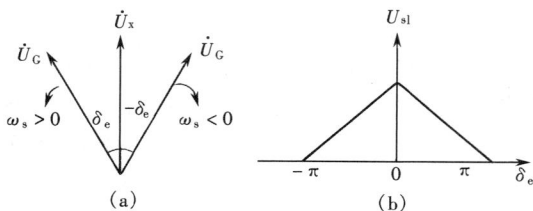

图 1-18 滑差方向的检测原理图
（a）相量图；（b）波形图

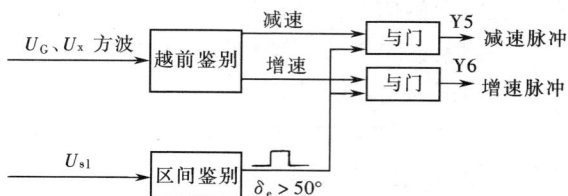

图 1-19 频差控制框图

（二）频差控制框图

1. 区间鉴别

区间鉴别只在 $\delta_e=50°$ 时发一个宽度恒定的脉冲，使与门 Y5、Y6 开放一段时间，发出调速脉冲。其余时间 Y5、Y6 被闭锁，不发调速脉冲，如图 1-19 所示。选择 $\delta_e = 50°$ 发调速脉冲是为了与合闸脉冲的发出时间隔开，合闸脉冲的发出时间是在 $\delta_e = 0°$ 之前发出的，正好是在 U_{sl} 的上倾侧。

2. 越前鉴别

越前鉴别是判定 $\dot{U}_G$ 和 $\dot{U}_x$ 谁是越前电压。越前鉴别的输入信号为 $\dot{U}_G$ 和 $\dot{U}_x$ 的方波。从图 1-20 可以看出，在越前相角 $|\delta_e|$ 为 $0 \sim \pi$ 区间内，当 $f_G < f_x$ 时，系统方波由高电平变为低电平时，发电机仍为高电平，因此越前鉴别的增速脉冲回路输出一系列正脉冲，而越前鉴别的减速脉冲回路无输出，表示系统频率高，如图 1-20 所示。反之，若 $f_G > f_x$，则越前鉴别的减速脉冲回路输出一系列正脉冲，越前鉴别的增速脉冲回路无输出，表示发电机频率高。由此可以判别滑差的方向。

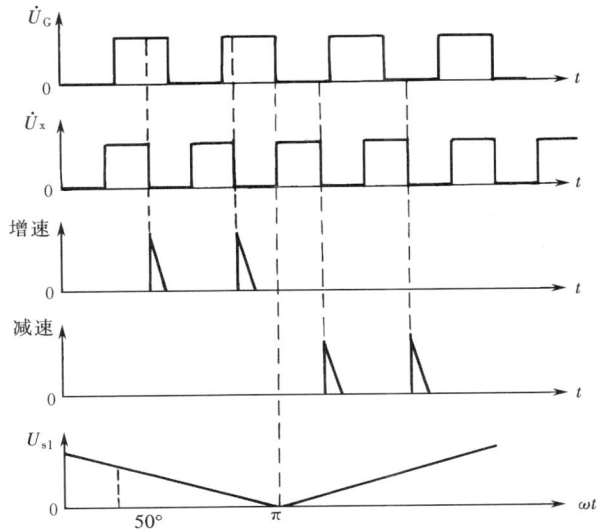

图 1-20　频差控制波形图

3. 比例调节

在每一个滑差周期内发一次宽度恒定的增速或减速脉冲，均频脉冲时间的占用率与频差成正比，称为比例脉冲调节制。它能在频差大时，使均频脉冲的次数较为频繁，进入汽轮机的动力元素在单位时间内的改变量较大，以迅速弥补频率的差别；而在频差小时，使均频脉冲的次数较少，进入汽轮机的动力元素在单位时间内的改变量也较小，从而避免过调。所以，比例调节脉冲可以使均频过程迅速而平稳地进行。

七、压差控制

电压差控制单元的任务是在并列操作过程中，自动调节待并发电机的电压，使电压差条件符合并列的要求。它的构成框图与频率差控制相似，由电压差方向测量环节和脉冲展宽电路组成。

第四节　数字式并列装置

一、概述

用大规模集成电路微处理器（CPU）等器件构成的数字式并列装置，由于硬件简单，编程方便灵活，运行可靠，且技术上已日趋成熟，成为当前自动并列装置发展的主流。微处理器（CPU）具有高速运算和逻辑判断能力，它的指令周期以微秒计，对于发电机频率为 50Hz、每周期 20ms 的信号来说，可以具有足够充裕的时间进行相角差 δ_e 和滑差角频率 ω_s 近乎瞬时值的运算，并按照频差值的大小和方向、电压差值的大小和方向，确定相应的调节量，对机组进行调节，以达到较满意的并列控制效果。一般模拟式并列装置，为了简化电路，在一个滑差周期 T_s 时间内把 ω_s 假设为恒定。而数字式并列装置可以克服这一假设的局限性，采用较为精确的公式，考虑相角差 δ_e 可能具有加速运动等问题，能按照 δ_e 当时的变化规律，选择最佳的越前时间发出合闸信号，可以缩短并列操作的过程，从而提高了自动并列装置的技术性能和运行可靠性。并列装置引入了计算机技术后，可以较方便地应用检测和诊断技术对装置进行自检，提高了装置的维护水平。

数字式并列装置由硬件和软件组成，以下分别进行介绍。

二、硬件电路

以微处理器（CPU）为核心的数字式并列装置，就是一台专用的计算机控制系统。因此，按照计算机控制系统组成原则，硬件的基本配置由主机，输入、输出接口和输入、输出过程通道等部件组成。它的原则性硬件框图如图 1-21 所示。

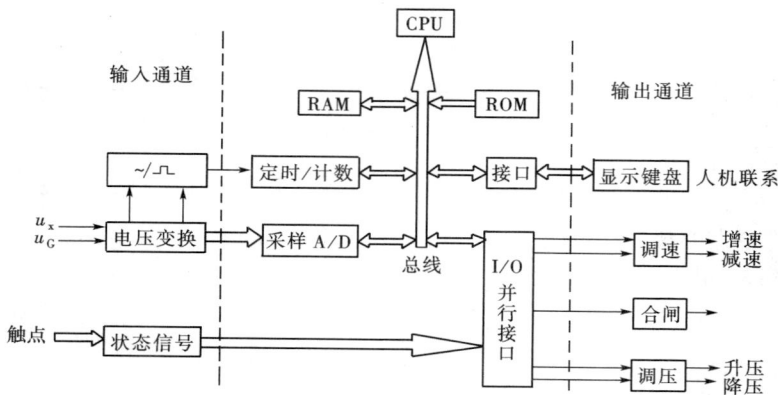

图 1-21　数字式并列装置原则性硬件框图

（一）主机

微处理器（CPU）是控制装置的核心。它和存储器（RAM、ROM）一起，通常又称为主机。控制对象运行变量的采样输入，存放在可读写的随机存储器 RAM 内，固定的系数和设定值以及编制的程序，则固化存放在只读存储器 ROM 内。自动并列装置的重要参数，如断路器合闸时间、频率差和电压差允许并列的阈值、滑差角加速度计算系数、频率和电压控制调节的脉冲宽度等，为了既能固定存储、又便于设置和整定值的修改，可存放在 E^2PROM 中。

程序是按照人们事先选用的控制规律（数学模型）进行信息处理（分析和计算），以作出相应的调节控制决策，以数码形式通过接口电路、输出过程通道作用于控制对象。编制的程序通常也固化在 E^2PROM 内。

（二）输入、输出接口电路

在计算机控制系统中，输入、输出过程通道的信息不能直接与主机的总线相接，它必须由接口电路来完成信息传递的任务。现在各种型号的 CPU 芯片都有相应的通用接口芯片供选用。它们有串行接口、并行接口、管理接口（计数/定时、中断管理等）、模拟量数字量间转换（A/D、D/A）等电路。有关这些通用接口电路的介绍，可参阅有关微机原理等教材。

（三）输入、输出过程通道

为了实现发电机自动并列操作，需将电网和待并发电机的电压、频率等状态量按要求送到接口电路进入主机，计算机将调节量、合闸信号等输出控制待并机组。这就需要把计算机接口电路输出信号变换为适合于对待并机组进行调节或合闸的操作信号。可见在计算机接口电路和并列操作控制对象的过程之间必须设置信息的传递和变换设备，通常称为过程输入、输出通道。它是接口电路和控制对象之间传递信号的媒介。所以必须按控制对象的要求，选择与之匹配的通道。

1. 输入通道

按发电机并列条件，分别从发电机和母线电压互感器二次侧交流电压信号中提取电压幅值、频率和相角差 δ_e 信息，作为并列操作的依据。

（1）交流电压幅值测量。这里有两种方法可供选择。一种是最简单化的办法，采用变送器把交流电压转换成直流电压，然后由 A/D 接口电路进入主机，其原理图如图 1-22（a）所示。CPU 读得 U_G 和 U_x 的有效值后，由软件作出是否符合并列条件的判断。另一种方法是对交流电压信号直接采样，然后通过计算求得它的有效值。显然这势必加重 CPU 的负担，增加软件工作，但目前常用的主机性能是能胜任的。交流采样的数学模型将在第二章中介绍。

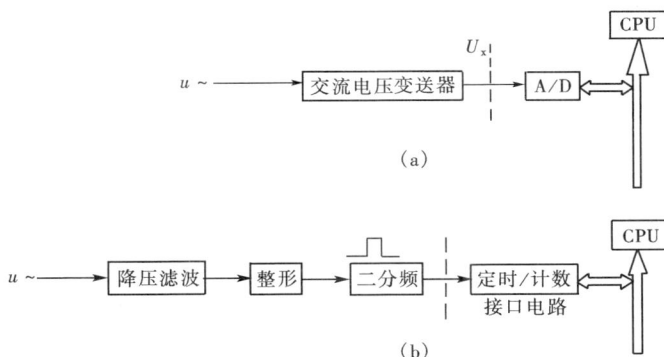

图 1-22 电压和频率测量
(a) 电压测量；(b) 频率测量

（2）频率测量。数字电路测量频率的基本方法是测量交流信号波形的周期 T，图 1-22 (b) 为测频的方案之一。把交流电压正弦信号转换为方波，经二分频后，它的半波时间即为交流电压的周期 T。具体的实施可利用正半周高电平作为可编程定时计数器开始计数的控制信号，其下降沿即停止计数并作为中断申请信号，由 CPU 读取其中计数值 N，并使计数器复位，以便为下一个周期计数做好准备。

如可编程定时计数器的计时脉冲频率为 f_c，则交流电压的周期 T 为

$$T = \frac{1}{f_c} N$$

于是求得交流电压的频率为

$$f = \frac{f_c}{N} \tag{1-17}$$

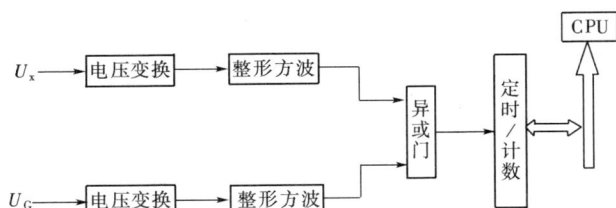

图 1-23 相角差 δ_e 测量

（3）相角差 δ_e 测量。测量 δ_e 的方案之一如图 1-23 所示。把电压互感器二次侧的交流电压信号转换成同频、同相的方波。U_G、U_x 的两个方波信号接到异或门，当两个方波输入电平不同时，异或门的输出为高电平，用于控制可编程定时计数器的计数时间，其计数值 N 即与两波形间的相角差 δ_e 相对应。

2. 输出通道

自动并列装置的输出控制信号有：①发电机转速调节的增速、减速信号；②调节发电机电压的升压、降压信号；③并列断路器合闸脉冲控制信号。这些控制信号可由并行接口电路输出，经放大后驱动继电器用触点控制相应的电路。

（四）人—机联系

人—机联系是计算机控制系统必备的设施，属常规外部设备。其配置则视具体情况而定。自动并列装置主要用于程序调试、设置或修改参数。装置运行时，用于显示发电机并列过程中主要变量，如相角差 δ_e、频率差、电压差的大小和方向以及调速、调压的情况。总之，应为运行操作人员监视装置的运行提供方便。

常用的设备有：

（1）键盘——用于输入程序和数据；

（2）按钮——供运行人员操作；

（3）CRT 显示器——生产厂调试程序时需要；

（4）数码和发光二极管显示指示——为操作人员提供直观的显示方式，以利于对并列过程的监控。

三、软件

数字式自动并列装置借助于微处理器的高速处理信息能力，利用编制的程序，在硬件的配合下实现发电机并列操作。并列条件的检测与合闸信号控制程序所采用的算法介绍如下。

（一）电压检测

交流电压变送器输出的直流电压与输入的交流电压值成正比。由图 1-22（a）可知，CPU 从 A/D 转换接口读取的电压量 D_x、D_G 分别表示 U_x 和 U_G 的有效值。设机组并列时，允许电压偏差设定的阈值为 ΔU_{sy}，装置内对应的设定值为 $D_{\Delta U}$，则当 $|D_x - D_G| > D_{\Delta U}$ 时，不允许合闸信号输出；当 $|D_x - D_G| \leq D_{\Delta U}$ 时，允许合闸信号输出。

如 $D_x > D_G$ 时，并行口输出升压信号，输出调节信号的宽度与其差值成比例；反之，则发降压信号。

（二）频率检测

发电机电压和电网电压分别由可编程定时计数器计数，主机读取计数脉冲值 N_x 和 N_{GO}。由式（1-17）求得 f_x 和 f_G。与上述电压检测所采用算式类同，把频率差的绝对值与设定的允许频率偏差阈值比较，作出是否允许并列的判断。按发电机频率 f_G 高于或低于电网频率 f_x 来输出减速或增速信号。选择 δ_e 在 $0 \sim \pi$ 期间，调节量按 Δf 差值比例进行调节。

（三）越前时间检测

前已述及线性整步电压与相角差 δ_e 之间的关系是从宽度不等的矩形波求得，即矩形波的宽度与相角差 δ_e 有关。由图 1-23 所示可知，U_G 和 U_x 的两方波加至异或门后，在异或门的输出端也是一系

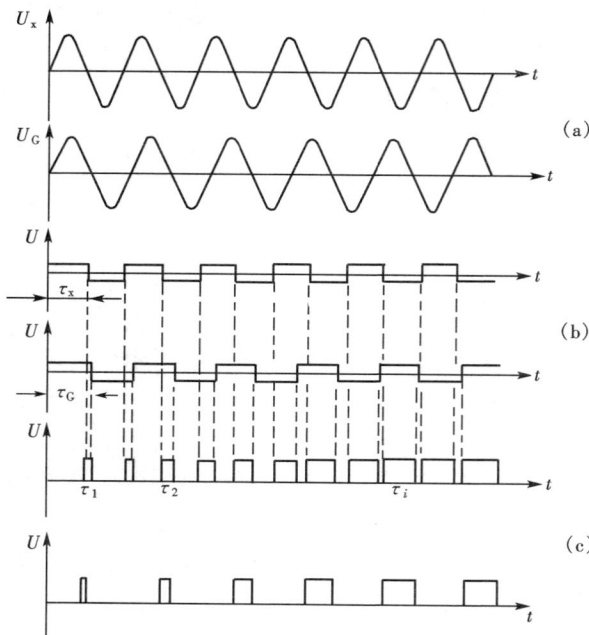

图 1-24　相角差 δ_e 测量波形分析

（a）从电压互感器二次侧来的电压波形；

（b）图（a）电压波形经削波限幅后的波形；

（c）异或后所得的矩形波

列宽度不等的矩形波，表示了相角差 δ_e 的变化。借助于定时计数器 CPU 可读取矩形波宽度的大小，求得两电压间相角差 δ_e 的变化轨迹。为了叙述方便起见，设系统频率额定值为 50Hz，待并发电机的频率低于 50Hz。从电压互感器二次侧来的电压波形如图 1-24（a）所示，经削波限幅后得到图 1-24（b）所示的方波，两方波异或后得到图 1-24（c）中的一系列宽度不等的矩形波。显然，这一系列矩形波宽度 τ_i 与相角差 δ_i 相对应。系统电压方波的宽度 τ_x 为已知，它等于 $\frac{\pi}{2}$（或 180°），因此 δ_i 可按下式求得，即

$$\left.\begin{aligned}\delta_i &= \frac{\tau_i}{\tau_x}\pi \qquad (\text{当 } \tau_i \geqslant \tau_{i-1})\\[2mm]\delta_i &= \left(2\pi - \frac{\tau_i}{\tau_x}\pi\right) = \left(2 - \frac{\tau_i}{\tau_x}\right)\pi \qquad (\text{当 } \tau_i < \pi < \tau_{i-1})\end{aligned}\right\} \tag{1-18}$$

式（1-18）中 τ_x 和 τ_i 的值，CPU 可以从定时计数器读入求得。如每一个工频周期（约 20ms）作一次计算，主机可记录下 $\delta_e(t)$ 的轨迹，如图 1-25 所示。数字式准同期装置可按下式计算理想的导前合闸相角 δ_{YJ}，它可以计及 δ_e 含有加速度的情况，即

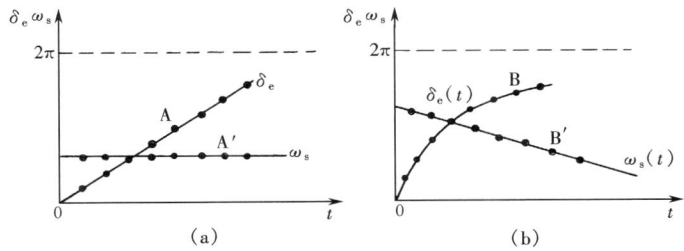

图 1-25　$\delta_e(t)$ 计算轨迹

（a）$\Delta\omega_{si}=0$；（b）ω_s 按等速变化

$$\delta_{YJ} = \omega_{si}t_{DC} + \frac{1}{2}\frac{\Delta\omega_{si}}{\Delta t}t_{DC}^2 \tag{1-19}$$

$$\omega_{si} = \frac{\Delta\delta_i}{\Delta t} = \frac{\delta_i - \delta_{i-1}}{2\tau_x} \tag{1-20}$$

式中　ω_{si}——计算点的滑差角速度；

δ_i、δ_{i-1}——分别为本计算点和上一个计算点的角度值；

$2\tau_x$——两计算点之间的时间；

t_{DC}——微处理器发出合闸信号到主触头闭合时需要经历的时间。

设 t_c 为出口继电器动作时间，则

$$t_{DC} = t_{QF} + t_c \tag{1-21}$$

由于两相邻计算点间的 ω_s 变化甚微，因此 $\Delta\omega_{si}$ 一般可以经若干计算点后才计算一次，所以式（1-19）的 $\Delta\omega_{si}$ 可表示为

$$\frac{\Delta\omega_{si}}{\Delta t} = \frac{\omega_{si} - \omega_{si-n}}{2\tau_x n} \tag{1-22}$$

式中　ω_{si}、ω_{si-n}——分别为本计算点和前 n 个计算点求得的 ω_s 值。

据式（1-19）可以求出最佳的合闸越前相角 δ_{YJ} 值，该值与本计算点的相角 δ_i 按下式进行比较（下式中 ε 为计算允许误差）

$$|(2\pi - \delta_i) - \delta_{YJ}| \leqslant \varepsilon \tag{1-23}$$

若式（1-23）成立，则立刻发出合闸信号。

如果

$$|(2\pi - \delta_i) - \delta_{YJ}| > \varepsilon \tag{1-24}$$

又 $$(2\pi - \delta_i) > \delta_{YJ} \qquad (1-25)$$

则继续进行下一点计算，直到 δ_i 逐渐逼近 δ_{YJ} 符合式（1-23）为止。

设在计算中，一个滑差周期的 $\delta_e(t)$ 曲线如图 1-25（a）中直线 A 所示，它所对应的 ω_s 为常数（直线 A'），这时 $\Delta\omega_{si}=0$，与常规准同期检测越前时间公式类同。如果 $\delta_e(t)$ 的曲线如图 1-25（b）中曲线 B 所示，与它对应的 $\omega_s(t)$ 为直线 B'（ω_s 按等速变化），这相当于待并机按恒定加速度升速，发电机频率与电网频率逐渐接近。这时式（1-19）为计及发电机加速度后求出的最佳合闸导前角。可见，微处理机准同期装置可以方便地考虑频率差的不同变化规律，并不需要增加硬件，这是它最突出的优点。最佳的合闸导前角 δ_{YJ} 与本计算点的 δ_i 比较也有可能出现下式情况，即

$$(2\pi - \delta_i) < \delta_{YJ} \qquad (1-26)$$

这就是图 1-26 所示错过了合闸时机的情况。设待并发电机转速恒定，本点计算时 a 点对应 δ_i 已接近 δ_{YJ}，但不符合式（1-23）且符合式（1-24）和式（1-25）。可是当下一个计算点时，b 点还是不符合式（1-23）却符合式（1-24）和式（1-26），这就错过了合闸时机。

为了避免上述情况，在进行本点 δ_i 计算时，可同时对下一个计算点 δ_{i+1} 值进行预测，估计最佳合闸导前相角 δ_{YJ} 是否介于本计算点与下一个预测点 δ_{i+1} 之间，以便及时采取措施，推算出 $\delta_i \sim \delta_{YJ}$ 所需的时间。这样可以不

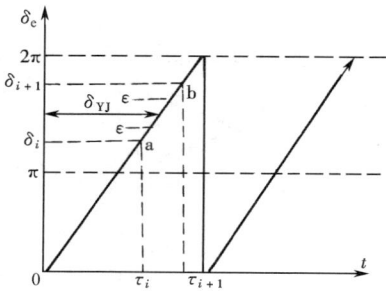

图 1-26 错过合闸时机的情况

失时机地在越前相角 δ_{YJ} 瞬间发出合闸信号。因此，一旦待并发电机的电压、频率符合允许并列条件，在一个滑差周期内就可以捕捉到最佳合闸导前相角 δ_{YJ}，及时发出合闸信号。

由于断路器的合闸时间具有一定的分散性，在给定允许合闸误差角的条件下，并列时的允许滑差角频率及角加速度需通过计算确定。

从 U_G、U_x 的电压波形中采集两并列电源间的相角差 δ_e、频率差 Δf 等信息，数字式准同期并列装置充分发挥了微处理器高速运算能力且性能稳定，因而具有显著优点。

第二章 同步发电机励磁自动控制系统

第一节 概 述

同步发电机的运行特性与其空载电动势 $\dot{E}_q$ 值的大小有关，而 $\dot{E}_q$ 值是发电机励磁电流 I_{EF} 的函数，改变励磁电流就可影响同步发电机在电力系统中的运行特性。因此，对同步发电机的励磁进行控制，是对发电机的运行实行控制的重要内容之一。

在电力系统正常运行时，发电机励磁电流的变化主要影响电网的电压水平和并联运行机组间无功功率的分配。在某些故障情况下，发电机端电压降低将导致电力系统稳定水平下降。为此，当系统发生故障时，要求发电机迅速增大励磁电流，以维持电网的电压水平及稳定性。可见，同步发电机励磁的自动控制在保证电能质量、无功功率的合理分配和提高电力系统运行的可靠性方面都起着十分重要的作用。

同步发电机的励磁系统一般由励磁功率单元和励磁调节器两个部分组成，如图 2-1 所示。励磁功率单元向同步发电机的转子提供直流电流，即励磁电流；励磁调节器根据输入信号和给定的调节准则控制励磁功率单元的输出。整个励磁自动控制系统是由励磁调节器、励磁功率单元和发电机构成的一个反馈控制系统。

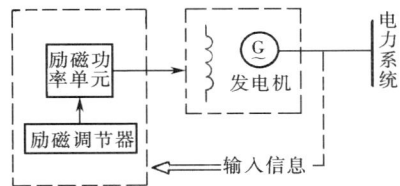

图 2-1 励磁自动控制系统构成框图

一、同步发电机励磁控制系统的任务

在电力系统正常运行或事故运行中，同步发电机的励磁控制系统起着重要的作用。优良的励磁控制系统不仅可以保证发电机可靠运行，提供合格的电能，而且还可以有效地提高系统的技术指标。根据运行方面的要求，励磁控制系统应该承担如下的任务。

（一）电压控制

电力系统在正常运行时，负荷总是经常波动的，同步发电机的功率也就相应的变化。随着负荷的波动，需要对励磁电流进行调节以维持机端或系统中某一点的电压在给定的水平。励磁自动控制系统担负了维持电压水平的任务。为了阐明它的基本概念，可用最简单的单机运行系统来进行分析。

图 2-2（a）是同步发电机运行原理图，图中转子线圈 GEW 是励磁绕组，机端电压为 $\dot{U}_G$，电流为 $\dot{I}_G$。在正常的情况下，流经转子线圈 GEW 的励磁电流为 I_{EF}，由它所建立的磁场使定子产生的空载感应电动势为 $\dot{E}_q$，改变 I_{EF} 的大小，$\dot{E}_q$ 值就相应的改变。$\dot{E}_q$ 和 $\dot{U}_G$ 之间的关系可用图 2-2（b）所示的等值电路来表示。其间的关系式为

$$\dot{U}_G + j\dot{I}_G X_d = \dot{E}_q \tag{2-1}$$

式中 X_d——发电机直轴同步电抗。

隐极发电机的相量图如图 2-2（c）所示。发电机感应电动势 $\dot{E}_q$ 与端电压 $\dot{U}_G$ 的数值关

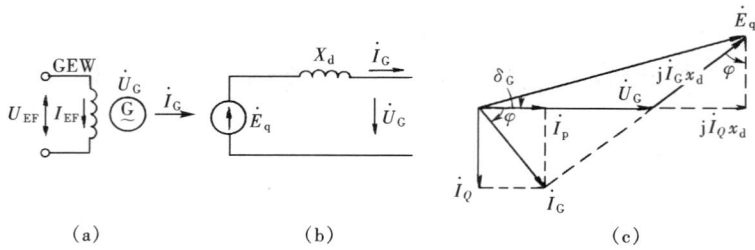

图 2-2　同步发电机感应电动势和励磁电流关系
(a) 同步发电机运行原理图；(b) 等值电路图；(c) 相量图

系为

$$E_q \cos\delta_G = U_G + I_Q X_d$$

式中　δ_G——$\dot{E}_q$ 与 $\dot{U}_G$ 间的相角，即发电机的功率角；

　　　$\dot{I}_Q$——发电机的无功电流。

一般 δ_G 很小，可近似认为 $\cos\delta_G \approx 1$，于是，可得简化的运算式为

$$E_q \approx U_G + I_Q X_d \tag{2-2}$$

式（2-2）说明，负荷的无功电流是造成 $\dot{E}_q$ 与 $\dot{U}_G$ 数值差的主要原因，发电机的无功电流越大，两者之间的差值也越大。

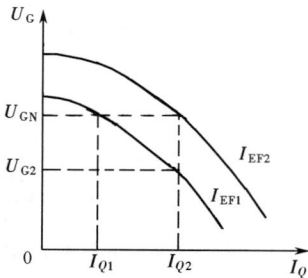

图 2-3　同步发电机的外特性

式（2-2）是式（2-1）的简化，目的是为了突出其间最基本的关系。由式（2-2）可以看出同步发电机的外特性必然是下降的。当励磁电流 I_{EF} 一定时，发电机端电压 U_G 随无功负荷增大而下降。图 2-3 所示外特性说明，当无功电流为 I_{Q1} 时，发电机端电压为额定值 U_{GN}，励磁电流为 I_{EF1}。当无功电流增大到 I_{Q2} 时，如果励磁电流不增加，则端电压降至 U_{G2}，可能满足不了运行的要求，必须将励磁电流增大到 I_{EF2} 才能维持端电压为额定值 U_{GN}。同理，无功电流减小时，U_G 会上升，必须减小励磁电流。同步发电机的励磁自动控制系统就是通过不断地调节励磁电流来维持机端电压为给定水平的。

（二）控制无功功率的分配

1. 同步发电机与无穷大系统母线并联运行的有关问题

为了使分析简单起见，设同步发电机与无穷大系统母线并联运行，即发电机的端电压不随负荷大小而变化，是一个恒定的值，如图 2-4 (a) 所示。图 2-4 (b) 是不同励磁电流情况下的相量图。

由于发电机发出的有功功率只受调速器控制，与励磁电流的大小无关。故无论励磁电流如何变化，发电机的有功功率 P_G 均不改变，即

$$P_G = U_G I_G \cos\varphi = 常数 \tag{2-3}$$

式中　φ——发电机的功率因数角。

当不考虑定子电阻和凸极效应时，发电机功率又可表示为

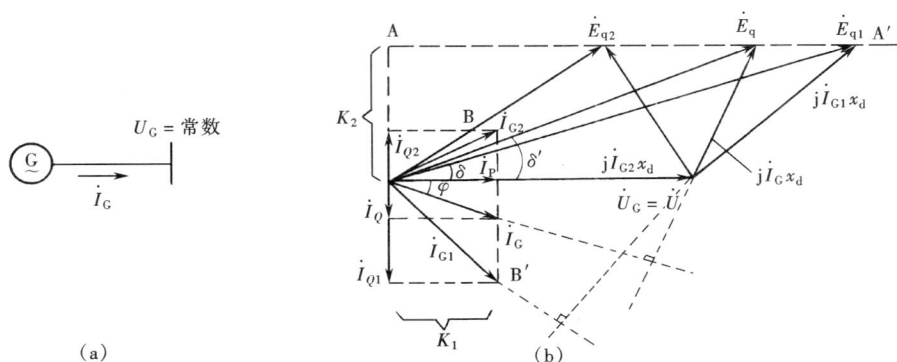

图 2-4 同步发电机与无限大母线并联运行

（a）接线图；（b）相量图

$$P_G = \frac{E_q U_G}{X_d} \sin\delta = 常数 \qquad (2-4)$$

式中 δ——发电机的功率角。

以上两式分别说明当不改变发电机有功功率而改变励磁电流时，$I_G\cos\varphi$ 和 $E_q\sin\delta$ 的值均保持恒定，即

$$I_G\cos\varphi = K_1$$
$$E_q\sin\delta = K_2$$

由图 2-4（b）中的相量关系可以看到，这时感应电动势 $\dot{E}_q$ 的端点只能沿着 AA′ 虚线变化，而发电机电流 $\dot{I}_G$ 的端点则沿着 BB′ 虚线变化。因为发电机端电压 $\dot{U}_G$ 为定值，所以发电机励磁电流的变化只是改变了机组的无功功率和功率角 δ 值的大小。

由此可见，与无限大容量母线并联运行的机组，调节它的励磁电流可以改变发电机无功功率的数值。

在实际运行中，与发电机并联运行的母线并不是无限大容量母线，即系统等值阻抗并不等于零，母线的电压将随着负荷波动而改变。电厂输出无功电流与它的母线电压水平有关，改变其中一台发电机的励磁电流不但影响发电机电压和无功功率，而且也将影响与之并联运行机组的无功功率，其影响程度与系统情况有关。因此，同步发电机的励磁自动控制系统还担负着并联运行机组间无功功率合理分配的任务。

2. 并联运行各发电机间无功功率的分配

当两台以上的同步发电机并联运行时，如图 2-5 所示，发电机 G1 和 G2 的端电压都等于母线电压 U_M，它们发送的无功功率电流值 I_{Q1} 和 I_{Q2} 之和必须等于母线总负荷电流的无功分量值 I_Q，即

$$I_Q = I_{Q1} + I_{Q2}$$

并联各发电机间无功电流的分配取决于各发电机的外特性，而上倾的和水平的外特性都不能起到稳定分配无功电流的作用，这点就不再分析了。图 2-5（b）中画出了发电机 G1 和 G2 不同的外特性曲线，它们都是稍有下倾的。当母线电压为 U_{M1} 时，G1 发出的无功电流为 I_{Q1}，G2 发出的无功电流为 I_{Q2}，并有 $I_{Q1} < I_{Q2}$。假定电网需要的无功负荷增加了，则要求发电机送出的无功电流也相应地增加。由于 G1 和 G2 都有下倾的外特性，所以母线电压

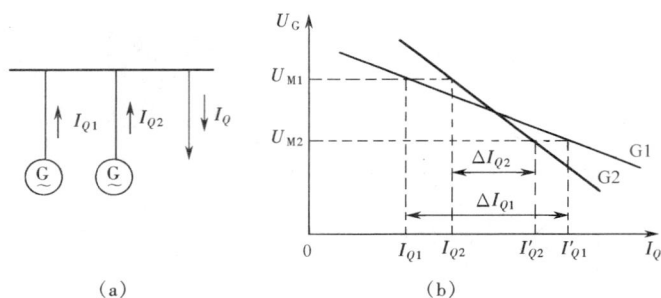

图 2-5 并联运行发电机间无功负荷的分配
（a）原理图；（b）G1 和 G2 不同的外特性曲线

必然相应地降低。假定母线电压由 U_{M1} 降到 U_{M2}，电网无功功率的发送与消耗重新得到了平衡，此时，G1 的无功电流增至 I'_{Q1}，G2 的无功电流增至 I'_{Q2}。由图可知，$I'_{Q1} > I'_{Q2}$。在电网负荷的这一变动下，发电机 G1 的无功电流的变化为 ΔI_{Q1}，而发电机 G2 无功电流的变化为 ΔI_{Q2}，显然 $\Delta I_{Q1} > \Delta I_{Q2}$，改变了负荷增加前两机组无功电流分配的比例。可见并联运行的发电机间无功负荷分配取决于机组的外特性曲线。曲线越平坦的机组，无功电流的增量就越大，在图 2-5 中，G1 外特性较 G2 外特性平坦，故 $\Delta I_{Q1} > \Delta I_{Q2}$。

解释发电机间无功负荷分配的规律，并不是我们的目的，我们的目的是运用这种规律来改善并联运行的发电机间无功负荷分配的不合理状况。通常希望发电机间无功电流应当按照机组容量的大小成比例分配，大容量的机组担负的无功增量应相应地大，小容量机组的增量应该相应地小。只要并联机组的"$U_G - I_{Q^*}$"特性完全一致时（I_{Q^*} 为机组无功电流与其无功电流额定值的比值），就能使得无功负荷在并联机组间进行均匀的分配。要做到这一点，单纯地想把参加并联运行大小不同的发电机组都做成相同的"$U_G - I_{Q^*}$"特性是很难实现的，甚至是不可能的，但是自动调压器却可以相当容易地做到这一点，所以自动调压器不但能维持各发电机的端电压基本不变，而且能对其"$U_G - I_{Q^*}$"外特性曲线的斜度任意进行调整，以达到机组间无功负荷合理分配的目的。

需要说明的是，我国在 1953 年以前把调整同步发电机励磁电流的自动装置称为自动调压器，1953 年及以后又改称为自动励磁调节器，现在又有重称为自动调压器的趋势。这两个名称各有利弊。

（三）提高同步发电机并联运行的稳定性

保持同步发电机稳定运行是保证电力系统可靠供电的首要条件。电力系统在运行中随时都可能遭受各种干扰，在各种扰动后，发电机组能够恢复到原来的运行状态或者过渡到一个新的稳定运行状态，则称系统是稳定的。其主要标志是在暂态过程结束后，同步发电机能维持或恢复同步运行。

为了便于研究，将电力系统的稳定分为静态稳定和暂态稳定两类。

电力系统静态稳定与自动控制中的稳定概念一样，是指电力系统在正常运行状态下，经受微小扰动后恢复到原来运行状态的能力。可采用自动控制理论所介绍的方法，用微分方程建立该动态系统的数学模型加以分析。

电力系统暂态稳定是指电力系统在某一正常运行方式下突然遭受大扰动后，能否过渡到一个新的稳定运行状态或者恢复到原来运行状态的能力。这里，所谓大的扰动是指电力系统发生某种事故，如高压电网发生短路或发电机被切除等。

现在又把电力系统受到小的或大的干扰后，计及自动调节和控制装置作用的长过程的运行稳定问题称为动态稳定。

在分析电力系统稳定性问题时，不论静态稳定或暂态稳定，在数学模型表达式中总含有发电机空载电动势 $\dot{E}_q$，而 $\dot{E}_q$ 与励磁电流有关。可见，励磁自动控制系统是通过改变励磁电流从而改变 $\dot{E}_q$ 值来改善系统稳定性的。

下面分别分析励磁对静态稳定和暂态稳定的影响。

1. 励磁对静态稳定的影响

图 2-6（a）为一个简单的电力系统接线图，其中发电机经升压变压器、输电线和降压变压器接到受端系统。设受端母线电压 U 恒定不变。系统等值网络和相量图如图 2-6（b）、（c）所示。

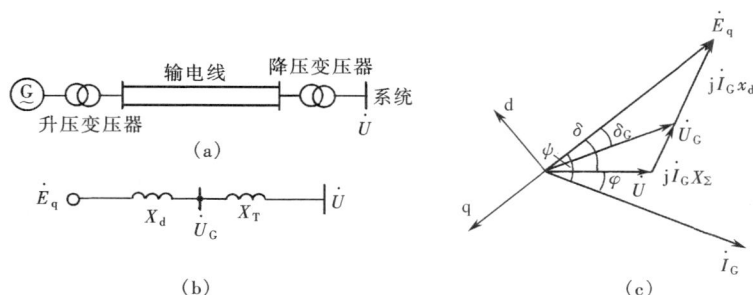

图 2-6 单机向无限大母线送电
（a）接线图；（b）等值网络图；（c）相量图

发电机的输出功率按式（2-4）可以写成

$$P_G = \frac{E_q U}{X_\Sigma} \sin\delta \tag{2-5}$$

式中 X_Σ——系统总电抗，一般为发电机、变压器、输电线电抗之和；

δ——发电机空载电动势 $\dot{E}_q$ 和受端电压 $\dot{U}$ 间的相角。

对应于某一固定空载电动势 $\dot{E}_q$ 值时，发电机传输功率 P_G 是功率角 δ 的正弦函数，如图 2-7 所示，称为同步发电机的功率特性或发电机功角特性。

众所周知，当 $\delta < 90°$ 时（如图中 a 点所示），发电机是静态稳定的。当 $\delta > 90°$ 时（如 b 点所示），发电机不能稳定运行。$\delta = 90°$ 时为稳定的极限情况，若最大可能传输的功率极限为 P_m，则有

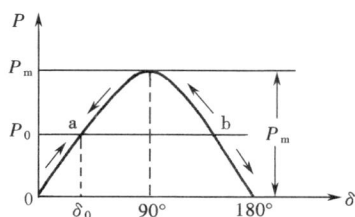

图 2-7 同步发电机的功率特性

$$P_m = \frac{E_q U}{X_\Sigma}$$

实际运行时，为了可靠起见留有一定裕度，运行点总是低于对应的功率极限值。

上述分析表明，静态稳定极限功率 P_m 与发电机空载电动势 $\dot{E}_q$ 的幅值成正比，而 $\dot{E}_q$ 的幅值与励磁电流有关。无自动调节励磁时，因励磁电流恒定，$\dot{E}_q$ 为常数，此时的功角特性称为内功率特性，功率极限出现在 $\delta = 90°$ 条件下。若有灵敏和快速的励磁调节器，则可视为保持发电机电压为恒定，即 U_G 为常数。由一簇不同的 $\dot{E}_q$ 相应的功角特性求出的曲线 B 称

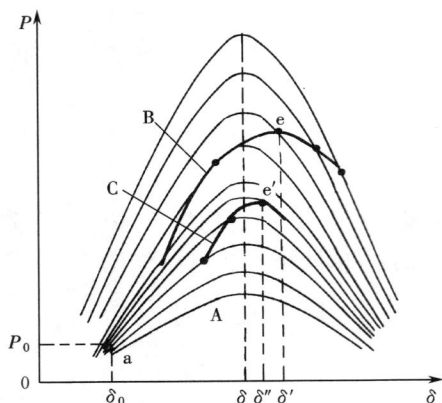

图 2-8　发电机的几条代表性功率特性

为外功角特性（见图 2-7 上部 $P_0 \sim P_m$ 段粗线），最大值出现在对应 U_G 与 U 之间功率角 $\delta' = 90°$ 时，即 $P_m = \dfrac{U_G U}{X'_\Sigma} \sin\delta'$（$X'_\Sigma = X_T$ 时，δ 大于 $90°$）。对于按电压偏差比例调节的励磁控制系统，则近似按 $\dot{E}'_q$ 为常数求得的功角特性曲线 C（见图 2-8 下部 $0 \sim P_0$ 段粗线）工作，$\delta' > \delta'' > 90°$。显然，它也能使发电机在大于 $90°$ 范围的人工稳定区运行，即可提高发电机输送功率极限或提高系统的稳定储备。

由于励磁调节装置能有效的提高系统静态稳定的功率极限，因而要求所有运行的发电机组都要装设励磁调节器。

2. 励磁对暂态稳定的影响

提高励磁系统的强励能力，即提高电压强励倍数和电压上升速度，被认为是提高电力系统暂态稳定性最经济、最有效的手段之一。随着继电保护和断路器动作速度的提高，强励对暂态稳定的作用有所减小，因为强励作用的时间缩短了。但强励对远距离输电的发电机仍是十分重要的。

现以单机经双回线接无限大容量系统为例，说明发电机对于故障状态响应的典型特性。如图 2-9（a）所示系统在正常运行情况下，发电机初始运行状态为 a 点［如图 2-9（b）所示］，当一回线接地后，断开了发电机与系统之间的部分联系，发电机输出功率急剧地减小，运行点突然变到曲线 Ⅱ 的 b 点，由于动力输入部分存在惯性，输入功率不变，于是发电机轴出现过剩转矩使转子加速，系统运行点由 b 点沿曲线 Ⅱ 向 c 点移动，功角不断增大。当故障切除后，即一回线断开后，电功率恢复到功角特性曲线 Ⅲ 上 d 点。

功角特性曲线 Ⅰ 对应于故障前双回线运行；功角特性曲线 Ⅱ 对应于一回线故障时的运行状况；功角特性曲线 Ⅲ 对应于故障切除一回线后的系统。故障切除后，发电机输出的功率大于汽轮机输入的功率，使机组减速，如果故障切除后有足够的减速转矩，去抵消故障期间的加速转矩，那么发电机就是关于第

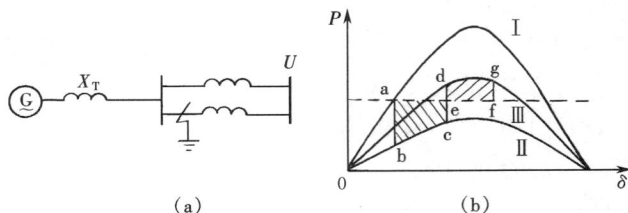

图 2-9　发电机暂态功角特性曲线
（a）接线图；（b）功角特性

一次摇摆稳定的。即加速面积 abce 能够等于减速面积 defg，则系统是暂态稳定的。否则加速面积若大于减速面积，系统就是暂态不稳定的。

故障期间和故障切除后，励磁系统施加的作用是力图促使发电机的内电动势 $\dot{E}_q$ 上升而增加电功率输出，使 P_{max} 增加，功角特性曲线 Ⅱ 和功角特性曲线 Ⅲ 幅值增加，既减小了加速面积，又同时增加了减速面积。

然而，由于发电机励磁系统时间常数等因素，要使它在短暂过程中完成符合要求的控制

也很不容易，这要求励磁系统首先必须具备快速响应的能力。为此，一方面要求缩小励磁系统的时间常数，另一方面应尽可能提高强行励磁的倍数。

（四）改善电力系统的运行条件

当电力系统由于种种原因，出现短时低电压时，励磁自动控制系统可以发挥其调节功能，即大幅度地增加励磁以提高系统电压。这在下述情况下可以改善系统的运行条件。

1. 改善异步电动机的自启动条件

短路切除后可以加速系统电压的恢复过程，改善异步电动机的自启动条件。电网发生短路等故障时，电网电压降低，使大多数用户的电动机处于制动状态。故障切除后，由于电动机自启动时要吸收大量无功功率，以致延缓了电网电压的恢复过程。发电机强行励磁的作用可以加速电网电压的恢复，有效地改善电动机的运行条件。图 2 - 10 表示了机组有励磁自动控制和没有励磁自动控制时短路切除后电压恢复的不同情况。

2. 为发电机异步运行创造条件

同步发电机失去励磁时，需要从系统中吸收大量无功功率，造成系统电压大幅度下降，严重时危及系统的安全运行。在此情况下，如果系统中其他发电

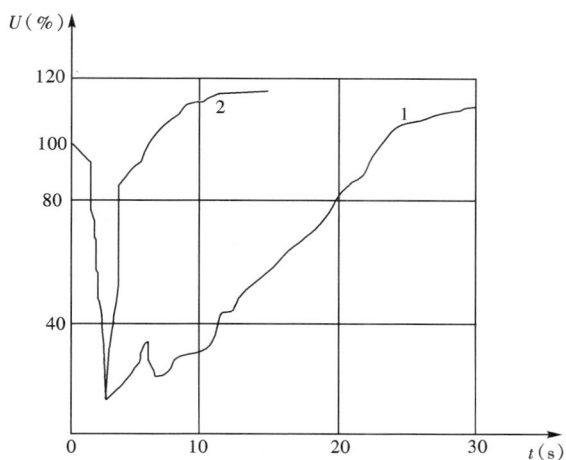

图 2 - 10　短路切除后电压恢复的不同情况
1—无励磁自动控制；2—有励磁自动控制

机组能提供足够的无功功率维持系统电压水平，则失磁的发电机还可以在一定时间内以异步运行方式维持运行。这不但可以确保系统安全运行，而且有利于机组热力设备的运行。

3. 提高继电保护装置工作的正确性

当系统处于低负荷运行状态时，发电机的励磁电流不大，若系统此时发生短路故障，其短路电流较小，且随时间衰减，以致带时限的继电保护不能正确动作。励磁自动控制系统就可以通过调节发电机励磁以增大短路电流，使继电保护正确动作。

由此可见，发电机励磁自动控制系统在改善电力系统运行条件方面起到了十分重要的作用。

（五）水轮发电机组要求实现强行减磁

当水轮发电机组发生故障突然跳闸时，由于它的调速系统具有较大的惯性，不能迅速关闭导水叶，因而会使转速急剧上升。如果不采取措施迅速降低发电机的励磁电流，则发电机电压有可能升高到危及定子绝缘的程度。所以，在这种情况下，要求励磁自动控制系统能实现强行减磁。

二、对励磁系统的基本要求

前面已经分析了同步发电机励磁自动控制系统的主要任务，这些任务主要由励磁系统来实现。励磁系统是由励磁功率单元和励磁调节器两部分组成的，为了充分发挥它们的作用，完成发电机励磁自动控制系统的各项任务，对励磁功率单元和励磁调节器性能分别提出如下的要求。

（一）对励磁调节器的要求

励磁调节器的主要任务是检测和综合系统运行状态的信息，产生相应的控制信号，经放大后控制励磁功率单元，以得到所要求的发电机励磁电流。对它的要求如下。

（1）具有较小的时间常数，能迅速响应输入信息的变化。

（2）系统正常运行时，励磁调节器应能反映发电机电压高低，以维持发电机电压在给定水平。在调差装置不投入的情况下，励磁控制系统的自然调差系数一般在1%以内。

（3）励磁调节器应能合理分配机组的无功功率。为此，励磁调节器应保证同步发电机端电压调差系数可以在±10%以内进行调整。

（4）对远距离输电的发电机组，为了能在人工稳定区域运行，要求励磁调节器没有失灵区。

（5）励磁调节器应能迅速反应系统故障，具备强行励磁等控制功能，以提高暂态稳定和改善系统运行条件。

（二）对励磁功率单元的要求

发电机励磁功率单元向同步发电机提供直流电流，除自并励励磁方式外，一般是由励磁机担当的。励磁功率单元受励磁调节器控制，对它的要求如下。

（1）要求励磁功率单元有足够的可靠性并具有一定的调节容量。在电力系统运行中，发电机依靠励磁电流的变化进行系统电压和本身无功功率的控制。因此，励磁功率单元应具备足够的调节容量以适应电力系统中各种运行工况的要求。

（2）具有足够的励磁顶值电压和电压上升速度。前面已经提到，从改善电力系统运行条件和提高电力系统暂态稳定性来说，希望励磁功率单元具有较大的强励能力和快速的响应能力。因此，在励磁系统中励磁顶值电压和电压上升速度是两项重要的技术指标。

励磁顶值电压 U_{EFq}，是励磁功率单元在强行励磁时可能提供的最高输出电压值，该值与额定工况下励磁电压 $U_{EF.N}$ 之比称为强励倍数。其值的大小涉及制造和成本等因素，一般取 1.6~2。

第二节　同步发电机励磁系统

众所周知，同步发电机的励磁电源实质上是一个可控的直流电源。为了满足正常运行的要求，发电机励磁电源必须具备足够的调节容量，并且要有一定的强励倍数和励磁电压响应速度。在设计励磁系统方案时，首先应考虑它的可靠性。为了防止系统电网故障对它的影响，励磁功率单元往往作为发电机的专用电源。另外，它的起励方式也应力求简单方便。

在电力系统发展初期，同步发电机的容量不大，与发电机组同轴的直流发电机供给励磁电流，即所谓直流励磁机励磁系统。随着发电机容量的提高，所需励磁电流也相应增大，机械整流子在换流方面遇到了困难，而大功率半导体整流元件制造工艺却日益成熟，于是大容量机组的励磁功率单元就采用了交流发电机和半导体整流元件组成的交流励磁机励磁系统。

不论是直流励磁机励磁系统还是交流励磁机励磁系统，一般都是与主机同轴旋转，为了缩短主轴长度，降低造价，减少环节。后又出现用发电机自身作为励磁电源的方法，即以接于发电机出口的变压器作为励磁电源，经硅整流后供给发电机励磁，这种励磁方式称为发电机自并励系统，又称为静止励磁系统。还有一种无刷励磁系统，交流励磁机与发电机励磁绕组中间不需要滑环和电刷等接触元件，这就实现了无刷励磁。

下面对几种常用的励磁系统作简要介绍。由于在励磁系统中励磁功率单元往往起主导作用，因此下面着重分析励磁功率单元。

一、直流励磁机励磁系统

直流励磁机励磁系统是过去常用的一种励磁方式。由于它是靠机械整流子换向整流的，当励磁电流过大时，换向就很困难，所以这种方式只能在10万kW以下中小容量机组中采用。直流励磁机大多与发电机同轴，它是靠剩磁来建立电压的，按励磁机励磁绕组供电方式的不同，又可分为自励式和他励式两种。

（一）自励直流励磁机励磁系统

自励直流励磁机励磁系统中发电机转子绕组由专用的直流励磁机供电，调整励磁机磁场电阻，可改变励磁机励磁电流，从而达到人工调整发电机转子电流的目的，实现对发电机励磁的手动调节，可参见图2-22所示。

（二）他励直流励磁机励磁系统

他励直流励磁机的励磁绕组是由副励磁机供电的，副励磁机与励磁机都与发电机同轴。

自励与他励的区别在于励磁机的励磁方式不同，他励比自励多用了一台副励磁机。由于他励方式取消了励磁机的自并励，励磁单元的时间常数就是励磁机励磁绕组的时间常数，与自励方式相比，时间常数减小了，即提高了励磁系统的电压增长速率（将在本章第三节讨论）。他励直流励磁机励磁系统一般用于水轮发电机组。

直流励磁机有电刷、整流子等转动接触部件，运行维护繁杂，从可靠性来说，它又是励磁系统中的薄弱环节。

二、交流励磁机励磁系统

近代，200、300、600MW及更大容量的机组相继出现，这些大型机组在电力系统中担任了重要的角色。其励磁系统的可靠性与快速响应问题更加受到重视。因直流励磁机有整流环，是安全运行的薄弱环节，容量不能制造得很大，故近代100MW以上的发电机组都改用交流励磁机系统了。

交流励磁机系统的核心设备是交流励磁机。由于励磁机的容量相对较小，只占同步发电机容量的0.3%～0.5%，但要求其响应速度很快，所以现在用作大型机组的交流励磁机系统一般都采用他励的方式，有交流主励磁机也有交流副励磁机，其频率都大于50Hz，一般主励磁机为100Hz或更高，有试验用300Hz以上的。也有自励的交流励磁系统，在这里就不做具体介绍了。

（一）他励交流励磁机励磁系统

他励交流励磁机系统的主副励磁机的频率都大于50Hz，主励磁机的频率为100Hz，副励磁机的频率一般为500Hz，以组成快速的励磁系统。

在图2-11所示的他励式交流励磁机系统中，副励磁机是一个500Hz的中频发电机。它是自励式的交流发电机，为保持其端电压的恒定，有自励恒压单元（一个简单的自动调节器）调整其励磁电流，其励磁绕组由本机电压经晶闸管整流后供电，由于晶闸管的可靠起励电压偏高，所以在启动时必须外加一个直流起励电压，直到副励磁机的交流电压值足以使晶闸管导通时，副励磁机才能可靠工作，起励电源才可退出。

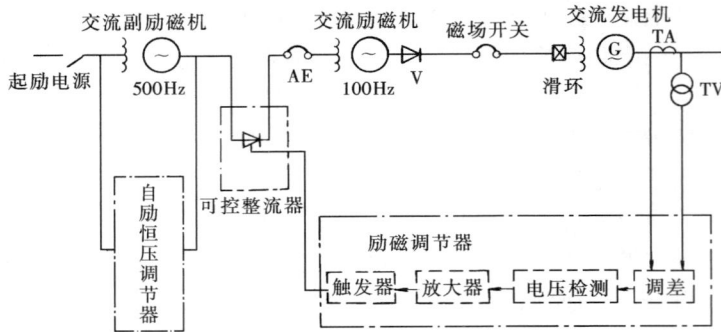

图 2-11　他励式交流励磁机励磁系统原理接线

（二）无刷励磁系统

他励交流励磁机励磁系统是国内运行经验最丰富的一种系统。它有一个薄弱环节——滑环。滑环是一种滑动接触元件。随着发电机容量的增大，转子电流也相应增大，这给滑环的正常运行和维护带来了困难。为了提高励磁系统的可靠性，就必须设法取消滑环，使整个励磁系统都无滑动接触元件，即所谓无刷励磁系统。图 2-12 是无刷励磁系统的原理接线图。它的副励磁机是永磁发电机，其磁极是旋转的，电枢是静止的。而交流励磁机正好相反，交流励磁机电枢、硅整流元件、发电机的励磁绕组都在同一根轴上旋转，所以它们之间不需要任何滑环与电刷等接触元件，这就实现了无刷励磁。无刷励磁系统没有滑环与炭刷等滑动接触部件，转子电流不再受接触部件技术条件的限制，因此特别适合于大容量发电机组。此种励磁系统有如下性能和特点。

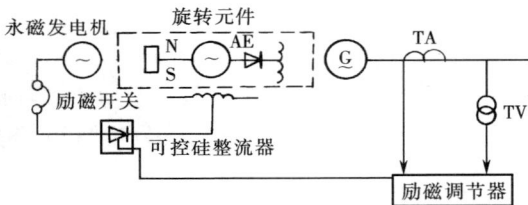

图 2-12　无刷励磁系统原理接线图

（1）无炭刷和滑环，维护工作量可大为减少。

（2）发电机励磁由励磁机独立供电，供电可靠性高，并且由于无刷，整个励磁系统可靠性更高。

（3）发电机励磁控制是通过调节交流励磁机的励磁实现的，因而励磁系统的响应速度较慢。为提高其响应速度，除前述励磁机转子采用叠片结构外，还采用减小绕组电感取消极面阻尼绕组等措施。另外，在发电机励磁控制策略上还采取相应措施——增加励磁机励磁绕组顶值电压，引入转子电压深度负反馈以减小励磁机的等值时间常数。

（4）发电机转子及其励磁电路都随轴旋转，因此在转子回路中不能接入灭磁设备，发电机转子回路无法实现直接灭磁，也无法实现对励磁系统的常规检测（如转子电流、电压，转子绝缘，熔断器熔断信号等），必须采用特殊的测试方法。

（5）要求旋转整流器和快速熔断器等有良好的机械性能，能承受高速旋转的离心力。

（6）因为没有接触部件的磨损，所以也就没有炭粉和铜末引起的对电机绕组的污染，故电机的绝缘寿命较长。

三、静止励磁系统（发电机自并励系统）

300MW 及更大容量机组的励磁系统用得最多的是无刷励磁和自并励两种方式。

静止励磁系统（发电机自并励系统）中发电机的励磁电源不用励磁机，而由机端励磁变压器经整流装置供给。这类励磁装置采用大功率晶闸管元件，没有转动部分，故称静止励磁系统。由于励磁电源是发电机本身提供，故又称为发电机自并励系统。

静止励磁系统接线如图 2-13 所示。它由机端励磁变压器供电给整流器电源，经三相全控整流桥直接控制发电机的励磁。它具有明显的优点，被推荐用于大型发电机组，特别是水轮发电机组。国外某些公司把这种方式列为大型机组的定型励磁方式。我国已在一些机组上以及引进的一些大型机组上，采用静止励磁方式。

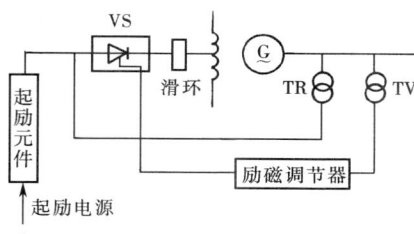

图 2-13　静止励磁系统接线

静止励磁系统的主要优点如下。

（1）励磁系统接线和设备比较简单，无转动部分，维护费用较少，可靠性高。

（2）不需要同轴励磁机，可缩短主轴长度，这样可减小基建投资。

（3）直接用晶闸管控制转子电压，可获得很快的励磁电压响应速度，可近似认为具有阶跃函数那样的响应速度。

（4）由发电机机端取得励磁能量。机端电压与机组转速的一次方成正比，故静止励磁系统输出的励磁电压与机组转速的一次方成比例。而同轴励磁机励磁系统输出的励磁电压与转速的平方成正比。这样，当机组甩负荷时静态励磁系统机组的过电压就低。

对于静止励磁系统，人们曾有过以下两点疑惑。

（1）静止励磁系统的顶值电压受发电机端和系统侧故障的影响，在发电机近端三相短路而切除时间又较长的情况下，不能及时提供足够的励磁，以致影响电力系统的暂态稳定。

（2）由于短路电流的迅速衰减，带时限的继电保护是否能正确的动作。

国内外的分析研究和试验表明，静止励磁系统的缺点并非原先设想的那么严重。对于大、中容量的机组，由于其转子时间常数较大，转子电流要在短路 0.5s 后才显著衰减。因此，在短路刚开始的 0.5s 之内静态励磁方式和他励方式的励磁电流是很接近的，只是在短路 0.5s 后，才有明显的差别。考虑到高压电网中重要设备的主保护动作时间都在 0.1s 之内，且都设双重保护，因此没有必要担心。至于接在地区网络的发电机，由于短路电流衰减快，继电保护的配合较为复杂，要采取一定的技术措施以保证其正确动作。

静态励磁系统特别适宜用于发电机与系统间有升压变压器的单元接线中。由于发电机引出线采用封闭母线，机端电压引出故障的可能性极小，设计时只需考虑在变压器高压侧三相短路时励磁系统有足够的电压即可。

第三节　励磁系统中转子磁场的建立和灭磁

事故情况下，系统母线电压极度降低，这说明电力系统无功功率的缺额很大，为了使系统迅速恢复正常，就要求有关的发电机转子磁场能够迅速增强，达到尽可能高的数值，以弥补系统无功功率的缺额。因此，在事故情况下，转子励磁电压的最大值及其磁场建立的速度（也可以说是响应速度）问题，是两个十分重要的指标，一般称之为强励顶值与响应比。强励顶值一般为额定励磁电压的 1.8～2 倍。当机端电压降低为 0.8～0.85 倍的额定电压时，强励装置动作，使励磁系统实行强行励磁。要使发电机强励的效果能够及时发挥，还必须考虑两个因素：一是励磁机的响应速度要快，即励磁机的时间常数要小；其次，是发电机转子磁场的建立速度要快，一般用励磁电压响应比来表示转子磁场建立的快慢。

当转子磁场已经建立起来后，如果由于某种原因（如发电机绕组内部故障等）需强迫发电机立即退出工作时，在断开发电机断路器的同时，必须使转子磁场尽快消失，否则发电机会因过励磁而产生过电压，或者会使定子绕组内部的故障继续扩大。如何能在很短的时间内，使转子磁场内存储的大量能量迅速消释，而不致在发电机内产生危险的过电压，这也是一个很重要的问题，一般称为灭磁问题。下面就讨论这两方面的问题。

一、时间常数

他励与自励的直流励磁机时间常数不同，下面分别讨论。

（一）他励直流励磁机时间常数

图 2-14（a）是典型的他励直流励磁机时间常数计算原理图，图（c）是励磁回路电路图，外加励磁电动势 E 可以认为是常数，由回路定律可得

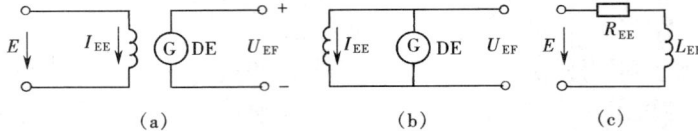

图 2-14　他励与自励直流励磁机时间常数计算原理图
（a）典型的他励直流励磁机时间常数计算原理图；（b）典型的自励直流
励磁机时间常数计算原理图；（c）励磁回路电路图

$$I_{EE}R_{EE} + L_{EE}\frac{\mathrm{d}I_{EE}}{\mathrm{d}t} = E \qquad (2-6)$$

式中　R_{EE}、L_{EE}——分别为励磁机励磁线圈的电阻和电感。

式（2-6）表明 I_{EE} 是按指数曲线增长的，其时间常数为

$$T_t = \frac{L_{EE}}{R_{EE}} \qquad (2-7)$$

由于励磁机电动势 U_{EF} 与 I_{EE} 有关，U_{EF} 也是按指数曲线增加的。

（二）自励直流励磁机时间常数

图 2-14（b）是典型的自励直流励磁机时间常数计算原理图。图 2-15 中曲线与实线的交点 1 表示了自励直流发电机的电压建立条件与过程，为简化起见，图中以虚线代替了励磁线圈的磁化曲线，在这条虚线上任一点的励磁机电动势为

$$U_{EF} = E_0 + \frac{U_1 - E_0}{I_{EE1}}I_{EE} = E_0 + kI_{EE} \qquad (2-8)$$

式中　E_0——自励直流发电机的残余电动势值；

　　　U_1——励磁机的工作电压值；

　　　I_{EE1}——励磁机的工作电流值；

　　　k——比例常数。

对自励励磁机的电动势 U_{EF}，也有

$$I_{EE}R_{EE} + L_{EE}\frac{\mathrm{d}I_{EE}}{\mathrm{d}t} = U_{EF}$$

于是以式（2-8）代入，得

$$I_{EE}R_{EE} + L_{EE}\frac{dI_{EE}}{dt} = U_{EF} = E_0 + kI_{EE}$$

整理之，得

$$(R_{EE} - k)I_{EE} + L_{EE}\frac{dI_{EE}}{dt} = E_0$$

由此得自励系统的时间常数为

$$T_c = \frac{L_{EE}}{R_{EE} - k} \qquad\qquad (2-9)$$

（三）　自励系统时间常数 T_c 与他励系统时间常数 T_t 的比较

比较式（2-7）与式（2-9），由于 k 值比较接近于 R_{EE}，可以看出他励系统的时间常数 T_t 远小于自励系统的时间常数 T_c，其原因就在于他励系统的电压 U_{EF} 的建立过程与 U_{EF} 本身无关，它完全是由于外加电动势 E 的作用，即只与励磁线圈的时间常数有关。但自励系统 U_{EF} 的建立过程却是 U_{EF} 与 I_{EE} 相互作用的结果。图 2-15 可说明，对自励系统而言，固定电动势只是 E_0，起励以后，虽然 I_{EE} 的增加能促使 U_{EF} 加大，但 I_{EE} 本身的增长，又依靠 U_{EF} 的增长，它们互相促进，最后稳定在 1 点。由于 I_{EE} 的增长要依赖于 U_{EF} 的增长，所以，它的上升过程就延长了，其等值时间常数就大为增加。

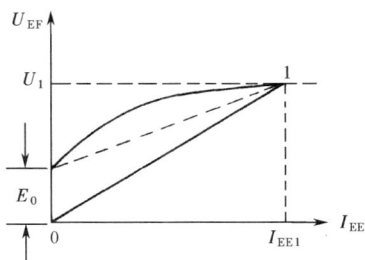

图 2-15　自励直流发电机等值特性图

自励系统的时间常数比他励系统的大，电压变化过程的惯性比较大，这个结论不仅对直流励磁机适用，对其他的自励系统与他励系统一般也是适合的。

常规励磁系统一般是指直流励磁机系统，快速励磁系统则是由高频交流励磁机组成的。由于其频率较高，达到同样励磁电压需要磁通量可以大为减少，因而励磁机的时间常数也大为减小。

二、电压响应比

电压响应比是由电机制造厂提供的说明发电机转子磁场建立过程的粗略参数。反映了励磁机磁场建立速度的快慢。

一般地说，在暂态稳定过程中，发电机功率角摇摆到第一个周期最大值的时间约为 $0.4 \sim 0.7 s$，所以，通常将励磁电压在最初 $0.5 s$ 内上升的平均速率定义为励磁电压响应比。如图 2-16 所示。

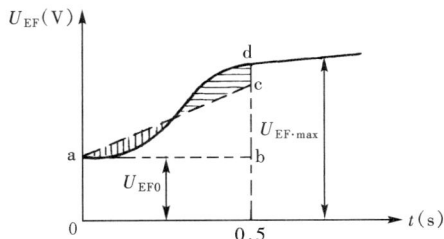

图 2-16　励磁电压上升速度的确定　　　　图 2-17　励磁绕组等值电路图

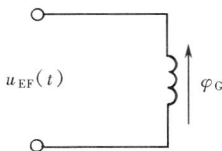

发电机的励磁绕组是一个电感性负载，为了分析简单起见，在忽略发电机转子电阻和定

子回路对它影响的条件下，把发电机励磁绕组简化为图 2-17 所示电路，即把发电机看成是定子开路时的转子电路。这样，转子磁场方程可简化为

$$u_{EF(t)} = K \frac{\mathrm{d}\varphi_G}{\mathrm{d}t}$$

$$\Delta\varphi_G = \frac{1}{K}\int_0^{\Delta t} u_{EF(t)}\,\mathrm{d}t \qquad\qquad (2-10)$$

式中　$u_{EF(t)}$——发电机励磁电压，为上升曲线；

　　　　$\Delta\varphi_G$——发电机转子回路的磁通量；

　　　　K——与转子线圈匝数及转子尺寸有关的常数。

在暂态过程中，励磁功率单元对发电机运行产生实际影响的最主要的物理量是转子磁通增量 $\Delta\varphi_G$，它的值如式（2-10）所示，正比于励磁电压伏秒曲线下的面积增量。在图 2-16 中，从起始电压 U_{EF0} 处作一水平线，再作一斜线 ac，使斜线 ac 在最初 0.5s 所覆盖的面积等于电压伏秒曲线 ad 在同一时间所覆盖的面积。换句话说，使图中画阴影的两部分面积相等，则表示的 $\Delta\varphi_G$ 量值相同。图中 U_{EF0} 为强行励磁初始值，取等于额定工况下的励磁电压值 $U_{EF \cdot N}$，于是励磁电压响应比可以定义为

$$R_R = \left(\frac{U_c - U_b}{U_a}\right)/0.5 = 2\Delta U_{*bc} \qquad (1/s)$$

式中　ΔU_{*bc}——图 2-16 中 bc 段电压标幺值；

　　　　U_a——一般为额定工况下的励磁电压，则 $\dfrac{U_{EF \cdot max}}{U_a}$ 为强励倍数。

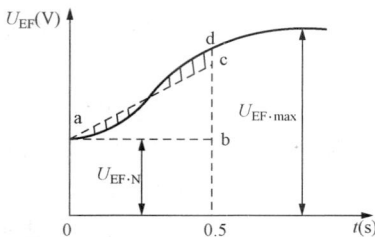

图 2-18　励磁系统电压响应时间
$U_{EF \cdot N}$——额定励磁电压；$U_{EF \cdot max}$——顶值电压

另外，现在一般大容量机组往往采用快速励磁系统，用响应时间作为动态性能评定指标。励磁系统电压响应时间，指在发电机励磁电压为额定励磁电压时，从施加阶跃信号起，励磁电压达到 95% 顶值电压所需时间，如图 2-18 所示。如果励磁系统电压的响应时间为 0.1s 或更短，这样的励磁系统称为高初始响应励磁系统。

三、励磁绕组对恒定电阻放电灭磁

所谓灭磁就是将发电机转子励磁绕组的磁场尽快地减弱到最小程度。当然，最快的方式是将励磁回路断开，但由于励磁绕组是一个大电感，突然断开，必将产生很高的过电压，危及转子绕组绝缘，所以，用断开转子回路的办法来灭磁是不恰当的。但是，将转子励磁绕组自动接到放电电阻灭磁的方法是可行的。

很显然，对灭磁提出的第一个要求是灭磁时间要短，这是评价灭磁装置的重要技术指标，其次是灭磁过程中转子电压不应超过允许值，通常取额定励磁电压的 4～5 倍。

灭磁控制电路如图 2-19 所示。灭磁时，先给发电机转子绕组 GEW 并联一灭磁电阻 R_m，然后再断开励磁回路。有了 R_m 后，转子绕组 GEW 的电流就按照指数曲线衰减，并将转子绕组内的磁场能量几乎全部转变为热能，消耗在 R_m 上，因而使灭磁开关 MK 断开触头的负担大大减轻。

由于 GEW—R_m 回路的电流是按指数衰减的，如图 2-20 所示，在灭磁过程中，转子绕组 GEW 的端电压始终与 R_m 两端的电压 e_m 相等，即

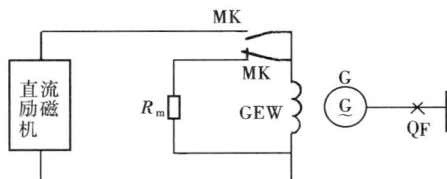

图 2-19　灭磁开关接线图

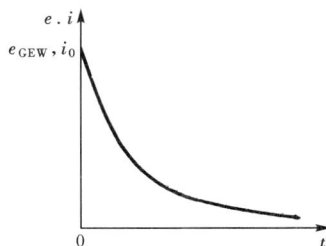

图 2-20　灭磁过程示意图

$$e_{GEW} = e_m = iR_m$$

式中　i——灭磁回路的瞬时电流值。

e_{GEW} 的最大值为

$$e_{GEW0} = i_0 R_m$$

式中　i_0——灭磁回路电流 i 的初始值。

这样在灭磁过程中，e_{GEW} 就是可以控制的了，其最大值与 R_m 的数值成正比，R_m 值越大，图 2-20 所示的曲线衰减得越快，灭磁过程就越快，但 e_{GEW0} 也就越大；R_m 越小，e_{GEW0} 就越小，转子绕组比较安全，但灭磁过程就慢些。手册规定 R_m 的数值一般为转子绕组热状态电阻值的 4～5 倍。灭磁时间约为 5～7s。

四、理想的灭磁过程

图 2-20 表示的灭磁过程，虽然限制了转子绕组 GEW 的最高电压（e_{GEW0}），保证了转子绕组的安全，但是它并没有自始至终地充分利用这一条件，即在灭磁过程中始终保持转子绕组 GEW 的电压为最大允许值不变。而是随着灭磁过程的进行，e_{GEW} 逐渐减小，因而灭磁的过程就减慢。

理想的灭磁过程，就是在整个灭磁过程中始终保持转子绕组 GEW 的端电压为最大允许值不变，直至励磁回路断开为止。由于

$$e_{GEW} = L_{GEW} \frac{\mathrm{d}i}{\mathrm{d}t} \tag{2-11}$$

式中　L_{GEW}——转子回路的电感。

使 e_{GEW} 不变，就是使 $\frac{\mathrm{d}i}{\mathrm{d}t}$ =常数。这就是说，在灭磁过程中，转子回路的电流应始终以等速度减小，直至为零（而不是再按指数曲线减小了）。

比如在转子最大允许电压值下（用 R_{GEW} 表示转子回路电阻；$e_{GEW,N}$ 表示转子端电压的额定值），即在

$$R_m = (4 \sim 5)R_{GEW}$$

$$e_{GEW0} = i_0 R_m = (4 \sim 5)e_{GEW \cdot N}$$

的条件下，图 2-19 所示的灭磁过程是按图 2-21 所示的曲线 1 进行的，其灭磁速度越来越慢。磁场电流衰减的时间常数为

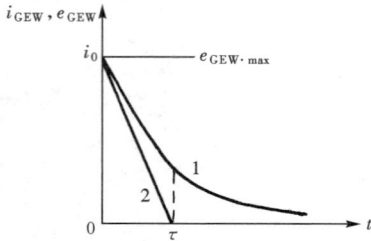

图 2-21 灭磁过程比较

1—图 2-19 的灭磁过程曲线；
2—理想的灭磁过程曲线

$$\tau = \frac{t_{GEW}}{5 \sim 6} = (0.167 \sim 0.2)t_{GEW}$$

式中　　t_{GEW}——转子本身的时间常数。

而理想的灭磁过程则应按直线 2 进行，i_{GEW} 一直按等速减小，在到达 τ 时，即经（$0.167 \sim 0.2$）t_{GEW} 时，降为零，而在这个过程中，转子绕组的端电压始终保持为 $e_{GEW \cdot N}$ 不变。

五、交流励磁机系统的逆变灭磁

在交流励磁系统中（不论有无励磁机），如果采用了晶闸管整流桥向转子供应励磁电流时，就可以考虑应用晶闸管的有源逆变特性来进行转子回路的快速灭磁。虽然对晶闸管的投资增加了，但在主回路内能不增添设备就可进行快速灭磁，也是其优点。

要保证逆变过程不致"颠覆"，逆变角 β 一般取为 40°，即 α 取 140°，并有使 β 不小于 30° 的限制元件。其次，逆变灭磁过程中，交流电源的电压不能消失。很明显，外加电压消失了，就不称其为有源逆变过程了。在这方面，外加电源为交流励磁机时，由于在逆变灭磁过程中，励磁机的端电压不变，所以灭磁过程就快，这样的逆变灭磁过程是一个理想的灭磁过程。而当励磁电压是取自发电机端电压时，则随着灭磁过程的进行，发电机电压也随着降低，灭磁速度也随之减慢，总过程不如交流励磁机的系统快。

对于逆变灭磁，当逆变进行到发电机励磁绕组中的剩余磁场能量不能再维持逆变时，逆变便结束，通常将剩余的能量向并联的电阻放电，此时磁场电流已很小，直到转子励磁电流衰减到零，灭磁结束。因此在这种灭磁方式下，在发电机励磁回路中还装设有容量小、阻值较大的灭磁电阻。

第四节　励磁调节器原理

一、励磁调节器的功能和基本框图

励磁调节单元（即自动调压器）的最基本部分是一个闭环比例调节器。它的输入量是发电机电压 U_G，输出量是励磁机的励磁电流或发电机转子电流，统称为 I_{AVR}。它的主要功能有二：一是保持发电机的端电压不变；其次是保持并联机组间无功电流的合理分配。同其他的自动调节装置一样，也可以把自动励磁调节系统理解为人工对"调节励磁电流的长期操作经验进行了集中总结"的产物。

图 2-22 的励磁系统中，在没有自动励磁调节装置之前，发电机依靠人工调整 R_c 的大小，以达到维持发电机端电压不变的目的。当运行人员发现发电机电压偏高了，就去操作 R_c，加大其数值，使 I_{EE}（即 I_{EF}）减小，使电压回复到额定值附近；反之，电压偏低了，仍由人工去调整 R_c，使 I_{EE} 加大，使电

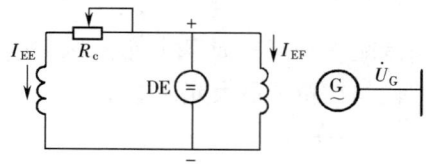

图 2-22 某励磁系统

压回升到额定值附近。这样，人工操作直接参与了发电机的正常运行。通过长期的实践和认识，最后把人工调节的过程归结为以下内容。

人工操作在调压过程中的作用可用图 2-23 中的 ab 线段来表示。ab 线段说明：当发电机电压 U_G 升高时，人工操作使 I_{EF} 减小；反之，U_G 降低时，使 I_{EF} 增大。图中 $U_{Gb} \sim U_{Ga}$ 是发电机正常运行时允许的电压变动范围；这个范围很小，一般不超过 5%。$I_{EFb} \sim I_{EFa}$ 代表励磁系统必须具备的调整容量的最低值。

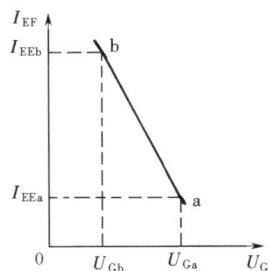

图 2-23　人工调压的作用

在人工调压的过程中，可以说人与发电机形成了一个"封闭回路"。人通过测量仪表对发电机电压进行观察，然后按图 2-23 所示的规律作出判断，进行操作，去改变转子电流 I_{EF}，这样就达到了调压的目的。

具有图 2-23 中 ab 线段特性的自动励磁调节器，其基本框图如图 2-24 所示。图中每个环节的具体电路及工作特性，随所采用的元件、材料不同而有相当大的差异。但其基本原理则如图 2-24 框图所示，将测得的发电机端电压与基准电压进行比较，用其差值作为前置级至功率放大级的输入信息，最后在功率放大级的末端输出一个与此差值反方向的励磁调整电流，使调压器的输入量 U_G 与输出量 I_{EF} 之间达到图 2-23 中 ab 段表示的比例关系。当 U_G 下降时，I_{EF} 就大为增加，发电机的感应电动势 E_q 随即增大，使 U_G 重新回到基准值附近；反之，当 U_G 升高时，I_{EF} 就大为减小，又使 U_G 重新回到基准值附近。这就是闭环比例调节的工作原理。

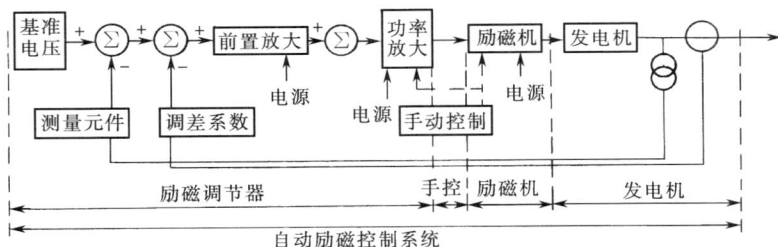

图 2-24　自动励磁系统基本原理框图

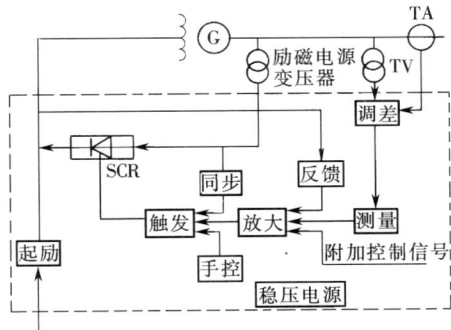

图 2-25　典型晶闸管自动励磁调节器框图

由于晶闸管的放大系数很高，所以很适合作自动调压装置的功率放大元件。这个功率放大单元就是电力电子器件晶闸管整流。晶闸管工作时需要有触发脉冲，触发脉冲与晶闸管功率电源之间又有同步问题（这些在电子学课程中已有所了解，这里不作详细介绍）。典型的晶闸管自动励磁调节器的框图如图 2-25 所示。

图 2-25 所示框图中的测量、放大、同步、触发则是构成一个晶闸管调压器的基本环节，实现电压调节和无功功率分配等最基本的调节功能。而辅助控制是为满足发电机不同工况，改善电力系统稳定性，改善励磁控制系统动态特性而设置的单元。当自动励磁调节器退出后，由自动切换装置将手控单元投入。

二、励磁调节器原理

构成励磁调节器的型式很多，但自动控制系统的核心部分却很相似。基本的控制由测量比较、综合放大、移相触发单元组成。

（一）测量比较单元

测量比较单元的作用是测量发电机电压并变换为直流电压，与给定的基准电压相比较，得出电压的偏差信号。测量比较单元由电压测量、比较整定环节组成。

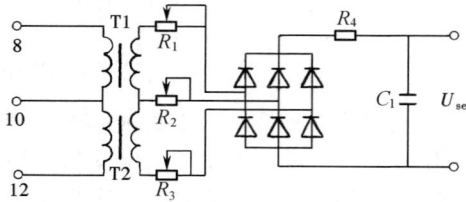

图 2-26　电压测量环节原理图

1. 电压测量

电压测量是将机端三相电压降压、整流、滤波后转换成一较小波纹的直流电压。如图 2-26 所示三相电压由端子 8、10 和 12 输入，两个单相变压器 T1 和 T2 接成 V 形，作三相电压降压和隔离之用。降压后的三相电压分别经 R_1、R_2、R_3 三个相位平衡调节电位器，送至三相桥式整流器整流成直流电压，再经 RC 滤波器滤波后，得到正比于机端电压的直流电压信号 U_{se}。

电位器 R_1、R_2、R_3 主要用作相位平衡调整，通过改变其大小，使进入三相整流桥的三相电压趋于对称，从而使整流后的直流电压对称，减小波纹，有利于滤波和减小时延。同时这些电位器对电压调节范围的上下限及电压偏差检测器的增益均有影响，因此，调定后不应随意再作改变。

2. 比较整定电路

经电压测量环节输出的正比于机端电压的直流电压 U_{se} 通过运算放大器与来自电压整定器 R_P 的给定电压进行比较，取得偏差信号，送综合放大单元。在这里，运放输出即为电压偏差信号 U_{de}，如图 2-27 所示。

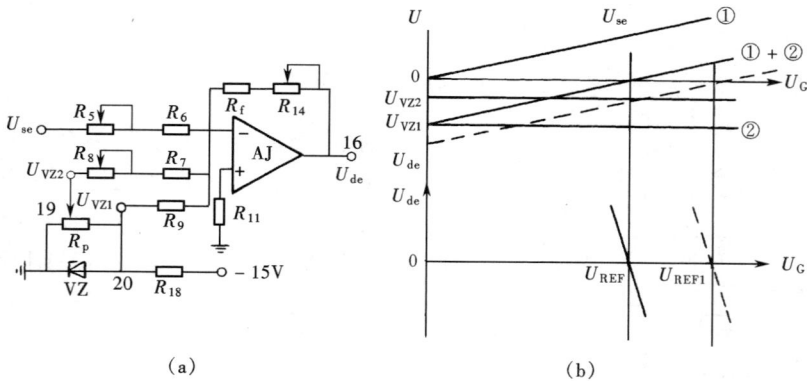

图 2-27　比较整定电路
（a）原理电路图；（b）输出特性

从测量整流电路来的电压 U_{se} 正比于发电机电压 U_G，作为加法器的一个输入量，加法器的另两个输入量是比较整定电路的整定电压，其中 U_{VZ1} 是取自稳压管 VZ 的恒定负电压，U_{VZ2} 是可变的整定电压。先考虑前两个输入量（即设 $U_{VZ2}=0$），若该两路运放的闭环放大倍数分别为 K_{c1}、K_{c2} $\left(K_{c1}=-\dfrac{R_f}{R_6+R_5}，K_{c2}=-\dfrac{R_f}{R_9}\right)$，则比较整定电路输出电压为

$$U_{de} = + (K_{c1}U_{se} - K_{c2}U_{VZ1})$$

式中第一项 $K_{c1}U_{se}$ 为随发电机端电压而变化的量，第二项 $-K_{c2}U_{VZ1}$ 是一恒定量。两者叠加可得图 2-27 （b）中①＋②所示特性。计及第三个输入量 U_{VZ2} 后，测量单元特性可向右平移，如图中虚线所示。因此调节电位器 R_P 具有改变发电机整定电压的作用。此时

$$U_{de} = + (K_{c1}U_{se} - K_{c2}U_{VZ1} - K_{c3}U_{VZ2})$$

其中

$$K_{c3} = -\frac{R_f}{R_7 + R_8}$$

将各通道增益进行归算

$$U_{de} = + K_{c1}\left(U_{se} - \frac{K_{c2}}{K_{c1}}U_{VZ1} - \frac{K_{c3}}{K_{c1}}U_{VZ2}\right) = + K_{c1}(U_{se} - U_{REF})$$

$$U_{REF} = \frac{K_{c2}}{K_{c1}}U_{VZ1} + \frac{K_{c3}}{K_{c1}}U_{VZ2}$$

由此可见，整定电压 U_{REF} 随 U_{VZ2} 而变化。

3. 比较整定电路的整定

当整定电压 U_{REF} 随 U_{VZ2} 变化时，而固定电压 U_{VZ1} 与调节器最小整定电压值有关。具体调节如下。

电位器 R_5 用作最小电压整定（改变 K_{c1}），其阻值减小，发电机运行电压下限降低；阻值增加，运行电压下限升高。整定时，只有固定部分经 R_9 输入运放，变动部分无输入（端子 19 接 0V），模拟输入机端电压为预定下限电压，调节 R_5，使 AJ 输出（端子 16）为 0V。

电位器 R_8 用作电压调节范围整定，其阻值减小，电压调节范围增加；其阻值增加，电压调节范围减小。当最小电压整定后，调节范围的大小便决定了发电机运行电压的上限。整定时（设最小电压整定电位器 R_5 已整定完毕），置给定电压为最大值（端子 19 和 20 短接），模拟输入机端电压为预定上限电压，调节 R_8，使 AJ 的输出为 0V。

电位器 R_{14} 用作运算放大器 AJ 的增益系数的调整。增益范围为 1～10 倍。

电压整定器主要用作电压水平的给定和调整，由微型控制电机和可调电位器构成。电位器与控制电机同轴，电机正转或反转便带动电位器的滑动触点移动，达到改变给定电压的目的。

为了适应运行需要，微电机的控制电路应满足下列要求。

（1）增磁操作及增磁上限自动限位。

（2）减磁操作及减磁下限自动限位。

（3）正常停机时，自动复归到额定位置。

（4）紧急停机灭磁时，自动减磁到下限位置。

为完成上述功能，电压整定器附设了一套控制电路，主要由继电器逻辑电路及六对凸轮节点构成。凸轮与微电机同轴，用作反映电压整定器的几个特殊位置（额定位置、上限位置和下限位置等）。

（二）综合放大单元

综合放大单元是沟通测量比较单元及调差单元与移相触发单元的一个中间单元。来自测量比较单元及调差单元的电压信号在综合放大单元与励磁限制、稳定控制及反馈补偿等其他辅助调节信号加以综合放大，用来得到满足移相触发单元相位控制所需的控制电压。

综合放大单元输入信号中，除基本控制部分电压偏差信号 U_{de} 外，为适应发电机各种工况的工作，还需要多种辅助控制信号，如最大、最小励磁限制信号，为改善励磁控制系统动

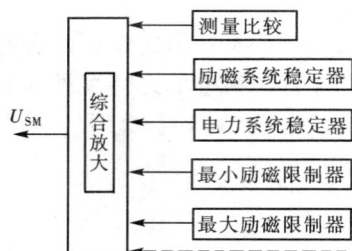

图 2-28　综合放大单元的输入信号

态性能的微分反馈信号（即励磁系统稳定信号）及提高电力系统稳定的（电力系统稳定器）信号等，如图 2-28 所示。

各输入控制信号按其性质可分为三种类型，即被调量控制量（基本控制量）、反馈控制量（为改善控制系统动态性能的辅助控制量）、限制控制量（按发电机运行工况要求的特殊限制量）。前两种是在正常情况按预定规律调节对励磁系统实施控制，而后一种限制控制量在正常工况下不参与作用，在异常情况需要时（危及发电机或系统运行）才进行限制控制。为此，综合放大单元必须有信号运算限制控制功能。

图 2-29 是控制信号综合放大单元原理接线图，它由正竞比电路，负竞比电路、信号综合放大电路和互补输出电路组成。

（1）正竞比电路。如图 2-29 中前级电路所示。它由 VT1、V1～V2、R_{11}～R_{13} 所组成。VT1 有固定正偏置，处于恒流状态，是一恒流管。它有两个输入：测量比较电路输出信号 U_{de}，由 V1 输入；低励限制信号（最小励磁限制）U_{ME}，由 V2 输入，在正常情况下低

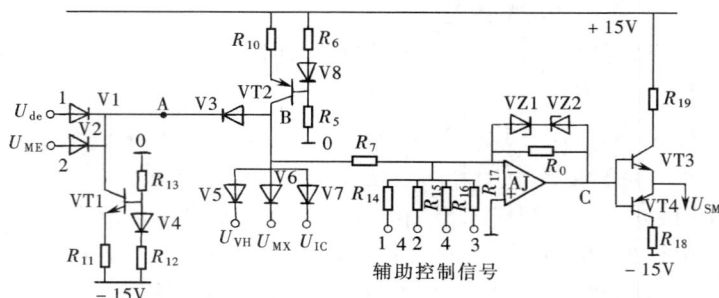

图 2-29　控制信号综合放大单元原理接线图

励限制信号为负，即 $U_{ME} \leqslant 0$。U_{de} 为正，V1 导通，A 点电位 $U_A = U_{de} - 0.6V$（管压降）。若发电机由于某种原因，励磁电流小于最小励磁限制单元启动值时，U_{ME} 由小于零变为正电平，且 $U_{ME} > U_{de}$，这时 V2 导通，V1 受反向电压而阻断，将 U_{de} 信号闭锁，励磁控制由 U_{ME} 决定，使发电机在低励限制信号的作用下进行励磁调节，保证与系统并列运行的稳定性。正竞比门工作区别于一般逻辑门，电路受输入信号中最高电平信号控制，即正值竞比，且 A 点电位反映输入信号大小。

（2）负竞比电路。如图 2-29 中第二级电路所示，由 VT2、V5～V7、V3、V8、R_5、R_6、R_{10} 所组成。其中 VT2 也是恒流管。负竞比门的输入信号均应为负电平，即输入信号中最低者能准予通过，它是进行负值竞比。负竞比门的输入信号都属限制信号，其中有：最大励磁限制信号 U_{MX}，由 V6 输入；瞬时过电流限制信号 U_{IC}，由 V7 输入；电压/频率限制器信号 U_{VH}，由 V5 输入。有关这些限制信号的工作原理下面还要讨论。限制信号作用的共同目的是一样的，均为减小励磁电流，把励磁电流分别限制在相应允许范围之内。正常情况，这些限制信号都处正电平，均为 +10V 左右，V5、V6、V7 均阻断。只要其中有一个限制信号动作，由正电平变为负电平，相应二极管导通，就使 B 点电位变负，正竞比门输出就被封锁，即 V3 受反压阻断，使正竞比门所有输入信号都被闭锁住。此时励磁调节器只能在负竞比门限制信号作用下进行限制控制，显然，负竞比门所有限制信号级别高于正竞比门的控制信号。

（3）信号综合（运算）放大。如图 2-29 中第三级电路所示，由对正、负竞比电路讨论可知，若正竞比电路工作，负竞比电路不工作，B 点电位为正电平，如 A 点电位 $U_A = U_{de} - 0.6V$，因 V3 导通，故 $U_B = U_{de}$，经运算放大器输出 $U_C = -\dfrac{R_0}{R_7} U_{de}$（设运算放大器的其他输入为零时），若取 $R_0 = R_7$，则 $U_C = -U_{de}$。经输入电阻 $R_{14} \sim R_{17}$ 输入有关励磁系统稳定的辅助控制信号，则视机组的励磁系统类型而异，如励磁（系统稳定器）信号、电力系统稳定器信号、其他补偿和校正信号等。它们的综合比例可通过适当选择输入电阻数值来取得，一般情况下其增益为 1。在运算放大器的输出端有

$$U_C = -(U_{de} + U_{aux1} + U_{aux2} + U_{aux3} + U_{aux4}) \qquad (2-12)$$

式中　$U_{aux1} \sim U_{aux4}$ ——辅助控制信号。

图 2-29 中 VZ1 和 VZ2 是对运放输出双向限幅，当运放输出电压 $U_C \geqslant U_{VZ1}$ 时，VZ1 击穿，输出正向被限幅。同理，当 $U_C \leqslant -U_{VZ2}$ 时，VZ2 击穿，使输出负向被限幅。

（4）互补输出电路。如图 2-29 中最后一级电路所示，由 VT3、VT4、R_{18} 和 R_{19} 组成互补推挽射极跟随器，提高与下一级负载阻抗的匹配能力。R_{18} 和 R_{19} 为限流电阻。射极跟随器输出的电压 U_{SM} 是下一级移相触发电路的控制电压。综合运放的输出特性如图 2-30 所示。

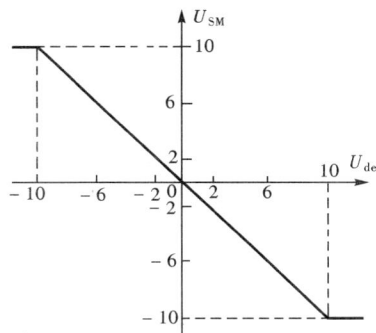

图 2-30　综合运放输出特性　　　　图 2-31　移相触发单元原理框图

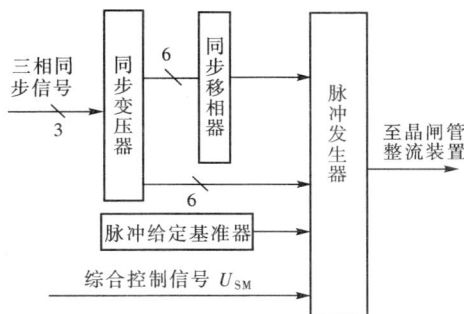

（三）移相触发单元

移相触发单元是励磁调节器的输出单元，它根据综合放大单元送来的综合控制信号 U_{SM} 的变化，产生触发脉冲，用以触发功率整流单元的晶闸管，从而改变可控整流框的输出，达到调节发电机励磁的目的。移相触发单元的构成原理框图如图 2-31 所示。它主要由同步变压器、同步移相器、脉冲发生器和脉冲给定基准器组成。

同步信号取自晶闸管整流装置的主回路，以保证在晶闸管每次承受正向阳极电压时，向其控制极发出脉冲，使晶闸管可靠导通。触发脉冲与主回路之间的这种相位配合关系称为同步。同步变压器和同步移相器，主要用来作为同步信号发生器，以提供具有合适幅值和合适相位的交流同步信号。脉冲发生器则根据综合放大单元送来的综合控制信号 U_{SM} 与同步信号比较，产生与主回路同步且相位可控的触发脉冲，并加以放大，最后输出具有合适电压幅值、合适脉冲宽度和足够驱动能力的触发脉冲，送至晶闸管整流桥，以触发晶闸管整流桥。脉冲给定基准器用来平移综合控制电压 U_{SM} 与控制角 α 的关系（即移相特性），以使运行中的控制电压 U_{SM} 在合适的范围内，而不致产生饱和失控。

在不计交流回路感抗的存在时，认为换流是在瞬时完成的。余弦波移相触发单元（具体电路从略）的输入电压 U_{SM} 与控制角 α 就会具有下述关系

$$\alpha = \arccos \frac{U_{SM}}{U_{sym}} \qquad (2\text{-}13)$$

式中　　U_{sym}——同步电压幅值。

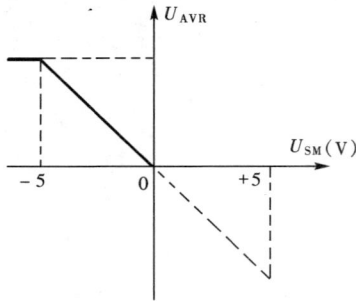

图 2-32　可控整流
电路输入—输出特性

在电力电子技术课程的学习中，我们知道全控整流桥输出的直流电压 U_d 的高低是随控制角 α 的变化而变化的，其表达式为

$$U_d = 1.35 E_1 \cos\alpha \qquad (2\text{-}14)$$

式中　　E_1——全控整流桥输入线电压。

将式（2-13）代入式（2-14）得到全控输出电压平均值为

$$U_d = U_{AVR} = 1.35 E_1 \frac{U_{SM}}{U_{sym}} \qquad (2\text{-}15)$$

式（2-15）说明整流电路的输入量和输出量之间呈线性关系，其特性如图 2-32 所示，图中实线表示整流器特性，虚线表示逆变器特性。

（四）自动—手动的自动切换

励磁调节器由自动励磁（AC）调节器和手动励磁（DC）调节器组成，为双通道结构。AC 调节器是主励磁调节器，按发电机端电压对给定值的偏差量大小自动调节发电机励磁，以维持机端电压稳定。正常运行时，AC 调节器工作，DC 调节器作 AC 调节器的备用。当 AC 调节器故障时，由 AC—DC 自动切换装置控制，将 DC 调节器投入运行，可保证发电机的正常运行。为了防止 AC 调节器向 DC 调节器切换引起冲击，在励磁调节器中还设有 DC 调节器自动跟踪 AC 调节器的自动跟随器，可确保切换冲击最小。

当采用手控方式（DC）时，装置中只有测量、放大单元退出工作，而脉冲触发单元则继续工作。即用手控方式给出的控制信号 U'_{SM} 相当于自动控制（AC）时综合放大单元输出的控制信号 U_{SM}。当自动控制（AC）电压 U_{SM} 与手动控制电压 U'_{SM} 相等时，两种方式的切换才能平滑的进行。在励磁调节器里，设有专门的平衡指示电路，以保证励磁调节方式平稳的进行切换。

平衡电压 U' 为 U_{SM} 与 U'_{SM} 之差，如图 2-33（U'_{SM}、U_{SM} 的比较图）所示。

放大器 AJ 的输出反映 DC 和 AC 两调节器的控制电压之差，即平衡电压。这一电压经滤波器后接平衡电压表，供手动切换时观测平衡电压用。

手动调节器是如何手动控制电压 U'_{SM} 以及 U'_{SM} 是如何随时保持与运行的自动（AC）调节器输出 U_{SM} 一致，即自动跟踪 U_{SM} 的问题，在此就不作详细的介绍了。

三、励磁调节器的静态工作特性

（一）静态工作特性的合成

我们已经分析了励磁调节器各单元的工作原理，并得到了它们的工作特性，将这些单元的特性进行合成，就不

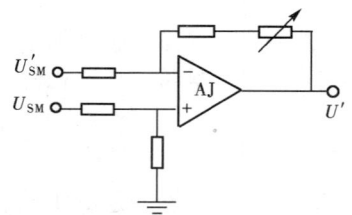

图 2-33　U_{SM}、U'_{SM} 平衡电路

难得到整个励磁调节器的工作特性。

励磁调节器的简化框图如图 2-34 所示，图中 K_1、K_2、K_3、K_4 分别表示各单元的增益，其间输入量、输出量的符号如图中所示。

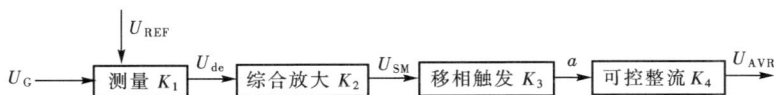

图 2-34　励磁调节器简化框图

测量单元的工作特性示于图 2-35（a），它的输出电压 U_{de} 和发电机电压 U_G 之间的关系为

$$U_{de} = K_1(U_G - U_{REF}) \qquad (2-16)$$

式中　K_1——测量单元的放大倍数；

　　　U_{REF}——发电机电压的整定值。

放大单元是线性元件，在其工作范围内有

$$U_{SM} = K_2 U_{de} \qquad (2-17)$$

式中　K_2——综合放大单元的放大倍数。

放大单元的特性示于图 2-35（b）。

采用余弦波触发器的三相桥式全控整流电路具有线性特性，因此

$$U_{AVR} = K_3 K_4 U_{SM}$$

式中　K_3、K_4——移相触发和可控整流单元的放大倍数。

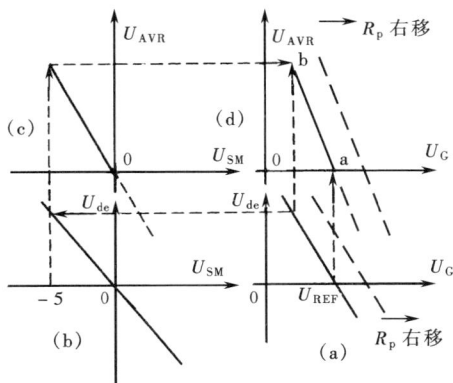

图 2-35　调节器的静态工作特性
（a）测量单元的工作特性；（b）放大单元的工作单元；
（c）输入—输出特性；（d）调节器静态工作特性的组合过程

图 2-35（c）是其输入—输出特性；将它与测量比较单元、综合放大单元特性相配合，就可方便地求出励磁调节器的静态工作特性。

图 2-35 中表示了调节器静止工作特性的组合过程。如图 2-35（d）可见，在励磁调节器工作范围内，U_G 升高，U_{AVR} 急剧减小；U_G 降低，U_{AVR} 就急剧增加。其中线段 ab 为励磁调节器的工作区。工作区 ab 内发电机电压变化极小，可达到维持发电机端电压水平的目的。

图 2-35（a）所示的测量单元工作特性对应于励磁调节器的电压整定为某一定值，当整定电位器 R_P 滑动端移向负电源时，特性曲线将右移，如前文所述，图 2-27（b）所示。反之，特性曲线将左移。因此，调节器的静态工作特性曲线将随给定值 R_P 的变化而移动。

励磁调节器的特性曲线在工作区内的陡度，是调节器性能的主要指标之一，即

$$K = \frac{\Delta U_{AVR}}{U_G - U_{REF}}$$

式中　K——调节器的放大倍数。

调节器放大倍数 K 与组成调节器的各单元增益的关系为

$$K = \frac{\Delta U_{AVR}}{U_G - U_{REF}} = \frac{\Delta U_{de}}{U_G - U_{REF}} \frac{\Delta U_{SM}}{\Delta U_{de}} \frac{\Delta \alpha}{\Delta U_{SM}} \frac{\Delta U_{AVR}}{\Delta \alpha} = K_1 K_2 K_3 K_4 \qquad (2-18)$$

可见，励磁调节器总的放大倍数等于各组成单元放大倍数的乘积。

（二）发电机励磁控制系统静态特性

发电机励磁自动控制系统是由励磁系统和被控对象发电机组成。励磁系统种类很多，现

以图 2 - 36 所示的他励交流励磁机系统为例，说明励磁控制系统调节特性的形成。

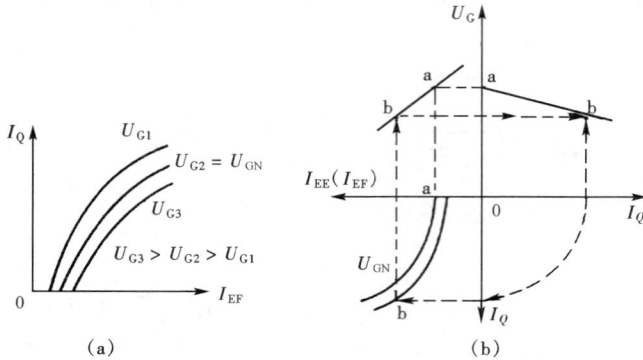

图 2 - 36　发电机无功调节特性的形成
(a) 发电机的 $I_{EF} = f(I_Q)$；(b) 发电机调节特性

发电机的调节特性是发电机转子电流 I_{EF} 与无功负荷电流 I_Q 的关系。由于在励磁调节器作用下，发电机电压仅在额定值附近变化，因此图 2 - 36（a）仅表示发电机额定电压附近的调节特性。在一般情况下，励磁机的工作特性是接近线性的，即励磁机定子电流（发电机转子电流 I_{EF}）和励磁机的励磁电流 I_{EE} 之间近似呈线性关系。这样，发电机转子电流 I_{EF} 就可直接用励磁机励磁电流 I_{EE} 表示。图 2 - 36（b）是利用作图法作出的发电机无功调节特性曲线 $U_G = f(I_Q)$，图上用虚线示出工作段 a、b 两点的作图过程。

图 2 - 37 所示的 $U_G = f(I_Q)$ 曲线说明，发电机带自动励磁调节器后，无功电流 I_Q 变动时，电压 U_G 基本维持不变。调节特性稍有下倾，下倾的程度是表征发电机励磁控制系统运行特性的一个重要参数——调差系数。

调差系数用 δ 表示，其定义为

$$\delta = \frac{U_{G1} - U_{G2}}{U_{GN}} = U_{G1*} - U_{G2*} = \Delta U_{G*} \qquad (2 - 19)$$

式中　U_{GN}——发电机额定电压；

U_{G1}、U_{G2}——分别为空载运行和带额定无功电流时的发电机电压（见图 2 - 37），一般取 $U_{G2} = U_{GN}$。

调差系数 δ 也可用百分数表示，即

$$\delta\% = \frac{U_{G1} - U_{G2}}{U_{GN}} \times 100\%$$

式（2 - 19）的调差系数 δ 表示了无功电流从零增加到额定值时，发电机电压的相对变化。调差系数越小，无功电流变化时发电机电压变化越小。所以，调差系数 δ 表征了励磁控制系统维持发电机电压的能力。

由图 2 - 36 可见，励磁调节器总的放大倍数 K 越大，ab 直线越平缓，调差系数就越小。但不能由此得出结论，认为要改变调差系数 δ 只能通过改变 K 的大小来实现。例如要使 $\delta = 0$，则 $K \rightarrow \infty$，这显然是不现实的。调差系数的调整问题将在下节讨论。

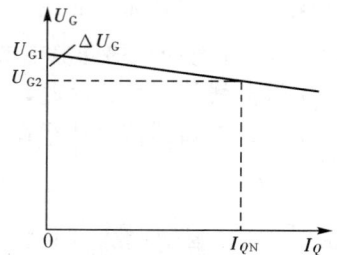

图 2 - 37　无功调节特性

四、励磁调节器静态特性的调整

对自动励磁调节器工作特性进行调整，主要是为了满足运行方面的要求。这些要求是：①保证并列运行发电机组间无功电流的合理分配，即改变调差系数；②保证发电机能平稳地

投入和退出工作，平稳地改变无功负荷，而不发生无功功率的冲击现象，即上下平移无功调节特性。

（一）调差系数的调整

由式（2-18）可见，发电机的调差系数决定于自动励磁调节系统总的放大倍数。实际上，一般自动励磁调节系统的总的放大倍数是足够大的，因而发电机带有励磁调节器时的调差系数一般都小于1%，近似为无差调节。这种特性不利于发电机组在并列运行时无功负荷的稳定分配，因此发电机的调差系数要根据运行的需要，人为地加以调整，使调差系数加大到3%～5%左右。

当调差系数 $\delta > 0$，即为正调差系数时，表示发电机外特性下倾，即发电机无功电流增加，其端电压降低；$\delta < 0$ 为负调差系数时，表示发电机外特性上翘，即发电机无功电流增加，其端电压上升；$\delta = 0$ 即为无差调节。图2-38表明了上述三种情况。

在实际运行中，发电机一般采用正调差系数，因为它具有系统电压下降而发电机的无功电流增加的这一特性，这对于维持稳定运行是十分必要的。至于负调差系数，一般只能在大型发电机—变压器组单元接线时采用，这时发电机外特性具有负调差系数，但考虑变压器阻抗压降以后，在变压器高压侧母线上看，仍具有正调差系数。因此负调差系数主要是用来补偿变压器阻抗上的压降，使发电机—变压器组的外特性下倾度不致太厉害，这对于大型机组是必要的。

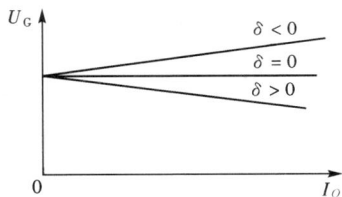

图2-38　发电机调差系数与外特性

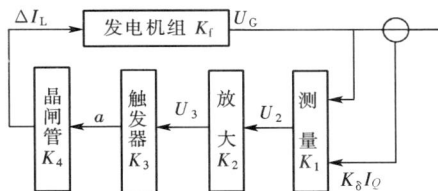

图2-39　调差系数调整原理框图

正、负调差系数可以通过改变调差接线极性来获得，调差系数一般在±5%以内。调差系数的调节原理如下。

在不改变调压器内部元件结构的条件下，在测量元件的输入量中（有时改在放大元件的输入量中），除 U_G 外，再增加一个与无功电流 I_Q 成正比的分量，就获得了调整调差系数的效果。

在图2-39中，测量单元的内部结构并未改变，其放大倍数仍为 K_1，只是将输入量改为

$$U_G \pm K_\delta I_Q$$

于是测量输入变为

$$U_{BEF} - (U_G \pm K_\delta I_Q) = \Delta U_G \mp K_\delta I_Q$$

由于测量单元的放大倍数 K_1 并未变化，所以可适当选择系数 K_δ，就可以改变调差系数 δ 的大小。

下面以两相式正调差接线为例，说明调差环节的工作原理，其接线如图2-40所示。

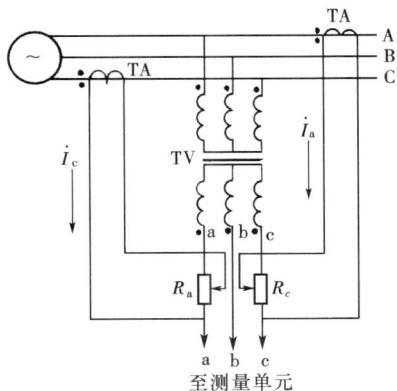

图2-40　两相式正调差接线

在发电机电压互感器的二次侧，A、C 两相中分别串入电阻 R_a 和 R_c，并且 R_a 和 R_c 是同轴调节的，在 R_a 上引入 C 相电流 $\dot{I}_c$，在 R_c 上引入 A 相电流 $\dot{I}_a$。这些电流在电阻上产生的压降与电压互感器二次侧三相电压按相位组合后，送入测量单元的测量变压器。

在正调差接线时，其接线极性为 $\dot{U}_a + \dot{I}_c R_a$ 和 $\dot{U}_c - \dot{I}_a R_c$。

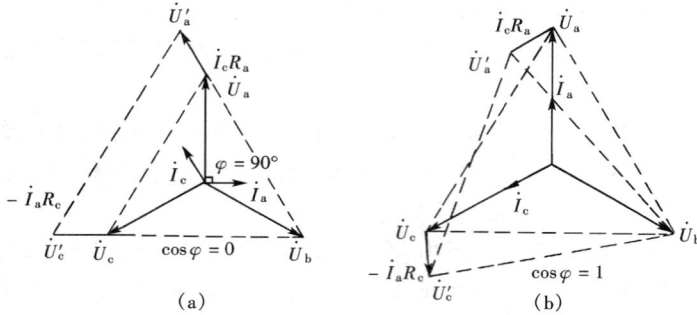

图 2-41 正调差接线相量图
(a) $\cos\varphi = 0$ 时；(b) $\cos\varphi = 1$ 时

由图 2-41（a）可知，当 $\cos\varphi = 0$ 时，即发电机只带无功负荷时，测量变压器输入的电压为电压 $\dot{U}'_a$、$\dot{U}_b$、$\dot{U}'_c$，显然较电压互感器副边电压 $\dot{U}_a$、$\dot{U}_b$、$\dot{U}_c$ 的值大，而且其值 U'_a、U_b、U'_c 随着无功电流的增大而增大。根据励磁调节器装置的工作特性，测量单元输入电压上升，励磁电流将减小，迫使发电机电压下降，其外特性 $U_G - I_Q$ 的下倾度加强。

当 $\cos\varphi = 1$ 时，由图 2-41（b）可知，电压 $\dot{U}'_a$、U_b、$\dot{U}'_c$ 虽然较电压 $\dot{U}_a$、$\dot{U}_b$、$\dot{U}_c$ 有变化，但幅值相差不多，故可以近似地认为调差装置不反映有功电流的变化。

当 $0 < \cos\varphi < 1$ 时，发电机电流均可以分解为有功分量和无功分量。测量变压器一次侧电压可以看成是图 2-41（a）和（b）叠加的结果，由于可以忽略有功分量对调差的影响，故只要计算其中无功电流的影响即可。

对于负调差接线，其极性关系为 $\dot{U}_a - \dot{I}_c R_a$ 和 $\dot{U}_c + \dot{I}_a R_c$。

负调差接线及相量图的作法及分析方法与上述大致相同，可以仿照上面的方法画出。由此可见，改变 R_a 和 R_c 可以改变调差系数 δ，正负调差系数可以通过改变调差接线极性来获得。

（二）发电机调节特性的平移

发电机投入或退出电网运行时，要求能平稳地转移负荷，不要引起对电网的冲击。假设某一台发电机带有励磁调节器，与无限大容量母线并联运行，由图 2-42 可见，发电机无功电流从 I_{Q2} 减小到 I_{Q1}，只需将调节特性从 1 平移到 2 的位置。如果调节特性继续向下移动到 3 的位置时，则它的无功电流将减小到接近零。这样机组就可退出运行，不会发生无功功率的突变。

同理，发电机投入运行时，只要令它的调节特性处于 3 的位置，待机组并入电网后再进行向上移动特性的操作，便可使无功电流逐渐增加到运行的要求值。

移动发电机调节特性的操作是通过改变励磁调节器的整定值 R_P 来实现的。

图 2-35 表示了调节器工作特性的合成过程。由图可见，当可调电阻 R_P 的 19 点（如图 2-27 中）右移，整定值增加时，调节器的测量特性将右移。在图 2-43 中与此对应的发电机无功调节特性也随之上移。反之，19 点左移，整定值减小，无功调节特性下移。

因此，现场运行人员只要调节机组的励磁调节器中的整定电位器 R_P 就可以控制无功功率特性上下平移，实现了无功功率的转移。

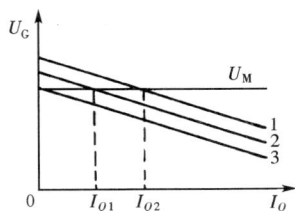

图 2-42 调节特性的平移
与机组无功功率的关系

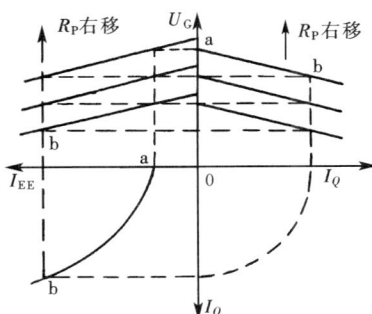

图 2-43 调节特性的平移

五、自动励磁调节器的辅助控制

随着电力系统的发展，发电机容量不断增大。大容量发电机组对励磁控制提出了更高的要求，例如，在超高压电力系统中输电线的电压等级很高，此时输电线的电容电流也相应增加。因此，当线路输送功率较小时，线路的容性电流引起的剩余无功功率会使系统电压升高，以致超过允许的电压范围。使发电机进相运行吸收剩余无功功率是一个比较经济的办法，但发电机进相运行时，容许吸收的无功功率和发出的有功功率有关，此时发电机最小励磁电流值应限制在发电机静态稳定极限及发电机定子端部发热允许的范围内。为此，在自动励磁调节器中设置了最小励磁限制。又如，对大容量发电机组由于系统稳定的要求，励磁系统应具有高起始响应特性，这对于带有交流励磁机的无刷励磁系统而言，必须采取相应措施才能达到高起始响应特性。这些措施之一是提高晶闸管整流装置电压，使发电机励磁顶值电压大大超过其允许值。励磁电流过大，超过规定的强励电流会危及发电机的安全，为此，在调节器中必须设置瞬时电流限制器以限制强励顶值电流。对励磁调节器这些新功能的要求，由调节器的辅助控制去完成。

辅助控制与励磁调节器正常情况下的自动控制的区别是，辅助控制不参与正常情况下的自动控制，仅在发生非正常运行工况、需要励磁调节器具有某些特有的限制功能时，通过信号综合放大电路中的竞比电路，闭锁正常的电压控制，使相应的限制器起控制作用。

励磁调节器中的辅助控制对提高励磁系统的响应速度、提高电力系统稳定及保护发电机、变压器、励磁机等的安全运行有极重要的作用。下面将对自动励磁调节器中常用的几种励磁限制功能作一些简述。

（一）最小励磁限制（也称"欠励磁限制"）

发电机欠励磁运行时，发电机吸收系统的无功功率，这种运行状态称为进相运行。发电机进相运行时受静态稳定极限的限制，这里以单机—无限大容量系统为例来讨论电力系统静态稳定极限的问题（参照图 2-6）。

发电机输出功率为

$$P_G = U_G I_G \cos(\psi - \delta_G) = U_G I_G (\cos\psi\cos\delta_G + \sin\psi\sin\delta_G) \qquad (2-20)$$

$$Q_G = U_G I_G \sin(\psi - \delta_G) = U_G I_G (\sin\psi\cos\delta_G - \cos\psi\sin\delta_G) \tag{2-21}$$

因为
$$I_G \sin\psi = I_d = (U_G\cos\delta_G - U\cos\delta)/X_e$$

且
$$I_G \cos\psi = I_q = U_G\sin\delta_G/X_d$$

把此关系代入式（2-20）和式（2-21）中，经整理可以得到

$$P_G = \frac{U_G^2}{2}\left(\frac{1}{X_e} + \frac{1}{X_d}\right)\sin2\delta_G - \frac{U_G U}{X_e}\cos\delta\sin\delta_G \tag{2-22}$$

$$Q_G = \frac{U_G^2}{2}\left(\frac{1}{X_e} - \frac{1}{X_d}\right) + \frac{U_G^2}{2}\left(\frac{1}{X_e} + \frac{1}{X_d}\right)\cos2\delta_G - \frac{U_G U}{X_e}\cos\delta\cos\delta_G \tag{2-23}$$

由式（2-22）和式（2-23）可知，P_G、Q_G 是 δ 和 δ_G 的函数。将静态稳定极限时 $\delta = 90°$，代入以上两式得

$$\left.\begin{array}{l} P_m = \dfrac{U_G^2}{2}\left(\dfrac{1}{X_e} + \dfrac{1}{X_d}\right)\sin2\delta_G \\[3mm] Q_m = \dfrac{U_G^2}{2}\left(\dfrac{1}{X_e} - \dfrac{1}{X_d}\right) + \dfrac{U_G^2}{2}\left(\dfrac{1}{X_e} + \dfrac{1}{X_d}\right)\cos2\delta_G \end{array}\right\} \tag{2-24}$$

消去式（2-24）中的 δ_G，得

$$P_m^2 + \left[Q_m - \frac{U_G^2}{2}\left(\frac{1}{X_e} - \frac{1}{X_d}\right)\right]^2 = \left[\frac{U_G^2}{2}\left(\frac{1}{X_e} + \frac{1}{X_d}\right)\right]^2 \tag{2-25}$$

式（2-25）表示在静态稳定极限情况下，有功功率极限 P_m 和无功功率极限 Q_m 之间的函数关系。发电机进相运行必须满足静稳定条件。由式（2-25）可知，P_m 和 Q_m 的关系是圆轨迹方程。此圆圆心在 Q 轴上，即 $\left[0, \dfrac{U_G^2}{2}\left(\dfrac{1}{X_e} - \dfrac{1}{X_d}\right)\right]$，半径 $R = \dfrac{U_G^2}{2}\left(\dfrac{1}{X_e} + \dfrac{1}{X_d}\right)$，如图 2-44 所示曲线 B。凡曲线 B 上的各点坐标都是静态稳定功率极限（P_m, Q_m），且满足式（2-25）。B 曲线外侧属不稳定区，而圆内任意点属稳定区。

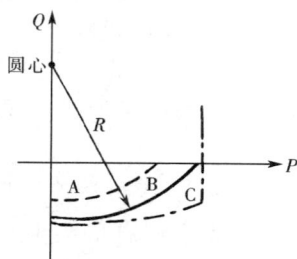

图 2-44 最小励磁限制线
A—低励限制曲线；B—静态稳定曲线；C—发电机进相运行容量曲线

最小励磁限制的另一个目的是，限制发电机在允许进相容量曲线之上，从而防止发电机定子端部过热。在相同的视在功率和相同的端部冷却条件下，发电机随着功率因数由滞相向进相转移，发电机定子端部漏磁磁密值相应增高，这将引起定子端部元件的损耗发热也趋向严重。因此，随着发电机进相程度的增大，要维持发电机端部元件的温度不超过允许值，其输出功率便要相应地降低。显然，防止定子端部过热，是发电机进相运行深度的一个限制因素。

在 P-Q 平面上，绘制出发电机运行容量曲线和临界失步曲线，再在两曲线围定的公共区域内留有适当的裕量，整定一条最小励磁限制线，如图 2-44 所示。欠励限制器的任务就是确保在任何情况下，将发电机的功率运行点（P, Q）限制在这条最小励磁限制线之上。

最小励磁限制器的输出接到综合放大单元的正竞比端。最小励磁限制器首先检测发电机的现行功率运行点（P, Q），并与最小励磁限制线加以比较，若现行功率运行点高于最小励磁限制线，则输出一个负值电压，其电位低于综合信号放大器正竞比门的其他输入，最小励磁限制器的输出被封锁，不起作用；若功率开关运行点低于最小励磁限制线，则输出正电压，其电位高于综合信号放大器正竞比门的其他输入，欠励限制信号起作用，迫使功率运行

点（P，Q）上移或不再下移。在最小励磁限制起作用期间，最小励磁限制器承担了调节励磁的任务。

（二）瞬时电流限制

由于电力系统稳定的要求，大容量发电机组的励磁系统必须具有高起始响应的性能。交流励磁机—旋转整流器励磁系统（无刷励磁），在通常情况下很难满足这一要求。只有采用高励磁顶值的方法才能提高励磁机输出电压的起始增长速度，如图 2-45 所示，当加在励磁机励磁绕组上的励磁顶值电压 $U_{EEq2} > U_{EEq1}$ 时，对同一时间 t_1 而言，$U_{E2} > U_{E1}$，即 U_{EEq} 之值越高，励磁机输出电压 U_E 的起始增长速度越快。这样，励磁系统的响应速度得到了改善。但是高顶值励磁电压会危及

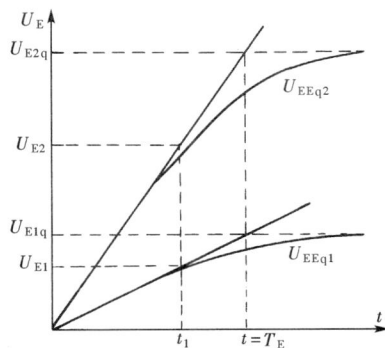

图 2-45 励磁机励磁电压对励磁机电压响应的影响

励磁机及发电机的安全，为此，当励磁机电压达到发电机允许的励磁顶值电压倍数时，应立即对励磁机的励磁电流加以限制，以防止危及发电机的安全运行。

励磁调节器内设置的瞬时电流限制器检测励磁机的励磁电流，一旦该值超过发电机允许的强励顶值，限制器输出立即由正变负。通过信号综合放大器的负竞比门闭锁正常的电压控制，由负竞比门控制励磁，即瞬时电流限制器与信号综合放大器构成调节器，使励磁机强励顶值电流自动限制在发电机允许的范围内。图 2-46 是其控制框图。

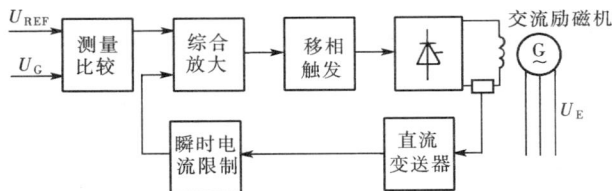

图 2-46 瞬时电流限制控制框图

由于瞬时电流限制器的工作与发电机、励磁机的安全密切相关，因此其工作可靠性非常重要。为此瞬时电流限制器必须设置多级，一般分为三级，其限制定值分别为 1.0、1.05、1.1 倍顶值电流，以此来确保发电机、励磁机的运行安全。

（三）最大励磁限制

最大励磁限制是为了防止发电机转子绕组长时间过励磁而采取的安全措施。按规程要求，当发电机端电压下降至 80%～85% 额定电压时，发电机励磁应迅速强励到顶值电流，一般为 1.6～2 倍额定励磁电流。由于受发电机转子绕组发热的限制，强励时间不允许超过规定值。制造厂给出的发电机转子绕组在不同励磁电压时的允许时间见表 2-1。

为使机组安全运行，对过励磁应按允许发热时间运行。若超过允许时间，励磁电流仍不能自动降下来，则应由最大励磁限制器执行限制功能。它具有反时限特性，如图 2-47 所示。

表 2-1　不同励磁电压时的允许时间

转子电压标幺值	允许时间（s）	转子电压标幺值	允许时间（s）
1.12	120	1.46	30
125	60	2.08	10

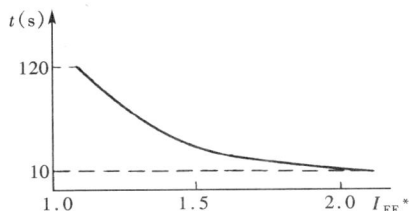

图 2-47 最大励磁限制器反时限特性

另外，定时限限制器可以与反时限限制器配合使用，它实际上是一个延时继电器。当反时限限制器动作后，转子电流在规定时间（如 3～5s）内未能恢复到反时限限制器的启动值（如 1.1 倍的额定励磁电流）以下，则定时限限制器动作，跳开发电机出口开关。定时限限制器作为反时限限制器的后备保护。

（四）V/Hz（伏/赫）限制器

V/Hz（伏/赫）限制器，用于防止发电机的端电压与频率的比值过高，避免发电机及与其相连的主变压器铁心饱和而引起的过热。

发电机解列运行时，其端电压可能升得较高，频率也有可能较低，例如机组启动期间，频率较低，甩负荷时，电压较高等。如果其机端电压 U_G 与其频率 f_G 的比值 U_G/f_G 过高，则同步发电机及与其相连的主变压器的铁心就会饱和，使空载励磁电流加大，造成铁心过热。V/Hz（伏/赫）限制器的任务，就是保证在任何情况下将比值 U_G/f_G 限制在允许的安全数值以下。

第五节 励磁系统稳定器

励磁自动控制系统动态特性，是指在较小的或随机的干扰下，励磁自动控制系统的时间响应特性。它可以用线性方程组来描述，分析这些问题的方法有经典的传递函数法及现代的状态变量法两种。

对于励磁自动控制系统来说，它必须保证发电机端电压的稳态值基本不变，因此 ΔU_G 是它的基本输入量。它输出至发电机组的控制量也只有一个，即发电机的励磁电流 ΔI_{EF}，所以我们选择了用传递函数的经典分析方法。

一、励磁自动控制系统响应曲线的一般讨论

从图 2-24 可以看出，自动调节励磁系统的动态方程是一个三阶以上的方程式，因此，它有稳定问题，也有其动态过程的质量问题。与对其他多阶系统的处理方式一样，励磁系统的动态响应特性一般也可用在其中起主导作用的二阶系统特性作为其整个系统的基本的合理的响应曲线。这当然只是一种近似关系，但是这种近似关系往往是人工有意造成的，通过设计、试验并反复修改之后，有意识地使一个多阶系统的传递函数趋向于出现两个“最小阻尼”极点。对励磁系统一般也作同样处理，所以，基本上是一个二阶系统的时域特性曲线（如图 2-48 所示），也可作为励磁系统动态特性的基本表达形式。一般用下述三个工程术语来描述图 2-48 的响应曲线。

（1）过调量 a_1（标幺值），是响应曲线超过稳态响应的最大值。

（2）上升时间 t_r，是响应曲线自 10% 稳态响应值上升到 90% 稳态响应值时所需的时间。

（3）稳定时间 t_s，是对应一个阶跃函数的响应时间，在此以后响应曲线的值始终保持在最终值的百分数为 a_2 的范围内，而阻尼比则是在下述闭环系统传递函数中的 ζ 值，则有

$$\frac{C(s)}{R(s)} = \frac{K}{s^2 + 2\zeta\omega_n s + \omega_n^2}$$

阻尼比 ζ 与两个相继的过调量 a_1 和 a_2 有关。当 $\zeta=0$ 时，系统是振荡的，励磁系统就是不稳定的；当 $\zeta=0.7$ 时，则只有很小的过调量（约 5%）；当 $\zeta=1.0$ 时，可以说是临界阻尼。

从图 2-48 来看，评价励磁自动控制系统动态特性的优劣是较简单的问题，如稳定时间 t_s 应该短，过调量 a_1 应该小，上升时间 t_r 应该短等。t_s 的长短、a_1 的大小、t_r 的长短过去统称为调节过程的质量指标。但实际评价励磁自动控制系统的动态特性，要比单纯比较这些指标复杂，原因之一是由于励磁自动控制系统中某些元件的限制，如电压、电流极限值的限制，结构上的困难或制造成本的限制等，使得上述某些指标之间会发生矛盾。如上升时间 t_r 短，则可能带来系统振荡大，使得过调量 a_2 与稳定时间 t_s 都加大；如过调量 a_1 小，稳定时间 t_s 短，甚至根本不振荡时，则可能使上升时间 t_r 加大等。

当进行继电强行励磁时，励磁系统的响应曲线则常常是过阻尼的，即 $\zeta > 1$。在这种情况下，电压上升是较为"缓慢"的，如图 2-49 所示。它的过调量是零，稳定时间是 t_s（即在此以后，响应曲线与最终值的偏离始终不大于 K），上升时间为 t_r。强励时励磁系统的响应时间可以通过试验来确定，取此响应曲线 0.5s 内的面积，即可得到响应比，电机制造企业一般把它作为该励磁系统磁场建立速度的指标。

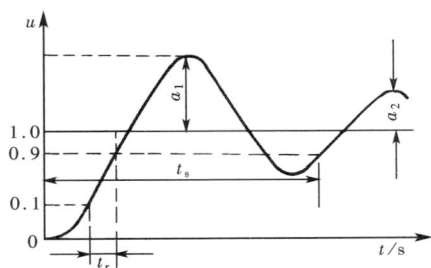

图 2-48　时域特性曲线　　　　　　　图 2-49　强行励磁时的响应曲线

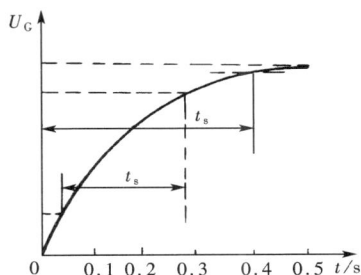

二、励磁控制系统的传递函数

在本章第二节中我们讨论了同步发电机的励磁系统，励磁方式多种多样，这里只分析比较简单的他励式直流发电机励磁系统。

（一）他励式直流励磁机的传递函数

如图 2-50 所示，图中 u_E、u_{EE} 分别为励磁机输出电压和他励绕组的输入电压。他励绕组的电压平衡方程式为

$$u_{EE} = R_E i_{EE} + L_{EE} \frac{\mathrm{d}\phi_E}{\mathrm{d}t} \tag{2-26}$$

当不计转速变化时，励磁机的内电动势与磁链 ϕ_E 成正比，近似地认为励磁机电压 u_E 正比于 ϕ_E。他励电流 i_{EE} 和 u_E 的关系取决于励磁机的饱和特性曲线，如图 2-51 所示。不计饱和时为一条曲线。根据上述情况有

$$u_E = K\phi_E \tag{2-27}$$

不计饱和时

$$u_E = K i_{EE} L_{EE} = \frac{1}{G} i_{EE} \tag{2-28}$$

式中　$\dfrac{1}{G}$——（如图 2-51 所示）中直线的斜率。

将式（2-27）、式（2-28）代入式（2-26）得传递函数为

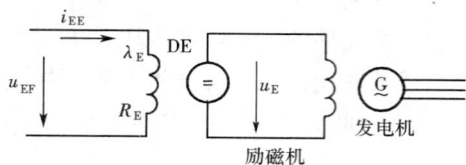

图 2-50　他励直流励磁机

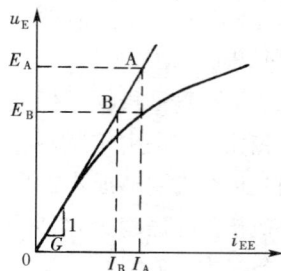

图 2-51　励磁机的饱和曲线

$$G(s) = \frac{u_E(s)}{u_{EE}(s)} = \frac{1}{1 + T_E s} \tag{2-29}$$

其中

$$T_E = \frac{L_{EE}}{GR_E}$$

式（2-29）即为励磁系统不计饱和的传递函数。

计及饱和时定义饱和函数为

$$S_E = \frac{I_A - I_B}{I_B}$$

则传递函数为

$$G(s) = \frac{u_E(s)}{u_{EE}(s)} = \frac{1}{T_E s + K_E + S'_E}$$

$$K_E = R_E G \qquad S'_E = R_E G S_E$$

所以，他励直流励磁机的传递函数框图如图 2-52（a）所示。在图 2-52 中考虑了励磁机端电压 u_E 与其所对应的同步发电机励磁电动势 E_{de} 的换算关系。图 2-52（b）是其规格化后的框图。

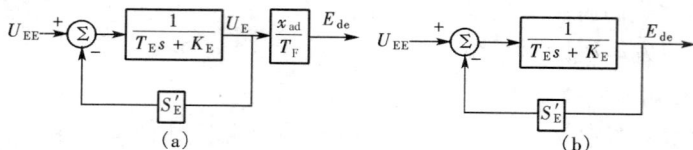

图 2-52　他励直流励磁机传递函数
（a）他励直流励磁机的传递函数框图；（b）他励直流励磁机规格化框图

（二）励磁调节器各单元的传递函数

励磁调节器主要由电压测量比较、综合放大及功率放大等单元组成。

电压测量比较单元由测量变压器、整流滤波电路及测量比较电路组成。其时间常数 T_R 主要取决于滤波电路的参数。数值通常在 $0.02 \sim 0.06 \mathrm{s}$ 之间。

测量比较电路的传递函数可表示为

$$G_R(s) = \frac{U_{de}(s)}{U_G(s)} = \frac{K_R}{1 + T_R s} \tag{2-30}$$

式中　K_R——电压比例系数。

综合放大单元、移相触发单元可以合并且近似地当作一个惯性环节。放大倍数为 K_A，时间常数为 T_A。它们的合成传递函数是

$$G_A(s) = \frac{K_A}{1 + T_A s} \qquad (2\text{-}31)$$

励磁调节器中的功率放大单元是晶闸管整流器。晶闸管整流元件工作是断续的，而晶闸管的这一断续控制现象就有可能造成输出平均电压 u_d 滞后于触发器控制电压信号 u_{SM}。滞后时间为 T_z。

在分析中，这样一个延迟环节可近似看为一惯性环节，有

$$G_z(s) = \frac{K_z}{1 + T_z s} \qquad (2\text{-}32)$$

（三）同步发电机的传递函数

要仔细分析同步发电机的传递函数是相当复杂的，但如果只研究发电机空载时励磁控制系统的有关性能，则可对发电机的数学描述进行简化。简单说来，发电机端电压的稳态幅值被认为与其转子励磁电压成正比。这是因为在运行区域内，发电机电压不会经历大的变化，而可以不考虑它的饱和特性；其次，认为发电机的动态响应可以简化为用一阶惯性元件的特性来表示。其空载时的时间常数为 T'_{d0}，用 K_G 表示发电机的放大系数，得同步发电机的传递函数为

$$G_G(s) = \frac{K_G}{1 + T'_{d0} s} \qquad (2\text{-}33)$$

（四）励磁控制系统的传递函数

求得励磁控制系统各单元的传递函数后，按图 2-24 可组成励磁控制系统的传递函数框图，如图 2-53 所示。在图 2-53 中，如果采用 $G(s)$ 表示前向传递函数，$H(s)$ 表示反馈传递函数，则该系统的传递函数为

$$\frac{U_G(s)}{U_{REF}(s)} = \frac{G(s)}{1 + G(s)H(s)}$$

为简化起见，忽略励磁机的饱和特性和放大器的饱和限制，则由图 2-53 可得

$$G(s) = \frac{K_A K_G}{(1 + T_A s)(K_E + T_E s)(1 + T'_{d0} s)} \qquad (2\text{-}34)$$

$$H(s) = \frac{K_R}{1 + T_R s}$$

所以

$$\frac{U_G(s)}{U_{BEF}(s)} = \frac{K_A K_G (1 + T_R s)}{(1 + T_A s)(K_E + T_E s)(1 + T'_{d0} s)(1 + T_R s) + K_A K_G K_R} \qquad (2\text{-}35)$$

式（2-35）即为同步发电机励磁控制系统的闭环传递函数。

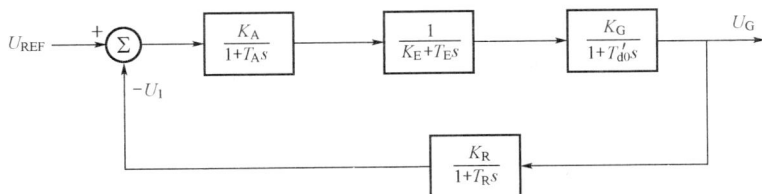

图 2-53　励磁控制系统传递函数框图

三、励磁自动控制系统的稳定性

对任一线性自动控制系统，求得其传递函数后，可以利用它的特征方程式，按照稳定判

据来判断该系统是否稳定。发现该系统稳定性不够好时，最好是能找出影响系统稳定性最有效的参数，采取适当的补偿措施，以改善系统的稳定性。在这一方面，根轨迹法是很有用的方法，因为它指明了开环传递函数极点与零点应当怎样变化，才能使系统的动态特性满足技术的要求。这种方法特别适合于快速获得近似结果的情况下。

（一）典型励磁控制系统的稳定计算

设某励磁控制系统的参数为

$$T_A = 0s, T'_{d0} = 2s, T_E = 0.69s, T_R = 0.04s, K_E = 1, K_G = 1$$

由图 2-53 可求得系统的开环传递函数为

$$G(s)H(s) = \frac{18.125K_A K_G K_R}{(s+0.5)(s+1.45)(s+25)}$$

$$= \frac{K}{(s+0.5)(s+1.45)(s+25)}$$

$$K = 18.125K_A K_G K_R$$

开环极点为 $s=-0.5$，$s=-1.45$，$s=-25$，它们是根轨迹的起始点。

为确定根轨迹的形式，需进行下列计算。

（1）根轨迹渐近线与实轴的交点及倾角为

$$\sigma_a = \frac{\sum_{j=1}^{n} p_j - \sum_{i=1}^{m} z_i}{n - m} = -8.98$$

$$\beta = \frac{(2k+1)\pi}{n-m} \quad k = 0,1,2$$

$$\beta_1 = \frac{\pi}{3}, \beta_2 = \pi, \beta_3 = \frac{5\pi}{3}$$

（2）根轨迹在实轴上的分离点。其闭环特征方程为

$$(1+T_A s)(K_E + T_E s)(1+T'_{d0}s)(1+T_R s) + K_A K_G K_R = 0$$

用给定值代入，得

$$K = -(s^3 + 26.95s^2 + 49.475s + 18.125)$$

由 $\frac{dK}{ds} = 0$ 及 $K > 0$，解得 $s = -0.97$，这就是根轨迹在实轴上的分离点。

（3）在 $j\omega$ 轴交叉点的放大系数。其闭环特征方程为

$$\Phi(s) = s^3 + 26.95s^2 + 49.475s + K + 18.125$$

运用劳斯判据，可解得 $K < 1315$，即 $K_A K_R < 73$。

由 s^2 项的辅助多项式可计算根轨迹与虚轴的交点为 $+j7.03$，$-j7.03$。由此可画出该励磁控制系统的根轨迹如图 2-54 所示。

由图 2-54 可见，发电机、励磁机的时间常数所对应的极点都很靠近坐标的原点，系统的动态性能不够理想，并且随着闭环回路增益的提高，其轨迹变化趋向转入右半平面，使系统失去稳定。为了改善控制系统的稳定性能，必须限制调节器的放大倍数，而这又与系统的调节精度要求相悖。由此分析可知，在发电机励磁控制系统中，需增加校正环节，才能适应稳定运行的要求。

在励磁控制系统中通常用电压速率反馈环节来提高系统的稳定性，即将励磁系统输出的

励磁电压微分后，再反馈到综合放大器的输入端。这种并联校正的微分负反馈网络即为励磁系统稳定器。

（二）励磁控制系统空载稳定性的改善

1. 速度反馈

图 2-54 的根轨迹说明，要想改善励磁控制系统的稳定性，必须改变发电机极点与励磁机极点间根轨迹的射出角，也就是要改变根轨迹的渐进线，使之只处于虚轴的左半平面。为此必须增加开环传递函数的零点，使渐进线平行于虚轴并处于左半平面。这可以在发电机转子电压 u_E 处增加一条电压速率负反馈回路，同样将其换算到 E_{de} 处后，其传递函数为 $K_F s/(1+T_F s)$，典型补偿系统方框图如图 2-55 所示。

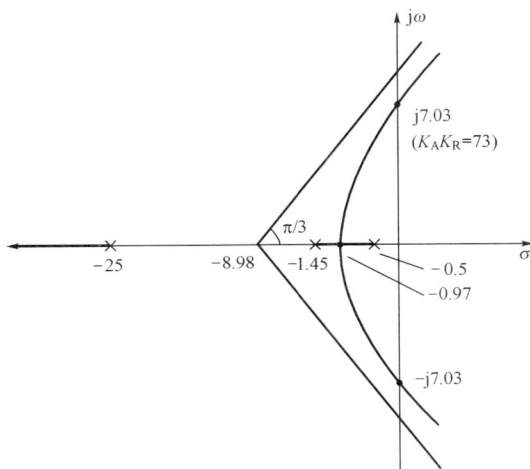

图 2-54　某励磁系统的根轨迹图

为了分析转子电压速率反馈对励磁控制系统根轨迹的影响，可以对图 2-55 所示框图进行简化，其简化过程如图 2-56 所示。

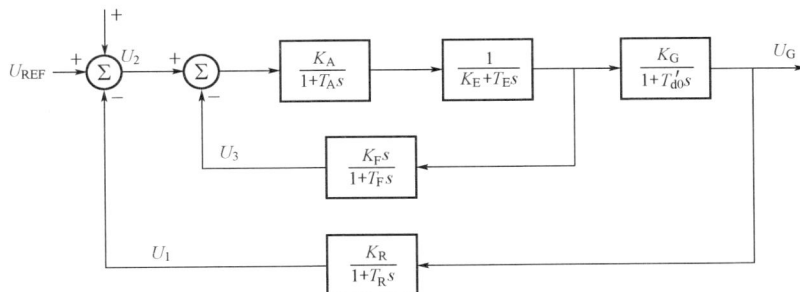

图 2-55　典型补偿系统的框图

由图 2-56 得增加转子电压速率反馈后（$T_A = 0s$）励磁控制系统的等值前向传递函数为

$$G(s) = \frac{K_A K_G}{T_E T'_{d0}} \cdot \frac{1}{\left(s + \dfrac{K_E}{T_E}\right)\left(s + \dfrac{1}{T'_{d0}}\right)} \tag{2-36}$$

反馈传递函数为

$$H(s) = \frac{T'_{d0} K_F}{K_G T_F} \cdot \frac{s\left(s + \dfrac{1}{T'_{d0}}\right)\left(s + \dfrac{1}{T_R}\right) + \dfrac{K_R}{T_R}\left(s + \dfrac{1}{T_F}\right)\dfrac{K_G T_F}{K_F T'_{d0}}}{\left(s + \dfrac{1}{T_F}\right)\left(s + \dfrac{1}{T_R}\right)} \tag{2-37}$$

于是得到励磁控制系统的开环传递函数为

$$G(s)H(s) = \frac{K_A K_F}{T_E T_F} \cdot \frac{s\left(s + \dfrac{1}{T'_{d0}}\right)\left(s + \dfrac{1}{T_R}\right) + \dfrac{K_G K_R T_F}{T'_{d0} T_R K_F}\left(s + \dfrac{1}{T_F}\right)}{\left(s + \dfrac{1}{T'_{d0}}\right)\left(s + \dfrac{K_E}{T_E}\right)\left(s + \dfrac{1}{T_R}\right)\left(s + \dfrac{1}{T_F}\right)} \tag{2-38}$$

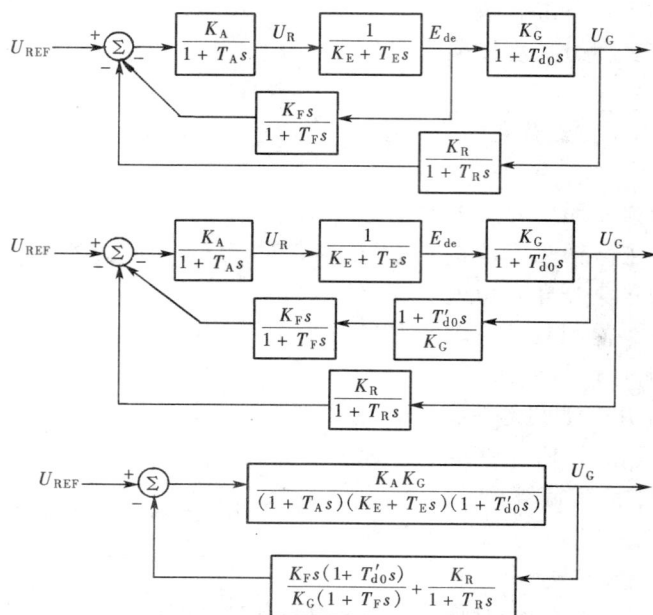

图 2-56 具有转子电压速率反馈的励磁系统框图的简化

将前面已知的数据及 $K_R = 1$ 代入式（2-38），得

$$G(s)H(s) = 1.45 \cdot \frac{K_A K_F}{T_F} \cdot \frac{s(s+0.5)(s+25) + 12.5\dfrac{T_F}{K_F}\left(s+\dfrac{1}{T_F}\right)}{(s+0.5)(s+1.45)(s+25)\left(s+\dfrac{1}{T_F}\right)} \tag{2-39}$$

式（2-39）说明，增加了电压速率反馈环节后，系统就有四个极点，三个零点。当 T_F 值给定后，式（2-39）的所有极点就被确定了。轨迹的形状还与零点的位置有关。为此求式（2-39）的零点，方程可写为

$$s(s+0.5)(s+25) + 12.5\frac{T_F}{K_F}\left(s+\frac{1}{T_F}\right) = 0 \tag{2-40}$$

由式（2-40）可知，式（2-39）的零点位置随 T_F、K_F 而变，为探求最佳的零点位置，就需绘制其变化轨迹，因此把式（2-40）转化为

$$1 + \frac{K\left(s+\dfrac{1}{T_F}\right)}{s(s+0.5)(s+25)} = 0 \tag{2-41}$$

$$K = 12.5T_F/K_F$$

式（2-41）与某一控制系统的闭环特征方程相似，因此式（2-41）可视为开环传递函数

$G_0(s)H_0(s) = \dfrac{K\left(s+\dfrac{1}{T_F}\right)}{s(s+0.5)(s+25)}$ 的闭环系统特征方程，作出 $G_0(s)H_0(s)$ 的根轨迹，其轨迹上的每一点都是式（2-41）的根，也就是式（2-39）的零点。

由式（2-41）可知，其零点的确切位置与 T_F、K_F 的值有关。当 $0.5 < \dfrac{1}{T_F} < 25$ 时，$G_0(s)H_0(s)$ 的根轨迹的形状如图 2-57 所示，其渐进线与实轴交点的横坐标为 m，m 的范围

为 $-12.5<m<-0.25$。当 K 值给定后，由图 2-57 即可确定式（2-39）的零点，其位置如图2-58中 z_1、z_2、z_3。这样，引入电压速率反馈后，励磁控制系统的根轨迹图就如图 2-58 所示。

由图 2-58 的根轨迹可见，引入电压速率反馈后，由于新增加了一对零点，把励磁系统的根轨迹引向左半平面，从而使控制系统的稳定性大为改善。

因此，在发电机的励磁控制系统中，一般都附有励磁控制系统稳定器，作为改善发电机空载运行稳定性的重要部件。这种方法是将发电机转子电压（或励磁机励磁电流）微分再反馈到综合放大单元的输入端参与调节。这种并联校正的转子电压负反馈网络称为励磁稳定器，由于它有增加阻尼、抑止超调和消除振荡的作用，故又称为阻尼器。

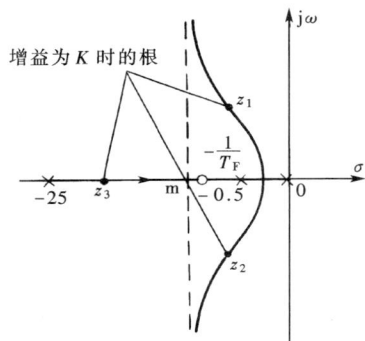

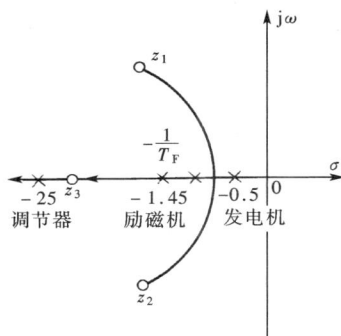

图 2-57　式（2-41）开环传递函数的根轨迹　　　图 2-58　式（2-39）的根轨迹图

2. PID 控制器

最普通的控制器之一是已经商用化的 PID（Proportional Integral Derivative）控制器。PID 控制器用来改进响应的动态特性，并减少或消除稳态误差。微分控制器在开环控制传递函数中添加一个零点，改善暂态响应；积分控制器在原点处增加一个极点，系统增加一阶，将阶跃响应的稳态误差减小到零。PID 控制的传递函数是

$$G_C(s) = K_P + \frac{K_I}{s} + K_D s \tag{2-42}$$

含有 PID 控制器补偿的 AVR 框图如图 2-59 所示。

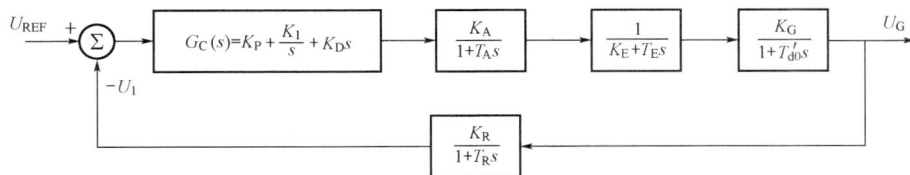

图 2-59　含有 PID 控制器补偿的 AVR 框图

第六节　电力系统稳定器

电力系统运行的稳定问题与同步发电机受到干扰后的特性有关。一个稳定的电力系统在受到干扰时，系统内的同步发电机经过一段动态过程后，或者回到原始运行状态；或者逐渐

达到一个新的运行状态，而不致失去同步。

所有互联的同步发电机保持同步运行，指的是它们的转子都以相同的转速并联旋转（当然是指经过电气连接的并联旋转），因此它们转子之间的旋转角差是一定的数值。在同步发电机受到干扰后的动态过程中，转子间的角差会是一个振荡性质的过程。如果转子角差的振荡过程是衰减的，则电力系统就是稳定的；如果转子角差的振荡过程不衰减，甚至振荡幅值不断增大，则电力系统就是不稳定的。

电力系统稳定一般专指有转子角差的振荡过程的稳定问题。电力系统中也有不包含转子角差的振荡过程，如上一节讨论的励磁自动控制系统的稳定问题，它只有电压幅值的振荡。凡是不包含转子角差振荡的，一般都不属于电力系统稳定的范畴。

电力系统稳定又分为暂态稳定与动态稳定。暂态稳定是由突然巨大的冲击引起的，这时发电机可能失去同步。这种大冲击出现的概率是有限的，因而系统设计应承受得住那些冲击，必须在事前按规程进行选择。所以暂态稳定的分析是一件十分具体的工作，工程人员可据此作出在给定的系统情况与给定的冲击下，同步发电机是否能保持同步的结论。动态稳定则是由较小的和较经常的随机冲击引起的，如负荷的随机变化就是一个例子。按照电力系统原来设计的容量，应付这些冲击是足够的。但是系统从一个运行点进到另一运行点的动态过程，却远不是只由系统容量决定的问题，而是与系统的动态特性密切相关，所以动态稳定趋向于说明系统运行状态的一种特性。

从 20 世纪 50 年代初以来，人们逐渐注意到励磁系统的性能。常规励磁或快速励磁，它的控制与调节对电力系统稳定有很大的影响，特别是励磁与电力系统动态稳定的关系更是密切。励磁调节器的参数选择得不当，会影响电力系统的动态稳定，而增加适当的补偿后却又大大有助于系统动态过程的稳定。运行经验与研究结果都说明，高放大倍数、高起始响应的励磁调节器在某些条件下，容易产生负阻尼，使系统的动态性能变坏，系统可能发生阻尼不足的低频振荡。而采用电力系统稳定器（PSS）去产生正阻尼以抵消励磁控制系统引起的负阻尼转矩，是一个有效的办法。

因此，励磁调节器的任务除了维持发电机端电压为恒定外，另一项发展趋势就是要起到改善电力系统稳定的作用。这是电力系统自动化工作者不能不注意的问题。励磁调节器为什么可能产生负阻尼？怎样控制励磁才能克服负阻尼而提高系统的稳定性呢？

一、同步发电机的动态方程组

以一台同步发电机经外接电抗 X_e 接于无限大容量母线为典型例子，说明励磁控制系统对电力系统稳定性的影响。

图 2 - 60 所示框图是进行小扰动分析同步发电机的数学模型，它与下面的一组派克方程相对应

$$\Delta E'_q = \frac{K_3}{1 + K_3 T'_{d0} s} \Delta E_{de} - \frac{K_3 K_4}{1 + K_3 T'_{d0} s} \Delta \delta$$

$$\Delta M_e = K_1 \Delta \delta + K_2 \Delta E'_q$$

$$\Delta U_G = K_5 \Delta \delta + K_6 \Delta E'_q$$

$$\Delta \omega = \frac{\Delta M_m - \Delta M_e}{T_j s}$$

$$\Delta \delta = \frac{\omega_0}{s} \Delta \omega$$

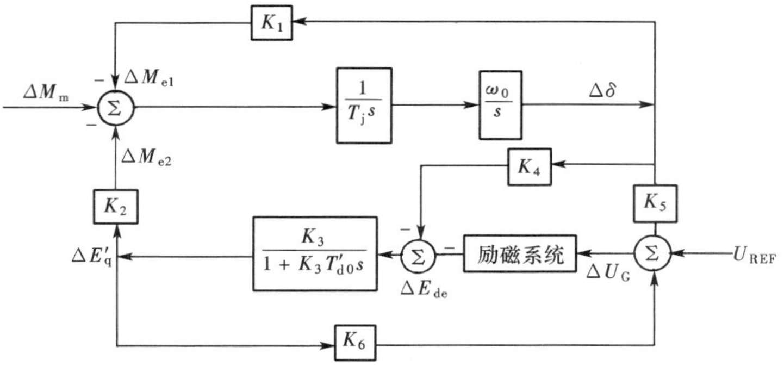

图 2-60　经外电抗接于无限大母线的同步发电机的传递函数框图

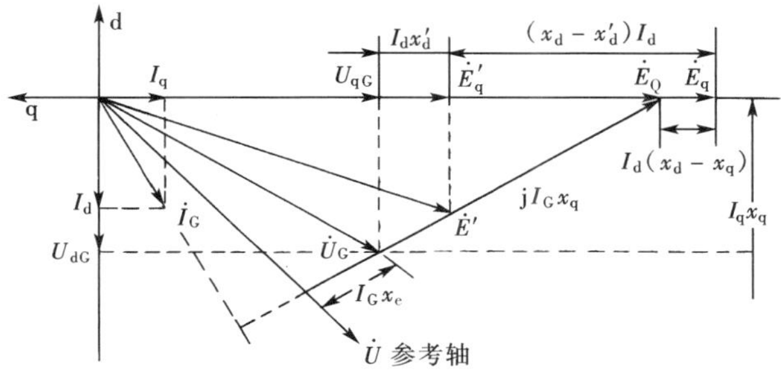

上述模型是在忽略同步发电机定子电阻、定子电流的直流分量$\left(\text{即认为}\dfrac{d\lambda_d}{dt}=0\text{ 和}\dfrac{d\lambda_q}{dt}=0\right)$以及阻尼绕组的作用，并认为小扰动过程中发电机转速变化很小，$\Delta M_m=0$ 情况下得到的。这时发电机电压相量图如图 2-61 所示。

图 2-61　进行小扰动分析同步发电机模型中发电机电压相量图

根据电力系统暂态分析课程中的分析，E'_q 就是转子合成磁链 λ_{EF} 在定子侧的等值电动势的标幺值。

同时，E_q 是转子电流 I_{EF} 产生的总磁链在定子侧的等值电动势的标幺值。E_{de} 是转子端电压 U_F 在定子侧的等值电动势的标幺值。

如图 2-60 中 $K_1 \sim K_6$ 是与发电机和网络参数以及发电机运行点有关的参数，为一定条件下两个偏差之比，即

$$K_1=\frac{\partial M_e}{\partial \delta}\bigg|_{E'_q=E'_{q0}}=\frac{X_q-X'_d}{X'_d+X_e}I_{q0}U\sin\delta_0+\frac{UE_{Q0}}{X_q+X_e}\cos\delta_0$$

$$K_2=\frac{\partial M_e}{\partial E'_q}\bigg|_{\delta=\delta_0}=\frac{X_q+X_e}{X'_d+X_e}I_{q0}$$

$$K_3=\frac{X'_d+X_e}{X_d+X_e}$$

$$K_4=\frac{1}{K_3}\times\frac{\Delta E'_q}{\Delta\delta}\bigg|_{\Delta E_{de}=0}=\frac{X_d-X'_d}{X'_d-X_e}U\sin\delta_0$$

$$K_5=\frac{\Delta U_G}{\Delta\delta}\bigg|_{E'_q=E'_{q0}}=\frac{U_{dG0}}{U_{G0}}\frac{X_q}{X_q+X_e}U\cos\delta_0-\frac{U_{qG0}}{U_{G0}}\frac{X'_d}{X'_d+X_e}U\sin\delta_0$$

$$K_6=\frac{\Delta U_G}{\Delta E'_q}\bigg|_{\delta=\delta_0}=\frac{U_{qG0}}{U_{G0}}\frac{X_e}{X'_d+X_e}$$

二、励磁调节器与电力系统稳定问题

我们知道，励磁调节器的重要作用是随发电机端电压的变化而不断地调整发电机励磁水

平，反映在如图 2-60 中的下半部分框图，励磁调节的作用将影响电磁转矩分量 $\Delta M_{e2} = K_2 \Delta E'_q$。而 $\Delta E'_q$ 的变化一部分是由 $\Delta \delta$ 经 K_4 支路后引起的，这是电枢反应去磁效应部分；另一个部分是由 $\Delta \delta$ 的变化经励磁调节器起作用的。由以上公式可知 $\Delta U_G = K_5 \Delta \delta + K_6 \Delta E'_q$。当线路较长或输送较重的负荷时，$K_5$ 将小于零，也就是说，电压偏差中的一个分量与角度偏差的相位是相反的（差 180°）。如果我们认为在振荡的过程中各偏差量可用相量来表示，则得到如图 2-62 所示的电压与转矩关系图。因为励磁调节器是按电压偏差负值去调整励磁的，即端电压升高降低励磁或者相反，所以 $-\Delta U_G$ 与 $\Delta \delta$ 同相位。但是电压偏差信号要经过励磁调节器、励磁机和发电机磁场才能产生附加的电磁转矩 ΔM_{e2}，这中间有一个相位滞后 φ_1，改变励磁后产生的附加转矩 ΔM_{e2} 有两个分量 ΔM_s 和 ΔM_D，与 $\Delta \delta$ 同相位的转矩分量称为同步转矩分量，与 $\Delta \omega$ 同相位的转矩分量称为阻尼转矩（制动转矩）分量。如图 2-62 中显示，ΔM_D 与 $\Delta \omega$ 反方向，称为负阻尼。这就是说当转速增加时（$\Delta \delta$ 增大），本应增大制动转矩以减小振幅，可是由于上述励磁系统的相位滞后，励磁控制产生了减小制动转矩的相反作用，这就使得振幅增大。如果上述负阻尼大于机组的自然阻尼和电枢反映去磁效应产生的正阻尼作用，则机组就会产生等幅的或持续增长的振荡。

　　归纳起来，励磁调节器可能产生负阻尼是由于 $\Delta \delta$ 的变化引起的反馈电压 $-\Delta U_G$ 变化，因为发电机磁场等的惯性，使内电动势 $\Delta E'_q$ 变化（也就是电磁转矩 ΔM_{e2}）滞后于 $-\Delta U_G$ 变化，因而产生了负阻尼转矩分量。

　　研究还表明，在上述条件下，励磁调节器作用越强就越容易出现振荡。这就是说要保证系统不出现这种振荡，励磁调节器的放大倍数应有一个限值，如图 2-63 所示。

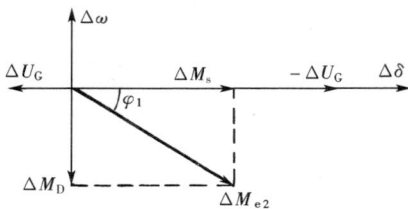

图 2-62　发电机电压与转矩关系

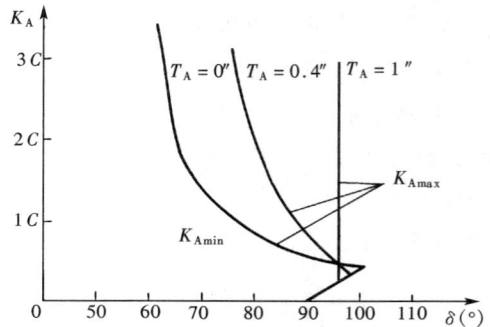

图 2-63　励磁调节器允许的放大倍数

　　励磁调节器产生负阻尼的一个直接证明是电力系统遭受动态振荡（低频振荡）时，只要把励磁调节器从自动控制切换到手动控制，振荡就被平息了。通常人们把快速励磁调节器的放大倍数整定在较小的数值，就是担心会引起动态振荡不稳定。当然，我们既不愿让调节器退出工作，也不希望用低的放大倍数，因为这样就丧失了励磁调节器的有益的特性，例如较大的放大倍数对于系统的暂态稳定和扰动后电压的恢复是有利的。

　　有没有办法既用高倍数的励磁调节器，又能避免产生负阻尼呢？同样一个可能引起负阻尼的励磁调节器，在其中注入某些附加控制信号，便可提供正的阻尼，平息振荡。能提供这种控制信号的装置就是电力系统稳定控制器（PSS）。

　　因为检测电压的励磁调节器可能产生负阻尼，所以我们可以通过检测另外某个量给励磁调节器作为附加信号，它不仅可以补偿单纯以电压为信号的励磁调节器产生的负阻尼，而且可以增加正阻尼，使发电机可以在静态稳定极限之外运行（$\delta > 90°$），这就是作为电力系统稳定器（PSS）的最基本的想法。PSS 的输入一般为发电机的电气转速增量 $\Delta\omega$，其输出信号为 ΔU_{PSS}，带 PSS 装置的发电机框图如图 2-64 所示。

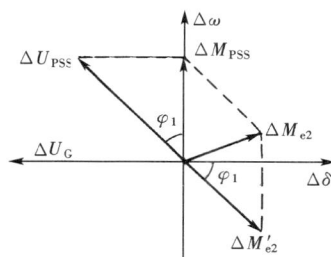

　　如图 2-65 所示，PSS 产生的一个电压信号 ΔU_{PSS} 领先角度分量为 φ_1 角度，则经过励磁调节器和发电机的磁场后，ΔU_{PSS} 产生的电磁转矩 ΔM_{PSS} 刚好落在速度轴（$\Delta\omega$）上，如果 ΔM_{PSS} 足够大，则它和端电压为信号的励磁调节器产生的转矩 $\Delta M'_{e2}$ 综合，合成转矩 ΔM_{e2} 就在第一象限，产生的同步转矩和阻尼转矩就都是正的，就可平息振荡了。

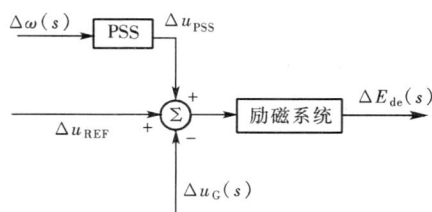

　　　图 2-64　带 PSS 装置的发电机框图　　　　　图 2-65　PSS 作用原理

第七节　励 磁 控 制 系 统 仿 真

　　对本章第五节中励磁自动控制系统的稳定性算例进行 MATLAB 仿真，已知开环传递函数为

$$G(s)H(s) = \frac{K}{s^3 + 26.95s^2 + 49.475s + 18.125}$$

闭环传递函数为

$$G(s)H(s) = \frac{K(s+25)}{s^3 + 26.95s^2 + 49.475s + 18.125 + K}$$

其中，$K = 18.125 K_A K_G K_R$。

（1）求当 K=0～1315 变化时的根轨迹用下面的指令：

```
num＝1;
den＝[1  26.95  49.475  18.125];
figure (1), rlocus(num, den);
axis([-30  5-10  10])
```

其结果如图 2-66 所示与图 2-54 比较，完全一致。

（2）用 matlab 指令求阶跃响应，则有：

```
kA＝50;
numc＝0.725 * kA * [1 25];
denc＝[1  26.95  49.475  18.125＋18.125 * kA];
t＝0：0.05：20;
c＝step(numc, denc, t);
figure(2), plot(t, c), xlabel('t, s'), grid
```

title('Terminal voltage step response')

时域特性指标为：峰值时间为 0.521 74s，超调量为 85.714 3%；上升时间为 0.304 34s，稳定时间为 19.166 7s。

机端电压阶跃响应如图 2 - 67 所示。

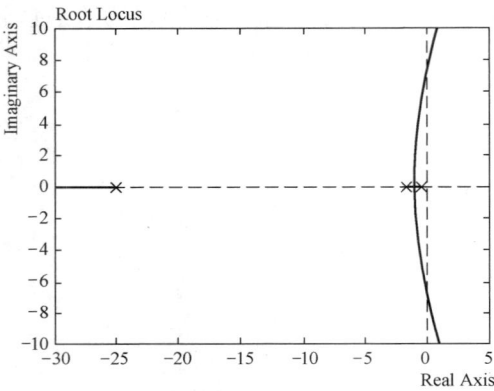

图 2 - 66　励磁系统的根轨迹图

Root Locus—根轨迹；Imaginary Axis—虚轴；

Real Axis—实轴

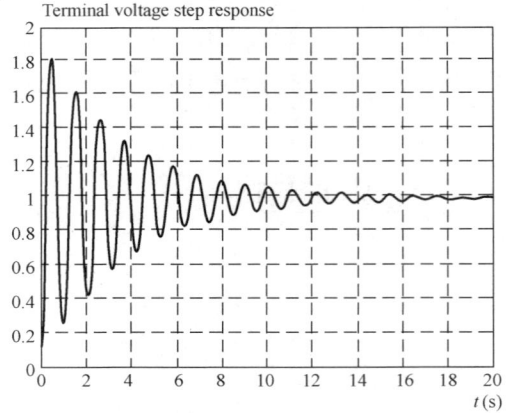

图 2 - 67　机端电压阶跃响应图

Terminal voltage step response—端电压阶跃响应

（3）在 simulink 中建立模型框图 2 - 68，运行结果与图 2 - 67 相同。

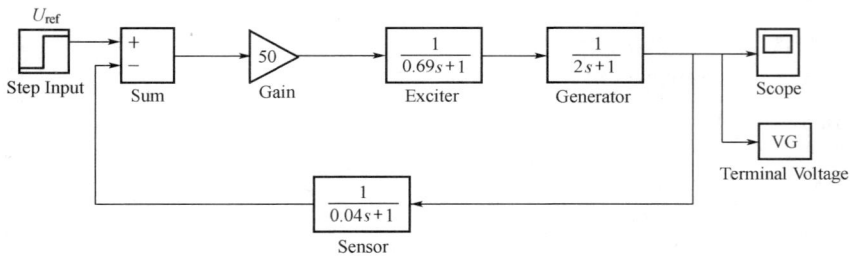

图 2 - 68　仿真框图

（4）添加电压负反馈后，把参数代入图 2 - 55 的框图，并取 $K_F = 1$，$T_F = 1.8$ 得开环传递函数和闭环传递函数为：

开环传递函数　　$G(s)H(s) = \dfrac{0.805K_A(s^3 + 25.5s^2 + 35s + 12.5)}{s^4 + 27.5s^3 + 64.298s^2 + 45.336s + 9.969}$

闭环传递函数

$\Phi(s) = \dfrac{G(s)}{1 + G(s)H(s)}$

$= \dfrac{0.725K_A(s + 25)(s + 0.55)}{s^4 + (27.5 + 0.805K_A)s^3 + (64.298 + 20.527K_A)s^2 + (45.336 + 28.175K_A)s + (9.969 + 10.062K_A)}$

$$(2 - 43)$$

当 $K_A = 50$，代入式（2 - 43）得

$$\Phi(s) = \frac{36.25(s^2 + 25.55s + 13.75)}{s^4 + 67.75s^3 + 1090.65s^2 + 1454.09s + 513.07}$$

稳态响应为

$$U_{Gss} = \lim_{s \to 0} sU_G(s) = \frac{36.25 \times 13.75}{513.07} = 0.971$$

1）用如下指令求阶跃响应：

kA＝50；

numc＝0.725 * kA * [1 25.55 13.75]；

denc＝[1　27.5＋0.805 * kA　64.298＋20.527 * kA　45.336＋28.175 * kA 9.969＋10.062 * kA]；

t＝0：0.05：10；

c＝step(numc, denc, t)；

figure(2), plot(t, c), xlabel('t, s'), grid

title('Terminal voltage step response')

阶跃响应如图 2 - 69 所示，时域性能指标为：峰值时间为 5.031 26s，超调量为 3.846 15％；上升时间为 2.173 33s，稳定时间为 6.966 71s。

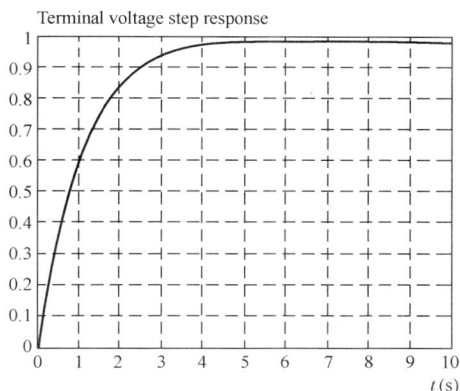

图 2 - 69　添加电压负反馈后的机端电压阶跃响应
Terminal voltage step response—端电压阶跃响应

2）在 simulink 中建立模型框图，如图 2 - 70 所示。

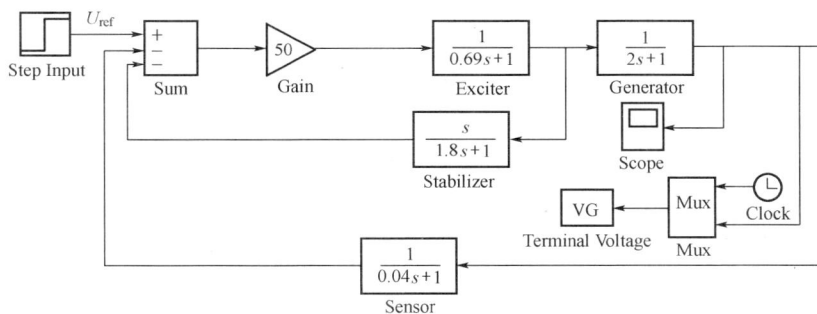

图 2 - 70　添加电压负反馈后的仿真框图

在 SIMULINK 中运行，可以得到和图 2 - 69 相同的响应。结果表明暂态响应特性还是比较好的，超调量只有 3.85％，稳定时间大约为 7s。

【例 2 - 1】　一个发电单元的简化线性 AVR 系统如图 2 - 71 所示。

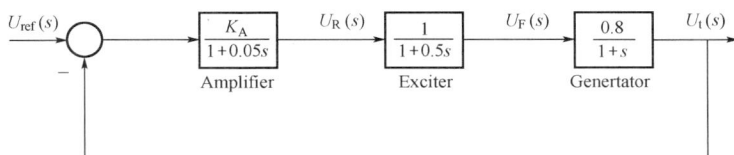

图 2 - 71　［例 2 - 1］的 AVR 系统
Amplifier—放大器；Exciter—励磁机；Generator—发电机

（1）利用劳斯判据，求使控制系统稳定的 K_A 的取值范围。

（2）用 MATLAB 中 rlocus 函数求出根轨迹。

（3）置放大器增益为 $K_A=40$。试求系统的闭环传递函数，并用 MATLAB 求阶跃响应。

（4）在 SIMULINK 中建立仿真框图，试求出阶跃响应。

解　AVR 系统的开环传递函数为

$$KG(s)H(s)=\frac{0.8K_A}{(1+0.05s)(1+0.5s)(1+s)}$$
$$=\frac{32K_A}{(s+20)(s+2)(s+1)}$$
$$=\frac{32K_A}{s^3+23s^2+62s+40}$$

（1）特征方程为

$$1+KG(s)H(s)=1+\frac{32K_A}{s^3+23s^2+62s+40}=0$$

特征多项式为

$$s^3+23s^2+62s+40+32K_A=0$$

该特征多项式的劳斯表为

$$
\begin{array}{c|cc}
s^3 & 1 & 62 \\
s^2 & 23 & 40+32K_A \\
s^1 & \dfrac{1386-32K_A}{23} & 0 \\
s^0 & 40+32K_A &
\end{array}
$$

从 s^1 行可以看出，若控制系统稳定，K_A 必须小于 43.312 5；从 s^0 行可以看出，若系统稳定，K_A 必须大于 -1.25。因此，当系统稳定时，放大器增益的取值范围为（K_A 为正值）$K_A<43.312\ 5$。

（2）用下面的命令画出根轨迹曲线：

num $=32$；

den $=[1\quad 23\quad 62\quad 40]$；

figure (1)，rlocus（num，den）；

则根轨迹如图 2-72 所示。

（3）当 $K_A=40$ 时，系统闭环传递函数为

$$\frac{U_t(s)}{U_{ref}(s)}=\frac{1280}{s^3+23s^2+62s+1320}$$

用下面的命令求阶跃响应：

numc $=1280$；

denc $=[1\quad 23\quad 62\quad 1320]$；

t$=0：0.05：20$；

step（numc，denc，t）；

xlabel（'t，s'），grid

其阶跃响应如图 2-73 所示。

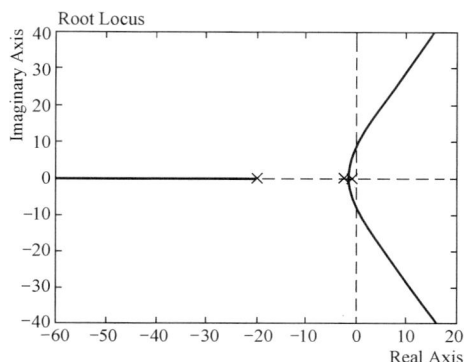

图 2-72　［例 2-1］的根轨迹图

Root Locus—根轨迹；Imaginary Axis—虚轴；

Real Axis—实轴

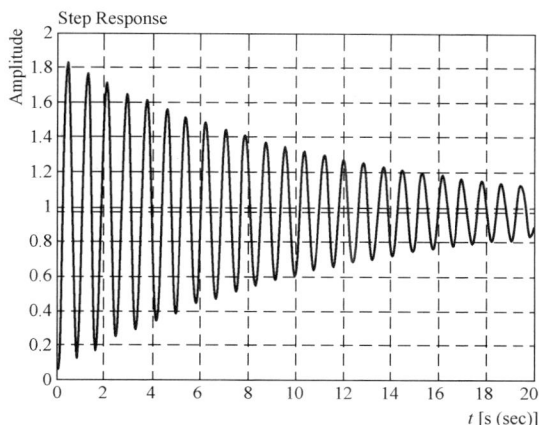

图 2-73　［例 2-1］的阶跃响应

Step Response—阶跃响应；Amplitude—幅值；t—时间

（4）建立 SIMULINK 仿真框图 2-74，运行后可得阶跃响应。

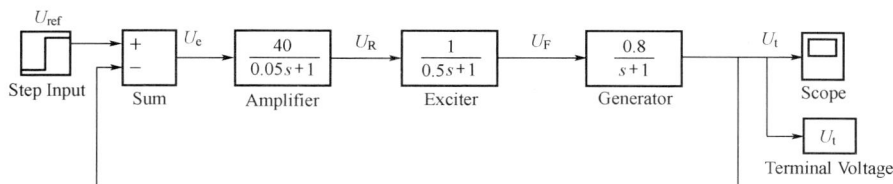

图 2-74　［例 2-1］的仿真框图

【例 2-2】　把一个速度反馈稳定器增加到［例 2-1］的 AVR 系统，如图 2-75 所示。稳定器时间常数为 $\tau_F = 0.04$s，微分增益调整到 $K_F = 0.1$。

（1）试求系统的闭环传递函数并用 MATLAB 求阶跃响应。

（2）建立 SIMULINK 仿真模型，并试求阶跃响应

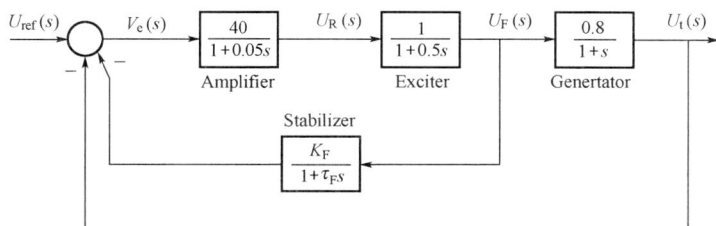

图 2-75　［例 2-1］具有速度反馈的 AVR 系统

Amplifier—放大器；Exciter—励磁机；Generator—发电机；Stabilizer—励磁系统稳定器

解　（1）系统闭环传递函数为

$$\frac{U_t(s)}{U_{ref}(s)} = \frac{\dfrac{32}{(1+0.5s)(1+0.5s)(1+s)}}{1+\dfrac{4}{(1+0.5s)(1+0.5s)(1+0.04s)}+\dfrac{32}{(1+0.5s)(1+0.5s)(1+s)}}$$

$$= \frac{1280(s+25)}{s^4+48s^3+637s^2+6870s+37\,000}$$

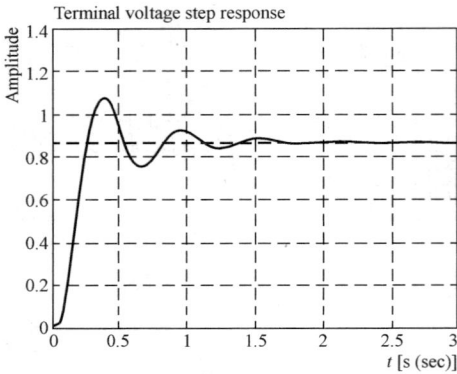

图 2-76 ［例 2-2］的阶跃响应

Terminal voltage step response—端电压阶跃响应；

Amplitude—幅值；t—时间

用下面的命令求阶跃响应：

numc＝1280＊［1　25］；

denc＝［1　48　637　6870　37000］；

t＝0：0.02：3；

step(numc, denc, t), grid

xlabel('t, sec.'), title('Terminal voltage step response')

阶跃响应如图 2-76 所示。

（2）建立 SIMULINK 仿真框图图 2-77，运行后可得阶跃响应。

【例 2-3】 在［例 2-1］AVR 系统前行通路中加入 PID 控制器，如图 2-78 所示。试在 SIMULINK 中建立仿真框图。设置比例增益 $K_P=2.0$，调整 K_I 和 K_D，以获得具有最小超调量和较小的稳定时间的阶跃响应（建议值 $K_P=1$，$K_I=0.15$，$K_D=0.17$）。

（1）求系统的闭环传递函数并用 MATLAB 求阶跃响应。

（2）建立 SIMULINK 仿真模型，并求阶跃响应

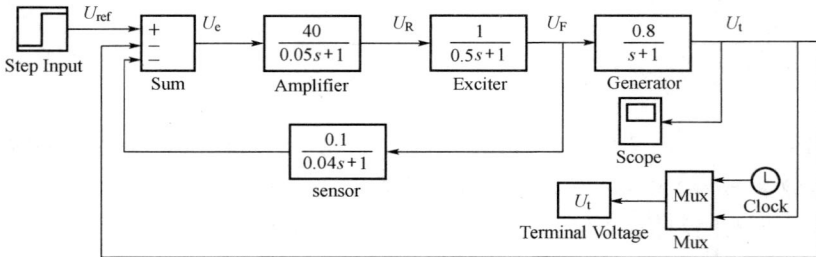

图 2-77 ［例 2-2］的仿真框图

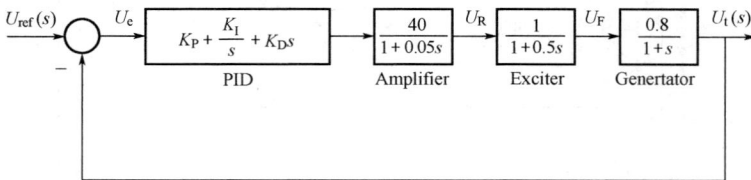

图 2-78 ［例 2-3］具有 PID 控制器的 AVR 系统

PID—比例微分积分控制；Amplifier—放大器；Exciter—励磁机；Generator—发电机

解 （1）闭环传递函数为

$$\Phi(s) = \frac{G(s)}{1+G(s)H(s)}$$

$$= \frac{\left(1 + \dfrac{0.15}{s} + 0.17s\right)\left(\dfrac{40}{0.05s+1}\right)\left(\dfrac{1}{0.5s+1}\right)\left(\dfrac{0.8}{s+1}\right)}{1 + \left(1 + \dfrac{0.15}{s} + 0.17s\right)\left(\dfrac{40}{0.05s+1}\right)\left(\dfrac{1}{0.5s+1}\right)\left(\dfrac{0.8}{s+1}\right)}$$

$$= \frac{1280(0.17s^2 + s + 0.15)}{s^3 + 240.6s^2 + 1342s + 232}$$

用下面的命令求阶跃响应：

numc＝1280 * [0.17　1 0.15]；

denc＝[1　240.6　1342　232]；

t＝0：0.01：10；

step(numc，denc，t)，grid；

xlabel('t，s')，title('Terminal voltage step response')

阶跃响应如图 2 - 79 所示。

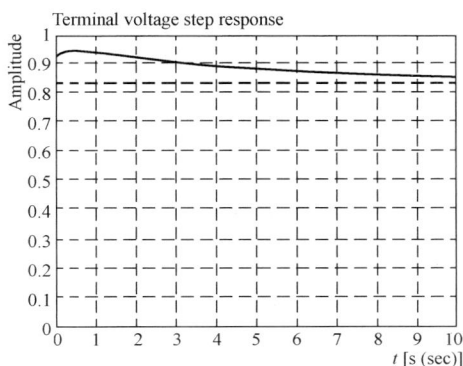

图 2 - 79　[例 2 - 3] 的阶跃响应

Terminal voltage step response—端电压阶跃响应；

Amplitude—幅值；t—时间

（2）建立 SIMULINK 仿真框图 2 - 80，调整 K_P＝1，K_I＝0.15，K_D＝0.17，运行后可得阶跃响应。

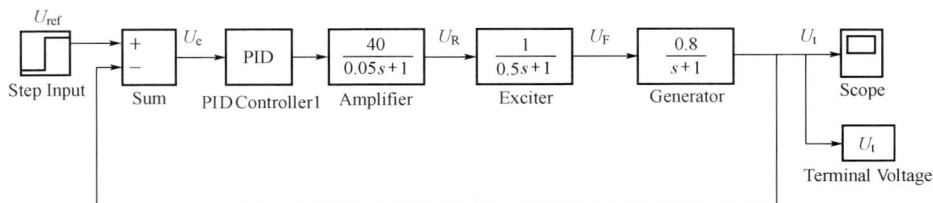

图 2 - 80　[例 2 - 3] 的仿真框图

第三章　电力系统频率及有功功率的自动调节

　　电力系统频率的自动控制系统由就地控制和中心控制两个部分组成。就地控制部分就是发电机的调速装置，装设在汽轮发电机上；中心控制部分在调度中心，调度中心的能量管理系统有自动发电控制和经济负荷分配功能，即 AGC/EDC（Automatic Generation Control/Economic Dispatch Control）功能，负责给就地控制部分发出控制命令。这两个部分配合工作，控制着整个电力系统的频率，为频率的额定值，保证各发电机的有功输出功率符合经济负荷分配的要求。发电机的调速装置控制着蒸汽的阀门开度，当设定功率增加或者减小，阀门开度就相应的开大或关小。这个设定功率是由调度中心指定的，调度中心的计算机直接给发电机发出的控制命令。要计算这个设定功率，调度中心需要监视的信息有整个系统的频率、各发电机的输出功率。如果是区域电网互联的多区域系统，还需要监视区域电网之间联络线潮流。调度中心计算每一台发电机的设定功率，其目的是在维持系统频率在额定值范围内，各发电机的有功输出功率符合经济负荷分配要求的同时，保持互联系统联络线功率为计划值。

　　发电机的运行成本是不一样的，一般大型机组效率高，运行成本低。EDC 按照等微增率法则分配发电计划，使得整个系统的运行费用为最小。EDC 配合 AGC，使得发电机的设定功率既能满足经济负荷分配的要求，又能满足频率控制及联络线功率为计划值的要求。最优潮流，即 OPF（Optimal Power Flow）不仅满足经济负荷分配、频率和联络线功率的要求，并且考虑了输电线路的传输能力。

第一节　电力系统的频率特性

一、概述

　　电力系统的频率是电力系统中同步发电机产生的交流正弦电压的频率，它是电力系统运行参数中最重要的参数之一。在稳态运行条件下所有发电机同步运行，整个电力系统的频率是相等的。并列运行的每一台发电机组的转速与系统频率的关系为

$$f = \frac{Pn}{60} \tag{3-1}$$

式中　P——发电机组转子极对数；

　　　n——发电机组每分钟的转数，r/min；

　　　f——电力系统频率，Hz。

显然，电力系统的频率控制实际上就是调节发电机组的转速。频率同发电机的转速有着严格对应的关系。

　　频率是电能质量的重要指标之一，在稳态条件下，电力系统的频率是一个全系统一致的运行参数。在稳态电力系统中，机组发出的功率与整个系统的负荷功率以及系统总损耗之和是相等的。当系统的负荷功率增加时，系统就出现了功率缺额。此时，机组的转速下降，整

个系统的频率降低。

可见，系统频率的变化是由于发电机的负荷功率与原动机输入功率之间失去平衡所致，因此调频与有功功率调节是密不可分的。

因为电力系统开始形成以来，调频就是一个要有整个系统来统筹调度与协调的问题，不允许任何电厂有一点"各自为政"的趋向。此外，调频与运行费用的关系也十分密切。因为调频就是通过调整各机组的输出功率来达到系统有功平衡的措施，机组的输出功率一旦改变，所消耗的燃料及费用就随着改变，直接关系着运行费用的经济性，所以要力求使系统负荷在发电机组之间实现经济分配。

电力系统负荷是不断变化的，而原动机输入功率的改变则较缓慢，因此系统中频率的波动是难免的。图 3-1 是电力系统中负荷瞬时变动情况的示意图。从图中可以看出，负荷的变动情况可以分成几种不同的分量：一是变化周期一般小于 10s 的随机分量；二是变化周期在 10s～3min 之间的脉动分量，其变化幅度比随机分量要大些，如延压机械、电炉和电气机车等；三是变化十分缓慢的持续分量并带有周期规律的负荷，这大都是由于工厂的作息制度、人们的生活习惯和气象条件的变化等原因造成的，这是负荷变化中的主体，负荷预测中主要就是预报这一部分。

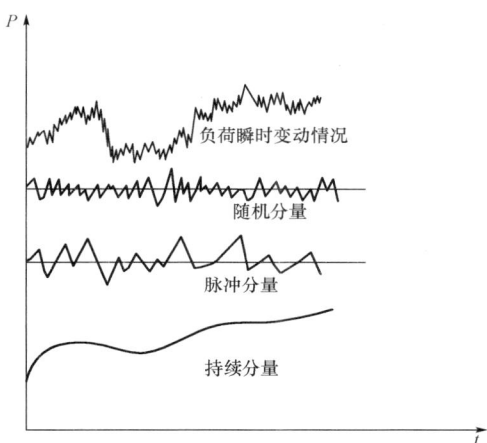

图 3-1　电力系统负荷变动情况

负荷的变化必将导致电力系统频率的变化，因此要求电力系统中发电机发出的有功功率也要作相应的变化，以使系统在一定的频率水平上达到功率平衡。

第一种负荷变化引起的频率偏移，一般利用发电机组上装设的调速器来控制和调整原动机的输入功率，以维持系统的频率水平，这称为频率的一次调整。第二种负荷变化引起的频率偏移较大，仅仅靠调速器的控制作用往往不能将频率偏移限制在允许范围之内，这时必须由调频器参与控制和调整，这种调整称为频率的二次调整。第三种负荷变化可以用负荷预测的方法预先估计得到。调度部门预先编制的系统日负荷曲线主要反映这部分负荷的变化规律，这部分负荷要求在满足系统有功功率平衡的条件下，按照经济分配原则在各发电厂间进行分配。

二、负荷的调节效应

当系统频率变化时，整个系统的有功负荷也要随着改变，这种有功负荷随频率而改变的特性叫做负荷的功率—频率特性，是负荷的静态频率特性，也称作负荷的调节效应。

电力系统的负荷由各种用电设备组成。对电阻性负荷，比如电灯和加热设备，消耗的电能与频率无关。电机负荷对频率的变化比较敏感，其敏感程度取决于驱动设备功率—频率特性的总和。综合负载的功率—频率特性近似表示为

$$\Delta P_e = \Delta P_L + \delta \Delta \omega \qquad (3-2)$$

式中　ΔP_L——非频率敏感设备的功率变化；

　　　$\delta \Delta \omega$——频率敏感设备的功率变化；

δ——负荷变化的百分数与频率变化的百分数之比，比如，若频率变化 1%，负荷
用电量变化 1.6%，则 $\delta=1.6$。

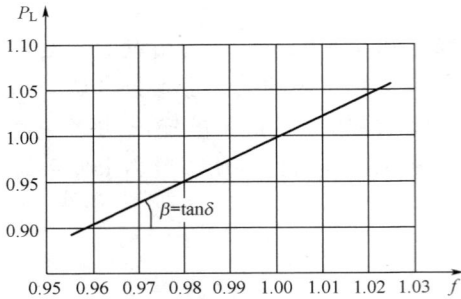

图 3-2   有功负荷的静态频率特性

当频率上升时，负荷需求功率随之增加，阻止频率的上升；频率下降时，负荷需求功率跟着下降，抑止频率的下降。负荷的频率效应起到减轻系统能量不平衡的作用。因此，称 δ 为负荷的频率调节效应系数。电力系统允许频率变化的范围很小，为此负荷功率与频率的关系曲线可近似地视为具有不变斜率的直线，斜率即为 δ，如图 3-2所示。对于不同的电力系统，因其负荷组成不同，δ 值也不相同，一般 $\delta=1\sim3$。即使是同一系统的 δ，也随季度及昼夜交替导致负荷组成的改变而变化。

三、发电机组的功率—频率特性

（一）调差系数

发电机组转速的调整是由原动机的调速系统来实现的。因此，发电机组的功率—频率特性取决于调速系统的特性。当系统的负荷变化引起频率改变时，发电机组的调速系统工作，改变原动机进汽量（或进水量），调节发电机的输入功率以适应负荷的需要。通常把由于频率变化而引起发电机组输出功率变化的关系称为发电机组的功率—频率特性或调节特性。

机械式调速器的工作原理可由图
3-3 表明。当机组因负荷增加而转速
下降时，测量元件 Ⅰ 的两个重锤因离
心力减小而减小了彼此间的开度，AC
杠杆的 A 点因而降至 A′点；此时 C 点
尚未移动，故 B 点随之降至 B′点。D
点代表由伺服马达控制的功率设定元
件，它不会因转速而变动，于是 DEF
杠杆的 E、F 两点均因 B′而下降至 E′、
F′点。F 点的下移打开了控制器 Ⅱ 的
下活门，高压油就经 Ⅱ 的下活门进入
接力器 Ⅲ（放大元件）的下半部，将
活塞提升，接力器上半部的高压油可
从控制器的上活门获得循环通路。活

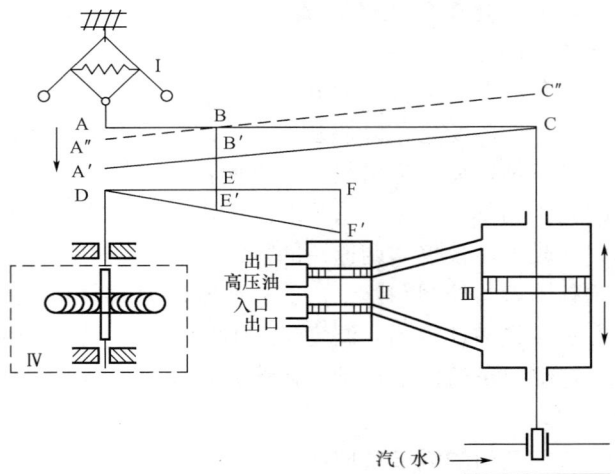

图 3-3   机械式调速器原理图

塞提升时，汽门也随之提升，单位时间进汽量就增加，机组的出力就加大了。随着机组出力的增加，转速就会回升。转速上升时，Ⅰ 的重锤开度也不断增加，A、B、E、F 各点也随之不断改变；这个过程要到 C 点升到某一位置时，比如 C″点，即汽门开大到某一位置时，机组的转速通过重锤的开度使杠杆 DEF 重新回复到使 Ⅱ 的活门完全关闭的位置时才会结束，这时 B 点就回到原来的位置。由于 C″点上升了，所以 A″点必定低于 A 点。这说明调速过程结束时，输出功率增加，转速稍有降低。调速器是一种有差调节器，其工作特性如图 3-4

所示。通过伺服马达改变 D 点的位置，就可以达到将调速器特性上下平移的目的。如 D 点位置上升，就向上平移了调速器特性。图中实线平移到图中虚线的位置。

D 点位置不动的时候，阀门开度就在一个相对固定的位置，这对应着发电机的一个设定功率 P_{ref}。调速器检测频率的微小变化，微小地改变阀门的开度。

图 3 - 4 中实线为设定功率为标幺值功率 0.625 时的调节特性曲线。此时伺服马达 D 点的位置规定了功率的设定值为 0.625。当 D 点位置不动时，这个调节特性曲线就是由调速器的特性决定的。

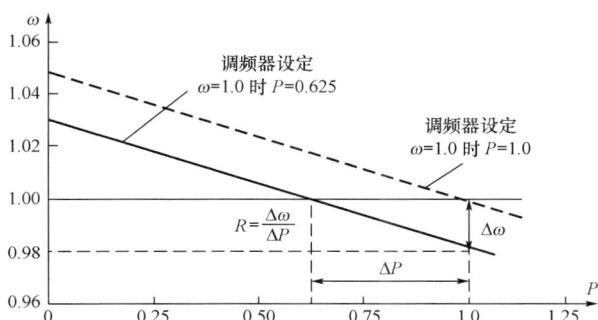

图 3 - 4　调速系统静态频率特性

曲线的斜率代表调差系数 R，定义为

$$R = -\frac{\Delta\omega}{\Delta P} \tag{3-3}$$

从空载到满载调速系统一般有 $5\% \sim 6\%$ 的调差系数。

在计算功率与频率的关系时，常采用调差系数的倒数，即单位调节功率。

当设定功率改变时，例如设定功率为标幺值功率 1 时，对应的特性曲线为图 3 - 4 中虚线所示。这时伺服马达 D 点的位置改变了，向上平移了这条特性曲线。可以看出，特性曲线被平移后，发电机输出功率增加了，频率依然维持在额定频率。

（二）调差特性与机组间有功功率分配的关系

调差特性与机组间有功功率分配的关系可用图 3 - 5 来说明。图中表示两台发电机并联运行的情况，曲线①代表 1 号发电机组的调节特性，曲线②代表 2 号发电机组的调节特性。假设此时系统总负荷为 $\sum P_L$，如线段 CB 的长度所示，系统频率为 f_N，1 号机承担的负荷为 P_1，2 号机承担的负荷为 P_2，于是有

$$P_1 + P_2 = \sum P_L$$

当系统负荷增加，经过调速器的调节后，系统频率稳定在 f_1，这时 1 号发电机组的负荷为 P_1'，增加了 ΔP_1；2 号发电机组的负荷为 P_2'，增加了 ΔP_2，两台发电机组增量之和等于 ΔP_L。

根据式（3 - 3），可得

$$\frac{\Delta P_1}{\Delta P_2} = \frac{R_2}{R_1} \tag{3-4}$$

此式表明，发电机组间的功率分配与机组的调差系数成反比。调差系数小的机组承担的负荷增量大，而调差系数大的机组承担的负荷增量小。

电力系统中，如果多台机组调差系数等于零是不能并联运行的。如果其中一台机组的调差系数等于零，其余机组均为有差调节，这样虽然可以运行，但是由于目前系统容量很大，一台机组的调节容量已远远不能适应系统负荷波动的要求，因此也是不现实的。所以，在电力系统中，所有机组的调速器都为有差调节，由它们共同承担负荷的波动。

（三）调节特性的失灵区

以上讨论中，我们都是假定机组的调节特性是一条理想的直线。但是实际上，由于测量元件的不灵敏性，对微小的转速变化不能反应，特别是机械式调速器尤为明显。这就是说，调速器具有一定的失灵区，因而调节特性实际上是一条具有一定宽度的带子，如图 3-6 所示。

不灵敏区的宽度可以用失灵度 ε 来描述，即

$$\varepsilon = \frac{\Delta f_W}{f_N} \qquad\qquad (3-5)$$

式中　Δf_W——调速器的最大频率带滞。

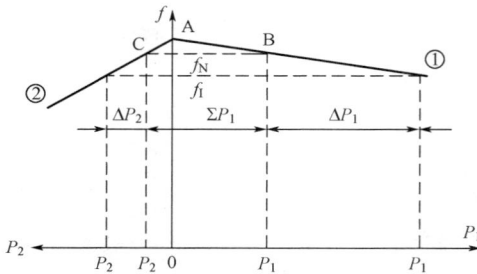

图 3-5　两台发电机并联运行情况

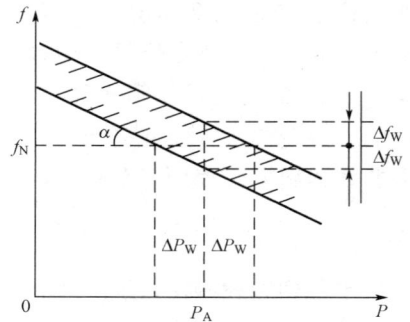

图 3-6　调速器的不灵敏区

由于调速器的频率调节特性是条带子，因此导致并联运行的发电机组间有功功率分配产生误差。由失灵区产生的分配功率上的误差为

$$\Delta P_W = \frac{\varepsilon}{R} \qquad\qquad (3-6)$$

由式（3-6）可知，ΔP_W 与失灵度 ε 成正比，而与调差系数 R 成反比。过小的调差系数将会引起较大的功率分配误差，所以 R 不能太小。

还必须指出，不灵敏区的存在虽然会引起一定的功率误差或频率误差，但是，如果不灵敏区太小或完全没有，那么当系统频率发生微小波动时，调速器也要调节，这样会使阀门的调节过分频繁，因而在一些非常灵敏的电液调速器中，通常要采用外加措施形成一个人为的不灵敏区。

通常，汽轮发电机组调速器的不灵敏区为 $0.1\%\sim0.5\%$；水轮发电机组调速器的不灵敏区为 $0.1\%\sim0.7\%$。

四、电力系统的频率特性

在稳态频率下，发电机组的功率—频率特性与负荷的功率—频率特性曲线的交点就是电力系统频率的稳定运行点，例如图 3-7 中的 a 点。这时负荷为 P_{L1}，发电功率为 $P_1 = P_{L1}$，对应负荷的静态频率特性为直线 P_{L1}。如果系统中的负荷增加为 P_{L2}，则负荷的静态频率特性变为 P_{L2}，假设此时系统内的所有机组输出功率均不变，则系统频率将明显下降，负荷所取用的有功功率也相应减小。依靠负荷调节效应，系统达到新的平衡，稳定运行点移到图中 b 点。系统负荷所取用的有功功率仍然为原来的 P_{L1} 值。但是，实际上各发电机组都装有调速器，当系统负荷增加，频率开始下降后，调速器即起作用，增加机组的输入功率。经过一

段时间后，运行点稳定在 c 点，此时的频率偏差要比无调速器时小得多了。由此可见，调速器对频率的调节作用是很明显的，调速器的这种调节作用通常称为一次调节。此时发电机增发功率 $\frac{\Delta\omega}{R}$，负荷的调节效应使得负荷在频率有偏差 $\Delta\omega$ 时少取用功率 $\delta\cdot\Delta\omega$，两项之和应该是负荷的功率变动 $P_{L2}-P_{L1}$。

在图中，运行点 c 点并没有满足负荷增加的需要，这表明负荷功率虽然增加了一部分，但仍不能使频率恢复到额定值。因此，需要调整调频器的整定机构，使发电机的静态频率特性曲线向上平移，直至系统发电机组的输入功率能符合负荷增长的需要，也运行点移到 d 点，频率恢复到额定值，此时 $P_2=P_{L2}$。这种移动频率特性曲线使频率恢复到额定值的动作，称为二次调节，调频器的调节即是二次调节。

电力系统中所有并列运行的发电机组都装有调速器，当系统负荷变化时，有可调容量的发电机组均按各自的频率调节特性参加频率的一次控制调整。而频率的二次频率控制调整只有部分发电厂（或发电机组）承担。电力系统中将所有发电厂分为调频厂和非调频厂。调频厂承担电力系统频率的二次调整任务，而非调频厂只承担频率的一次控制调整任务，或只按调度中心预先安排的负荷曲线运行，不参加频率的二次控制调整。

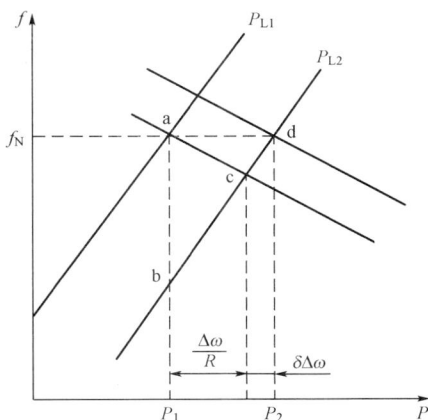

图 3-7　电力系统频率特性

【**例 3-1**】　两个发电单元，额定功率分别为 250MW 和 400MW，调差系数分别为 6.0% 和 6.4%，两个发电单元并行向 500MW 负荷供电。假定调速器以各自的调差系数运行，试求各自承担的负荷。

解　将每个发电单元的调速器调差系数转化为同一基准容量下的值（基准容量为 1000MVA）

$$R_1=\frac{1000}{250}\times0.06=0.24$$

$$R_2=\frac{1000}{400}\times0.064=0.16$$

由于两个发电单元都运行在同一频率下，由式（3-4），得

$$R_1P_1=R_2P_2$$

或者

$$P_2=\frac{R_1}{R_2}P_1=\frac{0.24}{0.16}P_1=1.5P_1$$

由于 $P_1+P_2=P_L$，将 P_2 的值代入得

$$P_1+1.5P_1=\frac{500}{1000}$$

则结果为

$$P_1=\frac{0.5}{2.5}=0.2=200(\text{MW})$$

$$P_2 = 1.5P_1 = 0.3 = 300(\text{MW})$$

表 3 - 1　　　［例 3 - 2］题表

单元号	额定容量	调差系数
1	400MVA	4%
2	800MVA	5%

【例 3 - 2】　　一个区域有两个发电单元，见表 3 - 1。

这两个单元为并联运行，在额定频率下提供 700MW 的功率，其中单元 1 提供 200MW，单元 2 提供 500MW，现增加负荷 130MW。系统初始频率 $f_0 = 60\text{Hz}$。

（1）假定没有频率敏感型负荷，即 $\delta = 0$，试求稳态频率偏差和每个发电单元新的发电量。

（2）频率变化为 1% 时，负荷变化率为 0.804%，即 $\delta = 0.804$。试求稳态频率偏差和每个发电单元新的发电量。

解　将每个发电单元的调速器调差系数转化为同一基准容量下的值（基准容量为 1000MVA）

$$R_1 = \frac{1000}{400} \times 0.04 = 0.1$$

$$R_2 = \frac{1000}{800} \times 0.05 = 0.062\,5$$

负荷变化量为

$$\Delta R_\text{L} = \frac{130}{1000} = 0.13$$

（1）由于 $\delta = 0$，稳态频率偏差标幺值为

$$\Delta\omega_\text{ss} = \frac{-\Delta P_\text{L}}{\dfrac{1}{R_1} + \dfrac{1}{R_2}} = \frac{-0.13}{10 + 16} = -0.005$$

因此，稳态频率偏差值为

$$\Delta f = -0.005 \times 60 = -0.30(\text{Hz})$$

新的频率为

$$f = f_0 + \Delta f = 60 - 0.30 = 59.70(\text{Hz})$$

两个单元的发电变化量分别为

$$\Delta P_1 = -\frac{\Delta\omega}{R_1} = -\frac{-0.005}{0.10} = 0.05 = 50(\text{MW})$$

$$\Delta P_2 = -\frac{\Delta\omega}{R_2} = -\frac{-0.005}{0.062\,5} = 0.08 = 80(\text{MW})$$

因此，单元 1 发电 250MW，单元 2 发电 580MW，新的运行频率为 59.70Hz。用 MAT-LAB 指令可以画出两个调速器的速度特征，如图 3 - 8 所示。从图中可以看出，最初，在频率为 1.0 时，两个发电单元的输出功率分别为 0.2 和 0.5；当增加负荷 0.13 时，频率降到 0.995，两个发电单元的新的发电功率分别为 0.25 和 0.58。

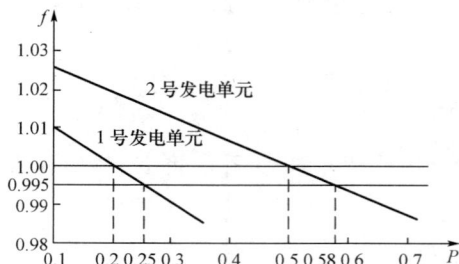

图 3 - 8　［例 3 - 2］中两个发电单元的负荷分配

（2）当 $\delta=0.804$ 时，稳态频率偏差为

$$\Delta\omega_{ss}=\frac{-\Delta P_{L}}{\dfrac{1}{R_{1}}+\dfrac{1}{R_{2}}+\delta}=\frac{-0.13}{10+16+0.804}=-0.004\,85$$

因此，稳态频率偏差值为

$$\Delta f=-0.004\,85\times60=-0.291(\text{Hz})$$

新的频率为

$$f=f_{0}+\Delta f=60-0.291=59.709(\text{Hz})$$

每个单元的发电变化量为

$$\Delta P_{1}=-\frac{\Delta\omega}{R_{1}}=-\frac{-0.004\,85}{0.1}=0.048\,5=48.5(\text{MW})$$

$$\Delta P_{2}=-\frac{\Delta\omega}{R_{2}}=-\frac{-0.004\,85}{0.062\,5}=0.077\,6=77.6(\text{MW})$$

因此，单元 1 发电 248.5MW，单元 2 发电 577.6MW，新的运行频率为 59.775Hz。总的发电变化量为 126.1，比 130MW 的负荷变化量少 3.9MW，这是因为频率的降低导致了负荷功率的变化，负荷功率变化了，则有

$$\Delta\omega\delta=-0.004\,85\times0.804=-0.003\,9=-3.9(\text{MW})$$

第二节 调频与调频方程式

调频，就是改变发电机功率的设定值，功率的设定值用 P_{ref} 表示。前面已经谈到，调频是二次调节，就是通过上下平移调速器调节特性的方法，改变发电机的输出功率，并且使频率恢复到额定值。调速器的控制电动机，即图 3-3 中改变 D 点位置的伺服马达，称为同步器或调频器。功率设定值 P_{ref} 改变了，同步器或调频器就改变 D 点位置，调速器的调节特性就被上、下平移了。只有在输入信号 ΔP_{ref} 为零时，即设定值没有变动时才不转动，停止调节。

调频的目的是调整系统频率为额定值。如果调整结束后，频率仍然存在偏差 Δf，就称这样的调频为有差调频法；如果调整结束后，频率偏差 Δf 为零，就称这样的调频为无差调频法。调频的另一个目的是保持联络线功率为计划值。互联区域之间的交换功率是一个计划功率，区域内负荷的变动，要由本区域的机组完成频率调整，不能影响到其他互联区域的频率和联络线的功率。这样的调频任务是有自动发电控制，即 AGC 来完成的。

控制调频器的信号有比例、积分、微分三种基本形式。

（1）比例调节，按频率偏移的大小，控制调频器按比例地增减机组功率，即 $\Delta P_{ref}\propto\Delta f$。这种调频方式只能减小而不能消除系统频率偏移。

（2）积分调节，按频率偏移对时间的积分来控制调频器，即 $\Delta P_{ref}\propto\int\Delta f\mathrm{d}t$。这种方式可以实现无差调节，但负荷变动最初阶段，因控制信号不大而延缓了调节过程。

（3）微分调节，按频率偏移对时间的微分来控制调频器，即 $\Delta P_{ref}\propto\dfrac{\mathrm{d}\Delta f}{\mathrm{d}t}$。在负荷变动最初阶段调节较快，但随着时间推移 Δf 趋于稳定时，调节量趋于零，在稳态时它就不起作用。

　　上述三种形式各有优缺点，应取长补短综合利用。将综合后的信号作为调频器控制信号，改变功率设定值增量 ΔP_{ref}，直到控制信号为零时为止。电力系统中实现频率和有功功率自动调节的方法大致有如下几种。

一、有差调频法

　　有差调频法指用有差调频器并联运行，达到系统调频的目的的方法。有差调频器的稳态工作特性可以表示为

$$\Delta f + R \cdot \Delta P_{\text{ref}} = 0 \quad (\Delta f = f - f_{\text{N}}) \tag{3-7}$$

式中　Δf、ΔP_{ref}——分别为调频过程结束时系统频率的增量与调频机组有功功率设定值的
　　　　　　　　　　　　增量；

　　　　　R——有差调频器的调差系数。

　　应该明确，只有式（3-7）得到满足时，调频器才结束其调节过程。调频器的调整是向着满足调频方程式的方向进行的，下面根据有差调频器的稳态方程式（3-7）来分析装有有差调频器的发电机的工作情况。先假定发电机工作在图3-9的点1，其对应的系统频率为 f_1，发电机功率为 P_{ref1}。这时式（3-7）被满足，即 $\Delta f_1 + R \cdot \Delta P_{\text{ref1}} = 0(\Delta f_1 < 0, \Delta P_{\text{ref1}} > 0)$。现在系统负荷增加了，则系统频率低于 f_1，式（3-7）左端新出现了负值，破坏了原有

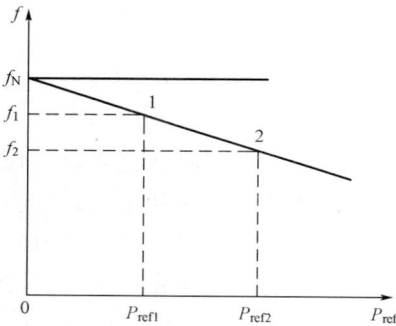

图3-9　有差调频器调频特性

的平衡状态，于是调频器就向满足式（3-7）的方向进行调整，使 ΔP_{ref} 获得新的正值，即增加进入机组的动力元素，直至式（3-7）重新得到满足时，调节过程才能结束。由图3-9的调频特性，发电机必稳定在新的稳态工作点2，该点的系统频率为 f_2（低于 f_1），发电机的功率为 P_{ref2}（高于 P_{ref1}），式 $\Delta f_2 + R \cdot \Delta P_{\text{ref2}} = 0$ 又重新得到了满足。由以上分析还可以看出，运用稳态方程式（3-7）可以准确的分析调频过程及有差调频器的最终特性，式（3-7）又称为调频方程式或调节方程式。

　　不涉及调频器的具体电路，而用调频方程式来分析各种调频方法的特性与优缺点是本章所采用的基本方法。下面就用调频方程式（3-7）来分析有差调频机组并联调频时的优缺点。

　　当系统中有 n 台机组参加调频，每台机组各配有一套式（3-7）表示的有差调频器时，全系统的调频方程式可用联立方程组来表示

$$\left. \begin{aligned} \Delta f + R_1 \cdot \Delta P_{\text{ref1}} &= 0 \\ \Delta f + R_2 \cdot \Delta P_{\text{ref2}} &= 0 \\ &\vdots \\ \Delta f + R_i \cdot \Delta P_{\text{ref}i} &= 0 \\ &\vdots \\ \Delta f + R_n \cdot \Delta P_{\text{ref}n} &= 0 \end{aligned} \right\} \tag{3-8}$$

式中　Δf——系统的频率增量；

　　　　R_i——第 i 台机组调频器的调差系数；

　　$\Delta P_{\text{ref}i}$——第 i 台机组的有功功率增量（调频功率）。

　　设系统的负荷增量（即计划外的负荷）为 ΔP_{L}，则调节过程结束时，必有

$$\Delta P_{L} = \Delta P_{ref1} + \Delta P_{ref2} + \cdots + \Delta P_{refn}$$
$$= -\Delta f\left(\frac{1}{R_{1}} + \frac{1}{R_{2}} + \cdots + \frac{1}{R_{n}}\right) = -\frac{\Delta f}{R_{x}} \tag{3-9}$$

其中，右端 $R_{x} = \dfrac{1}{\dfrac{1}{R_{1}} + \dfrac{1}{R_{2}} + \cdots + \dfrac{1}{R_{n}}}$ 是系统的等值调差系数。

式（3-9）也可以写为

$$\Delta f + R_{x} \cdot \Delta P_{ref} = 0 \tag{3-10}$$

以式（3-9）代入式（3-8），可以求得每台调频机组所承担的计划外负荷为

$$\Delta P_{refi} = \frac{R_{x}}{R_{i}}\Delta P_{L} = \frac{\Delta P_{L}}{R_{i}\left(\dfrac{1}{R_{1}} + \dfrac{1}{R_{2}} + \cdots + \dfrac{1}{R_{n}}\right)} \quad (i = 1,2,3,\cdots,n) \tag{3-11}$$

式（3-7）、式（3-8）、式（3-11）说明有差调频器具有下述优缺点。

（1）各调频机组同时参加调频，没有先后之分。

式（3-8）说明，当系统出现新的频率差值时，各调频器方程式的原有平衡状态同时被打破，因此各调频器都向着一个满足方程式的方向进行调整，同时发出改变有功输出功率增量 ΔP_{ref} 的命令。调频器动作的同时性，可以在机组间均衡地分担计划外负荷，有利于充分利用调频容量。

（2）计划外负荷在调频机组间是按一定的比例分配的。

式（3-11）说明各调频器机组最终负担的计划外负荷 ΔP_{refi} 与其调差系数 R 成反比。要改变各机组间调频容量的分配比例，可以通过改变调差系数来实现。负荷的分配是可以控制的，这是有差调频器固有的优点。

（3）频率稳定值的偏差较大。

式（3-7）说明有差调频器不能使频率稳定在额定值，负荷增量越大，频率的偏差值也就越大，这是有差调节器固有的缺点。如系统的等值调差系数 $R_{x} = 3\%$，当计划外负荷为 $\Delta P_{L} = 20\%$ 时，频率稳定值的偏差值 $\Delta f = 0.6\%$，即 0.3Hz，大大超过了自动调频的允许范围。

二、主导发电机法

为了克服有差调频的缺点，很自然地会运用到无差调频器。无差调频器的调节方程式为

$$\Delta f = 0$$

无差调频器虽具有频率偏差值为零的优点，但无差调频器不能并联运行。为此，只可在一台主要的调频机组上使用无差调频器，而在其余的调频机组上均只安装功率分配器，这样的调频方法称为主导发电机法，其调节方程组为

$$\left.\begin{array}{ll}\Delta f = 0 & \text{（发电机 1，主导发电机）} \\ \Delta P_{ref2} = K_{1}\Delta P_{ref1} & \text{（发电机 2）} \\ \qquad\vdots \\ P_{refi} = K_{i}\Delta P_{ref1} \\ \qquad\vdots \\ \Delta P_{refn} = K_{n-1}\Delta P_{ref1} & \text{（发电机 }n\text{）}\end{array}\right\} \tag{3-12}$$

式中　ΔP_{refi}——第 i 调频发电机的有功增量；

K_{i}——功率分配系数。

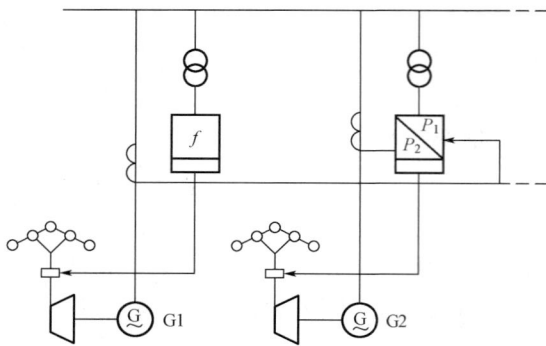

图 3 - 10 无差调频系统原理示意图

无差调频系统的原理示意图如图 3 - 10 所示，其调频过程如下。

设系统负荷有了新的增量 ΔP_L，在调频器动作前，频率必然出现新的差值，即 $\Delta f \neq 0$，这时，式（3 - 12）中主导发电机调频器的调节方程的原有平衡状态被首先打破，无差调频器向着满足其调节方程的方向对机组的有功输出功率进行调整，随之出现了新的 ΔP_{refl} 值，于是式（3 - 12）中其余 $n-1$ 个调频机组的功率分配方程式的原有平衡状态跟着均被打破，它们都会向着满足其功率分配方程的方向对各自机组的有功输出功率进行调节，即出现了"成组调频"的状态。调频过程一直要到 ΔP_{refl} 不再出现新值时才告结束，此时必有

$$\left. \begin{array}{l} \Delta P_L = \sum_{i=1}^{n} \Delta P_{refi} = (1 + K_1 + \cdots + K_{n-1}) \Delta P_{refl} \\ \Delta f = 0 \end{array} \right\} \tag{3 - 13}$$

而各调频机组分担的功率为

$$\Delta P_{refi} = \frac{K_{i-1}}{1 + K_1 + \cdots + K_{n-1}} \cdot \Delta P_L = \frac{K_{i-1}}{K_x} \Delta P_L \tag{3 - 14}$$

其中，$K_x = 1 + K_1 + \cdots + K_{n-1}$。

式（3 - 14）说明各调频机组间的输出功率也是按照一定的比例分配的。

无差调频器为主导调频器的主要缺点是各机组在调频过程中的作用有先有后，缺乏"同时性"，这必然导致调频容量的不能充分利用，而且使整个调频过程变得较为缓慢。所以其稳定特性虽然比较好，但动态特性是不够理想的。

三、积差调频法（同步时间法）

积差调频法是一种现在用得比较普遍的调频方法，它兼有无差调频法和有差调频法的优点，即不但能够做到无差，并且能够做到调频没有先后之分。

积差调频法（或称同步时间法）是根据系统频率偏差的累积值进行工作的。为了对积差调节法获得一个明确的概念，可先研究单台发电机积差调节的工作过程。单机组积差调节的工作方程式为

$$\int \Delta f \mathrm{d}t + K \Delta P_{ref} = 0 \quad (\Delta f = f - f_N) \tag{3 - 15}$$

式中 K——调频功率比例系数。

图 3 - 11 说明了积差调频的过程。假定 $t = 0$ 时 $f = f_N$、$\int \Delta f \mathrm{d}t = 0$、$\Delta P_{ref} = 0$，式（3 - 15）是得到满足的；在 t_1 瞬间，由于负荷增大，系统频率开始下降，出现了 $\Delta f < 0$，于是式（3 - 15）左端第一项 $\int \Delta f \mathrm{d}t$ 不断增加其负值，使该式的原有平衡状态遭到破坏。于是调节器向着满足式（3 - 15）的方向进行调整，即增加机组的输出功率设定值 ΔP_{ref}，只要 $\Delta f \neq 0$，不论 Δf 多么小，$\int \Delta f \mathrm{d}t$ 都会不断地累积出新值，式（3 - 15）就不会满足，调节过

程就不会终止，直到系统频率恢复到额定值，即 $\Delta f = 0$，也就是图 3 - 11 中的 t_A 点，这时 $f = f_N$，$\int \Delta f dt = A = $ 常数，式（3 - 15）才能得到满足，调节过程才会结束。此时 $\Delta P_{ref} = \Delta P_{refA} = -\dfrac{A}{K}$ 保持不变。

　　假如到 t_2 瞬间，由于负荷减小，系统频率又开始升高，$\Delta f > 0$，$\int \Delta f dt$ 就向正方向积累，使其负值减小，于是平衡状态又被破坏，调频器动作，减小功率设定值 ΔP_{ref}，直到机组输出功率与负荷消耗功率重新相等，频率又恢复到 f_N，即达到图 3 - 11中的 t_B 时，调节过程结束，这时又有 $\Delta f = 0$，$\int \Delta f dt = B = $ 常数，发电机的输出功率为 $\Delta P_{ref} = P_{refB} = -\dfrac{B}{K} < P_{refB}$。

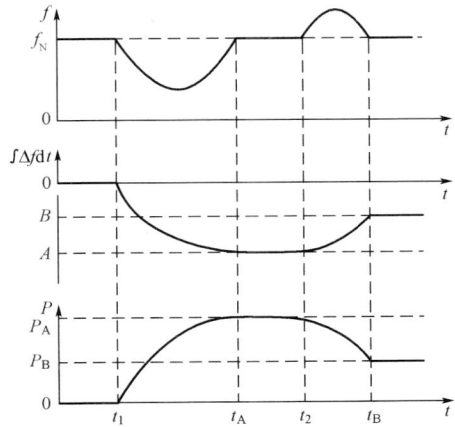

图 3 - 11　积差调频过程

　　由此可见，积差调节法的特点是调节过程只能在 $\Delta f = 0$ 时结束，当 $\Delta f \neq 0$ 时，$\int \Delta f dt$ 不断积累，其值不断变化，则式（3 - 15）不能平衡，调节过程就要继续下去。当调节过程结束时，$\Delta f = 0$，而 $\int \Delta f dt = -K \Delta P_{ref} = $ 常数，此常数与计划外负荷成正比，计划外负荷越大频率累积误差也越大。这个频率累积误差是个有限值，日用电钟的计时误差与此累积值有关。为了保证电钟的正确性，可以在夜间低负荷时进行补偿。

　　在电力系统中，多台机组用积差法实现调频时，可采用集中制、分散制两种方式，其示意框图分别如图 3 - 12、图 3 - 13 所示，其调频方程组如下

$$\left.\begin{array}{c} \int \Delta f dt + K_1 \Delta P_{ref1} = 0 \\ \int \Delta f dt + K_2 \Delta P_{ref2} = 0 \\ \vdots \\ \int \Delta f dt + K_n \Delta P_{refn} = 0 \end{array}\right\} \qquad (3 - 16)$$

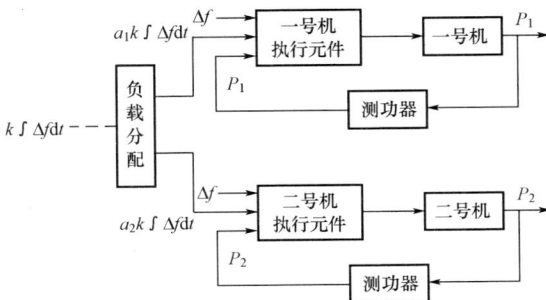

图 3 - 12　集中制调频示意图

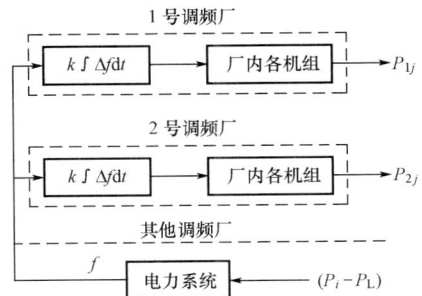

图 3 - 13　分散制调频示意图

由于系统中各点的频率相同，所以各机组的 $\int \Delta f \mathrm{d}t$ 也可以认为是相等的，且各机组同时进行调频。系统的调频方程式为

$$\sum_{i=1}^{n} P_{\mathrm{ref}i} = -\int \Delta f \mathrm{d}t \left(\sum_{i=1}^{n} \frac{1}{K_i} \right)$$

$$\int \Delta f \mathrm{d}t = -\frac{\sum\limits_{i=1}^{n} \Delta P_{\mathrm{ref}i}}{\sum\limits_{i=1}^{n} \left(\dfrac{1}{K_i} \right)} = -K_{\mathrm{x}} \left(\sum_{i=1}^{n} \Delta P_{\mathrm{ref}i} \right) \tag{3-17}$$

式中，$K_{\mathrm{x}} = \dfrac{1}{\sum\limits_{i=1}^{n} \left(\dfrac{1}{K_i} \right)}$。

每台调频机组分担的计划外负荷为

$$\Delta P_{\mathrm{ref}i} = \frac{K_{\mathrm{x}}}{K_i} \left(\sum_{i=1}^{n} \Delta P_{\mathrm{ref}i} \right) \tag{3-18}$$

式（3-18）说明，按积差调频法实现调频时，各机组的输出功率也是按照一定比例自动进行分配的。

频率积差调节法的优点是能使系统频率维持额定，计划外的负荷能在所有参加调频的机组间按一定的比例进行分配。其缺点是频率积差信号滞后于频率瞬时值的变化，因此调节过程缓慢。

四、改进积差调频法

当频率偏差较大时，调整速度就快一些，为此，在频率积差调节的基础上增加频率瞬时偏差的信息，这样就得到改进的频率积差调节方程式为

$$\Delta f + R \left(\Delta P_{\mathrm{ref}} + \int K \Delta f \mathrm{d}t \right) = 0 \tag{3-19}$$

式中　ΔP_{ref}——发电机功率设定值；

　　　　R——调差系数；

　　　　K——功率频率换算系数。

在式（3-19）中，可认为 $\int K \Delta f \mathrm{d}t$ 代表了系统计划外负荷的数值（K 是一个换算系数）。

上述概念也有利于说明积差调节过程中调速器与调频器的关系，当系统频率变化时，按 Δf 启动的调速器会比按积差工作的调频器先进行大幅度的调整，但远不会达到额定频率，到频差积累到一定值时，调频器会取代调速器的工作特性，使其按照积差调频的方程式进行调整。因此，一般称调速器的作用为一次调频，积差调频器为二次调频。

改进的积差调频方法，是按照一定比例分配计划外负荷的。调频过程为

$$\Delta f + R_i \left(\Delta P_{\mathrm{ref}i} + \alpha_i \int K \Delta f \mathrm{d}t \right) = 0 \quad (i = 1, 2, \cdots, n) \tag{3-20}$$

再来看一下图3-12所示的集中制调频，调度中心把频差积分信号 $k \int \Delta f \mathrm{d}t$ 通过远动通道送到各调频电厂，厂内配置一台负荷分配器和各机组执行单元，用于控制全厂调频机组的功率设定值增量 ΔP_{ref}，它的输入信息除了调度所送来的频差积分信号外，还有当地产生的

频差 Δf 和厂内各调频机组的输出功率 P_1、$P_2\cdots$。按照满足式（3 - 20）的方程给出输出信号 ΔP_{refi} 接到相应机组的控制电动机，调节其功率设定值。集中制调频的主要优点是各机组的功率分配是有比例的，也即式中的 α_i、α_i 是按照经济分配的原则给出的。α_i 的确定还要在下一节中作详细介绍。

图 3 - 13 是分散制调频的示意图。分散制调频的主要缺点是各调频装置的误差会带来系统内无休止地功率交换。实际上各厂调频器内的标准信号 $f_{\text{N}i}$ 是不会完全相等的，即

$$f_{\text{N1}} \neq f_{\text{N2}} \neq \cdots \neq f_{\text{N}n}$$

虽然系统的频率各点都相同，但各厂的 Δf_i 却不能同时为零。$i-1$ 厂的调频器努力要将系统的频率稳定在 $f_{\text{N}(i-1)}$ 上，而 i 厂又要将频率稳定在 $f_{\text{N}i}$ 上，它们各不相让，没有一个能中止。虽然可以将各厂的标准信号 $f_{\text{N}i}$ 的误差减至很小，但积差调频器又会将这些小误差不断地进行累积，以改变各厂的输出功率，致使系统中不停地产生功率交换，这显然是十分有害的。由于 $f_{\text{N}i}$ 分布在各厂，较难统一地进行纠正，这是推广分散制调频的主要障碍之一。

五、分区调频法

（一）分区控制误差 ACE（Area Control Error）

当多个省级或区域电网联合成一个大的电力系统时，为了配合分区调度的管理制度，也为了避免集中调频的范围过大而产生的技术困难，在联合系统中一般均采用分区调频的方法。分区调频法的特点是区内负荷的非计划负荷变动主要由本区内的调频厂来负担，其他区的调频厂不参与调频，因此区域间联络线上的功率应该维持计划值不变。所以，分区调频方程式必须能判断负荷的变动是否发生在本区之内。若在本区，如何调频，即如何调整功率的设定值，若不在本区，就不要有任何功率设定值的变动。

现以图 3 - 14 的联合系统为例，先说明负荷变动是否发生在本区之内的判别原理。设经联络线由 A 端流向 B 端的功率为 $P_{\text{tie. A}}$，由 B 端流向 A 端的功率为 $P_{\text{tie. B}}$，则必有 $P_{\text{tie. A}} + P_{\text{tie. B}} = 0$，当 B 区内负荷突然增长，A 区负荷不变时，整个系统的频率

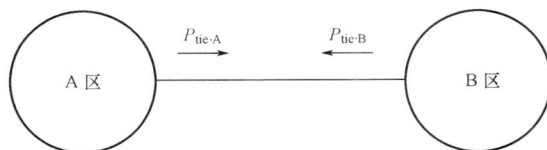

图 3 - 14　联合电力系统示意图

都会下降，即有 $\Delta f < 0$。A、B 两区内的调频器随即动作，增加各机组的输出功率，联络线上就会出现由 A 端流向 B 端的功率增量，即 $\Delta P_{\text{tie. A}} > 0$（还应该说明，即使不考虑调速器的动作，此时也仍有 $\Delta P_{\text{tie. A}} > 0$），与 Δf 异号；同时在另一端必有 $\Delta P_{\text{tie. B}} < 0$，与 Δf 同号。这说明在联合系统中可以用流出某区功率增量的正负与系统频率增量的符号进行比较，来判断负荷变动是否发生在该区之内。图 3 - 14 中如 A 区负荷突增或突减，上述判断方法照样也可使用，但不再赘述。

其次要使得非负荷变化区内的调频机组在系统调频过程中尽可能少输出调频功率，这当然也要利用该区流出功率增量与频差异号的关系；在调频过程中，非负荷变化区的 Δf 与联络线功率变化 ΔP_{tie} 之间关系不但是非线性的，而且是随时间变化的，它取决于系统的一次调频特性、二次调频特性及负荷的组成等因素。虽然如此，但还是可以找到某个常数，如在上例 A 区是 K_A，使得 $K_A \Delta f + \Delta P_{\text{tie. A}}$ 在整个调频过程中取值虽不为零，但也不大，于是就可以运用如下的 A 区调频方程式为

$$K_A \Delta f + \Delta P_{\text{tie. A}} + \Delta P_A = 0$$

其中 P_A 为 A 区机组输出的调频功率，可为正也可为负。仍以图 3 - 14 系统为例，当 B 区负荷增加时，$\Delta f < 0$，$\Delta P_{\text{tie.A}} > 0$；由于有适当因子 K_A，致 $K_A \Delta f + \Delta P_{\text{tie.A}} \approx 0$，于是调频器向满足调频方程式的方向进行，必有 $\Delta P_A \approx 0$，最终结果 A 区机组基本不向 B 区输出调频功率；而当 A 区负荷增加时，Δf 与 $\Delta P_{\text{tie.A}}$ 都为负，于是调频器向增大 P_A 的方向进行调整，这样就可以达到分区调频的目的。由此可见，$K_i \Delta f + \Delta P_{\text{tie.}i}$ 是实现分区调频的重要因子，一般称为分区控制误差 ACE（Area Control Error），即

$$ACE = K \Delta f + \Delta P_{\text{tie}}$$

（二）分区调频方程式

实际最普遍使用的是"ACE 积差"调节法，其分区调频方程式为

$$\int (K_i \Delta f_i + P_{\text{tie.}i.\text{a}} - P_{\text{tie.}i.\text{s}}) \mathrm{d}t + \Delta P_{\text{ref.}i} = 0 \tag{3 - 21}$$

式中　Δf_i——系统频率的偏差，即 $\Delta f_i = f_i - f_N$；

　　　$P_{\text{tie.}i.\text{a}}$——$i$ 区联络线功率和的实际值，以该区输出的联络线功率为正，输入该区的联络线功率为负；

　　　$P_{\text{tie.}i.\text{s}}$——$i$ 区联络线功率和的计划值，功率的正负方向与 $P_{\text{tie.}i.\text{a}}$ 相同；

　　　$\Delta P_{\text{ref.}i}$——i 区调频机组的功率设定值增量。

一般可将式（3 - 21）写成如下形式

$$\int (K_i \Delta f_i + \Delta P_{\text{tie.}i}) \mathrm{d}t + \Delta P_{\text{ref.}i} = 0 \tag{3 - 22}$$

式中　$\Delta P_{\text{tie.}i}$——i 区联络线功率对计划值的偏差，联络线功率的正负方向与式（3 - 21）相同。

由于式（3 - 22）中包含了积差项，在调频过程结束时，必有

$$ACE = K_i \Delta f_i + \Delta P_{\text{tie.}i} = 0 \tag{3 - 23}$$

式（3 - 23）一般称为联络线调频方程式。分区调频过程结束时，分区控制误差 ACE 为零，并使系统频率恢复到额定。

仍以图 3 - 14 的系统为例，说明频率恢复为额定值的原理。图 3 - 14 系统分区调频方程组为

$$\left. \begin{array}{l} \int (K_A \Delta f_A + \Delta P_{\text{tie.A}}) \mathrm{d}t + \Delta P_{\text{ref.A}} = 0 \\ \int (K_B \Delta f_B + \Delta P_{\text{tie.B}}) \mathrm{d}t + \Delta P_{\text{ref.B}} = 0 \end{array} \right\} \tag{3 - 24}$$

各区的调频系统都向满足式（3 - 24）的方向进行调整，按照积差调节的法则，到分区调频结束时各区的控制误差 ACE 都等于零，任何调频机组都不再出现新的功率增量。对图 3 - 14 的系统，即有

$$\left. \begin{array}{l} ACE_A = K_A \Delta f_A + (P_{\text{tie.A.a}} - P_{\text{tie.A.s}}) = 0 \\ ACE_B = K_B \Delta f_B + (P_{\text{tie.B.a}} - P_{\text{tie.B.s}}) = 0 \end{array} \right\} \tag{3 - 25}$$

由于 $P_{\text{tie.A.a}} + P_{\text{tie.B.a}} = 0$；对于 n 个分区的调频方程式，如果各区调频中心都没有装置误差，即

$$\left. \begin{array}{l} f_{N1} = f_{N2} = \cdots = f_{Nn} = f_N \\ \sum_{i=1}^{n} P_{\text{tie.}i.\text{s}} = 0 \end{array} \right\} \tag{3 - 26}$$

按式（3 - 24）进行分区调频的结果，系统频率必维持在额定值 f_N，并有 $\Delta P_{\text{tie},i} = 0$。

第三节　电力系统的经济负荷分配

电力系统的频率调节涉及系统中有功功率平衡和潮流分布。在保证频率质量和系统安全运行前提下，如何使电力系统运行具有良好的经济性，这就是电力系统经济调度控制（EDC）的任务。它是联合自动调频的重要目标之一，因此也有人把 EDC 列为自动发电控制（AGC）功能的一部分，称为 AGC/EDC 功能。可见，EDC 是按数学模型编制的程序，调用时需要较长的时间，但它可以较长时间启动一次（一般在 5min 以上）。另外，EDC 也被称为三次经济调整。

一、等微增率分配负荷的基本概念

在一个大型互联电力系统中，目标是找到发电机有功输出功率和无功输出功率的分配方案，以使得整个系统的运行费用最小。这就是说，在燃料费用最小的情况下，发电机的有功输出功率和无功输出功率能在一定的范围内变化，以满足负荷的需要。这就是最优功率潮流问题（Optimal Power Flow，简称 OPF）。OPF 用来解决大型电力系统的最优潮流问题。最优潮流是这样实现的：根据发电机容量和无功补偿容量，在保持整个系统良好运行状态下取得一个目标函数的最小值。目标函数，又叫成本函数，可表示经济成本、系统安全性或者其他的目标。完善的无功功率计划兼顾经济运行和安全运行两项指标。这里主要讨论有功功率的经济分配。

影响发电厂成本的因素有发电机的运行参数、燃料成本、传输损耗等。系统中发电效率高的发电厂成本不一定最小，因为其可能建在燃料费用高的地区。并且，如果发电厂建在离负荷中心较远的地方，传输损耗将很高，这就降低了发电厂的经济性。因此我们的任务是确定不同发电厂发电机的发电量，以求得整个电网的发电成本最低。发电厂的运行成本在系统经济负荷分配中起着重要的作用。

一个简化的输入输出曲线如图 3 - 15（a）所示，称为热率曲线，纵坐标为燃料输入量。把纵坐标由燃料输入量转换为成本费用，曲线就转化成燃料成本曲线，如图 3 - 15（b）所示。实际情况中，发电燃料成本可以表示成有功功率的二次函数，即

$$C_i = \alpha_i + \beta_i P_i + \gamma_i P_i^2 \tag{3 - 27}$$

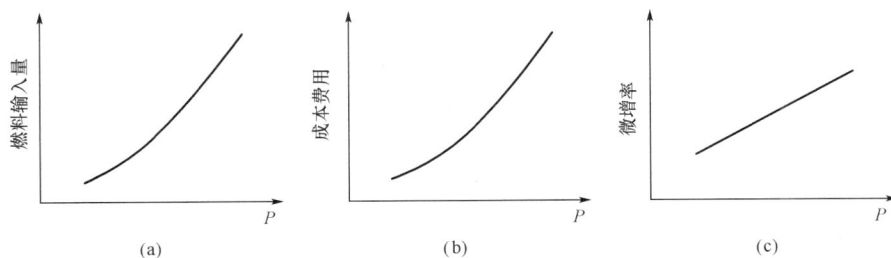

图 3 - 15　简化的输入输出曲线图
（a）热率曲线；（b）燃料成本曲线；（c）微增率曲线

燃料成本曲线上某一点切线的斜率称为燃料成本微增率 λ，即

$$\frac{\mathrm{d}C_i}{\mathrm{d}P_i} = 2\gamma_i P_i + \beta_i \tag{3-28}$$

燃料成本微增率可用来测量输出一定增量的功率需要增加多少费用。总的成本包括燃料成本、劳动力成本、供给成本和储存成本等。这些成本假定是燃料成本的一个百分数，一般包括在燃料成本微增率曲线里面，如图 3-15（c）所示。

所谓等燃料成本微增率法则，就是运行的发电机组按微增率相等的原则来分配负荷，这样就可使系统总的燃料消耗（或费用）为最小，从而是最经济的。

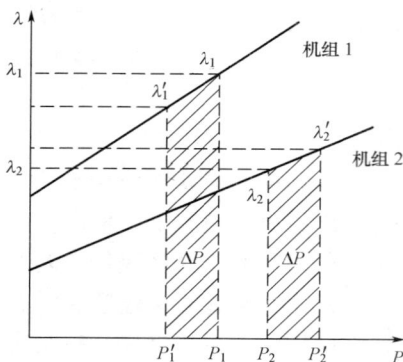

图 3-16　机组负荷改变时耗量的变化示意图

为了说明等微增率法则，我们以最简单的两台机组并联运行为例。图 3-16 中示出了两台发电机组原来所带的负荷，机组 1 为 P_1、微增率为 λ_1，机组 2 为 P_2、微增率为 λ_2，而且 $\lambda_1 > \lambda_2$，如果使机组 1 的功率减小 ΔP，即功率变为 P_1'，相应的微增率减小到 λ_1'。而机组 2 增加相同的 ΔP，其功率变为 P_2'，微增率增至 λ_2'，此时总的负荷不变。由图可知，机组 1 减小的燃料消耗（图中 P_1、λ_1、λ_1'、P_1' 所围的面积）大于机组 2 增加的燃料消耗（图中 P_2、λ_2、λ_2'、P_2' 所围的面积）。这两个面积的差即为减少（或增加）的燃料消耗量，

如果上述过程是使总的燃料消耗减小，则这样的转移负荷过程就继续下去，总的燃料消耗将继续减小，直至两台机组的微增率相等时为止。即 $\lambda_1 = \lambda_2$ 时，总的燃料消耗为最小。

当然，等微增率法则的严格证明应由数学推导来获得。

二、不考虑网损时负荷的经济分配

由于忽略了线路损耗，总的负荷需求 P_D 等于总的发电机有功输出功率。C_i 是每一个发电厂的成本函数，并且是已知的。问题就转化成求每一个发电厂的有功功率以使得目标函数为

$$C_t = \sum_{i=1}^{n_g} C_i = \sum_{i=1}^{n_g} \alpha_i + \beta_i P_i + \gamma_i P_i^2 \tag{3-29}$$

最小，则目标约束函数为

$$\sum_{i=1}^{n_g} P_i = P_D \tag{3-30}$$

式中　C_t——总的发电成本；

$\quad\quad C_i$——第 i 个发电厂的发电成本；

$\quad\quad P_i$——第 i 个发电厂的有功输出功率；

$\quad\quad P_D$——总的负荷需求；

$\quad\quad n_g$——发电厂总的数量。

构造拉格朗日函数把约束条件增加到目标函数中，则有

$$L = C_t + \lambda\left(P_D - \sum_{i=1}^{n_g} P_i\right) \tag{3-31}$$

取得极值的条件为偏导数为零。则有

$$\frac{\partial L}{\partial P_i} = 0 \tag{3-32}$$

$$\frac{\partial L}{\partial \lambda} = 0 \qquad (3-33)$$

首先由式（3-32）得

$$\frac{\partial C_t}{\partial P_i} + \lambda(0-1) = 0$$

由于 $C_t = C_1 + C_2 + \cdots + C_{n_g}$，所以有

$$\frac{\partial C_t}{\partial P_i} = \frac{dC_i}{dP_i} = \lambda$$

因此最优分配的条件变为

$$\frac{dC_i}{dP_i} = \lambda \qquad i = 1, \cdots, n_g \qquad (3-34)$$

或者

$$\beta_i + 2\gamma_i P_i = \lambda \qquad (3-35)$$

再由式（3-33）得

$$\sum_{i=1}^{n_g} P_i = P_D \qquad (3-36)$$

式（3-36）是最初的等式约束条件。总的来说，当忽略线路损耗并且无发电机输出功率限制的情况下，为使总花费最小，应按相等的燃料成本微增率在发电设备或发电厂之间分配负荷。

【**例 3-3**】　三个发电厂的燃料成本函数为

$$C_1 = 500 + 5.3P_1 + 0.004P_1^2$$
$$C_2 = 400 + 5.5P_2 + 0.006P_2^2$$
$$C_3 = 200 + 5.8P_3 + 0.009P_3^2$$

其中 P_1、P_2、P_3 单位都是 MW，总负荷 P_D 为 800MW。忽略线路损耗和发电机输出效率限制，试求最优分配和总的成本（元/h）。

解　由式（3-34）可得最优分配的必要条件为

$$\frac{dC_1}{dP_1} = 5.3 + 0.008P_1 = \lambda$$

$$\frac{dC_2}{dP_2} = 5.5 + 0.012P_2 = \lambda$$

$$\frac{dC_3}{dP_3} = 5.8 + 0.018P_3 = \lambda$$

又因为 $P_1 + P_2 + P_3 = P_D$，得最优分配为 $P_1 = 400$，$P_2 = 250$，$P_3 = 150$，微增率为 $\hat{\lambda} = 8.5$ 元/（MW·h）。

为说明最优分配下的等燃料成本微增率法则，用 MATLAB 中的 plot 指令在同一个坐标图中画出每个发电厂的增量成本曲线如图 3-17 所示。选取不同的 λ 值，满足 $\sum P_i = P_D$。如果 $\sum P_i < P_D$，就把 λ 的值增大，否则就减小 λ 的值。因此，图中的水平虚线将上下移动直到找到一个最优分配的点，λ 满足 $\sum P_i = P_D$ 为止。在这个例子中 $P_D =$

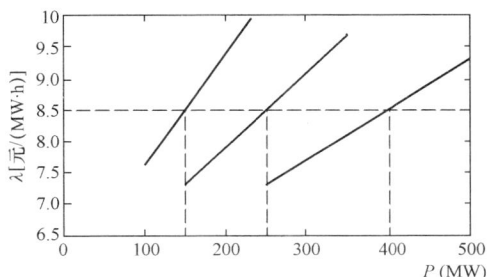

图 3-17　等成本微增率概念说明

800MW，可求得最优分配是 $P_1 = 400$，$P_2 = 250$，$P_3 = 150$，在点 $\lambda = 8.5$ 元/（MW·h）处。

三、考虑网损时负荷的经济分配

在一个大的互联电力系统中，由于传输距离较长并且负荷密度较小，这时传输损耗是一个影响发电机的最优分配的主要因素，在考虑最优分配问题时不能忽略线路损耗。

经济分配问题目的是为了使总的发电成本 C_i 最小，它是发电机输出功率的函数

$$C_t = \sum_{i=1}^{n_g} C_i = \sum_{i=1}^{n_g} \alpha_i + \beta_i P_i + \gamma_i P_i^2 \tag{3-37}$$

等式约束条件为发电输出功率等于负荷和损耗的和，则有

$$\sum_{i=1}^{n_g} P_i = P_D + P_L \tag{3-38}$$

构造拉格朗日函数如下

$$L = C_t + \lambda \left(P_D + P_L - \sum_{i=1}^{n_g} P_i \right) \tag{3-39}$$

最小值可由其导数为 0 时得到

$$\frac{\partial L}{\partial P_i} = 0, \frac{\partial L}{\partial \lambda} = 0$$

由式 $\frac{\partial L}{\partial \lambda} = 0$ 得第二个条件为

$$\sum_{i=1}^{n_g} P_i = P_D + P_L$$

即为上面给出的等式约束条件。

由式 $\frac{\partial L}{\partial P_i} = 0$ 得第一个条件为

$$\frac{\partial C_t}{\partial P_i} + \lambda \left(0 + \frac{\partial P_L}{\partial P_i} - 1 \right) = 0$$

由于 $C_t = C_1 + C_2 + \cdots + C_{n_g}$，所以有

$$\frac{\partial C_t}{\partial P_i} = \frac{dC_i}{dP_i}$$

因此最优分配条件是

$$\frac{dC_i}{dP_i} + \lambda \frac{\partial P_L}{\partial P_i} = \lambda \quad i = 1, \cdots, n_g \tag{3-40}$$

式中 $\frac{\partial P_L}{\partial P_i}$——网损微增率。

一般情况下，式（3-40）可以写成下面的形式

$$\left(\frac{1}{1 - \frac{\partial P_L}{\partial P_i}} \right) \frac{dC_i}{dP_i} = \lambda \quad i = 1, \cdots, n_g \tag{3-41}$$

或

$$L_i \frac{dC_i}{dP_i} = \lambda \quad i = 1, \cdots, n_g \tag{3-42}$$

其中 L_i 是发电厂 i 惩罚因子，计算式为

$$L_i = \frac{1}{1 - \frac{\partial P_L}{\partial P_i}}$$

为了估计线路损耗，这里我们引入了一个惩罚因子，其值取决于发电厂的位置。式 (3-42) 表明获得最小成本的条件是各个发电厂增量成本与其惩罚因子的积相等。

经济负荷分配没有考虑输电线路和变压器等设备的传输限制。由于输电线路有发热，电压和传输稳定性问题，就不能不考虑输电线路的传输极限。一般的说，在经济负荷分配的功率情况下，输电线路的设计传输功率是完全满足要求的，不应该有任何过负荷的问题。但是，由于电力需求的不断增加，电网负荷越来越重，电网承受了巨大的压力，例如某输电线路夏季的过负荷小时数为 294h，第二年增加到了 548h。

最优潮流就是优化发电计划，在考虑经济负荷分配的同时也考虑潮流限制问题，在计算经济负荷分配的同时计算线路的潮流。

四、自动发电控制（AGC/EDC 功能）的实现

（一）概述

电力系统中发电量的控制，一般分为三种情况：一是由同步发电机的调速器实现的控制；二是由自动发电控制（Automatic Generation Control，简称 AGC）实现的控制；三是按照经济调度（Economic Dispatch Control，简称 EDC）要求实现的控制。

第一种情况通常叫做频率的一次调整控制，第二种情况称为频率的二次调整控制，而第三种则称为频率的三次调整。这三种调整控制频率的方式是有差别的。由调速器实现调频以控制发电机组的输出功率，其响应速度较快，可适应小负荷短时间的波动；对于周期在 10s 至 2～3min 以内而幅度变化较大的负荷，已经不能由调速器本身的调频特性来进行调整控制，就需要由电力系统控制中心，根据系统的频率以及与其他地区相连的输电线上的功率的偏移程度，启动 AGC 来进行控制负荷；对于周期在 3min 以上的负荷波动，可以根据以往实测的负荷变化情况（即所谓的负荷曲线）和预测几分钟后总负荷变化趋势，由计算机算出发电机组最经济的输出功率，然后发出控制命令到各发电厂进行调整，即按经济调度（EDC）实现负荷分配控制。

AGC 是以控制调整发电机组输出功率来适应负荷波动的反馈控制。电力系统中功率的不平衡将导致频率的偏移，所以电网的频率可以作为控制发电机输出功率的一个信息。发电机组上的调速器能根据电力系统频率变化自动地调节发电机的输出功率，所以在某种意义上讲也具有自动发电控制的功能，但通常不称为自动发电控制。这里指的 AGC 是一种控制性能比较完善和作用较好的发电机输出功率的自动控制。它利用电子计算机来实现控制功能，是一个小型的计算机闭环控制系统，有时也称为 AGC 系统。

（二）自动发电控制的基本原理

最简单的 AGC 系统的结构如图 3-18 所示，它是具有一台发电机组和联络线的 AGC 系统。

图中 P_{set} 为输电线路功率的整定值，f_{set} 为系统频率整定值，P 为输电线路功率的实际值，f 为系统频率的实际值，B_f 为频率偏差

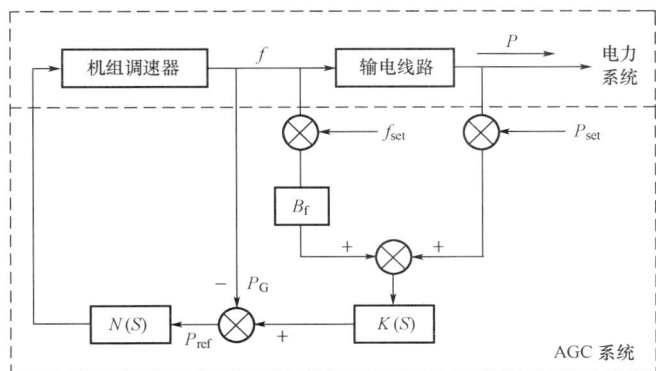

图 3-18　单台发电机组的 AGC 系统

因子（$B_f = \dfrac{1}{R} + D$，即考虑发电机调差系数 R 和负荷调节效应 D 的情况下，频率变化 1% 的功率变化百分数，将在第五节有介绍），$K(S)$ 为外部控制回路，用来根据电力系统频率偏差和输电线路上的功率偏差来确定输出控制信号，P_{ref} 为系统要求调整的控制信号，$N(S)$ 为内部控制回路，用来控制调整调速器阀门开度，以达到所需要的输出功率。

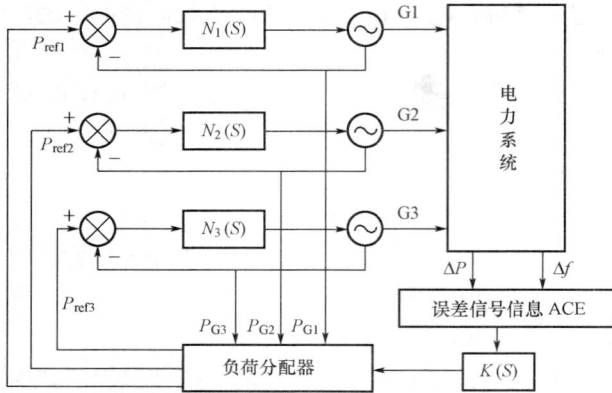

图 3-19 具有多台发电机的 AGC 控制系统

对于具有多个联络点和发电机组的实际电力系统，则 AGC 系统将变为包含许多并联发电机组控制回路的形式，如图 3-19 所示，其内部控制回路和外部控制回路的基本结构并未改变。图 3-19 中，G1、G2、G3 为发电机组，ACE 称为误差信号信息，用来根据系统频率偏差以及输电线路功率偏差来确定输出控制信号。负荷分配器根据输入的控制信号大小并且根据等微增率准则或其他原则来控制各台发电机输出功率的大小。

自动发电控制系统具有四个基本任务和目标。

（1）使全系统的发电机输出功率和总负荷功率相匹配。

（2）将电力系统的频率偏差调整到零，保持系统频率为额定值。

（3）控制区域间联络线的交换功率与计划值相等，以实现各个区域内有功功率和负荷功率的平衡。

（4）在区域网内各发电厂之间进行负荷的经济分配。

自动发电控制系统包括两大部分。

（1）负荷分配器。根据电力系统频率和其他有关测量信号，按照一定的调节控制准则确定各发电机组的最佳设定输出功率。

（2）发电机组控制器。根据负荷分配器所确定的各发电机组最佳输出功率，控制调速器的调节特性，使发电机组在电力系统额定频率下所发出的实际功率与设定的输出功率相一致。

自动发电控制系统中的负荷分配器是根据所测量的发电机实际输出功率和频率偏差等信号按照一定的准则分配各台发电机组输出功率。决定各台发电机组设定的功率 P_{ref} 的负荷分配器，目前广泛采用以基点经济功率 P_{bi} 和分配系数 α_i 来表示每台发电机组的输出功率的方法，即各台发电机组的设定调整功率按以下公式分配：

$$P_{refi} = P_{bi} + \alpha_i \left(\sum_{i=1}^{n} P_{Gi} + ACE - \sum_{i=1}^{n} P_{bi} \right) \tag{3-43}$$

式中　P_{refi}——第 i 台发电机组的设定调整功率；

　　　P_{bi}——第 i 台各台发电机的基点经济功率；

　　　P_{Gi}——第 i 台每台发电机的实际输出功率；

　　　α_i——分配系数。

也就是说，系统各台发电机组的设定功率，取决于系统发电机组总的实际输出功率 P_{Gi} 和每台发电机组的基点经济功率 P_{bi}，以及系统频率偏差和功率偏差 ACE。偏差越大，各发电机组的设定调整功率的变动就越大。当频率偏差和功率偏差趋于零时，AGC 系统发电机组总的设定调整功率就与发电机总的实际输出功率相等。分配到每台发电机组的设定功率值则由分配系数 α_i 来决定。这种方法把自动调频与经济功率分配联系起来了。其中 P_{bi} 和 α_i 的值可以在每次经济分配计算时加以修正。

负荷分配方式每隔 5min 修改一次 P_{bi} 和 α_i 值，以适应经济调度的要求。有时为了增大加到发电机组上的误差信号信息，可以使用一个或者多个附加的负荷分配回路，如图 3 - 20 所示。这样的附加分配回路可以用一个分配系数 β_i 来表示，但它与按经济调度调整负荷的分配系数 α_i 不同，它不受经济调度的约束，所以称为调整分配。

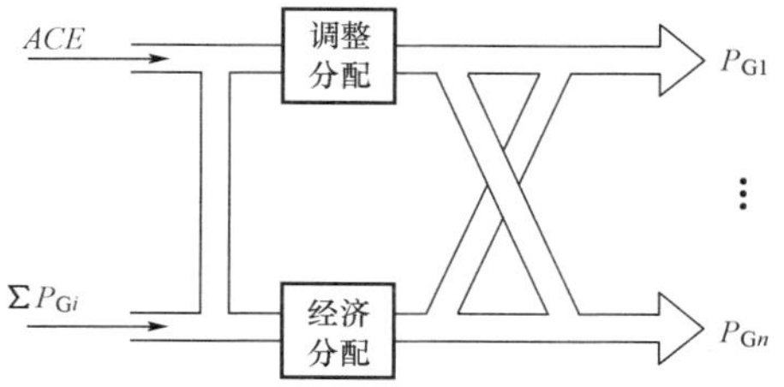

图 3 - 20 具有一个并联附加分配回路的 AGC 系统示意图

自动发电功率的分配方式为

$$P_{\text{ref}i} = P_{bi} + \alpha_i \left(\sum_{i=1}^{n} P_{Gi} + ACE - \sum_{i=1}^{n} P_{bi} \right) + \beta_i \cdot ACE \qquad (3 - 44)$$

或

$$P_{\text{ref}i} = P_{bi} + \alpha_i \left(\sum_{i=1}^{n} P_{Gi} - \sum_{i=1}^{n} P_{bi} \right) + (\alpha_i + \beta_i) \cdot ACE \qquad (3 - 45)$$

当 ACE 信息为零时，系统负荷完全按经济调度的要求进行分配。例如系统中由于负荷变化时功率平衡遭到破坏，将产生 ACE 信息，并且按 $(\alpha_i + \beta_i)$ 的系数来分配，而当系统功率恢复平衡时，ACE 信息消失，这时总的发电功率仍然以经济调度为原则进行分配。所以它是一种比较理想的分配方式。

早期的 AGC 系统多采用模拟式的控制设备，近几年来由于数字系统的灵活性和可靠性使模拟式的 AGC 系统逐渐被数字系统所取代。在设备上采用了数字遥控装置和电子计算机。将发电机控制回路和负荷分配回路的数据都设置在集中调度用的计算机中，因而所需要的数据在计算机的存储器中都可以直接得到。采用计算机的数字遥测遥控形式的发电机组控制系统如图 3 - 21 所示。

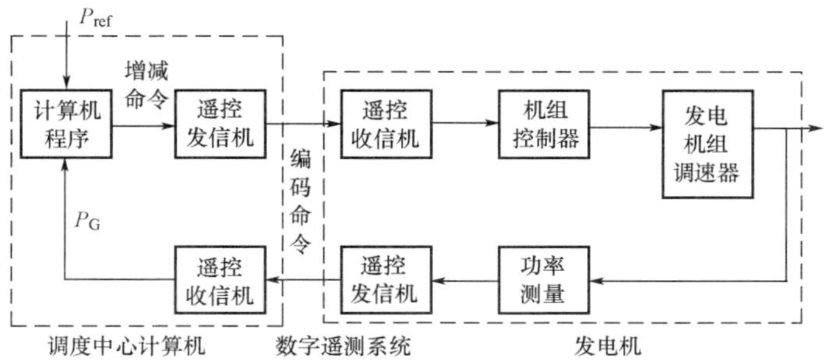

图 3 - 21 计算机数字遥测遥控发电机组控制系统

在现代数字电力系统中，AGC 的执行要求每隔 2～4s 测量一次联络线功率、系统频率和发电功率等数据，并通过遥测装置送到 AGC 系统的发电机控制回路和负荷分配回路，使这两个回路的程序计算开始工作。然后计算出需要增加或减少发电量的信息，再由遥控装置将此信息发送到发电机组以完成对发电机功率的控制和调整。

AGC 系统的任务是针对变化周期为 10s～3min 的负荷进行调整。控制调整可以全部由计算机来承担，一台负责经济运行计算，另一台负责将计算结果以及控制信号送至各被控制发电厂。由于要解决周期为 10s 的负荷波动，因此 AGC 系统所发出的指令循环周期必须小于 10s，对计算机的运算速度提出了较高的要求。

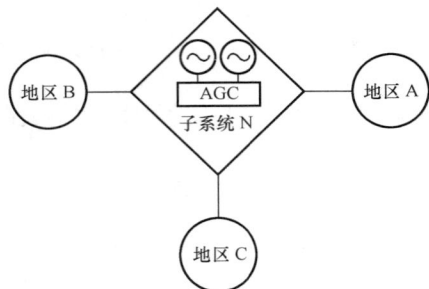

图 3 - 22　互联电力系统的 AGC

AGC 的任务不仅可以维持电力系统的频率在额定值上，而且可以维持和控制地区电网联络线上的交换功率在一定的范围内，如图 3 - 22 所示。

图中包括一个较小的系统 N（称为子系统）和三个地区电力网 A、B、C。系统 N 通过联络线与地区 A、B、C 相连。P_A、P_B、P_C 为联络线上的净交换功率。系统 N 除满足地区间规定的净交换功率 $P_A + P_B + P_C$ 之外，还要保持本系统的频率为额定值。在联合电力系统中的每个子系统都有类似的发电控制要求。而按联络线上进行交换功率所围成的各个子系统称为控制区域，图中子系统 N 就是一个控制区域。

在控制区域内如果没有 AGC 的情况下，区域内任何负荷变化或扰动，都将使联合电力系统经联络线向该控制区域供给所需要的功率。这将使净交换功率偏离其预定的数值。而有 AGC 时，区域内负荷变动将由 AGC 来控制调整、由控制区域内部的发电机组输出功率来适应，并可以保持交换功率及频率不变。

第四节　电力系统低频减载

一、概述

通常电力系统均具有热备用容量，正常运行时，如系统产生正常的有功缺额，可以通过对有功功率的调节来保持系统频率在额定值附近。但是在事故情况下，系统可能产生严重的有功缺额，因而导致系统频率大幅度下降。这是因为所缺功率已经大大超过系统热备用容量，系统已无可调输出功率以资利用，因此只能在系统频率降到某值以下时，采取切除相应用户的办法来减少系统的有功缺额，使系统频率保持在事故允许的限额之内。这种办法称为按频率自动减负荷，其中文简拼为 ZPJH，英文简称为 UFLS（Under Frequency Load Shedding）。

二、系统频率的事故限额

电力系统的频率是反映其有功功率是否平衡的质量指标。当系统的有功功率有盈余时，频率就会上升超过额定频率 f_N；当发送的有功功率有缺额时，频率就会下降低于额定值，当电力系统因事故而出现严重的有功功率缺额时，其频率也会随之急剧下降。频率降低较大对电力系统的运行是很不利的，有时甚至是十分有害的，主要表现在以下几个方面。

（1）系统频率降低使厂用机械的输出功率大为下降，厂用机械输出功率的下降，必然使系统所有发电机的有功输出功率进一步降低，有时可能形成恶性循环，直至频率雪崩。例如当频率降低到 47～48Hz 时，给水泵、凝结水泵、送风机、吸风机的生产率就显著下降，这样使系统频率下降更快，从而发生频率崩溃现象。

（2）系统频率降低使励磁机等的转速也相应降低，当励磁电流一定时，发送的无功功率会随着频率的降低而减少，运行经验说明，当频率降至 45～46Hz 时，系统的电压水平就会受到严重影响，可能造成系统稳定的破坏，使系统陷于分裂或崩溃。这种有功功率的严重缺额可能是由于一台或某几台起关键作用的发电机因故退出工作而发展起来的。这说明发生在局部的或某个厂的有功电源方面的事故可能演变成整个电力系统的灾难，所以有功功率的平衡问题始终是系统调度工作的重要内容。

（3）电力系统频率变化对用户的不利影响主要表现在以下几个方面：①频率变化将引起异步电动机转速的变化，有这些电动机驱动的纺织、造纸等机械产品的质量将受到影响，甚至出现残、次品；②系统频率降低将使电动机的转速和功率降低，导致传动机械的输出功率降低；③国防部门和工业使用的测量、控制等电子设备将因为频率的波动而影响准确性和工作性能，频率过低时甚至无法工作。电力工业技术管理法规中规定的频率偏差范围为 $\pm 0.2 \sim \pm 0.5$Hz。

（4）汽轮机对频率的限制。频率下降会危及汽轮机叶片的安全。因为一般汽轮机叶片的设计都要求其自然频率充分躲开它的额定转速及其倍率值。系统频率下降时有可能因机械共振造成过大的振动应力而使叶片损伤。容量在 300MW 以上的大型汽轮发电机组对频率的变化尤为敏感。例如，我国进口的某 350MW 机组，频率为 48.5Hz 时，要求发瞬时信号，频率为 47.5Hz 时要求 30s 跳闸，频率为 47Hz 时，要求 0s 跳闸；进口的某 600MW 机组，当频率降至 47.5Hz 时，要求 9s 跳闸。

（5）频率升高对大机组的影响。电力系统因故障被解列成几个部分时，有的区域因有功严重缺额而造成频率下降，但有的区域却因有功过剩而造成频率升高，从而危及大机组的安全运行。例如，美国 1978 年的一个电网解列，其中 1 个区域频率升高，6 个电厂中的 14 台大机组跳闸；我国进口某 600MW 机组，当频率升至 52Hz 时，要求小于 0.3s 跳闸。

（6）频率降低对核能电厂的影响。核能电厂的反应堆冷却介质泵对供电频率有严格要求，如果不能满足，这些泵将自动断开，使反应堆停止运行。

综上所述，运行规程要求电力系统的频率不能长时期地运行在 49.5～49Hz 以下；事故情况下不能较长时间地停留在 47Hz 以下，瞬时值则不能低于 45Hz。所以在电力系统发生有功功率缺额的事故时，必须迅速断开相应的用户，使频率维持在运行人员可以从容处理事故的水平上。然后再逐步恢复到正常值。由此可见，按频率自动减负荷装置 ZPJH 是电力系统重要的反事故措施。

三、系统频率的动态特性

电力系统由于有功功率平衡遭到破坏而引起系统频率发生变化，频率从正常状态过渡到另一个稳定值所经历的时间过程，称为电力系统的动态频率特性。当系统中出现功率缺额时，系统中旋转机组的动能都为支持电网的能耗作出贡献，频率随时间变化的过程主要决定于有功功率缺额的大小与系统中所有转动部分的机械惯性，其中包括汽轮机、同步发电机、同步补偿机、电动机及电动机拖动的机械设备。

电力系统出现功率缺额时，系统的稳定频率 f_∞ 必然低于额定频率 f_N，系统频率从 f_N 变化到 f_∞ 的过程就反映出电力系统的动态频率特性，如图 3 - 23 所示。可以看出，系统频率变化不是瞬间完成的，而是按指数规律变化，其表达式为

$$f = f_\infty + (f_N - f_\infty)e^{-\frac{1}{T_f}} \tag{3-46}$$

式中　f_∞——由功率缺额引起的另一个稳态运行频率；

T_f——系统频率变化的时间常数，它与系统等值机组惯性常数以及负荷调节效应系数 K_{L*} 有关，一般在 4～10 间，大系统 T_f 较大，小系统 T_f 较小。

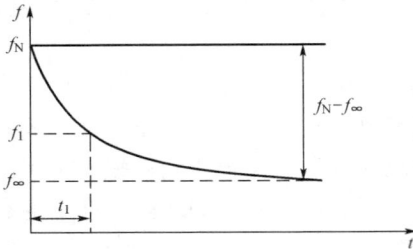

图 3 - 23　系统的动态频率特性　　　　　　图 3 - 24　系统频率的变化过程

四、自动低频减载的工作原理

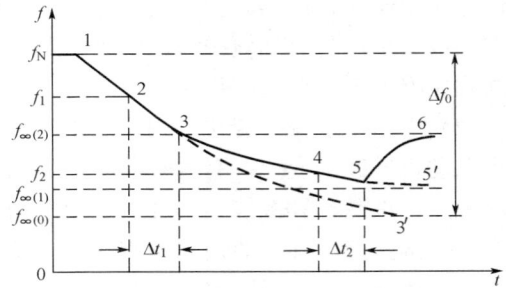

如图 3 - 24 所示，在系统频率的下降过程中，按照频率数值的顺序安排了几个计算点 f_1、f_2、…、f_n。这些计算点就是按频率自动减负荷装置的"轮"。图 3 - 24 说明，故障发生前，系统频率稳定在额定值 f_N；假定在点 1 系统发生了大量的有功功率缺额，系统频率随之急剧下降。当频率下降到 f_1（图 3 - 24 中点 2）时，第一轮频率继电器启动，经一定时间 Δt_1（包括装置的动作时间和断路器的跳闸时间）后，断开一部分用户（图 3 - 24 中点 3），这就是第一次对功率缺额进行的计算。如果功率缺额比较大，第一次计算并不能求出系统有功功率缺额的数值，那么频率还会继续下降，很显然由于切除了一部分负荷，功率缺额的数值已经减小，所有频率将按 3 - 4 的曲线而不是按 3 - 3′ 曲线继续下降。当频率下降到 f_2（图 3 - 24 中点 4）时，按频率自动减负荷装置 ZPJH 的第二轮频率继电器启动，经一定时间 Δt_2 后，又断开了接于第二轮频率继电器上的用户（图 3 - 24 中点 5），进行第二次计算。在图 3 - 24 的情况下，当第二轮断开其所接的用户以后，频率开始沿 5～6 曲线回升，最后稳定在 $f_{\infty(2)}$，也就是说，前两次计算出了功率缺额的大致范围。如果第二轮动作后，断开的用户功率依然不是系统缺额功率的数值，那么，频率还会继续下降，并通过 f_3、f_4、… 的实际断开，进行一次又一次的计算，一直到找到系统功率缺额的数值（同时也断开了相应的用户）。即系统频率重新稳定下来或出现回升时，这个过程才会结束。由此看来按频率自动减负荷装置实质上是应用了"逐次逼近"（Successive Approximation）的计算方法，迅速及时地计算出系统的功率缺额，并断开相应的用户，以达到系统频率的稳定，使值班人员可以从容处理的目的。

五、最大功率缺额的确定

按上述原理工作的自动减负荷装置，必须保证在系统发生最大可能的功率缺额时，也能断开相应的用户，避免系统的瓦解，使频率趋于稳定。因此，确定最大功率缺额是减负荷装置正确动作的必要条件。

对系统中可能发生的最大功率缺额应作具体分析，有的按系统中断开最大容量的机组来考虑；有的要按断开发电厂高压母线来考虑等。如果系统有可能解列成几部分运行时，还必须考虑解列后各部分可能发生的最大功率缺额，这时整个系统的最大功率缺额应按各部分最大功率缺额之和来考虑，所以这是一项要从系统调度角度进行协调处理的任务。

系统功率最大缺额确定以后，就可以考虑接于减负荷装置上的负荷的总数；因为在自动减负荷动作后,并不希望系统频率完全恢复到额定频率 f_N,而是恢复到低于额定频率的某一频率数值 f_{hf},考虑负荷调节效应后,接于减负荷装置上的负荷总功率 P_{JH} 可以比最大缺额功率 P_{qe} 小些。根据负荷调节效应系数公式为

$$\delta = \frac{(P_{fhf} - P_{fhe})/P_{fhe}}{(f - f_N)/f_N} = \frac{\Delta P_{fhf*}}{\Delta f_*} = \frac{\Delta P_{fhf}\%}{\Delta f\%}$$

可以得到

$$\frac{P_{qe} - P_{JH}}{P_x - P_{JH}} = \delta \frac{f_N - f_{hf}}{f_N} = \delta \Delta f_{hf*}$$

或

$$P_{JH} = \frac{P_{qe} - \delta P_x \Delta f_{hf*}}{1 - \delta \Delta f_{hf*}} \qquad (3-47)$$

式中　Δf_{hf*}——恢复频率偏差的相对值,并 $\Delta f_{hf*} = \dfrac{f_N - f_{hf}}{f_N}$;

　　　　P_x——减负荷前系统用户的总功率。

式(3-47)中所有功率都是额定频率下的数值。

【例3-4】　某系统的用户总功率为 $P_{f.he} = 2800MW$,系统最大的功率缺额 $P_{qe} = 900MW$,负荷调节效应系数 $\delta = 2$,自动减负荷动作后,希望恢复频率值 $f_{hf} = 48Hz$,试求接入减负荷装置的负荷总功率 P_{JH}。

解　减负荷动作后,残留的频率偏差相对值为

$$\Delta f_{hf*} = \frac{50 - 48}{50} = 0.04$$

由式(3-47)得

$$P_{JH} = \frac{900 - 2 \times 0.04 \times 2800}{1 - 2 \times 0.04} = 734(MW)$$

六、各轮动作频率的选择

一般第一轮动作频率选择要高一些,减负荷控制装置的效果就好一些。但是这样又可能在系统备用容量还未来得及发挥作用使系统频率暂时下降时,不必要地断开部分用户。故一般的一轮动作频率整定在 49Hz。

对高温高压火电厂,在频率低于 46～46.5Hz 时,厂用电已不能正常工作。在频率低于 45Hz 时,电压可能大量降低,严重时,可能使电力网瓦解。因此,自动减负荷装置最后一轮的动作频率最好不低于 46～46.5Hz;当然对于备用容量充裕的火电系统和以水电为主的系统,如果必要,也允许稍低一些,但不应低于 45Hz。

在现代电力系统,减负荷装置最后一轮动作后,系统频率不应低到使大机组跳闸的程度,以保证大机组的运行。关于最后一轮动作频率,我国尚未统一规定,但由于大机组的要求,最后一轮动作频率应大于或等于 48Hz。

在一个实际的减负荷控制装置中,前后两级动作的时间间隔是受频率测量元件的动作误差和开关固有跳闸时间限制的。最严重的情况是前一轮频率继电器具有最大的负误差、后一轮频率继电器具有最大的正误差。考虑选择性(前一轮断开负荷后如果频率不继续下降,则下一轮就不切除负荷)的最小的频率误差为

$$\Delta f = 2\Delta f_\sigma + \Delta f_t + \Delta f_y \qquad (3-48)$$

式中　Δf_σ——频率继电器的最大误差;

Δf_t——对应于 Δt 时间内的频率变化，一般可取 $0.15\mathrm{Hz}$；

Δf_y——两级间留有的频率裕度值，一般可取 $0.05\mathrm{Hz}$。

由于电力系统的规模越来越大，接线越来越复杂，很难事先预见事故的发展变化。在此情况下，采用级数不多的低频减负荷控制措施，往往难以达到恢复系统频率的要求，有时可能减负荷过多，使频率上升过高，若减负荷不足，又会造成频率下降过低。为此，可采用增加级数和缩小各级之间级差的方法来解决。

表 3-2 为低频减载配置整定情况表。

表 3-2　　　　　　　　　　　　　　　低频减载配置整定情况表

低频减载级别		东北电网	华北电网	华东电网	西北电网
基本级	级数	6	6	5	3
	最高级动作频率（Hz）	49.0	48.0	49.0	48.5
	最低级动作频率（Hz）	48.0	47.75	48.0	47.5
	级差（Hz）	0.2	0.25	0.25	0.5
	动作时间（s）	0.3~0.5	0.2	0.5	0.5
	个别地区附加最低级动作频率（Hz）	—	47.5	47.5	47.0
特殊级	级数	3	1	1	2
	动作频率（Hz）	49.0，48.6，48.2	49.0	49.0	48.5
	动作时间（s）	20，15，15	20	20	9.18
总切除容量（MW）		4000	3740	4270	1500~1600
占全网百分数		36%	37%	36%	32%~35%

七、各轮最佳断开功率的计算

按频率自动减负荷装置（简称 ZPJH 装置）动作后，系统频率应恢复到较高的水平，以防止事故的扩大。如果不论系统功率缺额的大小和各次动作的轮数，ZPJH 装置动作后，系统频率总是准确地恢复到同一数值 $f_\mathrm{hf.lx}$，这样的 ZPJH 装置的选择性应该是最理想的了。但是实际上这样高度准确的 ZPJH 装置是不存在的。目前在 ZPJH 装置的第 i 轮动作后，只能做到系统频率的最后稳定值在 $f_\mathrm{hf.lx}$ 值的上下某一个范围内，即在最大恢复频率 $f_\mathrm{hf.max.}i$ 与最小恢复频率 $f_\mathrm{hf.min.}i$ 之间，可以认为 $(f_\mathrm{hf.max.}i-f_\mathrm{hf.min.}i)$ 是正比于 ZPJH 第 i 次的计算误差的。要消灭这个误差是不可能的，但应使整个 ZPJH 装置的误差 $(f_\mathrm{hf.max}-f_\mathrm{hf.min})$ 为最小。当 ZPJH 装置动作后，可能出现的最大误差为最小时，ZPJH 装置就具有最高的选择性。

现在的 ZPJH 装置都设置有特殊轮（其作用在后面讨论），$f_\mathrm{hf.min}$ 事实上等于特殊轮的动作频率 $f_\mathrm{op.ts}$ 所以在研究 ZPJH 装置的选择性时，可以只研究各轮恢复频率的最大值 $f_\mathrm{hf.max.}i$。一般情况下，各轮的 $f_\mathrm{hf.max.}i$ 是不同的，而 ZPJH 装置的最终计算误差则应按其中最大者计算。根据极值原理，显而易见，要使 ZPJH 装置的误差为最小的条件是

$$f_\mathrm{hf.max.1}=f_\mathrm{hf.max.2}=\cdots=f_\mathrm{hf.max.}n=f_\mathrm{hf0} \tag{3-49}$$

这就是说当各轮恢复频率的最大值相等（令其值为 f_hf0）时，则 ZPJH 装置的选择性最高。

各轮恢复频率的最大值 f_hf0 可考虑如下：当系统频率缓慢下降，并正好稳定在第 i 轮继电器的动作频率 $f_\mathrm{op}i$ 时，第 i 轮继电器动作，并断开了相应的用户功率 ΔP_i，于是频率回升到这一轮的最大恢复频率 $f_\mathrm{hf.max.}i$。

图 3 - 25 说明了第 i 轮动作前后，系统频率稳定值与功率平衡的关系。

图中，特性 a 表示第 i 轮动作前的系统负荷调节特性；特性 b 表示第 i 轮动作后的系统负荷调节特性。按上述假定，第 i 轮动作前频率正好稳定在 f_{opi}，图 3 - 25 中表示此时负荷调节效应的补偿功率为 ΔP_{bi}，根据负荷调节效应系数公式，有

$$\frac{\Delta P_{bi}}{P_x - \sum_{k=1}^{i-1} \Delta P_k} = \delta \Delta f_{opi}/f_e$$

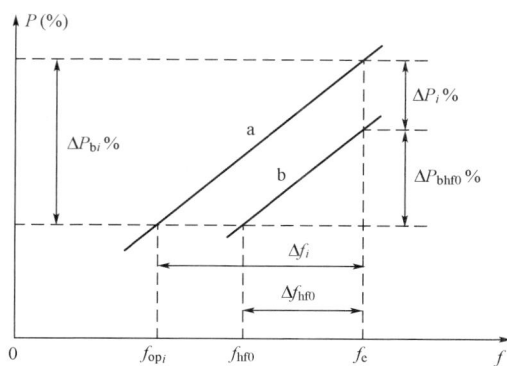

图 3 - 25 第 i 轮前后系统频率稳定
值与功率平衡的关系

式中 $\sum\limits_{k=1}^{i-1} \Delta P_k$ ——ZPJH 装置前 $i-1$ 轮断开的总负荷功率。

为了简化起见，把所有功率都以 ZPJH 装置动作前的系统总负荷 P_x 的百分值来表示，则有

$$\Delta P_{bi}\% = \left(100 - \sum_{k=1}^{i-1} \Delta P_k\%\right)\delta \Delta f_{opi}/f_N$$

如果此时第 i 轮动作了，频率就会回升到 f_{hf0}，负荷调节效应的补偿功率 $\Delta P_{bhf0}\%$ 相应为

$$\Delta P_{bhf0}\% = \left(100 - \sum_{k=1}^{i-1} \Delta P_k\%\right)\delta \Delta f_{hf0}/f_N$$

由于

$$\Delta P_{bi}\% = \Delta P_{bhf0}\% + \Delta P_i\%$$

所以

$$\Delta P_i\% = \left(100 - \sum_{k=1}^{i-1} \Delta P_k\%\right)\left[\frac{\delta(f_{hf0} - f_{opi})}{f_N - \delta(f_N - f_{hf0})}\right] \tag{3 - 50}$$

利用式（3 - 50）将各轮断开功率整理见表 3 - 3。

ZPJH 装置各轮断开功率之和 $\sum\limits_{i=1}^{n} \Delta P_i\%$ 应等于 ZPJH 装置总的减负荷功率 $P_{JH}\%$，由式（3 - 47）可得，ZPJH 装置总的减负荷功率用系统全部负荷 P_x 的百分值表示时，为

$$P_{JH}\% = \frac{P_{qe}\% - \delta \Delta f_{hf0*}}{1 - \delta \Delta f_{hf0*}} = \sum_{i=1}^{n} \Delta P_i\% \tag{3 - 51}$$

联立表 3 - 3 诸式及式（3 - 51）可解出 f_{hf0}，然后再按表 3 - 3 逐轮求出应断开的功率。由于满足条件式（3 - 49），故 ZPJH 装置的选择性最高各轮断开功率的地点应经系统协调后统一安排。

图 3 - 26 是用图解法求 f_{hf0} 的例子，对应于 $K=2$ 选择性级差为 0.5Hz，ZPJH 装置共 7 轮，各轮的动作频

表 3 - 3		各 轮 断 开 功 率
轮次	动作频率	断开功率
1	f_{op1}	$\Delta P_1\% = \dfrac{\delta(f_{hf0} - f_{op1})}{f_N - \delta(f_N - f_{hf0})}$
2	f_{op2}	$\Delta P_2\% = (100 - \Delta P_1\%)\dfrac{\delta(f_{hf0} - f_{op2})}{f_N - \delta(f_N - f_{hf0})}$
3	f_{op3}	$\Delta P_3\% = \left(100 - \sum\limits_{k=1}^{2} \Delta P_k\%\right)\dfrac{\delta(f_{hf0} - f_{op3})}{f_N - \delta(f_N - f_{hf0})}$
…	…	…
n	f_{opn}	$\Delta P_n\% = \left(100 - \sum\limits_{k=1}^{n-1} \Delta P_k\%\right)\dfrac{\delta(f_{hf0} - f_{opn})}{f_N - \delta(f_N - f_{hf0})}$

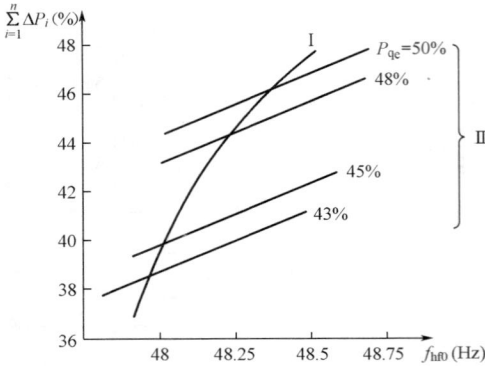

图 3 - 26　求 f_{hf0} 的图解法

率在 $48\sim45\mathrm{Hz}$ 间均匀分布的情况。图中曲线 I 是由表 3 - 3 在假定不同的 f_{hf0} 下求得的 $\sum\limits_{i=1}^{n}\Delta P_i\%$；曲线组 II 是在不同的缺额功率 $P_{qe}\%$ 时，根据式（3 - 51）画出的。

曲线 I 和曲线组 II 交点的横坐标就是所求的 f_{hf0}。为保证第一轮继电器的动作，应有 $f_{hf0}>f_{dz1}$，所以只有在 $P_{qe}\%>43\%$ 的系统（$K=2$）里，用 $0.5\mathrm{Hz}$ 级差时，采用 7 轮才是必要的。当系统最大功率缺额小于 43% 时，可以将 ZPJH 装置的轮数减少到 6 轮或者 5 轮；或设法减少级差频率，增多动作轮数，这对提高整个系统动作选择性是有利的。

八、特殊轮的功用与断开功率的选择

在自动减负荷装置动作的过程中，可能出现这样的情况：第 i 轮动作后，系统频率稳定在低于恢复频率的低限 $f_{hf.\min.i}$ 但又不足以使 $i+1$ 轮减负荷装置动作。

前已指出系统频率长期低于 $47\mathrm{Hz}$ 是不允许的，为了使系统频率恢复到 $f_{hf.\min}$（一般可取 $47\mathrm{Hz}$）以上，可采用带时限的特殊轮。特殊轮的动作频率 $f_{opts}=f_{hf.\min}$，它是在系统频率已比较稳定时动作的，因此其动作时限可以取系统频率时间常数 T_f 的 $2\sim3$ 倍，一般为 $15\sim25\mathrm{s}$。特殊轮断开功率可按以下两个极限条件来选择。

（1）当最后第二轮即 $n-1$ 轮动作后，系统频率不回升反而降到最后一轮，即第 n 轮动作频率 f_{opn} 附近，但又不足使第 n 轮动作时，则在特殊轮动作断开其所接用户功率后，系统频率应恢复到 $f_{hf.\min}$ 以上，因此特殊轮应断的用户功率为

$$\Delta P_{ts}\% \geqslant \left(100-\sum_{k=1}^{n-1}\Delta P_k\%\right)\frac{\delta(f_{hf.\min}-f_{opn})}{f_N-\delta(f_N-f_{hf.\min})} \tag{3 - 52}$$

（2）当系统频率在第 i 轮动作后稳定在稍低于特殊轮的动作频率 f_{opts}，特殊轮动作并断开其用户后，系统频率不应高于 f_{hf0}，因此

$$\Delta P_{ts}\% \geqslant \left(100-\sum_{k=1}^{i}\Delta P_k\%\right)\frac{\delta(f_{hf0}-f_{opts})}{f_N-\delta(f_N-f_{hf0})} \tag{3 - 53}$$

只有在按式（3 - 53）算出的 $\Delta P_{ts}\%$ 小于式（3 - 52）的数值时，才按式（3 - 52）选择 $\Delta P_{ts}\%$。

九、按频率自动减载装置的时限

为了防止在系统发生振荡或系统电压短时间下降时按频率自动减载装置的误动作，要求装置能带有一些时限，但时限太长将使系统发生严重事故时，频率会危险地降低到临界值以下。因此一般可以取为 $0.2\sim0.3\mathrm{s}$。

参加自动减载的一部分负荷允许带稍长一些的时限，例如带 $5\mathrm{s}$ 时限，但是这部分负荷功率的数量必须控制在这样的范围内，即其余部分动作以后，保证系统频率不低于临界频率 $45\mathrm{Hz}$。

以上所述对按频率自动减载装置的一些计算方法不是绝对的，各个系统结合具体情况可

以有不同的处理方法，例如有的系统减少自动减负荷的轮数，每轮带大量的用户功率，同一轮中不同用户用时限加以区别；有的大容量系统不考虑很严格的自动减负荷的频率选择性，各轮的动作频率相差很小，把自动减载的轮数分得很多，各轮的断开功率也选得较小等，这样实现起来比较简单，对大容量系统并不会带来其他矛盾。

我国东北、华北、华东、西北电网的低频减载方案见表 3-2。其中西北电网轮数最少，只有 3 轮，东北和华北电网有 6 轮。第 1 轮动作频率在 48.5～49Hz，最后一轮动作频率在 47.5～48Hz。特殊论最多为 3 轮，恢复频率应该在 48.5～49Hz。总切负荷功率大约为全网总容量的 35%。

第五节　功率频率控制系统的模型与仿真

在互联系统中，每一台发电机上都安装了负荷频率控制（LFC）和自动电压调整（AVR），基本的发电控制环如图 3-27 所示。负荷频率控制器设置了一个频率的设定值，它检测频率和发电机有功功率的微小变化，调整汽轮机阀门开度，保持发电机的频率在一个允许的范围内。自动电压调整控制器设置了一个电压的设定值，它检测极端电压和无功功率的微小变化，调整发电机励磁电流，保持发电机的极端电压在一个允许的范围内。励磁系统时间常数比原动机时间常数要小很多，因而它的暂态衰减要快得多，且不会影响 LFC 的动态特性，因此 LFC 控制环和 AVR 控制环可以看成是互不影响的两个控制环，可以将其分开来分析。

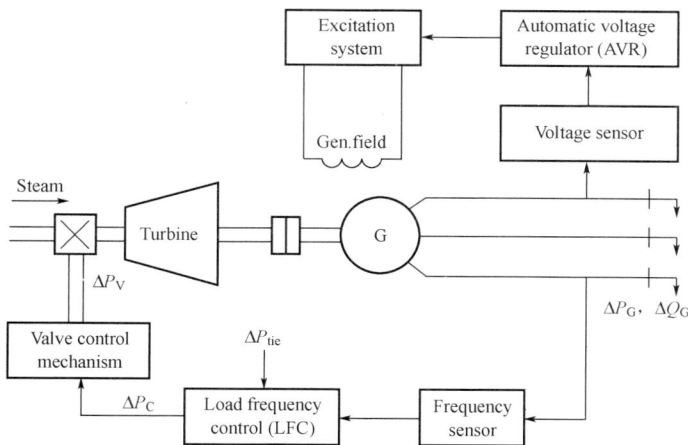

图 3-27　同步发电机 LFC 和 AVR 的示意图

Excitation system—励磁系统；Automatic voltage regulator（AVR）—自动电压调整；
Voltage sensor—电压测量；Gen. field—发电机磁场；Turbine—汽轮机；Steam—蒸汽；
Valve control mechanisim—阀门控制；Load frequency control（LFC）—负荷频率控制；
Frequency sensor—频率测量

一、调速系统模型

发电机的调速系统由原动机、发电机、负荷和调速器组成。分析和设计控制系统的第一步是建立系统的数学模型，而建立模型的最普遍的两种方法是传递函数法和状态变量法。状态变量法可以应用到线性和非线性系统，而为了用传递函数法和线性状态方程，首先必须将系统线性化，即用合理的假设和近似将数学方程线性化，获得以下元件的传递函数。

（一）发电机模型

根据同步发电机的摆动方程式，对小扰动有

$$\frac{2H}{\omega_s} \cdot \frac{\mathrm{d}^2 \Delta \delta}{\mathrm{d}t^2} = \Delta P_m - \Delta P_e \tag{3-54}$$

或根据速度偏差

$$\frac{\mathrm{d}\Delta \frac{\omega}{\omega_s}}{\mathrm{d}t} = \frac{1}{2H}(\Delta P_m - \Delta P_e) \tag{3-55}$$

速度是标幺值，不写标幺值标识，有

$$\frac{\mathrm{d}\Delta \omega}{\mathrm{d}t} = \frac{1}{2H}(\Delta P_m - \Delta P_e) \tag{3-56}$$

对式（3-56）做拉格朗日变换，有

$$\Delta \Omega(s) = \frac{1}{2Hs}[\Delta P_m(s) - \Delta P_e(s)] \tag{3-57}$$

式（3-57）的关系可以用框图表示，如图3-28所示。

（二）负荷模型

电力系统的负荷由各种用电设备组成。对电阻性负荷，比如电灯和加热设备，消耗的电能与频率无关。电机负荷对频率的变化比较敏感，其敏感程度取决于驱动设备速度—负荷特性的总和。综合负载的速度—负荷特性近似表示为

$$\Delta P_e = \Delta P_L + \delta \Delta \omega \tag{3-58}$$

式中 ΔP_L——非频率敏感设备的功率变化；

        $\delta \Delta \omega$——频率敏感设备的功率变化；

        δ——负荷变化的百分数与频率变化的百分数之比，若频率变化1%，负荷用电量变化1.6%，则$\delta=1.6$。

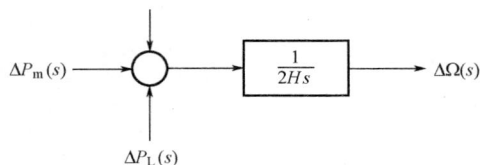

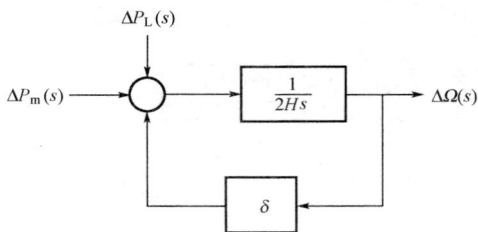

图3-28 发电机框图   图3-29 发电机和负荷框图

在发电机模型中加入负荷模型，画出如图3-29的框图。去掉反馈环，则得到图3-30框图。

（三）原动机模型

机械功率的源就是原动机，它可以是水轮机、汽轮机或燃气轮机。输出功率的变化ΔP_m取决于蒸汽的开度ΔP_V。不同类型的涡轮机特性差别很大。对无再热蒸汽轮机，原动机模型可以近似用一个时间常数τ_T来表示，传递函数有

$$G_{\mathrm{T}}(s) = \frac{\Delta P_{\mathrm{m}}(s)}{\Delta P_{\mathrm{V}}(s)} = \frac{1}{1 + \tau_{\mathrm{T}}s} \qquad (3\text{-}59)$$

简单无再热汽轮机的框图如图 3 - 31 所示。

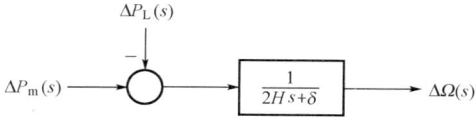

图 3 - 30 发电机和负荷框图

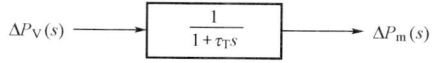

图 3 - 31 简单无再热汽轮机框图

时间常数 τ_{T} 的范围是 $0.2 \sim 2.0\mathrm{s}$。

（四）调速器模型

调速器好比一个比较器，它的输出 ΔP_{g} 是设定功率 ΔP_{ref} 和功率 $\frac{1}{R}\Delta\omega$ 的差。$\frac{1}{R}\Delta\omega$ 由调速器特性给出有

$$\Delta P_{\mathrm{g}} = \Delta P_{\mathrm{ref}} - \frac{1}{R}\Delta\omega \qquad (3\text{-}60)$$

或频域

$$\Delta P_{\mathrm{g}}(s) = \Delta P_{\mathrm{ref}}(s) - \frac{1}{R}\Delta\Omega(s) \qquad (3\text{-}61)$$

指令 ΔP_{g} 经过液压放大传递给阀门开度位置指令 ΔP_{V}，假定一个线性关系并认为时间常数为 τ_{g}，则有以下的频域关系式

$$\Delta P_{\mathrm{V}}(s) = \frac{1}{1 + \tau_{\mathrm{g}}s}\Delta P_{\mathrm{g}}(s) \qquad (3\text{-}62)$$

二、负荷频率控制（LFC）

将方程式（3 - 61）和式（3 - 62）表示为图 3 - 32 的框图。将图 3 - 30～图 3 - 32 的框图画在一起得到孤立发电机的负荷频率控制框图，如图 3 - 33 所示。重新绘制图 3 - 33 的框图，将负荷变化量 $-\Delta P_{\mathrm{L}}(s)$ 作为输入，频率的偏差 $\Delta\Omega(s)$ 作为输出，如图 3 - 34 所示。它的开环传递函数为

$$KG(s)H(s) = \frac{1}{R}\frac{1}{(2Hs + \delta)(1 + \tau_{\mathrm{g}}s)(1 + \tau_{\mathrm{T}}s)} \qquad (3\text{-}63)$$

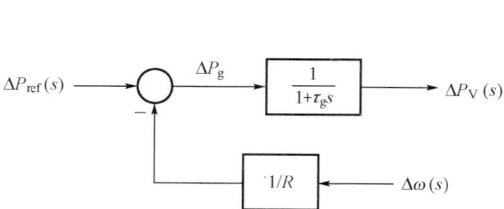

图 3 - 32 汽轮机调速系统框图

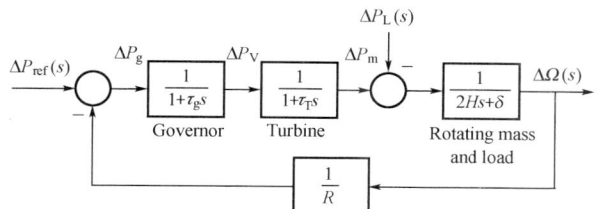

图 3 - 33 孤立电力系统负荷频率控制框图

Governor—发电机；Turbine—汽轮机；

Rotatin mass and load—发电机和负荷

联系负荷变化量 $\Delta P_{\mathrm{L}}(s)$ 和频率偏差 $\Delta\Omega(s)$ 的闭环传递函数为

$$\frac{\Delta\Omega(s)}{-P_{\mathrm{L}}(s)} = \frac{(1 + \tau_{\mathrm{g}}s)(1 + \tau_{\mathrm{T}}s)}{(2Hs + \delta)(1 + \tau_{\mathrm{g}}s)(1 + \tau_{\mathrm{T}}s) + 1/R} \qquad (3\text{-}64)$$

或
$$\Delta\Omega(s) = -\Delta P_{L}(s)T(s) \qquad (3-65)$$

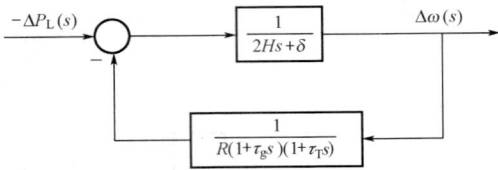

图 3-34 输入 $\Delta P_{L}(s)$ 输出
$\Delta\Omega(s)$ 的负荷频率控制框图

若负荷变化量是阶跃函数，例如 $\Delta P_{L}(s) = \Delta P_{L}/s$，利用终值定理，则有 $\Delta\omega(s)$ 的稳态值为

$$\Delta\omega_{ss} = \lim_{s\to 0} s\Delta\Omega(s)$$
$$= (-\Delta P_{L})\frac{1}{\delta + 1/R} \qquad (3-66)$$

很明显，若负荷是非频率敏感型的，就有 $\delta = 0$，频率的稳态偏差是由调速器决定的，即

$$\Delta\omega_{ss} = (-\Delta P_{L})R \qquad (3-67)$$

当 n 台发电机并联运行时，调差系数分别为 R_1、R_2、$\cdots$、R_n，则频率的稳态偏差是

$$\Delta\omega_{ss} = (-\Delta P_{L})\frac{1}{\delta + 1/R_1 + 1/R_2 + \cdots + 1/R_n} \qquad (3-68)$$

负荷频率控制（LFC）的调速器模型是有差控制模型，即调整后频率的稳态值和额定值比较是有差的，不能将频率调整到额定值。频率的偏差由调差系数 R 决定的。负荷频率控制类似频率的一次调整。

【例 3-5】 一个具有 LFC 系统的孤立发电厂有以下参数：汽轮机时间常数 $\tau_{T} = 0.5(s)$；调速器时间常数 $\tau_{g} = 0.25(s)$；发电机惯性常数 $H = 8(s)$；调差系数为 R（标幺值）；频率变化 1% 时，负荷变化率为 1.6%，即 $\delta = 1.6$。

（1）用 MATLAB 中 rlocus 函数绘制根轨迹。

（2）调差系数设定为 $R = 0.04$p.u.，汽轮机在额定频率 60Hz 下的额定输出功率为 200MW 负荷突然增长 50MW（$\Delta P_{L} = 0.25$p.u.）。试求稳态频率偏差，闭环传递函数并用 MATLAB 求频率偏差阶跃响应。

（3）建立 SIMULINK 仿真框图并求频率偏差阶跃响应。

解 系统框图如图 3-35 所示，负荷变化 $-\Delta P_{L}(s)$ 作为输入，频率偏差作为输出，将系统参数代入得如图 3-36 所示的框图。

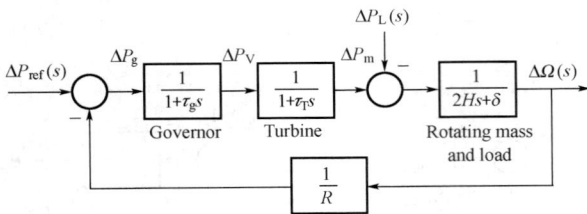

图 3-35 ［例 3-5］的 LFC 系统框图
Governor—发电机；Turbine—汽轮机；
Rotating mass and load—发电机和负荷

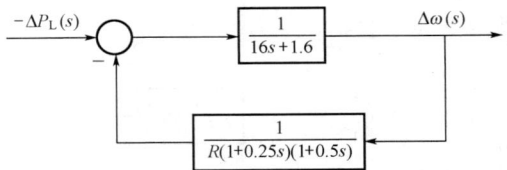

图 3-36 ［例 3-5］的 LFC 简化系统框图

开环传递函数为
$$KG(s)H(s) = \frac{K}{(16s+1.6)(1+0.25s)(1+0.5s)}$$
$$= \frac{K}{2s^3 + 12.2s^2 + 17.2s + 1.6}$$

这里得 $K = \dfrac{1}{R}$

（1）用下面的命令画出根轨迹曲线：

num＝1；

den＝［2　12.2　17.2　1.6］；

figure（1），rlocus（num，den）；

可以看出，根轨迹和 $j\omega$ 轴的交点为 $s = \pm j2.93$，此时 $K = 103.32$。因此，当调差系数为 $R = \dfrac{1}{103.32} = 0.009\,678$ 时，系统临界稳定。根轨迹曲线如图 3-37 所示。

（2）图 3-36 中，控制系统的闭环传递函数为

$$
\begin{aligned}
\frac{\Delta\Omega(s)}{-\Delta P_{\mathrm{L}}(s)} = T(s) &= \frac{(1+0.25s)(1+0.5s)}{(16s+1.6)(1+0.25s)(1+0.5s)+1/.04} \\
&= \frac{0.062\,5s^2 + 0.375s + 0.5}{s^3 + 6.1s^2 + 8.6s + 13.3}
\end{aligned}
$$

1）阶跃输入时的稳态频率偏差为

$$
\Delta\omega_{\mathrm{ss}} = \lim_{s \to 0} s\Delta\Omega(s) = \frac{0.5}{13.3}(-0.25) = -0.009\,398\,5\mathrm{pu} = -0.563\,9(\mathrm{Hz})
$$

2）用下面的命令求阶跃响应：

PL＝0.25；

numc＝［0.062 5　0.375　0.5］；

denc＝［1　6.1　8.6　13.3］；

t＝0：0.02：10；

c＝－PL * step（numc，denc，t）；

figure（2），plot（t，c），xlabel（'t，s'），ylabel（'pu'）

title（'Frequency deviation step response'），grid

阶跃响应的频率偏差如图 3-38 所示。

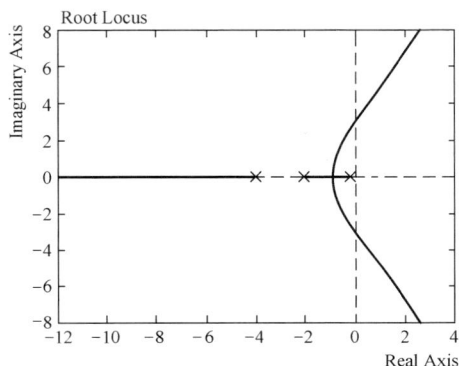

图 3-37　［例 3-5］的根轨迹
Root Locus—根轨迹；Imaginary Axis—虚轴；
Real Axis—实轴

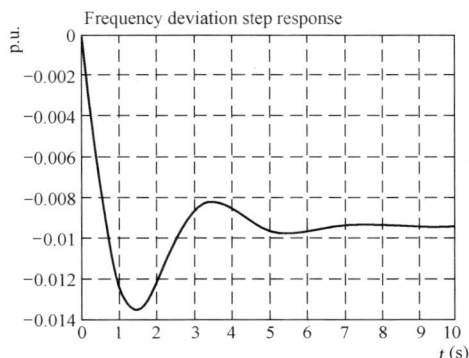

图 3-38　［例 3-5］的频率偏差阶跃响应
Frequency deviation step response—频率偏差阶
跃响应；p. u.—标幺值

（3）建立仿真模型，如图 3 - 39 所示，按照［例 3 - 4］改变 SIMULINK 模型的参数，并在 SIMULINK 中运行，即可得到频率偏差阶跃响应。

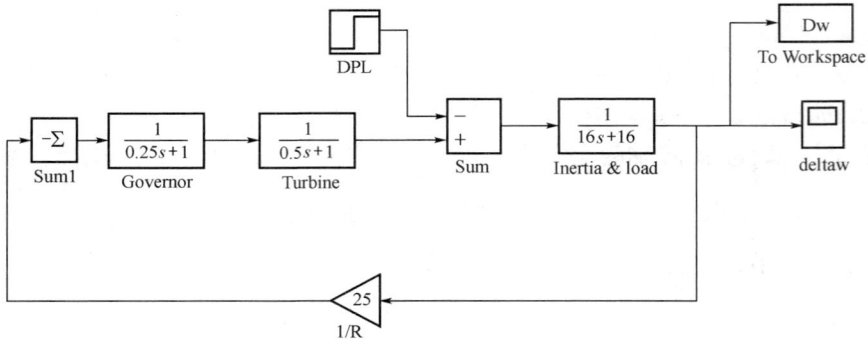

图 3 - 39　　［例 3 - 5］的仿真框图

To Workspace—输出到工作空间；deltaw—调制器

三、自动发电控制（AGC）

当负荷突然增加时，在调速系统改变蒸汽机的进汽量之前，汽轮机的转速就已经下降了。飞轮检测到频率的误差信号很小，汽轮机可以在这样的稳态中保持转速为常数，这个转速是低于额定转速的，存在一个频率偏差。有一种方法可以累加这种频率偏差，或者说是将频率的偏差积分，用积分单元监视一段时间的频率偏差，根据这个积分值将频率恢复到额定值，即第二节调频与调频方程式中讲述的积差调频法（被称为自动发电控制 AGC）。

当负荷变化时，LFC 控制环根据调差系数的大小将系统频率调整到一个有频率偏差的稳态值。为了将频率的偏差调整到零，必须提供一个积分控制器，积分控制器将系统的阶数增加一阶。在 LFC 上增加第二个环，如图 3 - 40 所示，必须调整积分控制增益满足暂态响应的要求，并合并两个平行支路，得到等效框图图 3 - 41。以 $-\Delta P_L$ 作为输入的闭环传递函数为

$$\frac{\Delta\Omega(s)}{-\Delta P_L(s)} = \frac{s(1+\tau_g s)(1+\tau_T S)}{s(2Hs+\delta)(1+\tau_g s)(1+\tau_T S) + K_I + s/R} \qquad (3-69)$$

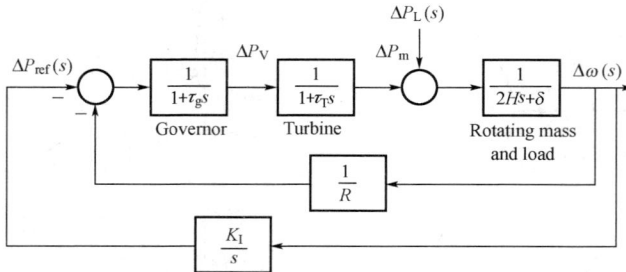

图 3 - 40　孤立发电系统的 AGC

Governor—发电机；Turbine—汽轮机；

Rotating mass and load—发电机和负荷

【例 3 - 6】　　在［例 3 - 2］中的 LFC 系统中，为自动发电控制增加二次积分控制环，如

图 3-42 所示。

（1）在 MATLAB 中利用函数 step 来求负荷突然变化 $\Delta P_L = 0.25$ （标幺值）时的频率偏差阶跃响应。积分控制增益为 $K_I = 9$。

（2）在 SIMULINK 中建立仿真框图，试求（1）中的频率偏差阶跃响应。

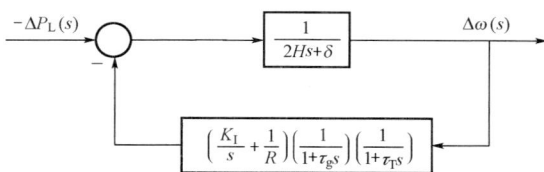

图 3-41　孤立发电系统 AGC 的等效框图

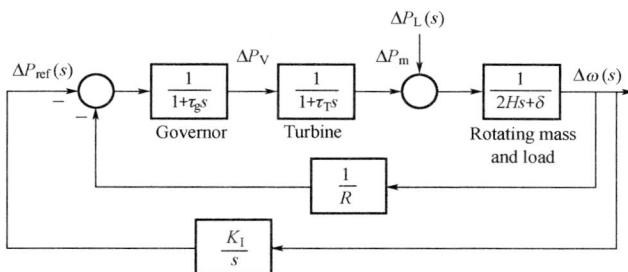

图 3-42　孤立发电系统的 AGC

Governor—发电机；Turbine—汽轮机；Rotating mass and load—发电机和负荷

解　（1）将参数代入式 $\dfrac{\Delta\Omega(s)}{-\Delta P_L(s)} = \dfrac{s(1+\tau_g s)(1+\tau_T s)}{s(2Hs+\delta)(1+\tau_g s)(1+\tau_T s) + K_I + s/R}$，调差系数为 $R=0.04$，闭环传递函数为

$$T(s) = \frac{0.062\,5s^3 + 0.375s^2 + 0.5s}{s^4 + 6.1s^3 + 8.6s^2 + 13.3s + 0.5K_I}$$

用下面的命令求解阶跃响应：

PL＝0.25；

KI＝9；

num＝［0.062 5　0.375　0.5　0］；

den＝［1　6.1　8.6　13.3　0.5 * KI］

t＝0：0.02：12；

c＝－PL * step（num，den，t）；

plot（t，c），grid

xlabel（'t，sec'），ylabel（'pu'）

title（'Frequency deviation step response'）

阶跃响应的频率偏差如图 3-43 所示。

（2）建立仿真模型，按照［例 3-4］改变 SIMULINK 模型的参数，并在 SIMULINK 中运行，即可得到频率偏差阶跃响应，仿真框图如图 3-44 所示。

四、多区域系统的 LFC

许多情况下，一组发电机联系紧密、转速统一、发电机转子有相同的响应特性，这样的发电机组称为相关的发电机组，可以用一个 LFC 环代表，称为控制区域。我们通过两个区域的 LFC 来理解多区域系统的 LFC，考虑两个等效的发电机代表两区域系统，通过无损线连接，无损线电抗为 X_{tie}。每一个发电区域用一个电压源和一个电抗表示，如图3-45所示。

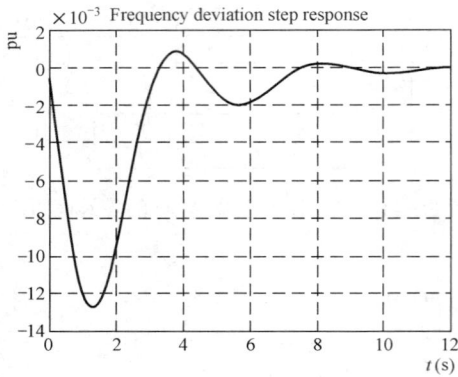

图 3-43 ［例 3-6］的频率偏差阶跃响应

Frequency deviation step response—频率偏差阶跃响应；

pu—标幺值

正常运行时，联络线传输的功率为

$$P_{12} = \frac{|E_1||E_2|}{X_{12}} \sin\delta_{12} \qquad (3-70)$$

这里，$X_{12} = X_1 + X_{tie} + X_2$，$\delta_{12} = \delta_1 - \delta_2$。在联络线额定功率处将式（3-70）线性化，得

$$\Delta P_{12} = \frac{\mathrm{d}P_{12}}{\mathrm{d}\delta_{12}}\bigg|_{\delta_{12_0}} \Delta\delta_{12} = P_s\Delta\delta_{12}$$

$$(3-71)$$

式中 P_s——功角曲线在初始运行角 $\delta_{12_0} = \delta_{1_0} - \delta_{2_0}$ 处的斜率，定义它为同步功率系数。

因此有

$$P_s = \frac{\mathrm{d}P_{12}}{\mathrm{d}\delta_{12}}\bigg|_{\delta_{12_0}} = \frac{|E_1||E_2|}{X_{12}}\cos\Delta\delta_{12_0}$$

$$(3-72)$$

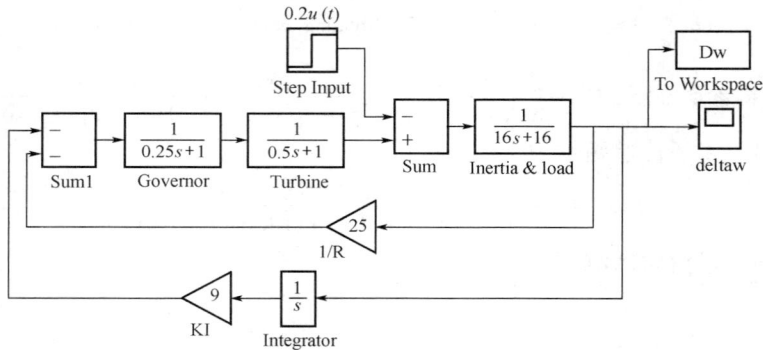

图 3-44 ［例 3-6］的仿真框图

To Workspace—输出到工作空间；deltaw—调制器

联络线功率偏差可以写为

$$\Delta P_{12} = P_{12}(\Delta\delta_1 - \Delta\delta_2) \qquad (3-73)$$

联络线功率潮流的变化，可以认为是一个区域增加负荷，或者另一个区域减少负荷。潮流的方向是由相角决定的。如果 $\Delta\delta_1 > \Delta\delta_2$，潮流由区域1流向区域2。图 3-46 代表两区域系统的框图，LFC 只含有一个主回路。

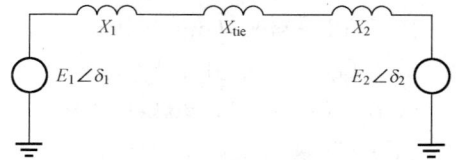

图 3-45 两区域电力系统的等效网络

假设区域1存在负荷变化 ΔP_{L1}，达到最终稳态时，两区域有相同的频率偏差，则有

$$\Delta\omega = \Delta\omega_1 = \Delta\omega_2 \qquad (3-74)$$

$$\left.\begin{array}{l} \Delta P_{m1} - \Delta P_{12} - \Delta P_{L1} = \Delta\omega\delta_1 \\ \Delta P_{m2} + \Delta P_{12} = \Delta\omega\delta_2 \end{array}\right\} \qquad (3-75)$$

调速器决定的机械功率的变化为

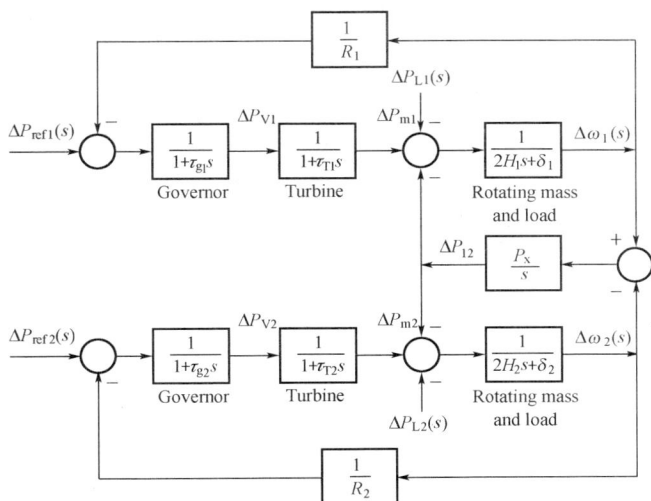

图 3-46　只有一个主要 LFC 回路的两区域系统

$$\left.\begin{array}{l} \Delta P_{m1} = \dfrac{-\Delta\omega}{R_1} \\[3mm] \Delta P_{m2} = \dfrac{-\Delta\omega}{R_2} \end{array}\right\} \qquad (3-76)$$

将式（3-76）代入式（3-75），解得 $\Delta\omega$ 为

$$\Delta\omega = \frac{-\Delta P_{L1}}{\left(\dfrac{1}{R_1}+\delta_1\right)+\left(\dfrac{1}{R_2}+\delta_2\right)} = \frac{-\Delta P_{L1}}{B_1+B_2} \qquad (3-77)$$

这里有

$$\left.\begin{array}{l} B_1 = \dfrac{1}{R_1}+\delta_1 \\[3mm] B_2 = \dfrac{1}{R_2}+\delta_2 \end{array}\right\} \qquad (3-78)$$

式中　B_1、B_2——频率偏差因子。

则联络线功率的变化量为

$$\Delta P_{12} = \frac{\left(\dfrac{1}{R_2}+\delta_2\right)\Delta P_{L1}}{\left(\dfrac{1}{R_1}+\delta_1\right)+\left(\dfrac{1}{R_2}+\delta_2\right)} = \frac{B_2}{B_1+B_2}(-\Delta P_{L1}) \qquad (3-79)$$

【例 3-7】　两区域系统通过一联络线连接，参数见表 3-4，基准容量为 1000MVA。

表 3-4　　　　　　　　　　　[例 3-7] 系 统 参 数

区域号	1	2	区域号	1	2
调差系数	$R_1=0.05$	$R_2=0.0625$	基准功率	1000MVA	1000MVA
负荷 δ 系数	$\delta_1=0.6$	$\delta_2=0.9$	调速器时间常数	$\tau_{g1}=0.2s$	$\tau_{g2}=0.3s$
惯性常数	$H_1=5$	$H_2=4$	汽轮机时间常数	$\tau_{T1}=0.5s$	$\tau_{T2}=0.6s$

两个区域的额定频率为 60Hz。同步功率系数标幺值可以由初始条件计算出，为 $P_s = 2.0$p. u. 。现区域 1 增加负荷 187.5MW。

（1）试求新的稳态频率和联络线潮流。

（2）试在 SIMULINK 中建立仿真框图，求出（1）中的频率偏差响应。

（3）两个发电区域的负荷同时发生变化，变化量分别为 200MW 和 150MW。调整 SIMULINK 仿真框图，试求频率偏差响应和功率响应。

解 （1）区域 1 负荷变化的标幺值为

$$\Delta P_{L1} = \frac{187.5}{1000} = 0.187\ 5\text{p. u.}$$

稳态频率偏差的标幺值为

$$\Delta \omega_{ss} = \frac{-\Delta P_{L1}}{\left(\frac{1}{R_1} + \delta_1\right) + \left(\frac{1}{R_2} + \delta_2\right)} = \frac{-0.187\ 5}{(20 + 0.6) + (16 + 0.9)} = -0.005\text{p. u.}$$

因此，稳态频率偏差为

$$\Delta f = -0.005 \times 60 = -0.3(\text{Hz})$$

新的频率为

$$f = f_0 + \Delta f = 60 - 0.3 = 59.7(\text{Hz})$$

调速器决定的机械功率的变化量为

$$\Delta P_{m1} = -\frac{\Delta \omega}{R_1} = -\frac{-0.005}{0.05} = 0.10\text{p. u.} = 100(\text{MW})$$

$$\Delta P_{m2} = -\frac{\Delta \omega}{R_2} = -\frac{-0.005}{0.062\ 5} = 0.080\text{p. u.} = 80(\text{MW})$$

因此，新的频率为 59.7Hz，区域 1 增加的发电量为 100MW，区域 2 增加的发电量为 80MW；发电量总的变化为 180MW，由于频率的降低，增加的发电量比负荷变化 187.5MW 少了 7.5MW。

区域 1 的负荷变化标幺值为

$$\Delta \omega \delta_1 = -0.005 \times 0.6 = -0.003 = -3.0(\text{MW})$$

区域 2 负荷变化标幺值为

$$\Delta \omega \delta_2 = -0.005 \times 0.9 = -0.004\ 5 = -4.5(\text{MW})$$

因此总的区域负荷变化为 -7.5MW。联络线功率潮流为

$$\Delta P_{12} = \Delta \omega \left(\frac{1}{R_2} + \delta_2\right) = -0.005(16.9)$$

$$= -0.084\ 5\text{p. u.} = -84.5(\text{MW})$$

也就是说，有 84.5MW 的功率由区域 2 流向区域 1。其中 80MW 来自区域 2 增加的发电量，4.5MW 来自区域 2 负荷少取用的电量。

（2）SIMULINK 仿真框图如图 3 - 47 所示。在 SIMULINK 中运行，得到如图 3 - 48 的结果。仿真结果返回相量 DP，包括 t、P_{m1}、P_{m2} 和 P_{12}。图 3 - 49 为功率偏差阶跃响应。两发电区域负荷同时变化时的仿真框图如图 3 - 50 所示。

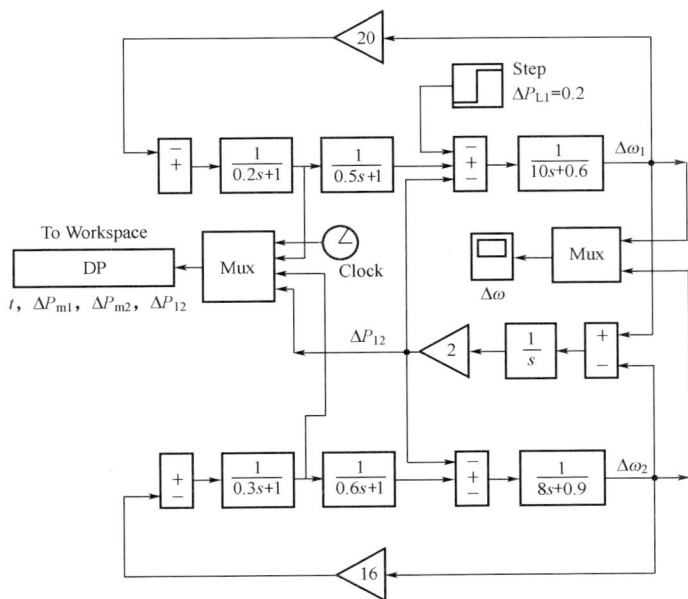

图 3 - 47 〔例 3 - 7〕的仿真框图

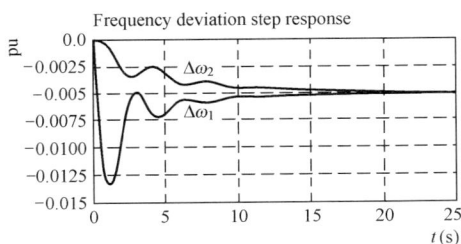

图 3 - 48 〔例 3 - 7〕（2）的频率偏差阶跃响应
Frequency deviation step response—频率偏差阶跃响应；
pu—标幺值

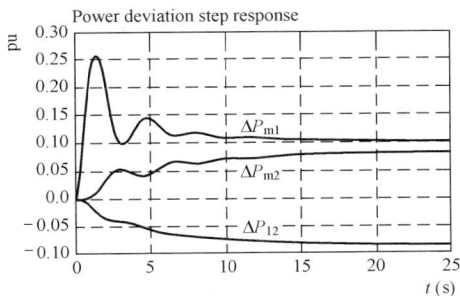

图 3 - 49 〔例 3 - 7〕（2）的功率偏差
阶跃响应

（3）按照要求改变负荷变化量，并在 SIMULINK 中运行，即可得到频率偏差响应和功率响应。频率偏差阶跃响应如图 3 - 51 所示。功率偏差阶跃响应如图 3 - 52 所示。

五、联络线偏差控制（多区域系统的 AGC）

在〔例 3 - 7〕中 LFC 只有一个主控制环，区域 1 功率的变化由两个区域功率的增长来满足，联络线功率变化，并且频率有所下降。在正常运行状态下，电力系统的运行应该是满足功率需求的，并且保证频率为额定值。控制策略是联络线偏差控制，即各区域力图将区域控制误差（ACE - area control error）调整到零。各区域控制误差由频率误差和联络线功率误差组成，则有

$$\text{ACE}_i = \sum_{j=1}^{n} \Delta P_{ij} + K_i \Delta \omega \qquad (3 - 80)$$

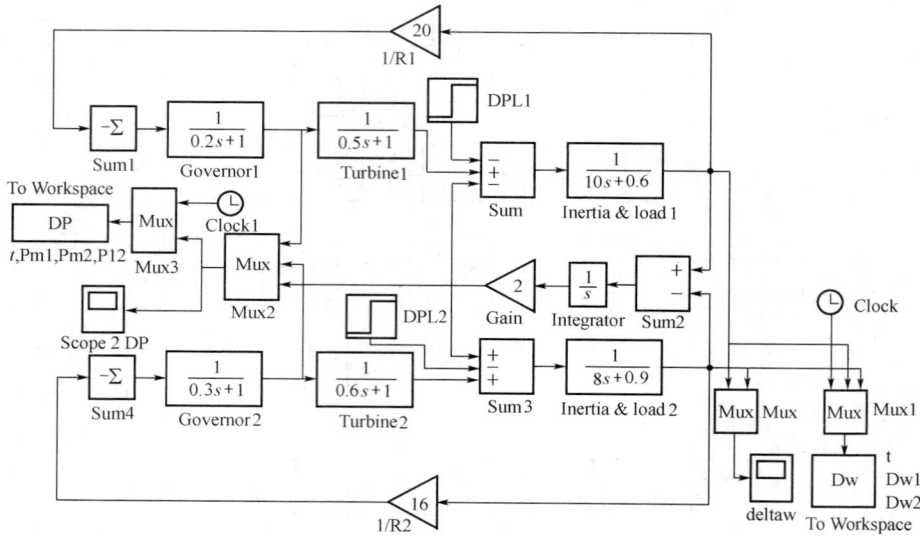

图 3-50　［例 3-7］两发电区域负荷同时变化时的仿真框图

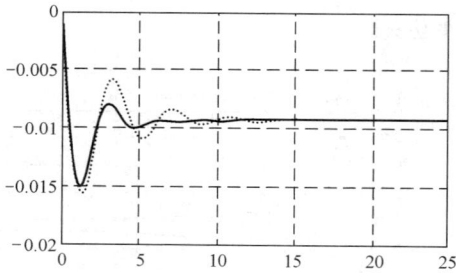

图 3-51　［例 3-7］(3) 的频率偏差阶跃响应

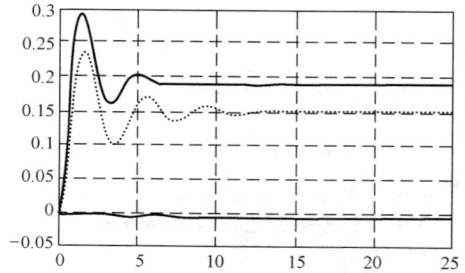

图 3-52　［例 3-7］(3) 的功率偏差阶跃响应

区域偏差 K_i 决定了在扰动时相邻区域相互作用的量。当 K_i 取 B_i 时，即等于该区域的频率偏差因子时，就可以满足要求。因此，两区域的区域控制误差（ACE）为

$$\left.\begin{array}{l}\mathrm{ACE}_1 = \Delta P_{12} + B_1 \Delta \omega_1 \\ \mathrm{ACE}_2 = \Delta P_{21} + B_2 \Delta \omega_2 \end{array}\right\} \tag{3-81}$$

式中　ΔP_{12}、ΔP_{21}——偏离计划值的量。

ACE 作为控制信号启动发电机功率设定值的变化值，当系统达到稳态时，ΔP_{12}、$\Delta \omega$ 将都为零。积分增益要选择的足够小，保证不使系统进入不停的调节状态。两区域系统的 AGC 框图如图 3-53 所示。我们可以很容易的将区域的联络线偏差控制扩展为多区域的联络线偏差控制。

【例 3-8】　用区域控制误差 ACE 建立［例 3-7］两区域系统的仿真框图。并求每个区域的频率和功率响应。

解　图 3-54 为 SIMULINK 仿真框图，调节积分增益以获得满意的响应特性。若 $K_{I1} = K_{I2} = 0.3$，可得仿真结果如图 3-55 所示。在 MATLAB 中画出标幺值功率偏差阶跃响应曲线如图 3-56 所示。从图 3-55 可以看出，当时间大约为 20s 时，频率偏差为零。同样在图 3-56 中可以看出，联络线功率偏差为零，区域 1 负荷的增加等于区域 1 发电机功率的增量 ΔP_{m1}。

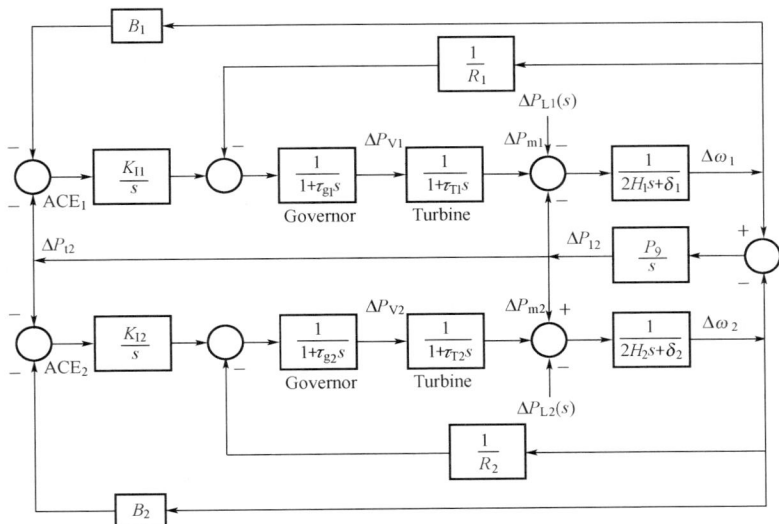

图 3 - 53　两区域系统的 AGC 框图

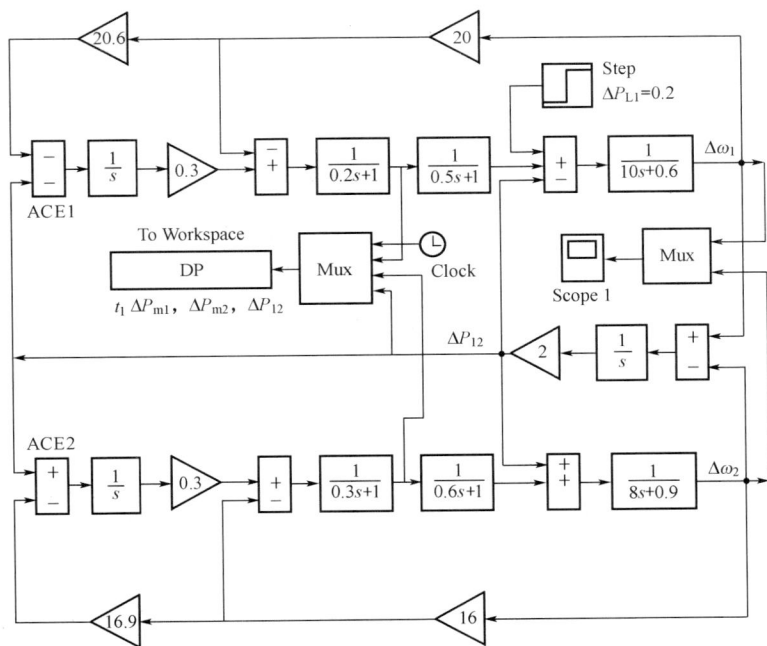

图 3 - 54　〔例 3 - 8〕的仿真框图

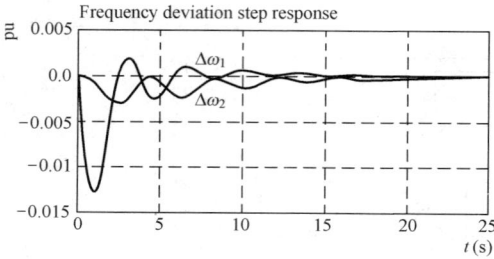

图 3 - 55　〔例 3 - 8〕的频率偏差阶跃响应

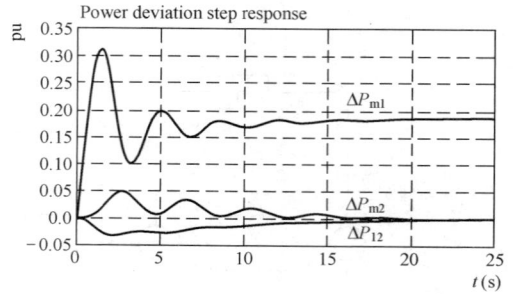

图 3 - 56　〔例 3 - 8〕的功率偏差阶跃响应

六、包括励磁系统的 AGC

由于 LFC 和 AVR 系统之间联系较弱，可以将频率和电压幅值分开控制，这里将线性化的 AGC 系统扩展，使之包括励磁系统。由式（3 - 70）可知功率的微小变化是同步功率系数 P_s 和功角 $\Delta\delta$ 的微小变化的乘积。如果考虑电压对有功功率的微小影响，就有以下的线性化方程为

$$\Delta P_e = P_s\Delta\delta + K_2 E' \tag{3 - 82}$$

式（3 - 82）中的 K_2 是定子电动势的变化对功率变化的影响。同样，考虑转子功角对发电机机端电压的影响，有

$$\Delta U_t = K_5\Delta\delta + K_6 E' \tag{3 - 83}$$

式中　K_5——当定子电动势为常数时，机端电压的变化相对转子功角的变化；

　　　K_6——当转子功角为常数时，机端电压的变化相对定子电动势的变化。

最后为了推出包括转子功角的发电机磁场传递函数，将定子电动势表示为

$$E' = \frac{K_G}{1 + \tau_G}(U_f - K_4\Delta\delta) \tag{3 - 84}$$

式（3 - 84）的常数是由网络参数和运行状态决定的。对于稳态系统，P_s 是正值，同样 K_2、K_4、K_6 为正值，但 K_5 可能为负值。

【例 3 - 9】　一个孤立的发电站的组合仿真框图如图 3 - 57 所示，其参数见表 3 - 5。

表 3 - 5　　　　　　　　　　　　　　　孤 立 发 电 站 参 数

设　　备	增　　益	时间常数	设　　备	增　　益	时间常数
汽轮机	$K_T=1$	$\tau_T=0.4$	发电机	$K_G=1$	$\tau_G=1.5$
调速器	$K_g=1$	$\tau_g=0.2$	传感器	$K_R=1$	$\tau_R=0.04$
放大器	$K_A=10$	$\tau_A=0.1$	惯性常数	$H=6$	
励磁机	$K_E=1$	$\tau_E=0.5$	调差系数	$R=0.04$	

当频率变化 1% 时负荷变化 0.8%，即 $\delta=0.8$。假定同步功率因数 $P_s=1.5$，电压系数为 $K_6=0.5$，并且耦合常数 $K_2=0.2$、$K_4=1.4$、$K_5=-0.1$。建立混合 SIMULINK 仿真框图，并求当负荷标幺值变化 $\Delta P_{L1}=0.25$ 时的频率偏差和机端电压响应。

解　在 SIMULINK 中的仿真框图如图 3 - 57 所示。运行后，第二个 LFC 环的积分增益为 6.0，励磁系统 PID 控制器的增益为 $K_P=1$、$K_I=0.25$、$K_D=0.3$。速度偏差阶跃响应和

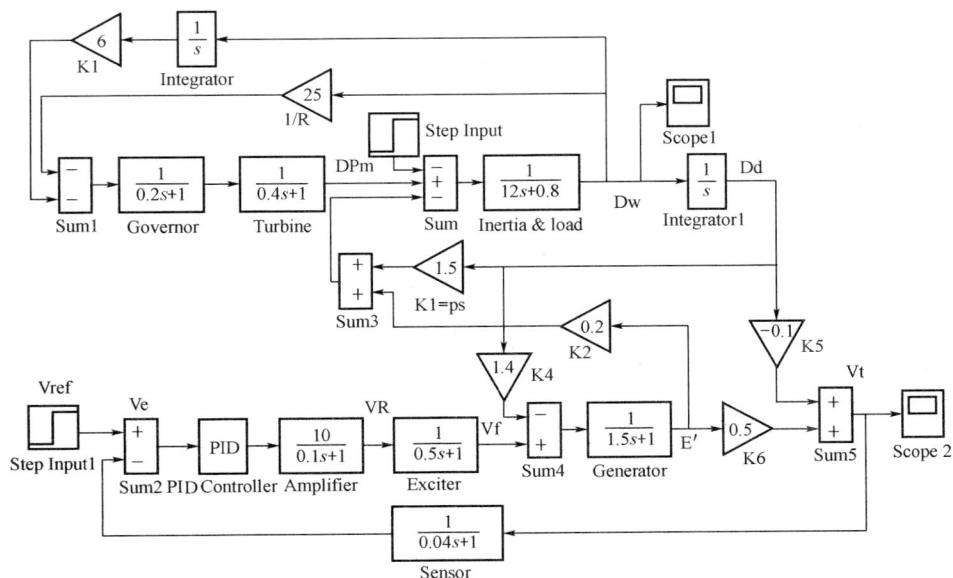

图 3 - 57　〔例 3 - 9〕的仿真框图

机端电压阶跃响应如图 3 - 58、图 3 - 59 所示。可以发现，当耦合系数都设为零时，暂态响应几乎没有什么变化，因此频率控制和电压控制可以分别考虑。

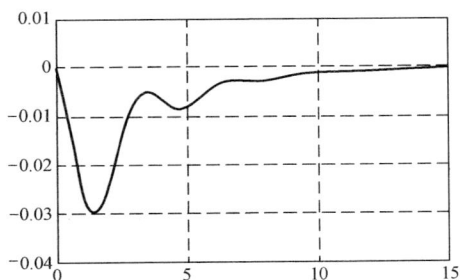

图 3 - 58　〔例 3 - 9〕的频率偏差阶跃响应

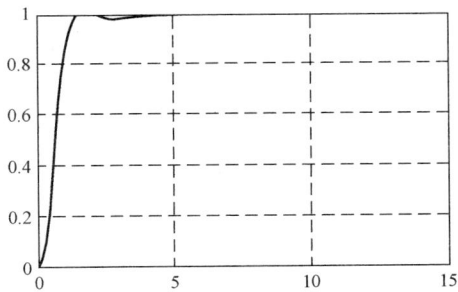

图 3 - 59　〔例 3 - 9〕机端电压阶跃响应

第四章　电力系统电压调整和无功功率控制技术

电力系统中的有功功率电源是集中在各类发电厂中的发电机；而无功功率电源除发电机外，还有调相机、电容器和静止补偿器等，它们分散安装在各个变电所。一旦无功功率电源设置好，就可以随时使用，而无须像有功功率电源那样消耗能源。由于电网中的线路以及变压器等设备均以感性元件为主，因此系统中无功功率损耗远远大于有功功率损耗。电力系统正常稳定运行时，全系统频率相同。频率调整集中在发电厂，调频控制手段只有调整原动机功率一种。而电压水平在全系统各点不同，并且电压控制可分散进行，调节控制电压手段也多种多样。所以，电力系统的无功功率和电压控制调整与有功功率和频率控制调整有很大的不同。

第一节　电力系统电压控制的意义

电力系统的电压和频率一样，都是电能质量的重要指标。保证供给用户的电压与额定电压值的偏移不超过规定的数值，是电力系统运行调整的基本任务之一。

各种用电设备是按照额定电压来设计制造的，只有在额定电压下运行才能取得最佳的工作效率。当电压偏离额定值较大时，会对负荷的运行带来不良影响，影响产品的质量和产量，损坏设备，甚至引起电力系统电压崩溃，造成大面积停电。现分别简述如下。

电力系统电压降低时，发电机的定子电流将因其功率角的增大而增大。如果发电机定子电流本已达到额定值，则因系统电压降低，会使发电机输出电流超过其额定值。为了使发电机定子绕组不致过热，不得不减少发电机所发有功功率。类似的，电力系统电压降低后，也不得不减少变压器所带的有功负荷。

电力系统电压降低时，各类负荷中占比重最大的异步电动机的转差率将增大。因而，电动机各绕组中的电流也将增大，温升将增加，效率将降低，寿命会缩短。而且，某些电动机驱动的生产机械的机械转矩与转速的高次方成正比，所以当转差增大、转速下降时，其输出功率将迅速减少。而电厂厂用电动机输出功率的减少又将反过来影响锅炉、汽轮机的工作，最终影响发电厂所发出的功率。更为严重的是，电力系统电压降低后，电动机的启动过程将大为延迟，电动机可能在启动过程中因温度过高而烧毁。而当电压偏高运行时，将加速电器设备的绝缘老化，影响电动机的使用寿命。

电炉等电热设备的发热量与电压平方成正比，电压降低将大大降低发热量，使效率降低。照明负荷，尤其是白炽灯，对电压变化的反应最灵敏。电压过高，白炽灯的寿命将大为缩短；电压过低，亮度和发光效率要大幅度下降。对日光灯来说还会产生无法启动的现象，影响人们的视觉和工作。

电压质量对电力系统本身也有影响。电压降低时，会使电网中的有功功率损耗和能量损耗增加，电压过低还会危及电力系统运行的稳定性；而电压过高，各种电气设备的绝缘会受到损坏，在超高压输电线路中还将增加电晕损耗。

因此，无论是作为负荷用电设备还是电力系统本身，都要求能在一定的额定电压水平下工作。从技术和经济上综合考虑，规定各类用户的允许电压偏移是完全必要的。我国规定在正常运行情况下各类用户允许电压偏移为：

10kV 及以下电压供电的负荷　　　　　　　$\pm 7\%$

35kV 及以上电压供电的负荷　　　　　　　$\pm 5\%$

低压照明负荷　　　　　　　　　　$+5\%$　　　　　-10%

农村电网（正常）　　　　　　　　$+7.5\%$　　　　-10%

　　　（事故）　　　　　　　　$+10\%$　　　　-15%

在事故后运行状态下，由于电力系统部分设备退出运行，电压损耗比正常时大。考虑故障时间较短，电压偏移允许比正常值再多 5％，但电压的正偏移不应超过 10％。

第二节　电力系统无功功率平衡与电压的关系

在电力系统中，大量的负荷需要一定的无功功率，同时电力网中各种输电设备也会引起无功功率损耗。因此，电源所发出的无功功率必须满足它们的需要，这就是系统中无功功率的平衡。对于运行中的所有设备，要求系统无功功率电源所发出的无功功率与无功功率负荷及无功功率损耗相平衡，即

$$\sum Q_G = \sum Q_D + \sum Q_L \tag{4-1}$$

电源供应的无功功率 Q_G 包括由发电机供应的无功功率 Q_{Gi} 和无功补偿设备供应的无功功率 Q_{Cj} 两部分组成，而无功补偿设备所供应的无功功率又可分为调相机所供应的 Q_{C1}、并联电容器供应的 Q_{C2} 和静止补偿器供应的 Q_{C3} 三部分。因此，$\sum Q_G$ 可以分解为

$$\sum Q_G = \sum Q_{Gi} + \sum Q_{C1} + \sum Q_{C2} + \sum Q_{C3} \tag{4-2}$$

式（4-1）中的无功功率损耗 Q_L 包括变压器中的无功功率损耗 ΔQ_T、线路电抗中的无功功率损耗 ΔQ_X、线路电纳中的无功功率损耗 ΔQ_B（属容性）三部分。所以，$\sum Q_L$ 可以表示为

$$\sum Q_L = \Delta Q_T + \Delta Q_X - \Delta Q_B \tag{4-3}$$

式（4-1）中，负荷所消费的无功功率 Q_D 可以按负荷的功率因数来计算。

电力系统无功功率平衡与电压水平有着密切的关系，如图 4-1 所示。

设电源电压为 $\dot{U}_G$，负荷端的电压为 $\dot{U}$，负荷以等值导纳 $Y_D = G_D + jB_D$（B_D 为感性负荷）来表示，用 X_Σ 表示线路、变压器以及发电机等值电抗总和，E_q 表示发电机电动势。由图可知，负荷处的电压 U 大小取决于

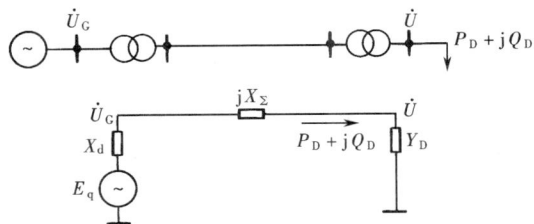

图 4-1　电力系统接线图

发电机电源电压大小 U_G 及电网总的电压损耗 ΔU 两个量。U_G 的大小可以通过改变发电机的励磁电流，也即改变发电机送出的无功功率来控制，但是受设备容量限制，ΔU 的大小取决于网络参数及无功功率 $\left(\Delta U = \dfrac{Q_D X_\Sigma}{U_N}\right)$。

如果在起始的正常运行状态下电力系统已达到无功功率平衡 $Q_G = Q_D + Q_L$，U 保持在额定电压 U_N 水平上。Q_G 代表发电机发出的无功功率，Q_L 代表电力系统总的无功功率损耗。现由

于某种原因使负荷无功功率 Q_D 增加，则 ΔU 随之增加，此时如果增加发电机的励磁，使 U_G 增加，其所增加量 ΔU_G 正好补足电网总的电压损耗 ΔU，则将使 U 维持在原有的电压 U_N 水平上。这样，由于系统的无功功率负荷增加，使发电机的无功功率输出增加，它们会在新的状态下达到平衡 $Q'_G = Q'_D + Q'_L$。此时的电压水平，可以维持在原有的额定电压 U_N 之下。

如果发电机输出电压增量 ΔU_G 大于 ΔU 的增量，将会使 U 升高并且超过 U_N，负荷在 $U_H > U_N$ 下运行，电力系统所需要的无功功率也在增加，此时整个电力系统在新的电压水平下达到新的无功功率平衡 $Q_{GH} = Q_{DH} + Q_{LH}$。反之，如果因为发电机励磁的限制，U_G 不能增加足够的量以补偿 ΔU 的增加，则负荷端电压将下降，低于 U_N，此时负荷在低电压 U_L 水平下运行，系统所需的无功功率将减小，因此整个电力系统又会在新的电压水平下达到新的无功功率平衡 $Q_{GL} = Q_{DL} + Q_{LL}$。

总之，无功功率总是要保持平衡状态，当电力系统无功功率电源充足，可调节容量大时，电力系统可在较高电压水平上保持平衡；当电力系统无功功率电源不足，可调容量小甚至没有时，电力系统只能在较低电压水平上保证平衡。这一关系可以用电力系统和负荷的无功功率电压静态特性来进一步加以说明，如图 4-2 所示。

无功功率负荷主要是由异步电动机组成，其所需要的无功功率由励磁无功功率及漏抗所需要的无功功率两部分组成。励磁无功功率与所供给的电压平方成正比；当电动机负载不变时，由于电压降低，使滑差增大，电流增大，漏抗所需要的无功功率也会增大。这样，负荷无功功率—电压特性可以用二次曲线来表示，如图 4-2 曲线 1 所示。当系统负荷增加时，曲线向上方移动（曲线 1′）。

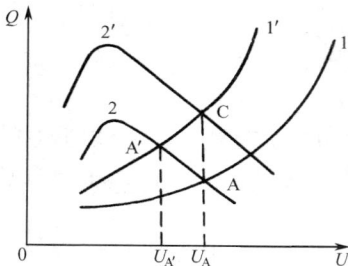

图 4-2　电力系统和无功
功率电压的静态特性

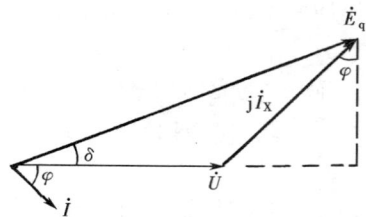

图 4-3　电力系统向量图

由电力系统送至负荷无功功率的无功电压特性曲线可以由如下方法获得。与图 4-1 所示系统相应的相量图，如图 4-3 所示。由图可知

$$P = UI\cos\varphi = U\frac{IX\cos\varphi}{X} = U\frac{E_q\sin\delta}{X}$$

所以

$$P = \frac{UE_q}{X}\sin\delta \tag{4-4}$$

而

$$Q = UI\sin\varphi = U\frac{IX\sin\varphi}{X} = U\frac{E_q\cos\delta - U}{X}$$

即

$$Q = \frac{U}{X}(E_q \cos\delta - U) \tag{4-5}$$

由于 δ 较小，可以近似认为 $\cos\delta = 1$，这样电力系统送至负荷的无功功率的无功电压特性也近似为二次曲线，如图 4-2 曲线 2 所示。如果增加 E_q，则将使曲线向上移动（曲线 2′）。

曲线 1 与 2 交点 A 就确定了负荷节点的电压值 $U = U_A$，电力系统在此电压水平下可以达到无功功率的平衡。

当无功功率负荷增加时，曲线由 1 转移至 1′，如果此时电力系统的无功功率电源能相应的增加 E_q，使曲线 2 移至曲线 2′ 位置，则表明电力系统在新的无功功率平衡状态下保持负荷处于电压水平为 U_A（C 点）。如果由于某种原因，电力系统无功功率电源不能随之增加，曲线 2 将保持不变，其与曲线 1′ 线的交点为 A′，则意味着电力系统降低了供给负荷功率，使负荷处的电压 U_A 在一个新的水平上达到了无功功率平衡。如果此时仍然需要维持电压在原有的水平上，则必须采取其他增发无功功率的相应控制措施。一般情况下，由于负荷的功率因数（约为 0.7）低于同步发电机的功率因数（为 0.8～0.9），电力网中的无功功率损耗大于有功功率损耗，因此电力系统都要进行一定的无功功率补偿。考虑到无功功率的输送将引起电力网中的有功功率损耗及电压损耗的增加，一般不宜远距离输送，因此一般无功功率补偿要在负荷中心地区设置。也就是说，为了维持电力系统应有的电压水平，除了在整个电力系统需要达到相应的无功功率平衡外，在负荷地区也需要基本上达到无功功率的平衡，以避免无功功率在电网中的大量传输。

电力系统的无功功率电源有以下几种。

（1）同步发电机。

同步发电机目前是电力系统中唯一的有功功率电源，它又是基本的无功功率电源。它所提供给电力系统的无功功率与同时输出的有功功率有一定的关系，由同步发电机的 P-Q 曲线决定。图 4-4 给出了某同步发电机的 P-Q 曲线。

同步发电机低于额定功率因数运行时，发电机的输出视在功率受制于励磁电流不超过额定值的条件，从而将低于额定视在功率 S_N。同步发电机高于额定功率因数运行时，励磁电流的大小不再是限制的条件，而原动机输出功率 P_N 成了它的限制条件。因此，同步发电机只

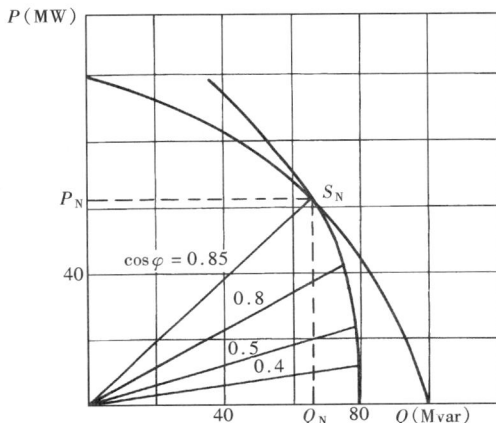

图 4-4　某同步发电机的 P-Q 曲线

有在额定电压、额定电流、额定功率因数下运行时，视在功率才能达到额定值，发电机容量才能得到最充分的利用。

同步发电机以超前功率因数运行时，定子电流和励磁电流大小都不再是限制条件，而此时并联运行的稳定性或定子端部铁芯等的发热成了限制条件。由图可知，当电力系统中有一定备用有功电源时，可以将离负荷中心近的发电机低于额定功率因数运行，适当降低有功功率输出而多发一些无功功率，这样有利于提高电力系统电压水平。

（2）同步调相机及同步电动机。

同步调相机是特殊运行状态下的同步电动机，可视为不带有功负荷的同步发电机或是不

带机械负荷的同步电动机。当过激运行时，它向电力系统提供感性无功功率；欠激运行时，从电力系统中吸收感性无功功率。因此，改变同步调相机的励磁，可以平滑地改变它的无功功率的大小及方向，从而平滑地调节所在地区的电压。但是在欠激状态下运行时，其输出功率为过激运行时输出功率的 50%～60%。同步调相机在运行时要产生有功功率损耗，一般在满负荷运行时，有功功率损耗为额定容量的 1.5%～5%，容量越小，有功损耗所占的比重越大。在轻负荷运行时，有功功率损耗也要增大。同步调相机的电压调节效应一般为正值，即它所输出的无功功率随其端电压的下降而增加，这是其优点。

另外，过激运行状态下的同步电动机能够向电力系统提供感性无功功率。因此充分发挥用户所拥有的同步电动机的作用，使其过激运行，对提高电力系统的电压水平也是有利的。

（3）并联电容器。

并联电容器从电力系统中吸收容性的无功功率，也就是说可以向电力系统提供感性的无功功率，因此可视为无功功率电源。它可根据实际需要由许多电容器连接组成。因此，容量可大可小，既可集中使用，又可分散使用，并且可以分相补偿，随时投入、切除部分或全部电容器组，运行灵活。电容器的有功损耗小（占额定容量的 0.3%～0.5%），投资也节省。

电容器所输出的无功功率 Q_C 与其端电压的平方成正比，即

$$Q_C = \frac{U^2}{X_C} = U^2 \omega C \qquad (4-6)$$

式中　X_C——电容器的容抗；

　　　ω——交流电的角频率；

　　　C——电容器的电容量。

由式（4-6）可知，当电容器安装处节点电压下降时，其所提供给电力系统的无功功率也将减少，而此时正是电力系统需要无功功率电源的时候，这是其不足之处。

（4）静止无功功率补偿器（SVC）。

静止无功功率补偿器（Static VAR Compensator，简称 SVC）是一种发展很快的无功功率补偿装置，其工作原理如图 4-5 所示。

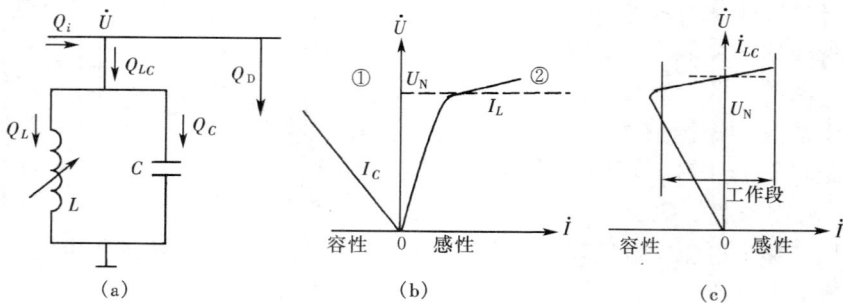

图 4-5　静止无功功率补偿器工作原理

(a) 原理系统图；(b) 合成前的电压—电流特性图；(c) 合成电压—电流特性

图 4-5（a）为 SVC 的简单原理系统图，它由电抗值可变的饱和电抗与并联电容组成。图（b）中，直线①为电容的电压—电流特性，折线②是饱和电抗的电压—电流特性，其合成电压—电流特性如图（c）所示。在正常额定电压 U_N 情况下 $\dot{I}_L + \dot{I}_C = 0$，当负荷无功功率突然增加时，电压会突然下降，此时 $\dot{I}_L + \dot{I}_C$ 相位超前 $\dot{U}$，电压 $\dot{U}$ 的下降受到抑制；当负荷

无功功率突然减少，电压会突然上升，此时 $\dot{I}_L + \dot{I}_C$ 相位滞后 $\dot{U}$，电压 $\dot{U}$ 的上升会受到抑制静止补偿器可以根据负荷的变化，自动调整所吸收的电流，使端电压维持不变。假如母线上的无功功率负荷为 Q_D，SVC 所吸收的无功功率由感性无功功率 Q_L 与容性无功功率 Q_C 两部分组成，则由电力系统送来的无功功率 Q_i 为

$$Q_i = Q_D + Q_L + Q_C \tag{4-7}$$

当负荷发生 ΔQ_D 变动时，将引起各无功功率的变化

$$\Delta Q_i = \Delta Q_D + \Delta Q_L + \Delta Q_C \tag{4-8}$$

如果负荷变化量 ΔQ_D 能够由静止补偿器的功率增量所补偿，即 $\Delta Q_D - (\Delta Q_C + \Delta Q_L) = 0$。那么，由电力系统所供给的无功功率 Q_i 以及因输送 Q_i 而引起的电压损耗也就不变了，从而可以保持电压 U 为一恒定值。

SVC 能快速、平滑地调节无功功率的大小和方向，以满足动态无功功率补偿要求，尤其是对冲击性负荷适应性较好。与同步调相机相比较，运行维护简单，功率损耗较小，能够做到分相补偿以适应不平衡的负荷变化。其缺点是最大无功补偿量正比于端电压的平方，在电压很低时，无功补偿量将大大降低。

（5）高压输电线路的充电功率。

高压输电线的充电功率的计算为

$$Q_L = U^2 B_L \tag{4-9}$$

式中　　B_L——输电线路的对地总的电纳；

　　　　U——输电线路的实际运行电压。

高压输电线路，特别是分裂导线，其充电功率相当可观，是电力系统所固有的无功功率电源。

第三节　电力系统电压控制的措施

在电力系统无功功率平衡中，为了保证系统有较高的电压水平，必须要有充足的无功功率电源。但是要使所有用户处的电压质量都符合要求，还必须采用各种调压控制手段。下面以图 4-6 所示的电力系统为例说明各种调压控制措施的基本原理。

同步发电机通过升压变压器、输电线路和降压变压器向负荷用户供电。要求采取各种不同的调整和控制方式来控制用户端的电压。为分析简便起见，略去输电线路的充电功率、变

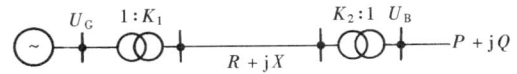

图 4-6　电力系统电压控制原理图

压器的励磁功率以及网络中的功率损耗。变压器的参数已经归算到高压侧，这样用户端的电压为

$$U_B = (U_G K_1 - \Delta U)/K_2 = \left(U_G K_1 - \frac{PR + QX}{U_N}\right)\Big/K_2 \tag{4-10}$$

式中　　K_1、K_2——分别为升压、降压变压器的变比；

　　　　R、X——分别为变压器和输电线路的总电阻、总电抗。

从式（4-10）可知，要想控制和调整负荷点的电压，可以采取以下的控制方式：

（1）控制和调节发电机励磁电流，以改变发电机端电压 U_G；

（2）控制变压器变比 K_1 及 K_2 调压；

（3）改变输送功率的分布 $P+jQ$（主要是 Q），以使电压损耗减小；

（4）改变电力系统网络中的参数 $R+jX$（主要是 X），以减小输电线路电压的损耗。

一、发电机控制调压

控制同步发电机的励磁电流，可以改变发电机的端电压。发电机允许在端电压偏离额定值不超过±5%的范围内运行。对于由发电机直接供电的小系统，供电线路不长，输电线路上的电压损耗不大时，可以采用发电机直接控制电压方式，以满足负荷对电压要求。它不需要增加额外的设备，因此是最经济合理的控制电压措施，应该优先考虑。

但是输电线路较长、多电压等级的网络并且有地方负荷的情况下，仅仅依靠发电机控制调压已不能满足负荷对电压质量的要求。另外，在由多台发电机供电的系统中控制并联发电机母线电压会引起无功功率的重新分配，会与发电机的无功功率经济分配发生矛盾，故在大型电力系统中仅仅作为一种辅助性的控制措施。

二、控制变压器变比调压

一般电力变压器都有可以控制调整的分接抽头，调整分接抽头的位置可以控制变压器的变比。通常分接抽头设在高压绕组（双绕组变压器）或中、高压绕组（三绕组变压器）。在高压电网中，各个节点的电压与无功功率的分布有着密切的关系，通过控制变压器变比来改变负荷节点电压，实质上是改变了无功功率的分布。变压器本身并不是无功功率电源，因此，从整个电力系统来看，控制变压器变比调压是以全电力系统无功功率电源充足为基本条件的，当电力系统无功功率电源不足时，仅仅依靠改变变压器变比是不能达到控制电压效果的。

双绕组变压器的高压绕组上设有若干个分接抽头以供选择，其中对应于额定电压 U_N 的称为主抽头。容量为 6300kVA 及以下的变压器，高压侧有 3 个分接抽头，分别为 $1.05U_N$、U_N、$0.95U_N$。容量为 8000kVA 及以上的变压器，高压侧有 5 个分接抽头，分别 $1.05U_N$、$1.025U_N$、U_N、$0.975U_N$、$0.95U_N$。变压器低压绕组不设分接抽头。

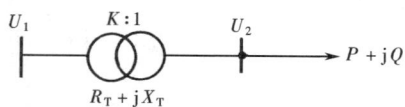

图 4-7　降压变压器系统图

控制变压器的变比调压实际上就是根据调压要求适当选择变压器分接抽头。图 4-7 所示为一个降压变压器。

若通过的功率为 $P+jQ$，高压侧实际电压为 U_1，归算到高压侧的变压器阻抗为 R_T+jX_T，归算到高压侧的变压器电压损耗为 ΔU_T，低压侧要求得到的电压为 U_2，则有

$$\Delta U_T = (PR_T + QX_T)/U_1$$
$$U_2 = (U_1 - \Delta U_T)/K \qquad\qquad (4-11)$$

式中　K——变压器的变比，即高压绕组分接抽头电压 U_{1t} 和低压绕组额定电压 U_{2N} 之比。

将 K 代入式（4-11），可以得到高压侧分接抽头电压为

$$U_{1t} = \frac{U_1 - \Delta U_T}{U_2} U_{2N} \qquad\qquad (4-12)$$

当变压器通过不同的功率时，高压侧的电压 U_1、电压损耗 ΔU_T 以及低压侧所要求的电压 U_2 都要发生变化。通过计算可以求出在不同的负荷情况下，为满足低压侧调压要求所应该选择的高压侧电压分接抽头。

普通双绕组变压器的分接抽头只能在停电的情况下改变。在正常的运行中无论负荷如何变化，只能使用一个固定的分接抽头。这时可以分别算出最大负荷和最小负荷下所要求的分接抽头电压为

$$U_{1\mathrm{tmax}} = (U_{1\mathrm{max}} - \Delta U_{\mathrm{Tmax}})U_{2\mathrm{N}}/U_{2\mathrm{max}} \qquad\qquad (4-13)$$

$$U_{1\mathrm{tmin}} = (U_{1\mathrm{min}} - \Delta U_{\mathrm{Tmin}})U_{2\mathrm{N}}/U_{2\mathrm{min}}$$

然后取它们的算术平均值，即

$$U_{1\mathrm{tav}} = (U_{1\mathrm{tmax}} + U_{1\mathrm{tmin}})/2 \qquad\qquad (4-14)$$

可以根据 $U_{1\mathrm{tav}}$ 来选择一个与它最接近的分接抽头，然后再根据所选取的分接抽头校验最大负荷和最小负荷时低压母线上的实际电压是否符合用户的要求。

【例 4-1】　图 4-8 所示为降压变压器，变压器参数及负荷、分接抽头已标明，高压侧最大负荷时的电压为 110kV，最小负荷时的电压为 113kV，相应负荷的低压母线允许电压上下限为 6～6.6kV，试选择变压器分接抽头。

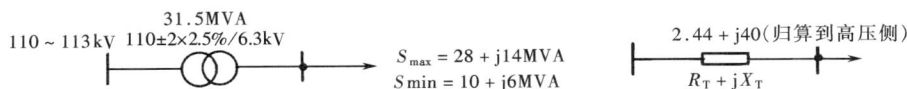

图 4-8　降压变压器及其等值电路

解　首先计算最大负荷和最小负荷时变压器的电压损耗为

$$\Delta U_{\mathrm{Tmax}} = \frac{28 \times 2.44 + 14 \times 40}{110} = 5.7(\mathrm{kV})$$

$$\Delta U_{\mathrm{Tmin}} = \frac{10 \times 2.44 + 6 \times 40}{113} = 2.34(\mathrm{kV})$$

假定变压器在最大负荷和最小负荷运行时低压侧的电压分别为 $U_{2\mathrm{max}} = 6\mathrm{kV}$ 和 $U_{2\mathrm{min}} = 6.6\mathrm{kV}$，则

$$U_{1\mathrm{tmax}} = (110 - 5.7) \times \frac{6.3}{6.0} = 109.4(\mathrm{kV})$$

$$U_{1\mathrm{tmin}} = (113 - 2.34) \times \frac{6.3}{6.6} = 105.6(\mathrm{kV})$$

取算术平均值，有

$$U_{1\mathrm{tav}} = (109.4 + 105.6)/2 = 107.5(\mathrm{kV})$$

可以选择最接近的分接抽头 $U_{1\mathrm{t}} = 107.25\mathrm{kV}$。然后按所选分接抽头校验是否满足低压负荷母线的实际电压。则有

$$U_{2\mathrm{max}} = (110 - 5.7) \times \frac{6.3}{107.25} = 6.13(\mathrm{kV}) > 6\mathrm{kV}$$

$$U_{2\mathrm{min}} = (113 - 2.34) \times \frac{6.3}{107.25} = 6.5(\mathrm{kV}) < 6.6\mathrm{kV}$$

可见所选择的高压分接抽头是能够满足电压控制要求的。

三绕组变压器分接抽头的选择可以按如下方法来考虑。三绕组变压器一般在高压、中压绕组有分接抽头可供选择，而低压侧是没有分接抽头的。一般可先按高压、低压侧的电压要求来确定高压侧的分接抽头；再由所选定的高压侧分接抽头来考虑中压侧的电压要求，最后选择中压侧的分接抽头。

三、利用无功功率补偿设备调压

无功功率的产生基本上是不消耗能源的，但是无功功率沿输电线路上传送却要引起有功功率的损耗和电压的损耗。合理的配置无功功率补偿设备和容量以改变电力网络中的无功功率分布，可以减少网络中的有功功率损耗和电压损耗，从而改善用户负荷的电压质量。

并联补偿设备有调相机、静止补偿器、并联电容器，它们的作用都是在重负荷时发出感性无功功率，补偿负荷的无功需要，减少由于输送这些感性无功功率而在输电线路上产生的电压降落，提高负荷端的输电电压。

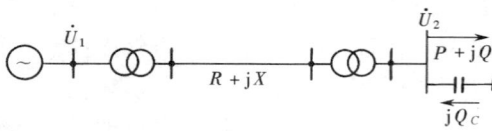

补偿控制设备的容量计算方法如下。

具有并联补偿设备的简单电力系统如图 4-9 所示。

图 4-9　具有并联补偿控制设备的简单电力系统

发电机出口电压 U_1 和负荷功率 $P+jQ$ 给定，电力线路对地电容和变压器的励磁功率可以不考虑。当变电所低压侧没有设置无功功率补偿控制设备时，发电机出口电压可以表示为

$$U_1 = U'_2 + \frac{PR+QX}{U'_2} \tag{4-15}$$

式中　U'_2——归算到高压侧的变电所低压母线电压。

当变电所低压侧设置容量为 Q_C 的无功功率补偿设备后，电力网络所提供给负荷的无功功率为 $Q-Q_C$，此时，归算到高压侧的变电所低压母线电压变为 U'_{2C}，发电机输出电压可以表示为

$$U_1 = U'_{2C} + \frac{PR+(Q-Q_C)X}{U'_{2C}} \tag{4-16}$$

如果补偿前后发电机出口电压 U_1 保持不变，则有

$$U'_2 + \frac{PR+QX}{U'_2} = U'_{2C} + \frac{PR+(Q-Q_C)X}{U'_{2C}} \tag{4-17}$$

由此可以解出 U'_2 改变到 U'_{2C} 时所需要的无功功率补偿容量为

$$Q_C = \frac{U'_{2C}}{X}\left[(U'_{2C}-U'_2)+\left(\frac{PR+QX}{U'_{2C}}-\frac{PR+QX}{U'_2}\right)\right] \tag{4-18}$$

式（4-18）中方括号内的第二部分一般较小，可以略去，这样式（4-18）可以改写成

$$Q_C = \frac{U'_{2C}}{X}(U'_{2C}-U'_2) \tag{4-19}$$

如果变压器变比为 K，经无功功率补偿后变电所低压侧要求保持的实际电压为 U_{2C}，则 $U'_{2C}=KU_{2C}$。代入式（4-19），有

$$Q_C = \frac{U_{2C}}{X}\left(U_{2C}-\frac{U'_2}{K}\right)K^2 \tag{4-20}$$

可见，无功功率补偿容量与被控电压要求和降压变压器的变比选择有关。考虑到无功功率补偿设备有调相机、电容器的不同，所以选择变比的条件也不一样。

（1）补偿设备为电容器组容量的计算。电容器组只能发出感性无功功率，以提高电网电压；而不能吸收感性无功功率，以降低电网电压。变电所会在重负荷的条件下发生电压偏低、轻负荷条件下发生电压偏高现象。因此，为了充分利用无功功率补偿容量，电容器组只

需要在重负荷时投入，轻负荷时全部退出。也就是说，变压器的变比应该按照最小负荷时电容器组全部退出运行时来选择。

假设 $U'_{2\min}$ 为最小负荷时归算到高压侧的低压母线电压，$U_{2\min}$ 为最小负荷时低压母线的实际电压，有

$$U'_{2\min}/U_{2\min} = U_t/U_{2N} \tag{4-21}$$

所以，变压器高压侧的分接抽头电压为

$$U_t = \frac{U'_{2\min}}{U_{2\min}} U_{2N} \tag{4-22}$$

在变压器高压侧选定与 U_t 最靠近的分接抽头 U_{1t}，并由此可以确定出变压器的变比为

$$K = U_{1t}/U_{2N} \tag{4-23}$$

变压器变比选定以后，再按最大负荷时变压器低压母线要求的电压确定应该设置的电容器组容量，这样可以充分利用电容器的设备容量，能够在满足负荷对控制电压要求的前提下，设置的电容器最少。则电容器组容量为

$$Q_C = \frac{U_{2C\max}}{X}\left(U_{2C\max} - \frac{U'_{2\max}}{K}\right)K^2 \tag{4-24}$$

式中　$U'_{2\max}$——补偿前最大负荷时归算到高压侧的低压母线电压；

　　　$U_{2C\max}$——补偿后最大负荷时低压母线电压要求保持的电压值。

最后根据求出的无功功率补偿容量，从产品目录中选择合适的电容器设备。

（2）补偿设备为同步调相机容量的计算。调相机既能够过励运行，发出感性无功功率使电网电压升高，又能够欠励运行，吸收感性无功功率使电网电压降低。当调相机在最大负荷时按额定容量过励运行，在最小负荷时按 0.5 额定容量欠励运行，那么调相机容量可以得到最佳的利用率。所以，最大负荷时有

$$Q_C = \frac{U_{2C\max}}{X}\left(U_{2C\max} - \frac{U'_{2\max}}{K}\right)K^2 \tag{4-25}$$

最小负荷时有

$$-\frac{1}{2}Q_C = \frac{U_{2C\min}}{X}\left(U_{2C\min} - \frac{U'_{2\min}}{K}\right)K^2 \tag{4-26}$$

两式相除，得

$$-2 = \frac{U_{2C\max}(KU_{2C\max} - U'_{2\max})}{U_{2C\min}(KU_{2C\min} - U'_{2\min})} \tag{4-27}$$

解出 K 为

$$K = \frac{U_{2C\max}U'_{2\max} + 2U_{2C\min}U'_{2\min}}{U_{2C\max}^2 + 2U_{2C\min}^2} \tag{4-28}$$

按式（4-28）求出 K 值后，在变压器高压侧选择出最接近的分接抽头电压值 U_{1t}，并以此来确定降压变压器的实际变比 $K = U_{1t}/U_{2N}$。最后将变比代入式（4-25），可以求出所需的同步调相机补偿容量。

【例 4-2】　输电系统如图 4-10 所示，降压变压器变比为 $110 \pm 2 \times 2.5\%/11kV$，变压器励磁支路和输电线路对地电容均被忽略，节点 1 归算到

$S_{\max} = 20 + j15MVA$
$S_{\min} = 10 + j7.5MVA$

$26 + j130$（归算到高压侧）

图 4-10　输电线路系统

高压侧的电压为 118kV，且维持不变，负荷端低压母线电压要求保持为 10.5kV，试确定受端装设电容器与同步调相机的无功功率补偿设备容量。

解　由于发电机首端电压已知，因此可按末端功率来计算输电线路的电压损耗：

$$\Delta S_{\max} = \frac{20^2 + 15^2}{110^2} \times (26 + j130) = 1.34 + j6.72 (\text{MVA})$$

$$\Delta S_{\min} = \frac{10^2 + 7.5^2}{110^2} \times (26 + j130) = 0.34 + j1.68 (\text{MVA})$$

所以

$$S_{1\max} = S_{\max} + \Delta S_{\max} = 20 + j15 + 1.34 + j6.72 = 21.34 + j21.72 (\text{MVA})$$

$$S_{1\min} = S_{\min} + \Delta S_{\min} = 10 + j7.5 + 0.34 + j1.68 = 10.3 + j9.18 (\text{MVA})$$

利用首端功率求出最大负荷时降压变压器归算到高压侧的低压母线电压为

$$U'_{2\max} = U_1 - \frac{P_{1\max}R + Q_{1\max}X}{U_1} = 118 - \frac{21.34 \times 26 + 21.72 \times 130}{118} = 89.37 (\text{kV})$$

利用首端功率求出最小负荷时降压变压器归算到高压侧的低压母线电压为

$$U'_{2\min} = U_1 - \frac{P_{1\min}R + Q_{1\min}X}{U_1} = 118 - \frac{10.34 \times 26 + 9.18 \times 130}{118} = 105.61 (\text{kV})$$

（1）按最小负荷时电容器全部退出运行来选择降压变压器变比，则有

$$U_t = \frac{U'_{2\min}}{U_{2\min}} U_{2N} = \frac{11}{10.5} \times 105.61 = 110.69 (\text{kV})$$

规格化后，取 $110 + 0\%$ 分接抽头，即 $K = \frac{110}{11} = 10$。

按最大负荷求电容器补偿容量 Q_C 为

$$Q_C = \frac{U_{2C\max}}{X} \left(U_{2C\max} - \frac{U'_{2\max}}{K} \right) K^2$$

（2）由式（4-28）可得到

$$K = \frac{10.5 \times 89.37 + 2 \times 10.5 \times 105.61}{10.5^2 + 2 \times 10.5^2} = 9.54$$

规格化后取 $110 - 2 \times 2.5\%/11\text{kV}$，即 $K = 9.5$，由式（4-25）确定调相机容量为

$$Q_C = \frac{U_{2C\max}}{X} \left(U_{2C\max} - \frac{U'_{2\max}}{K} \right) K^2$$

$$= \frac{10.5}{130} \left(10.5 - \frac{89.3}{9.5} \right) \times 9.5^2 = 7.96 (\text{MVA})$$

在以上求出 Q_C 后，从产品目录中选择合适的规格设备，再校验经过无功功率补偿后负荷电压是否满足质量要求。

四、利用串联电容器控制电压

在输电线路上串联接入电容器，利用电容器上的容抗补偿输电线路中的感抗，使电压损耗计算式中的 $\frac{QX}{U}$ 分量减小，从而提高输电线路末端的电压，如图 4-11 所示。

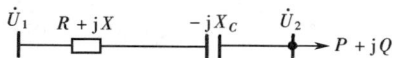

图 4-11　串联电容器控制调压

未接入串联电容器补偿前有

$$U_1 = U_2 + \frac{PR + QX}{U_2} \tag{4-29}$$

电路串联电容器补偿后有

$$U_1 = U_{2C} + \frac{PR + Q(X - X_C)}{U_{2C}} \qquad (4\text{-}30)$$

假如补偿前后输电线路首端电压维持不变，即

$$U_1 = U'_1$$

则有

$$U_2 + \frac{RP + QX}{U_2} = U_{2C} + \frac{PR + Q(X - X_C)}{U_{2C}} \qquad (4\text{-}31)$$

经过整理可以得到

$$X_C = \frac{U_{2C}}{Q}\left[(U_{2C} - U_2) + \left(\frac{PR + QX}{U_{2C}} - \frac{PR + QX}{U_2}\right)\right] \qquad (4\text{-}32)$$

式（4-32）方括号中的第二项的数值一般很小，可以略去，则有

$$X_C = \frac{U_{2C}}{Q}(U_{2C} - U_2) \qquad (4\text{-}33)$$

如果近似认为 U_{2C} 接近输电线路额定电压 U_N，则有

$$X_C = \frac{U_N}{Q}\Delta U \qquad (4\text{-}34)$$

式中　ΔU——经串联电容补偿后输电线路末端电压需
要抬高的电压增量数值。

所以可以根据输电线路末端需要升高的电压数值来确定
串联电容补偿的电抗值。

经确定得出的电容器容量需要由多个电容器串、并
联组成，如图 4-12 所示。

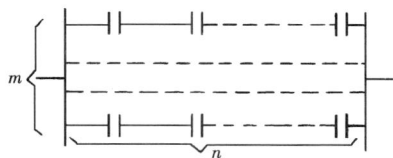

图 4-12　电容器的串并联

假如每个电容器的额定电流为 I_{NC}，额定电压为 U_{NC}，则可以根据输电线路通过的最大
负荷电流 I_M 和所需要补偿的容抗值 X_C 来计算出电容器串并联的数量 N、M，它们应该
满足

$$\left.\begin{array}{l} MI_{NC} \geqslant I_M \\ NU_{NC} \geqslant I_M X_C \end{array}\right\} \qquad (4\text{-}35)$$

三相电容器的总容量为

$$Q_C = 3MNQ_{NC} = 3MNU_{NC}I_{NC} \qquad (4\text{-}36)$$

由式（4-34）可知，串联电容器抬高末端电压的数值为 $\Delta U = QX_C/U_N$，即调压效果随
无功功率负荷 Q 变化而改变。无功功率负荷增大时末端所抬高的电压将增大，无功功率负
荷减小时末端所抬高的电压也将减小。而无功功率负荷增大将导致末端电压下降，此时也正
是需要升高末端电压。串联电容器调压方式与调压要求恰好一致，这是串联电容器补偿调压
的一个显著优点。但是对于负荷功率因数高或者输电线路导线截面小的线路，线路电抗对电
压损耗影响较小，故串联电容补偿控制调压效果小。因此利用串联电容补偿调压一般用于供
电电压为 35kV 或 10kV、负荷波动大而频繁、功率因数又很低的输配电线路。

补偿所需要的容抗值 X_C 和被补偿输电线路原有感抗值 X_L 之比称为补偿度，用 K_C 来
表示

$$K_C = \frac{X_C}{X_L} \qquad (4\text{-}37)$$

在输配电线路中以调压为目的的串联电容补偿，其补偿度常接近于 1 或大于 1，一般在 1～4 之间。

对于超高压输电线，串联电容补偿主要用于提高输电线路的输电容量和提高电力系统运行的稳定性。

【例 4 - 3】 某 35kV 输电线路，阻抗为 $10+j10\Omega$，由电力系统输入的功率为 $7+j6MVA$，线路首端电压为 35kV，要想使线路末端电压不低于 33kV，试确定串联补偿电容器的容量。设电容器是额定电压为 $U_{NC}=0.6kV$，容量为 $Q_{NC}=20kvar$ 的单相油浸纸质电容器。

解 补偿前输电线路末端电压为

$$U_2 = 35 - \frac{7 \times 10 + 6 \times 10}{35} = 31.29(kV)$$

补偿后输电线路末端电压为 33kV，电压升高 $\Delta U = 33 - 31.29 = 1.71$（kV）。由式 (4 - 34) 可以得到

$$X_C = \frac{35}{6} \times 1.71 = 9.98(\Omega)$$

线路通过的最大电流为

$$I_M = \frac{\sqrt{7^2 + 6^2}}{\sqrt{3} \times 35} \times 10^3 = 152.1(A)$$

每个电容器的额定电流为

$$I_{NC} = \frac{Q_{NC}}{U_{NC}} = \frac{20}{0.6} = 33.33(A)$$

每个电容器的容抗为

$$X_{NC} = \frac{U_{NC}}{I_{NC}} = \frac{0.6}{33.33} = 18(\Omega)$$

因此，共需要并联电容的组数为

$$m \geqslant \frac{I_M}{I_{NC}} = \frac{152.1}{33.33} = 4.56, 取 5$$

每组需要串联的电容器个数为

$$n \geqslant \frac{I_M X_C}{U_{NC}} = \frac{152.1 \times 9.98}{0.6 \times 10^3} = 2.53, 取 3$$

总的补偿容量为

$$Q_C = 3mnQ_{NC} = 3 \times 5 \times 3 \times 20 = 900(kvar)$$

实际补偿的容抗为

$$X_C = \frac{2X_{NC}}{5} = \frac{3 \times 18}{5} = 10.8(\Omega)$$

补偿度为

$$K_C = \frac{X_C}{X_L} = \frac{10.8}{10} = 1.08$$

补偿后的输电线路末端电压为

$$U_{2C} = 35 - \frac{7 \times 10 + 6 \times (10 - 10.8)}{35} = 33.14(kV) > 33(kV)$$

因此符合要求。

并联电容器补偿和串联电容器补偿都可以提高输电线路末端电压和减小输电线路中的有功功率损耗。但是它们的补偿效果是不一样的。串联电容器补偿可以直接减少输电线路的电压损耗以提高输电线路末端电压的水平；而并联电容补偿则是通过减少输电线路上流通的无功功率而减小线路电压损耗，以提高线路末端的电压水平，它的效果不如前者。一般为了减少同一电压损耗值，串联电容器容量仅为并联电容器容量的 $15\%\sim25\%$。并联电容器补偿能够直接减少输电线路中的有功功率损耗，而串联电容器补偿是依靠提高末端电压水平而减少输电线路有功功率损耗的。

五、电力系统电压控制措施的比较

在各种电压控制措施中，首先应该考虑发电机调压，用这种措施不需要增加附加设备，从而不需要附加任何投资。对无功功率电源供应较为充裕的系统，采用变压器有载调压，既灵活又方便。尤其是电力系统中个别负荷的变化规律相差悬殊时，不采取有载调压变压器调压几乎无法满足负荷对电压质量的要求。对无功功率电源不足的电力系统，首先应该解决的问题是增加无功功率电源，因此以采用并联电容器、调相机或静止补偿器为宜。同时，并联电容器或调相机还可以降低电力网中功率传输产生的有功功率损耗。

第四节 电力系统电压的综合控制

由于不同的电压控制措施各有其优缺点，所以可以将它们组合起来进行综合控制，以获得最优的控制方式。这样，就需要分析负荷变化和各类电压控制措施同时存在的综合效果。现以图 4-13 所示的电力系统为例，来分析各种电压控制的特点。电压控制设备包括发电机 G1 和 G2、有载调压变压器 T、可以切换的并联电容器组 C。

发电机 G1 和 G2 具有自动励磁调节装置，可以使母线电压 U_1、U_2 发生改变；T 为有载调压变压器，变比 K 可以调节；C 代表无功补偿设备，它可以是静电电容器、同步调相机和静止无功补偿器。现分析 G1 和 G2 控制

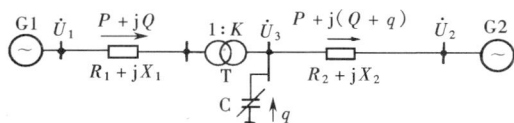

图 4-13 电力系统电压的综合控制

的电压 U_1 和 U_2，变压器变比 K、补偿容量 C 这些控制措施对节点 3 母线电压 U_3 的影响。由于电压与无功功率分布密切相关，所以改变电压的同时也会对无功功率 Q 产生影响。将节点 3 电压 U_3、无功功率 Q 定义为状态变量，发电机母线电压 U_1、U_2 以及变压器变比 K、无功补偿量 q 定义为控制变量。根据图 4-13，有

$$\left.\begin{array}{c} \Delta U_1 - \Delta U + \Delta K = X_1 \Delta Q \\ \Delta U - \Delta U_2 = X_2 (\Delta Q + \Delta q) \end{array}\right\} \tag{4-38}$$

由此可以解得

$$\Delta U = \frac{X_2}{X_1 + X_2} \Delta U_1 + \frac{X_1}{X_1 + X_2} \Delta U_2 + \frac{X_2}{X_1 + X_2} \Delta K + \frac{X_1 X_2}{X_1 + X_2} \Delta q \tag{4-39}$$

$$\Delta Q = \frac{1}{X_1 + X_2} \Delta U_1 - \frac{1}{X_1 + X_2} \Delta U_2 + \frac{1}{X_1 + X_2} \Delta K - \frac{X_2}{X_1 + X_2} \Delta q \tag{4-40}$$

由此可以分析各种电压控制措施对节点 3 的电压 U_3 和无功功率 Q 的影响，以及各种控制措

施配合的效果。通过式（4-39）、式（4-40）可以获得如下结论。

（1）改变变压器变比 K，和改变发电机 G1 的母线电压 U_1 对节点 3 电压控制效果相同，并且可以使无功功率 Q 增加，而且参数比值 X_1/X_2 越小，电压控制效果越显著。

（2）改变发电机 G2 的母线电压 U_2 对节点 3 的母线电压 U_3 的影响与参数比值 X_2/X_1 有关，比值越小，影响越显著。

（3）当 X_2 较大，即发电机 G2 离节点 3 的距离相对较远时，改变发电机 G1 的母线电压 U_1 对节点 3 电压影响较大，会使无功功率 Q 增加。反之，当 X_1 较大，即发电机 G1 离节点 3 的距离相对远一些时，改变发电机 G2 的电压 U_2 对节点 3 的电压影响较大，会使无功功率 Q 减小。

（4）控制节点 3 的无功补偿容量 q 的效果与等效电抗 $\dfrac{X_1 X_2}{X_1 + X_2}$ 有关，等效电抗越大，控制电压 U_3 效果越好。

（5）节点 3 的无功补偿输出容量 q 按与输电线路电抗成反比的关系向两侧流动，其结果使无功功率 Q 减少。

总之，控制靠近所需要控制的中枢点母线电压的调压，可以获得较好的控制效果。因此，一般控制调压设备实行分散布置、进行分散调节，在此基础上由电力系统实行集中控制。

对于更复杂的电力系统，也可以列出类似的关系式

$$\Delta U_i = \sum A_{Uij}\,\Delta U_j + \sum A_{Kij}\,\Delta K_j + \sum A_{qij}\,\Delta q_j$$

$$\Delta U_L = \sum B_{Uij}\,\Delta U_j + \sum B_{Kij}\,\Delta K_j + \sum B_{qij}\,\Delta q_j \tag{4-41}$$

$$A_{Xij} = \frac{\partial U_i}{\partial X_j} \qquad B_{Xij} = \frac{\partial Q_L}{\partial X_j}$$

式中　　X——分别代表 U、K、q，这些偏导数表示某一控制量对被控制量的作用，它们的数值越大，控制量对被控制量的作用越大，即控制效果越好。

上述各种控制电压措施的具体应用，采用各地区自动控制调节电压和电力系统集中自动控制调节电压相结合的模式进行。各区域负责本区域电网电压的控制调节，并就地解决无功功率的平衡；电力系统调度中心负责控制主干电网中主干输电线和环网的无功功率的分布以及给定主要中枢点（发电厂母线、枢纽变电所母线）的电压设定值，以便加以监视和控制，并协调各地区的电压水平。

第五节　电力系统无功功率电源的最优控制

电力系统中无功功率平衡是保证电力系统电压质量的基本前提，而无功功率电源在电力系统中的合理分布是充分利用无功电源、改善电压质量和减少网络有功损耗的重要条件。无功功率在电网中输送会产生有功功率损耗。无功功率电源的最优控制目的在于控制各无功电源之间的分配，使网络有功功率损耗达到最小。

电力网中的有功功率网损可以表示为所有节点注入功率的函数

$$\Delta P_\Sigma = \Delta P_\Sigma (P_{G1}, P_{G2}, \cdots, P_{Gn}, Q_{G1}, Q_{G2}, \cdots, Q_{Gn}) \tag{4-42}$$

则无功功率电源最优控制的数学表达式，在满足

$$\sum Q_{Gi} - \sum Q_{Di} - \Delta Q_{\Sigma} = 0 \qquad (4-43)$$

的条件下，ΔP_{Σ} 达到最小。其中 ΔQ_{Σ} 是电力网中的无功功率损耗，$\sum Q_{Di}$ 是电力网中的无功负荷。

应用拉格朗日乘数法，构造拉格朗日函数为

$$L = \Delta P_{\Sigma} - \lambda(\sum Q_{Gi} - \sum Q_{Di} - \Delta Q_{\Sigma}) \qquad (4-44)$$

将 L 分别对 Q_{Gi} 和 λ 取偏导数并令其等于零，有

$$\frac{\partial L}{\partial Q_{Gi}} = \frac{\partial \Delta P_{\Sigma}}{\partial Q_{Gi}} - \lambda\left(1 - \frac{\partial \Delta Q_{\Sigma}}{\partial Q_{Gi}}\right) = 0 \quad (i = 1, 2, \cdots, m) \qquad (4-45)$$

$$\frac{\partial L}{\partial \lambda} = -(\sum Q_{Gi} - \sum Q_{Di} - \Delta Q_{\Sigma}) = 0 \qquad (4-46)$$

于是可以得到无功功率电源最优控制的条件为

$$\frac{\partial \Delta P_{\Sigma}}{\partial Q_{Gi}} \cdot \frac{1}{1 - \dfrac{\partial \Delta Q_{\Sigma}}{\partial Q_{Gi}}} = \lambda \qquad (4-47)$$

式中　$\partial \Delta P_{\Sigma} / \partial Q_{Gi}$——网络中有功功率损耗对于第 i 个无功功率电源的微增率；

　　　$\partial \Delta Q_{\Sigma} / \partial Q_{Gi}$——无功功率网损对于第 i 个无功功率电源的微增率。

式（4-47）的意义是使有功功率网损最小的条件是各节点无功功率网损微增率相等。

在无功电源配备充足、布局合理的条件下，无功功率电源最优控制方法如下。

（1）根据有功负荷经济分配的结果进行功率分布的计算。

（2）利用以上结果，可以求出各个无功电源点的 λ 值。如果某个电源点的 $\lambda < 0$，表示增加该电源的无功输出功率就可以降低网络有功损耗；如果 $\lambda > 0$，表示增加该电源的无功输出功率将导致网络有功损耗的增加。因此，为了减少网络损耗，凡是 $\lambda < 0$ 的电源节点都应该增加无功功率的输出，而 $\lambda > 0$ 的电源节点则应该减少无功功率的输出。按此原则控制无功功率电源，调整时 λ 有最小值的电源应该增加，无功功率的输出 λ 有最大值的电源应减小无功功率，经过一次调整后，再重新计算功率的分布。

（3）经过又一次的功率分布计算，可以算出总的网络有功损耗，网络损耗的变化实际上都反映在平衡发电机（已知节点电压和功率角，而输出有功、无功功率待定，功率分布计算时至少应该选择一个平衡机）的功率变化中。因此，如果控制无功功率电源的分配能够使平衡机的输出功率继续减少，那么这种控制就应该继续下去，直到平衡机输出功率不能再减少为止。

上述无功功率电源的控制原则也可以用于无功补偿设备的配置。其差别是现有的无功功率电源之间的分配不需要支付费用，而无功补偿设备配置则需要增加费用支出。由于设置无功补偿装置一方面能够节约网络有功功率损耗，另一方面又会增加设备投资费用，因此无功补偿容量合理配置的目标应该是总的经济效益为最优。

在电力系统中某节点 i 设置无功功率补偿设备的前提条件是：一旦设置补偿设备，所节约的网络有功损耗费用应该大于为设置补偿设备而投资的费用。其数学表达式可以表示为

$$F_e(Q_{Ci}) - F_C(Q_{Ci}) > 0 \qquad (4-48)$$

式中　$F_e(Q_{Ci})$——由于设置了补偿设备 Q_{Ci} 而节约的网络有功功率损耗的费用；

　　　$F_C(Q_{Ci})$——为了设置补偿设备 Q_{Ci} 而需要投资的费用。

所以，确定节点 i 的最优补偿容量的条件是

$$F = F_e(Q_{Ci}) - F_C(Q_{Ci}) \tag{4-49}$$

具有最大值。

　　设置补偿设备而节约的费用 F_e 就是因设置补偿设备每年可减少的有功功率损耗费用，其值为

$$F_e(Q_{Ci}) = \beta(\Delta P_{\Sigma 0} - \Delta P_{\Sigma})\tau_{max} \tag{4-50}$$

式中　　　　β——单位电能损耗价格，元/（kvar·h）；

$\Delta P_{\Sigma 0}$、ΔP_{Σ}——分别设置补偿设备前后电力网最大负荷下的有功功率损耗，kvar；

　　　　τ_{max}——电力网最大负荷损耗小时数，h。

　　为设置补偿设备 Q_{Ci} 而需要投资的费用包括两部分：一部分为补偿设备的折旧维修费，另一部分为补偿设备投资的回收费，其值都与补偿设备的投资成正比，即

$$F_C(Q_{Ci}) = (\alpha + \gamma)K_C Q_{Ci} \tag{4-51}$$

式中　α、γ——分别为折旧维修率和投资回收率；

　　　　K_C——单位容量补偿设备投资，元/kvar。

　　将式（4-50）和式（4-51）代入式（4-49），可以得到

$$F = \beta(\Delta P_{\Sigma 0} - \Delta P_{\Sigma})\tau_{max} - (\alpha + \gamma)K_C Q_{Ci} \tag{4-52}$$

对式（4-52）中的 Q_{Ci} 求偏导并令其等于零，可以解出

$$\frac{\partial \Delta P_{\Sigma}}{\partial Q_{Ci}} = -\frac{(\alpha + \gamma)K_C}{\beta\tau_{max}} \tag{4-53}$$

式（4-53）表明，对各补偿点配置补偿容量时，应该使每一个补偿点在装设最后一个单位的补偿容量时网络损耗的减少都等于 $(\alpha + \gamma)K_C/\beta\tau_{max}$，按这一原则配置将会取得最大的经济效益。

第五章　电力系统调度自动化

第一节　概　　述

一、电力系统调度的主要任务

电力系统调度的任务，简单说来，就是控制整个电力系统的运行方式，使之无论在正常情况或事故情况下都能符合安全、经济及高质量供电的要求。具体任务主要有以下几点。

（一）保证供电的质量优良

电力系统首先应该尽可能地满足用户的用电要求，即其发送的有功功率与无功功率应该满足

$$\sum_i P_{g \cdot i} - \sum_j P_{fh \cdot j} = 0$$
$$\sum_i Q_{g \cdot i} - \sum_j Q_{fh \cdot j} = 0$$

$$(5-1)$$

式中　$P_{g \cdot i}$、$P_{fh \cdot j}$——i 电厂发送的有功功率及 j 用户或线路消耗的有功功率；

　　　$Q_{g \cdot i}$、$Q_{fh \cdot j}$——i 电厂发送的无功功率及 j 用户或线路消耗的无功功率。

这样就可使系统的频率与各母线的电压都保持在额定值附近，即保证了用户得到了质量优良的电能。为保证用户得到优质电能，系统的运行方式应该合理，此外还需要对系统的发电机组、线路及其他设备的检修计划做出合理的安排。在有水电厂的系统中，还应考虑枯水期与旺水期的差别，但这方面的任务接近于管理职能，它的工作周期较长，一般不算作调度自动化计算机的实时功能。

（二）保证系统运行的经济性

电力系统运行的经济性当然与电力系统的设计有很大关系，因为电厂厂址的选择与布局、燃料的种类与运输途径、输电线路的长度与电压等级等都是设计阶段的任务，而这些都是与系统运行的经济性有关的问题。对于一个已经投入运行的系统，其发供电的经济性就取决于系统的调度方案了。一般说来，大机组比小机组效率高，新机组比旧机组效率高，高压输电比低压输电经济。但调度时首先要考虑系统的全局，要保证必要的安全水平，所以要合理安排备用容量的分布，确定主要机组的输出功率范围等。由于电力系统的负荷是经常变动的，发送的功率也必须随之变动。因此，电力系统的经济调度是一项实时性很强的工作，在使用了调度自动化系统以后，这项任务大部分已依靠计算机来完成了。

（三）保证较高的安全水平——选用具有足够的承受事故冲击能力的运行方式

电力系统发生事故既有外因也有内因。外因是自然环境、雷雨、风暴、鸟栖等自然"灾害"；内因则是设备的内部隐患与人员的操作运行水平欠佳。一般说来，完全由于误操作和过低的检修质量而产生的事故也是有的，但事故多半是由外因引起，通过内部的薄弱环节而暴发。世界各国的运行经验证明，事故是难免的，但是一个系统承受事故冲击的能力却与调度水平密切相关。事故发生的时间、地点都是无法事先断言的，要衡量系统承受事故冲击的

能力，无论在设计工作中，还是在运行调度中都是采用预想事故的方法。即对于一个正在运行的系统，必须根据规定预想几个事故，然后进行分析、计算，如事故后果严重，就应选择其他的运行方式，以减轻可能发生的后果，或使事故只对系统的局部范围产生影响，而系统的主要部分却可免遭破坏。这就提高了整个系统承受事故冲击的能力，称为提高了系统的安全水平。由于系统的数据与信息的数量很大，负荷又经常变动，要对系统进行预想事故的实时分析，也只在电子数字计算机应用于调度工作后，才有了实现的可能。

（四）保证提供强有力的事故处理措施

事故发生后，面对受到损伤严重或遭到破坏了的电力系统，调度人员的任务是及时采取强有力的事故处理措施，调度整个系统，使对用户的供电能够尽快地恢复，把事故造成的损失减少到最小，把一些设备超限运行的危险性及早排除。对电力系统中只造成局部停电的小事故，或某些设备的过限运行，调度人员一般可以从容处理。大事故则往往造成频率下降、系统振荡甚至系统稳定破坏，系统被解列成几部分，造成大面积停电，此时要求调度人员必须采用强有力的措施使系统尽快恢复正常运行。

从目前情况来看，调度计算机还没有正式涉及事故处理方面的功能，仍是自动按频率减负荷、自动重合闸、自动解列、自动制动、自动快关汽门、自动加大直流输电负载等，由当地直接控制、不由调度进行启动的一些"常规"自动装置，在事故处理方面发挥着强有力的作用。在恢复正常运行方面，目前还主要靠人工处理，计算机只能提供一些事故后的实时信息，以加快恢复正常运行的过程。由此可见，实现电力系统调度自动化的任务仍是十分艰巨的。

二、电力系统的分区、分级调度

为完成前述的调度任务，根据电力系统在结构与分布上的特点，一直盛行分级调度的制度，即一般将整个电力系统，按输电线路与变电所的电压等级分属不同的调度单位，进行电

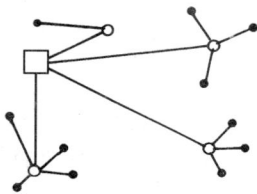

图 5-1　分级调度示意图

能生产的日常管理与控制。例如 220kV 以上的网络及有关的主要发电厂由中心调度管辖，220kV 以下的网络及有关的发电厂由省级调度管辖，城市用电则归供电局管辖等。分级调度如图 5-1 所示，图中□为中心调度，它担负着全系统性的调度任务，并有直接归它调度的重要发电厂；○为省级调度中心，担负着省级电网所属地区网络的调度工作，●则为地区调度所或供电局，也管辖某些企业的备用电厂。在分级调度中，下一级除完成上一级调度分配给它的任务外，还接受上级调度的指导与制约。

我国的大电力系统一般分三级调度，隶属结构如图 5-2 所示。

电力系统的分级调度虽然与行政隶属关系的结构相类似，但却是电能生产过程的内部特点所决定的。一般来说，高压网络传送的功率大，影响着该系统的全局，如果高压网络发生了事故，有关的低压网络肯定会受到很大的影响，致使正常的供电过程遇到障碍；反过来则不一样，如果故障只是发生在低压网络，高压网络则受影响较小，不致影响系统的全局，这就是分级调度较为合理的技术原

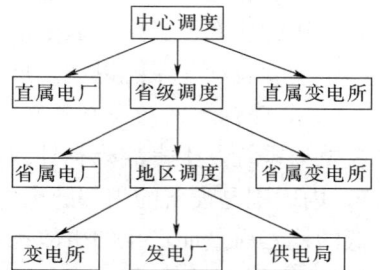

图 5-2　分级调度结构

因。从网络结构上看，低压网络，特别是城市供电网络，往往线路繁多，构图复杂，而高压网络则线路反而少些；但是调度电力系统却总是对高压网络运行状态的分析与控制倍加注意，对其运行数据与信息的收集与处理、运行方式的分析与监视等都作得十分严谨，也是基于上述的原因。因此，中心调度是电力系统实时调度及调度自动化的典型例子。

三、电力系统调度自动化系统的功能概述

从自动控制系统理论的角度看，电力系统属于复杂系统，又称大系统，而且是大面积分布的复杂系统。复杂系统的控制问题之一是要寻求对全系统的最优解，所以电力系统运行的经济性是指对全系统进行统一控制后的经济运行。此外安全水平是电力系统调度的首要问题，对一些会使整个系统受到严重危害的局部故障，必须从调度方案的角度进行预防、处理，从而确定当时的运行方式。由此可见，电力系统是必须进行统一调度的。但是，现代电力系统的一个特点是分布十分辽阔，大者达千余公里，小的也有百多公里；对象多而分散，在其周围千余公里内，布满了发电厂与变电所；输电线路多得形成网络。要对这样复杂而辽阔的系统进行统一调度，就不能平等地对待它的每一个装置或对象，所以图 5 - 2 表示的分层结构正是电力系统统一调度的具体实施。图中的每个箭头表示实现统一调度时的必要信息的双向交换。这些信息包括电压、电流、有功功率等的测量读值、开关与重要保护的状态信号、调节器的整定值、开关状态改变等及其他控制信息。

测量读值与运行状态信号这类的信息一般由下层往上层传送，而控制信息是由调度中心发出，控制所管辖范围内电厂、变电所内的设备。这类控制信息大都是全系统运行的安全水平与经济性所必需的。

由此可见，在电力系统调度自动化的控制系统中，调度中心计算机必须具有两个功能：其一是与所属电厂及省级调度等进行测量读值、状态信息及控制信号的远距离的、高可靠性的双向交换，简称为电力系统监控系统，即 SCADA（Supervisory Control and Data Acquisition）；另一是本身应具有的协调功能。具有这两种功能的电力系统调度自动化系统称为能量管理系统 EMS（Energy Management System）。这种协调功能包括安全监控及其他调度管理与计划等功能。图 5 - 3 是调度中心 EMS 的功能组合示意框图，其中的 SCADA 子系统直接对所属厂、网进行实时数据的收集，以形成调度中心对全系统运行状态的实时监视功能；同时又向执行协调功能的子系统提供数据，形成数据库，必要时还可人工输入有关资料，以

利于计算与分析，形成协调功能。协调后的控制信息，再经由 SCADA 系统发送至有关网、厂，形成对具体设备的协调控制。图 5 - 3 表示了 EMS 信息流程的主线。

此外，图 5 - 3 还给出了远方省级调度及远方电厂与调度中心进行信息交换的功能示意框图。在电力系统的分层控制中，省级调度也有对其所属电厂与网络在一定范围内进行调度的任务，所以它也配

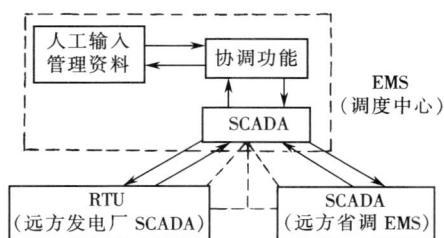

图 5 - 3　EMS 信息流程的主线示意图

有自己的 EMS 系统，不过规模小于调度中心，其中部分的 SCADA 子系统通过远动通道，专门担负与调度中心进行信息交流。远方厂、所所需的功能及其实施情况，较调度单位有所不同，它不再需要系统意义上的协调功能，主要是将所属设备的运行状态、测量读值等信息传送给有关的调度所；又能接受调度所发来的控制信息，并可靠地进行实施，所以只需具备

SCADA 功能。一个以微机为核心的厂、所 SCADA 系统，又称为远方终端装置（或远动终端）RTU（Remote Terminal Unit），它将输入的模拟量的测量读值与开关量的设备状态信号等，按约定的规则，全部转换成数字信息。所以由 RTU 经通道输出（或输入）的各类信息都是统一规范了的并能自动检错的数字信息，以向调度所提供该厂、所的实时运行状况。RTU 的内容及其信息的编码规则等都将在电力系统远动课程中讨论。

四、电力系统调度自动化系统的发展历程

电力系统调度自动化经历了几个发展阶段。在最初形成电力系统的时候，系统调度员没有办法及时地了解和监视各个电厂或线路的运行情况，更谈不上对各电厂和输电网络进行直接控制。线路的潮流、各节点电压、各厂各机组的出力以及出力的分配是否合理等情况，调度员都不能及时掌握。调度员和系统内各厂所的唯一联系就是电话。每天各厂、所值班人员要定时打电话向系统调度员报告本厂、所的各种运行数据，调度员需根据情况汇总、分析，花费很长的时间也只能掌握电力系统运行状态的有限信息。严格说来，这些信息已经属于"历史"了。调度员只能根据事前通过大量人工手算得到的各种系统运行方式，结合这些有限的"历史"信息，加上个人的经验，选择一种运行方式，再用电话通知各厂、所值班人员进行调整控制。一旦发生事故，也只能通过电话了解跳了哪些断路器，停了哪些线路，事故现场情况及事故损失情况，然后凭经验进行事故处理。这就需要较长的时间才能恢复正常运行。显然，这种落后的状态与电力系统在国民经济发展中所占的重要地位是很不相称的，必须用现代化的先进设备装备调度中心，以适应经济发展的需要。

1. 电网调度自动化的初级阶段

电力系统调度自动化的最初阶段，是布线逻辑式远动技术的采用。远动技术的主要内容是"四遥"——遥测（YC）、遥信（YX）、遥控（YK）和遥调（YT）。安装于各厂、所的远动装置，采集各机组输出功率、各线路潮流和各母线电压等实时数据，以及各断路器等开关的实时状态，然后通过远动通道传给调度中心并直接显示在调度台的仪表和系统模拟屏上。调度员可以随时看到这些运行参数和系统运行方式，还可以立刻"看到"断路器的事故跳闸（模拟屏上相应的图形闪光）。遥测、遥信方式的采用等于给调度中心安装了"千里眼"，可以有效地对电力系统的运行状态进行实时的监视。远动技术还进一步提供了遥控、遥调的手段，采用这些手段可以在调度中心直接对某些开关进行合闸和断开的操作，对发电机的输出功率进行调节。远动装置已经成了调度中心非常重要的工具，是电力系统调度自动化的重要基础。

2. 电网调度自动化的第二阶段

电力系统调度自动化的第二个发展阶段，是电子计算机在电力系统调度工作中的应用。虽然远动技术使电力系统的实时信息直接进入了调度中心，调度员可以及时掌握系统的运行状态，及时发现电力系统的事故，减少了调度指挥的盲目性和失误，但是现代电力系统的结构和运行方式越来越复杂，现代工业和人民生活对电能质量及供电可靠性的要求越来越高。由于能源紧张，人们对系统运行的经济性也越来越重视。全面解决这些问题，就需要对大量数据进行复杂的计算。另外，调度人员面对着大量不断变动的实时数据，可能会感到手足无措，特别是在紧急的事故情况下。这些情况表明，调度中心只是装备了"千里眼"甚至"千里手"，也还不能满足日益复杂的电力系统的实际需要，还需要装备类似人的"大脑"的设备，这就是电子计算机。

从 20 世纪 60 年代开始，数字计算机首先用来实现电力系统的经济调度，取得了显著的效果。但是，在 20 世纪 60 年代中期，美国、加拿大和其他一些国家的电力系统曾相继发生了大面积停电事故，在全世界引起很大震动。人们开始认识到，安全问题比经济调度更重要，一次大面积停电事故给国民经济造成的损失，远远超过许多年的节煤效益。因此，计算机系统应首先参与电力系统的安全监视和控制。这样，就出现了 SCADA 系统，出现了 AGC/EDC 以及电力系统安全分析等许多功能，调度中心装备了大型数字计算机，或者超级小型机系统，配置了彩色屏幕显示器（CRT）等人机联系手段，在厂、所端则配备基于微机的远方终端（RTU），使调度中心得到的信息的数量和质量（可靠度和精度）都大大超过了旧式布线逻辑式远动装置。在 SCADA 系统基础上，又发展出包括许多高级功能的能量管理系统 EMS，并研制出可以模拟电力系统各种事故状态、用以培训调度员的"调度员仿真培训系统"。

3. 电网调度自动化系统的快速发展阶段

近年来，随着计算机技术、通信技术和网络技术的飞速发展，SCADA/EMS 技术进入了一个快速发展阶段。用户已经遍及国内各省市、地区，功能也越来越丰富，系统结构和配置发生了很大的变化，在短短数年间就经历了从集中式到分布式又到开放分布式的三个阶段。

第一代为主机-前置机-RTU 终端方式的集中式结构。我国 20 世纪 80 年代引进并投入运行的"四大网"调度自动化系统可为其代表。第二代电网调度自动化系统通常采用客户－服务器（Client/Server）分布式网络结构。第三代电网调度自动化系统（SCADA/EMS）是一种开放型分布式系统。

新的开放系统结构应采用"面向对象"的技术，将各种应用按"组件"接口规范进行"封装"，形成可以在不同软硬件系统上"即插即用"的"组件"。实现软件的"即插即用"，这是软件发展的理想目标。

五、SCADA/EMS 系统的子系统划分

1. 支撑平台子系统

支撑平台子系统是整个系统的最重要基础，有一个好的支撑平台才能真正地实现全系统统一平台、数据共享。支撑平台子系统包括数据库管理、网络管理、图形管理、报表管理、系统运行管理等。

2. SCADA 子系统

SCADA 子系统包括数据采集、数据传输及处理、计算与控制、人机界面及告警处理等。

3. AGC/EDC（Automatic Generation Control/Economic Dispatch Control）子系统

自动发电控制和在线经济调度（AGC/EDC）是对发电机出力的闭环自动控制系统，不仅能够保证系统频率合格，还能保证系统间联络线的功率符合合同规定范围，同时能使全系统发电成本最低。

4. 高级应用软件 PAS（Power system Application Software）子系统

高级应用软件 PAS 子系统包括网络建模、网络拓扑、状态估计、在线潮流、静态安全分析、无功优化、故障分析及短期负荷预报等一系列高级应用软件。

5. 调度员仿真培训系统 DTS（Dispatcher Training Simulator）

调度员仿真培训系统 DTS 包括电网仿真、SCADA/EMS 系统仿真和教员控制机三部分。调度员仿真培训（DTS）与实时 SCADA/EMS 系统共处于一个局域网上，DTS 本身由 2 台工作站组成，一台充当电网仿真和教员机，另一台用来仿真 SCADA/EMS 和兼做学员机。

6. 调度管理信息系统 DMIS（Dispatcher Management Information System）

调度管理信息系统属于办公自动化的一种业务管理系统，一般并不属于 SCADA/EMS 系统的范围。它与具体电力公司的生产过程、工作方式、管理模式有非常密切的联系，因此总是与某一特定的电力公司合作开发，为其服务。当然，其中的设计思路和实现手段应当是共同的。

六、电力系统调度自动化系统的设备构成

电网调度自动化系统的设备可以统称为硬件，这是相对于各种功能程序——软件而言的。它的核心是计算机系统，其典型的系统构成如图 5-4 和图 5-5 所示。

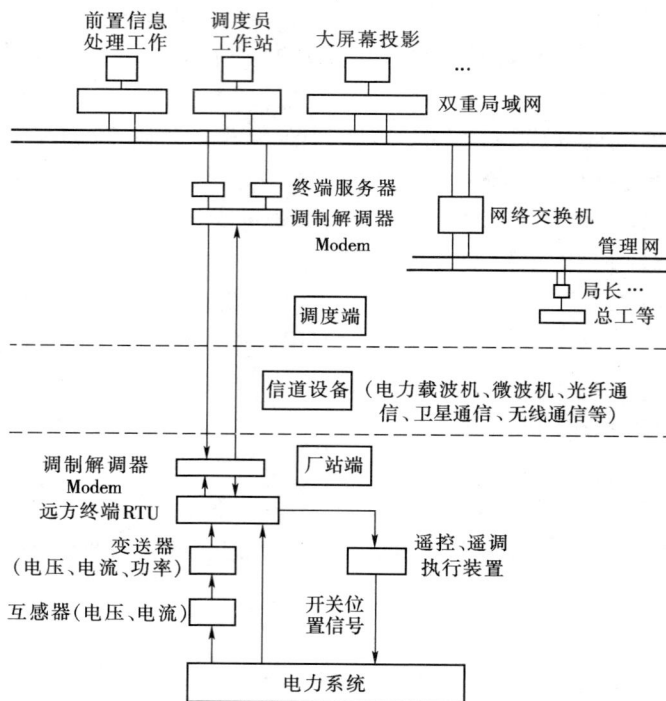

图 5-4　电网调度自动化系统构成示意图

图 5-4 所示的电网调度自动化系统由三部分构成，即调度端、信道设备和厂所端，其详细内容会在本书以后各节中予以介绍。图 5-5 所示为我国国家电力调度中心（以下简称国调中心）的系统配置。国调中心与各大区电网调度中心由远程计算机数据通信网联系起来，相互交换信息。国调中心的系统并不与各厂所端 RTU 直接联系。

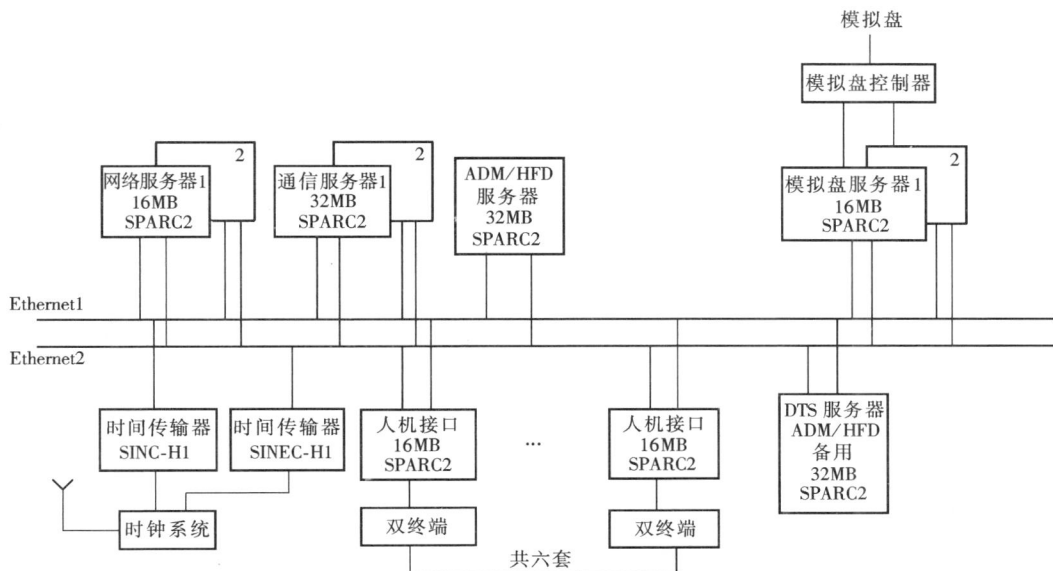

图 5 - 5　国家电力调度中心计算机系统配置

ADM—管理机（Administrator）；HFD—历史和未来数据（Historical and Future Data）；

DTS—调度员培训系统（Dispatcher Training System）

第二节　远方终端 RTU

一、RTU 的任务

远方终端 RTU（也常称为远动终端）是电网调度自动化系统基础设备，它们安装于各变电所或发电厂内，是电网调度自动化系统在基层的"耳目"和"手脚"。其具体任务包括以下各项。

1. 数据采集

（1）模拟量：如采集电网重要测点的 P、Q、U、I 等运行参数，这称为遥测（YC）。

（2）开关量：如断路器的开或关状态，自动装置或继电保护的工作状态等，这称为遥信（YX）。

（3）数字量：如水电厂坝前水位、坝后水位等（由数字式水位计输入，也属于 YC）。

（4）脉冲量：如脉冲电能表的输出脉冲（电能计量，也属 YC）等。

2. 数据通信

按预定通信规约的规定，自动循环（或按调度端要求）地向调度端发送所采集的本厂、所数据，并接收调度端下达的各种命令。

3. 执行命令

根据接收到的调度命令，完成对指定对象的遥控（YK）、遥调（YT）等操作。

4. 其他功能

（1）当地功能：对有人值班的较大站点，如果配有 CRT、打印机等，可完成显示、打印功能；越限告警功能；事件顺序记录功能等。

（2）自诊断功能：程序出轨死机时自行恢复功能；自动监视主、备通信信道及切换功能；个别插件损坏诊断报告等功能。

二、RTU 的结构

图 5-6 框图以功能划分模块，除主 CPU 模块外，其他各主要模块如"模入"模块、"开入"模块等也都配有自己的 CPU。这类智能模块可用常规芯片，也可用单片机构成。主 CPU 模块统筹全局，与各模块采用并行或串行方式进行通信。公共总线（包括数据总线、地址总线和控制总线）由主 CPU 控制，通过地址总线来选择各模块，只有被选中的模块才可以接收控制信号并存取数据。主 CPU 可用命令来定义各模块、设置工作参数，并对其定时扫描。遥信模块也可采用中断方式通知主 CPU 取数，以使遥信变位等故障信息尽早被处理。这种模块结构配置灵活，功能扩展十分方便，也减轻了主 CPU 的负担，提高了数据采集和处理速度。

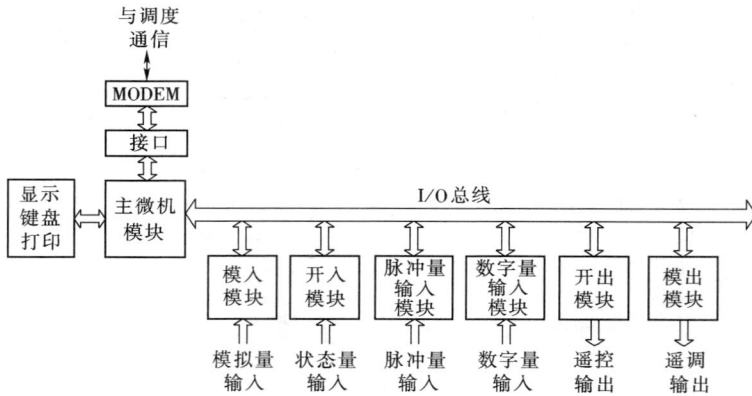

图 5-6　多 CPU 结构 RTU 基本框图

三、模拟量输入通道

（一）基于逐次逼近式 A/D 变换的模拟量输入电路

典型的模拟量输入电路的结构框图如图 5-7 所示，主要包括电压形成回路、低通滤波电路、采样保持、多路转换开关及 A/D 变换芯片五部分。下面分别叙述这五部分的工作原理及作用。

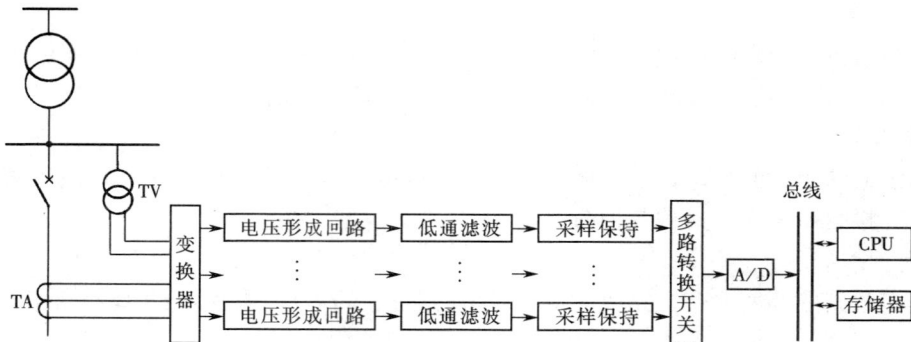

图 5-7　逐次逼近式模拟量输入电路框图

1. 电压形成电路

RTU 要从电流互感器（TA）和电压互感器（TV）取得信息，但这些互感器的二次侧电流或电压量不能适应模/数变换器的输入范围要求，故需对它们进行变换。其典型原理图如图 5-8 所示。

电压变换器将由电压互感器二次侧引来的电压进一步降低。电流变换器将电流互感器二次侧引来的电流变换成电压信号，并进一步降低电压。一般模数转换芯片要求输入信号电压

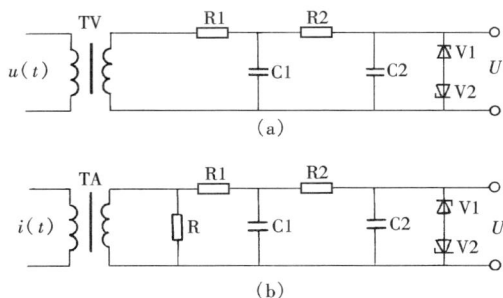

图 5-8　模拟量输入电压变换典型原理图
(a) 电压接口原理图；(b) 电流接口原理图

为 $\pm 5V$ 或 $\pm 10V$。由此可以决定上述电压变换器、电流变换器的变比。

电压形成电路除了起电量变换作用外，另一个重要作用是将一次设备的电流互感器 TA、电压互感器 TV 的二次回路与微机 A/D 转换系统完全隔离，提高抗干扰能力。图 5-8 电路中的稳压管组成双向限幅，使电路后面环节的采样保持器、A/D 变换芯片的输入电压限制在峰值 $\pm 10V$（或 $\pm 5V$）以内。

2. 低通滤波（ALF）

为了使信号被采样后不失真，采样频率必须为不小于 2 倍的输入信号最高频率，这是采样定理的要求。电力系统在故障的暂态期间，电压和电流含有较高的频率成分。如果要对所有的高次谐波成分均不失真的采样，那么其采样率就要取得很高，这就对硬件速度提出很高要求，使成本增高，这是不现实的。实际上，大多数的模拟量输入回路都在采集之前将最高信号频率分量限制在一定频带以内，即限制输入信号的最高频率，以降低采样频率。这样，只需要在采样前用一个模拟低通滤波器（ALF）将高频分量滤去即可。

3. 采样保持器（S/H）

采样保持器（S/H）的基本原理是：A/D 转换器完成一次完整的转换需要一段时间（例如 AD574A 需 $25\mu s$），在这段时间里，模拟量不能变化，否则就不准确了，必须引入采样/保持电路，将瞬间采集的模拟量"样本"冻结一段时间，以保证 A/D 转换的精度。

图 5-9 所示为采样保持器的采样—保持波形。

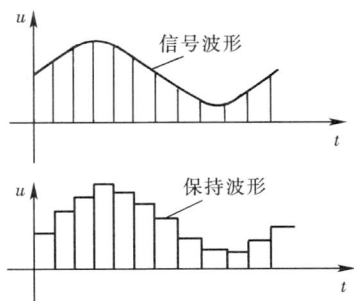

图 5-9　采样保持器的采样—
保持波形

4. 多路转换开关（MUX）

多路开关也称采样切换器，是一种受 CPU 控制的高速电子切换开关。由采样保持器送来的多路模拟量公用一套模/数转换器 A/D，只有被选中的一路才可以通过多路开关进入 A/D，其余各量则需等候下一次的选择。

5. 模/数转换器（A/D）

在各种模/数转换方法中，应用最广泛的是逐次逼近法。这种方法是模拟天平称重方法，在一个电压比较器中，将采样得到的模拟电压样本，先用最高电压砝码与之比较，若不足，再依次添加下一位电压砝码……直到平衡。这时添加的电压砝码之总和，就是未知电压的值。当然，这些电压砝码都是二进制的。

（二）基于 V/F 转换的模拟量输入回路

通过了解逐次逼近式 A/D 变换原理可知，这种 A/D 变换过程中，CPU 要使采样保持、多路转换开关及 A/D 变换器三个芯片之间协调好，因此接口电路必然复杂。而且 ADC 芯片结构较复杂，成本高。目前，许多微机应用系统采用电压－频率变换技术进行 A/D 变换。

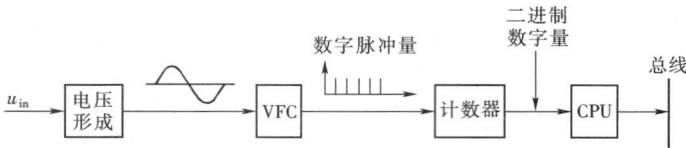

电压－频率变换技术（VFC）的原理是将输入的电压模拟量 u_i 线性地变换为数字脉冲式的频率 f，使产生的脉冲频率正比于输入电压的大小，然后在固定的时间内用计数器对脉冲数目进行计数，供 CPU 读入。其原理框图如图 5 - 10 所示。CPU 读取计数器的脉冲计数值后，并根据比例关系算出输入电压 u_{in} 对应的数字量，从而完成了模/数转换。

图 5 - 10　VFC 型 A/D 变换原理框图

VFC 型的 A/D 变换方式及与 CPU 的接口，要比 ADC 型变换方式简单得多，CPU 几乎不需对 VFC 芯片进行控制。保护装置采用 VFC 型的 A/D 变换，建立了一种新的变换方式，为微机系统带来很多好处。

四、模拟量输出通道

模拟量输出电路的作用，是把微型机系统输出的数字量转换成模拟量输出，这个任务主要由数/模（D/A）变换器来完成，如图 5 - 11 所示。由于 D/A 转换器需要一定的转换时间，在转换期间，输入待转换的数字量应该保持不变，而微型机系统输出的数据在数据总线上稳定的时间很短，因此在微机系统与 D/A 转换器间必须用锁存器来保持数字量的稳定。经过 D/A 转换器得到的模拟信号，一般要经过低通滤波器，使其输出波形平滑，同时为了能驱动受控设备，可以采用功率放大器作为模拟量输出的驱动电路。

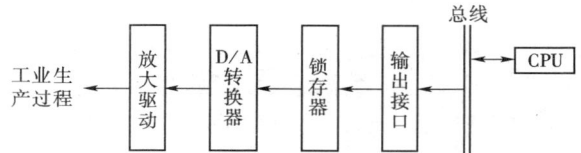

图 5 - 11　模拟量输出通道结构框图

D/A 转换器的作用是将二进制的数字量转换为相应的模拟量。

五、开关量输入输出通道

电力系统运行中，断路器的合闸或跳闸直接改变了电力网络结构和相应的数学模型，改变了系统的运行方式和潮流分布，对调度和运行人员是极为重要的信息。此外，重要的隔离开关的位置状态、继电保护和自动装置的工作状态等也都是比较重要的信息。采集这些开关量信息也被称为遥信。这些信息有着共同的特点，可以用二进制码元"1"来表示闭合或动作，用"0"来表示断开或未动作。这种仅有 2 个状态的信息通常被称为开关量。其实开关量也属于数字量，只是仅有 1 位而已。

开关量信息输入微机系统的电路称为开关量输入通道，简称开入，开关量信息自微机系统输出去遥控远方的开关状态，则称为开出。断路器和隔离开关的位置信号取自他们的辅助触点。为防止因触点接触不良造成差错，回路中所加电压较高，如直流 24、48V 等。这些辅助触点位于高压配电装置现场，连接导线很长，现场电磁场很强，为避免这些连线将干扰引入微机系统，除设置 RC 滤波电路消除高频干扰外，还应采取可靠的隔离措施。

（一）开关量输入通道

最常用的是利用光电耦合器作为开关量输入计算机的隔离器件，其简单接线原理图如图5-12所示。当有输入信号时，开关 S 闭合，二极管导通，发出光束，使光敏三极管饱和导通，于是输出端 U_0 表现低电位。在光电耦合器件中，信息的传递介质为光，但输入和输出都是

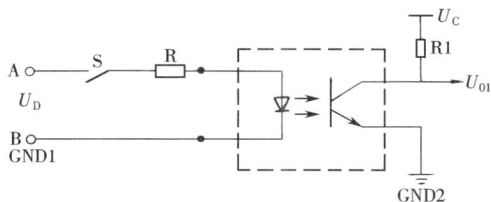

图 5-12　光电耦合器原理接线图

电信号，由于信息的传递和转换的过程都是在密闭环境下进行，没有电的直接联系，它不受电磁信号干扰，所以隔离效果比较好。

（二）开关量输出通道

为了提高抗干扰能力，开关量输出通道最好也经过一级光电隔离，如图5-13所示。

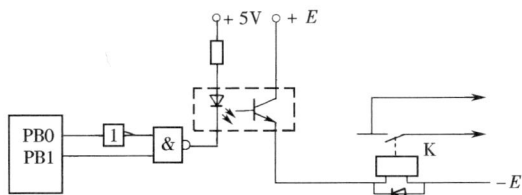

图 5-13　装置开关输出回路接线图

只要通过软件使并行口的 PB0 输出"0"，PB1 输出"1"，便可使与非门 DAN1 输出低电平，光敏三极管导通，继电器 K 被吸合。

在初始化和需要继电器 K 返回时，应使 PB0 输出"1"，PB1 输出"0"。

设置反相器 DN1 及与非门 DAN1 而不将发光二极管直接同并行口相连，一方面是因为并行口带负荷能力有限，不足以驱动发光二极管；另一方面因为采用与非门后要满足两个条件才能使继电器 K 动作，增加了抗干扰能力。

第三节　数据通信的通信规约

在电网调度自动化系统中，数据通信是一个极为重要的环节。它将远方厂所的 RTU 与调度中心计算机连接起来，在它们之间进行大量的信息交换。在介绍调度自动化系统的数据通信之前，我们首先介绍有关数据通信的一些基本概念。

一、并行传输与串行传输

1. 并行传输

前面讲过通常以8位二进制数为一个字节，可代表一组信息。如果用8根线（另有1根公共线）将数字通信双方连接起来，每根线传一位码元将这组信息传送过去，这种方式就称为并行传输。也可以用16线、32线或更多线进行并行传输。其优点是传输信息速度快，有时可高达每秒传送几百兆字节。同时并行传输的软件及通信规约都较简单。其缺点是需要的信号线较多，成本较高，因此常用于传输距离短（通常不超过10m）且要求高速传输的场合，如图5-14（a）所示。

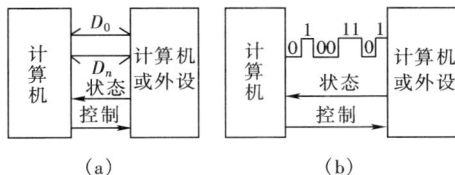

图 5-14　并行传输和串行传输

(a) 并行传输；(b) 串行传输

2. 串行传输

串行传输仅需要一回传输线（2根），是根据一个字节中个码元的顺序一位一位地传过

去。接收端逐位收齐 8 位后，CPU 会将这个字节一次取走。显然串行传输速度较慢，且通信软件也复杂一些。但其最大优点是节约了传输线，成本低，因此适合于远距离的数据通信。目前电网调度自动化系统中各厂、所到调度中心的通信都是串行通信（上行信息用 2 根，下行信息也用 2 根，共 4 根线）。

　　3. 串行数据发送和接收

　　图 5 - 15 是串行数据发送和接收过程原理图，左边为发送器，右边为接收器，这是数据通信设备不可缺少的基本部件。发送器由一个发送缓冲器和并—串变换移位寄存器组成。

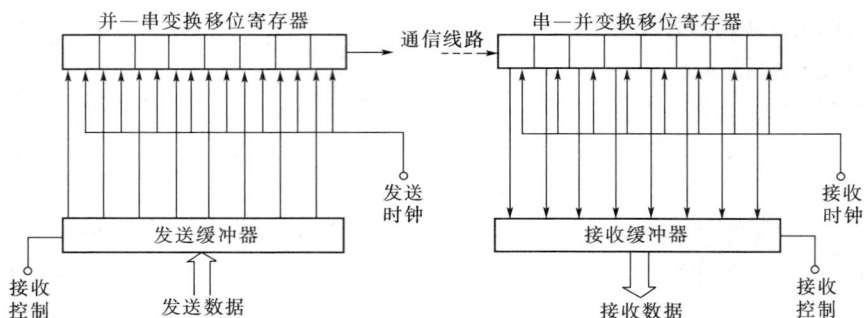

图 5 - 15　串行数据发送和接收过程原理图

　　发送的数据以并行的方式送入并暂存于发送缓冲器中。如果移位寄存器空，接收控制脉冲将缓冲器中的内容并行送入移位寄存器中。此时发送缓冲器变空，准备接收下次要发送的数据。发送时，在发送时钟的控制下，移位寄存器中的内容，逐位被送到通信线路上，传送对方。显然，送到线路上的数据速率取决于发送时钟频率。

　　接收部分的原理与发送器相似，只是数据传送和变换方向相反。从信道上传来的数据，在接收时钟的控制下，被逐位地移入寄存器。当寄存器的数据占满后，控制脉冲就把这些数据移位，并行地移到接收缓冲器中。要正确地接收，必须使接收时钟与发送时钟同步。

　　二、数据通信中的传输速率和误码率

　　（1）码元。数据通信中，传送的是一个个离散脉冲信号，故把每个信号脉冲称为一个码元。通常在一个数据中，每个码元所占时间是相同的。在不同的传输媒质中，码元可以用不同的形式来表示"1"或"0"。比如在短距离传送时，用逻辑高电平表示"1"，低电平表示"0"；在稍长距离传送中，可以用正负电平表示等。

　　（2）码元速率。每秒传送的码元数，以（波特）（Bd）为单位。

　　（3）信息速率。系统每秒传送的信息量。信息量以比特（bit）为单位，信息速率的单位就是 bit/s（比特/秒）。在信息用二进制表示时，每个码携带 1bit 信息量，这时的数码率与信息速率是相同的。

　　传输速率可以用上述两种速率表示。通信终端设备一般均可适应多种速率的收发，限制传输率的往往是通信线路。

　　（4）误码率。数据经传输后发生错误的码元数与总传输码元数之比，称为误码率。在电网远动通信中，一般要求误码率应小于 10^{-5} 数量级。在计算机通信中，一般要求误码率达 10^{-6} 数量级。误码率与线路质量、干扰大小等因素有关。为了减小误码率，要采用各种检错、纠错的措施加以保护。

（5）差错控制。在信息传送过程常会出现各种干扰，使所传输的信号码元发生差错，如某位 1 变成了 0 或 0 变成了 1。这样，接收到的就是错误信号。在一个实用的通信系统中，一定要能发现（检测）这种差错，并采取纠正措施，把出错控制在所能允许的尽可能小的范围内，这就是差错控制。

最简单和最常用的检错方法是奇偶校验。如采用偶校验传送 7 位二进制信息，则在传送的 7 个信息位后加上一个偶校验位，如前 7 位中 1 的个数是偶数，则第 8 位加 0，如前 7 位中 1 的个数是奇数，则第 8 位加 1。这样使整个字符代码（共 8 位）中 1 的个数恒为偶数。接收端如检测到某字符代码中"1"的个数不是偶数，即可判断为错码而不予接收。同样道理也可采用奇校验位。

奇校验：有效信息为 1011001，附加奇校验位"1"，合成发送码字为 1011001［1］（5 个"1"）。接收端若收到数码为 10100011，发现码元"1"的个数为 4（非奇数），即判为出错。

偶校验：有效信息为 1011001，附加偶校验位"0"，合成发送码字为 1011001［0］（4 个"1"）。接收端若收到数码为 10110011，发现码元"1"的个数为 5（非偶数），即判为出错。

三、数据通信系统的工作方式

按照信息传送的方向和时间，数据通信系统有单工方式、半双工方式和全双工方式三种，如图 5-16 所示。

单工方式只能向一个方向传送数据。最简单的终端在采集数据后按既定程序自动地传送给调度中心，而不能接受调度端的指令，就属于单工方式。串行传输时单工方式只需要一回传输线（2 根）。半双工方式也只需一回传输线，但可以互为发、收端，采用切换方式分时交替进行。全双工方式则需 2 回传输线（4 根），双方均可同时发送和接收数据。

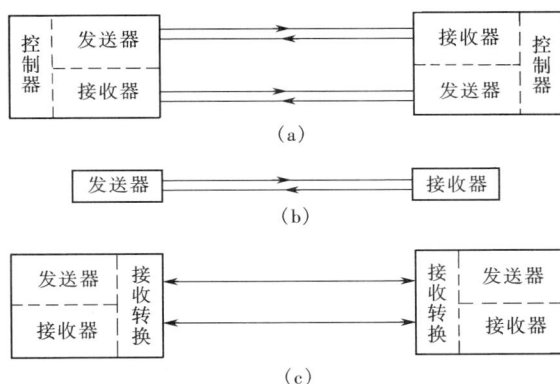

图 5-16 数据通信三种工作方式
(a) 四线全双工；(b) 单工通信；(c) 半双工通信

四、异步传输和同步传输

在串行传输中，信息是以帧为单位传送的，每一帧包含若干位码元，具体格式又分为异步传输和同步传输两种。

1. 异步通信格式

异步通信格式如图 5-17 所示。每帧以"起始位"（低电平）开头，接着传送信息码元，最后附加一位"奇偶校验位"和"停止位"（高电平）。不传送信息时用"空闲位"（高电平）填充，直到下一帧的"起始位"到来……当然，也可以无空闲位而直接发送第 2 帧。

异步传输方式实质上仅是一个字符的较短时段内保持着收、发两端时序的同步，而在空闲时段内则可以是异步的。这样对两端时钟的精度和稳定性要求稍宽。但异步传输时，发送每个字符都加了起始位和终止位，使有效信息位比例降低了。

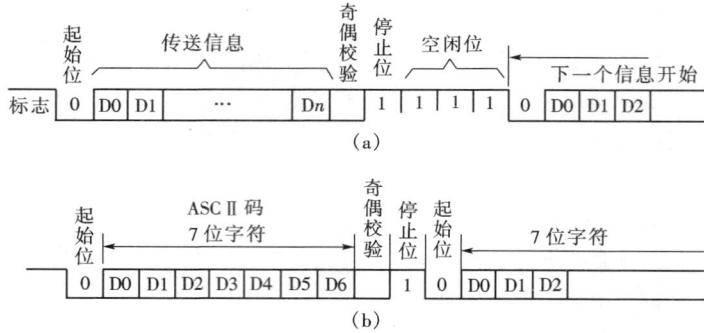

图 5-17　异步通信格式

（a）一般信息帧；（b）ASCII 码帧

2. 同步通信格式

同步通信格式如图 5-18 所示。

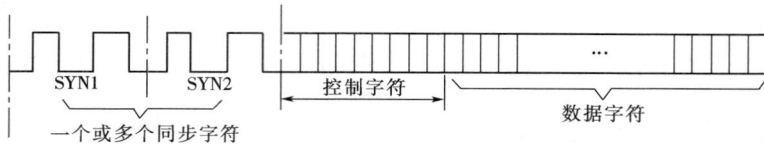

图 5-18　同步通信格式

同步通信方式的发、收必须时刻严格保持同步。这与异步方式不同。

同步格式以"同步字"（SYN）为一帧的开头。同步字是一种很特别的码元组合。帧内后续信息序列极难和同步字序列雷同。所以同步字可以成为识别一帧开始的明确标志。

同步字后面是"控制字"，对本帧长度、发送地址、目的地址、信息类别等加以说明。再后面就是"信息字"。同步字虽然也占了时间，但因一帧信息很长，一帧中有效信息所占比例仍比异步传输时大，因此传输效率提高了。

五、远距离数据通信系统的基本模型

远距离数据通信系统归纳起来由以下几部分构成，如图 5-19 所示。

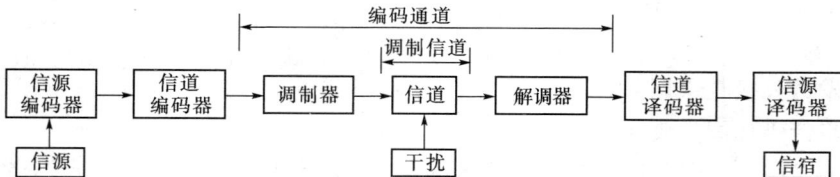

图 5-19　远距离数据通信的基本模型

（1）信源：即电网中的各种信息源，如电压 U、电流 I、有功功率 P、频率 f、电能脉冲量等，经过有关器件处理后转换成易于计算机接口元件处理的电平或其他量。另外还有各种指令、开关信号等也属于信源。

（2）信源编码器：是把各种信源转换成易于数字传输的器件，例如 A/D 转换等。

（3）信道编码器：是为了保护所传送的信息内容，增加保护码元。

（4）调制解调器（MODEM）：信道编码器输出的信号都是二进制的脉冲序列，即基带数字信号。这种信号传输距离较近，在长距离传输时往往因电平干扰和衰减而发生失真。为了增加传输距离，将基带信号进行调制传送，这样即可减弱干扰信号。

（5）信道：是信号远距离传输的载体，如专用电缆、架空线、光纤电缆、微波空间等。

（6）解调器：是调制器的逆过程，用以恢复基带信号。

（7）信道译码器：是编码器的逆过程，除去保护码元，获得发送侧的二进制数字序列。

（8）信源译码器：是将二进制信号恢复到模拟信号的过程，例如 D/A 转换器。

（9）信宿：是信息的接收地或接收人员能观察的设备，如电网调度自动化系统中的模拟屏、显示器（CRT）等，均为信宿。

六、数字信号的调制与解调

数字信号在电路上的表达为一系列高低电平脉冲序列（方波），称为基带数字信号。这种波形所包

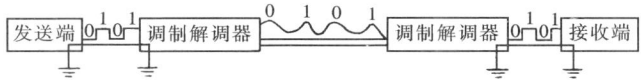

图 5 - 20　调制与解调示意图

含的谐波成分很多，占用的频带很宽。而电话线等传输线路是为传送语言等模拟信号而设计的，频带较窄，直接在这种线路上传输基带数字信号，距离很短尚可，距离长了波形就会发生很大畸变，使接收端不能正确判读，从而造成通信失败。

为此，引入了调制/解调器（Modem）这样一种设备。图 5 - 20 为调制与解调的示意图。图中先把基带数字信号用调制器（Modulator）转换成携带其信息的模拟信号（某种正弦波），在长途传输线上传输的是这种模拟信号。到了接收端，再用解调器（Demodulator）将其携带的数字信息解调出来，恢复成原来的基带数字信号。

正弦波是最适宜于在模拟线路上长途传输的波形。作为正弦波特征值的是振幅、频率和初相位。相应地，调制方法也有三种。图 5 - 21 为基带数字信号及对其调制的各种方式波形。

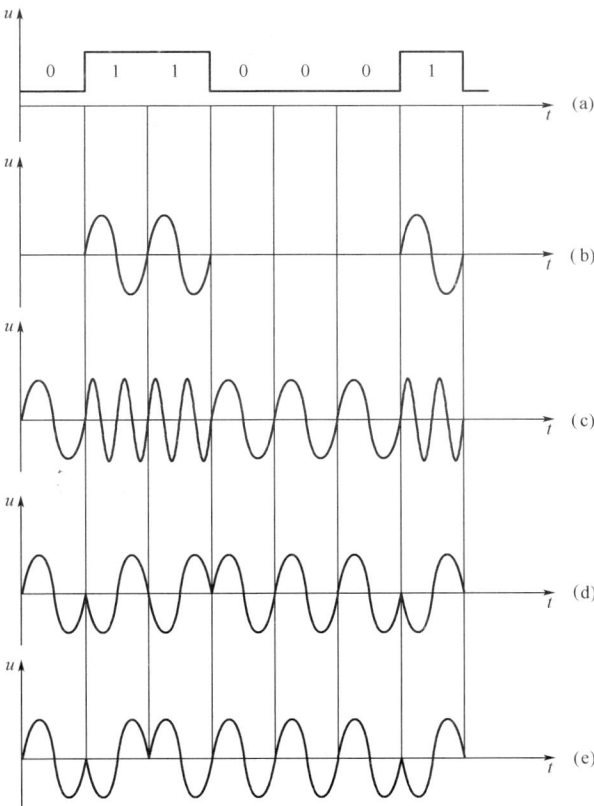

图 5 - 21　基带数字信号及对其调制的各种方式波形

(a) 基带信号码元波形；(b) 调幅波（ASK）；(c) 调频波（FSK）；
(d) 二元绝对调相波（PSK）；(e) 二元相对调相波（DPSK）

1. 数字调幅

数字调幅又称振幅键控方式（ASK），它是用正弦波不同的振幅来代表"1"和"0"两个码元。例如可用振幅为零来代表"0"，用有一定振幅来代表"1"，如图 5 - 21(b) 所示。数字调幅最简单，但抗干扰性能不太好。

2. 数字调频

数字调频又称移频键控（FSK），它是用不同频率来代表

"1" 和 "0"，而其振幅和相位则相同。例如用较高频率 $f_1 = f_0 + \Delta f$ 表示 "1"，用较低频率 $f_2 = f_0 - \Delta f$ 表示 "0"，如图 5-21（c）所示。数字调频在电网调度自动化系统中应用较广，抗干扰性能较好。

3. 数字调相

数字调相又称移相键控（PSK），又分为二元绝对调相和二元相对调相两种方式。

（1）二元绝对调相。图 5-21（d）波形中初相位为 0 代表 "0"，而初相位为 π 则代表 "1"。

（2）二元相对调相。图 5-21（e）波形中后一周波的相位继续与前一周波相同的，代表码元 "0"，而后一周波相位与前一周波相位相反的则代表码元 "1"。

数字调相抗干扰性能最好，但硬、软件均比较复杂。

七、局域网及其应用

局部网络（Local Network）是一种在较小区域内使各种数据通信设备互连在一起的通信网络。局部网络又分两种类型：①局部区域网络（Local Area Network），简称局域网（LAN）；②计算机交换机（CBX）。局域网（LAN）能为分布式的自动化系统提供通信介质、传输控制和通信功能的良好服务，应用十分广泛。

1. 令牌环（Token Ring）

这种环形结构采用令牌（Token）方式进行访问控制。图 5-22 中 P1、P2、P3、P4 和 P5 是环形接口机（中继器），一般采用 8 位单板机或 I/O 机来处理，其功能是接收上游接口机发来的信息，并向下游接口机转发。它本身有缓冲器，用来存储、转发信息。

各工作站可以是一台微机或带多个终端的系统，或者是一台打印机。每个站都有自己的站址编号。各站之间的通信过程如下。

设工作站 1 发信息给工作站 3，首先将终点地址和信息交给本站中环形接口机 P1，由 P1 组织成 "帧"。例如开始标志（8 位）、终点地址（8 位）、源地址（8 位）、信息（任意长）、检验位（16 位）、状态位（2 位）、结束位（8 位）。然后等待时机，当空令牌信号（例如 8 位的 11111110）从环的上游传到本节点时，P1 即将空令牌翻成 "忙令牌"（例如 8 位 11111111），并随之将已成帧的信息一并发向下游节点 P2。P2 机接收后查阅终点地址不是本站，则立即转发给再下游节点 P3，P3 查阅终点地址为本站，即接收信息，并在状态位中注明，随后又将此帧信息发给下游 P4、P5，P4、P5 发现忙令牌开头且已有接收标志，当然马上转送，最后又转给 P1，P1 查阅状态位已变化，知道信息已被接收，故将此帧信息撤销，并将空令牌信息传给 P2，P2 如无信息要发，则马上将空令牌传给 P3，……。令牌信息只有一个，在环路上循环传递，各 P 机只有得到空令牌后才能向总线发送自己的信息。若一次不成功，可等下次再进行。这种方式的缺点是环中一个节点发生故障会导致全网瘫痪，令牌的管理也比较复杂。

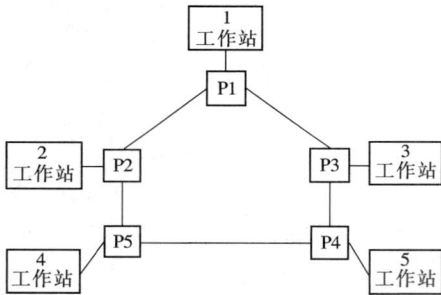

图 5-22　网络的环形（令牌环拓扑结构）

2. 以太网（Ehternet）

以太网采用总线结构，总线每段长度不超过 500m，必要时可经中继器再增加一段或几段，通常在 1～10km 中等规模的范围内使用，属单一组织或一个单位内的非公用网。以太网的传输介质可以是双绞线、同轴电缆或光纤。传输速率达 10Mbit/s，误码率为$10^{-8}\sim10^{-11}$，具有高度的扩充灵活性和互连性，建设费用低，图 5 - 23（a）所示为以太网拓扑结构。

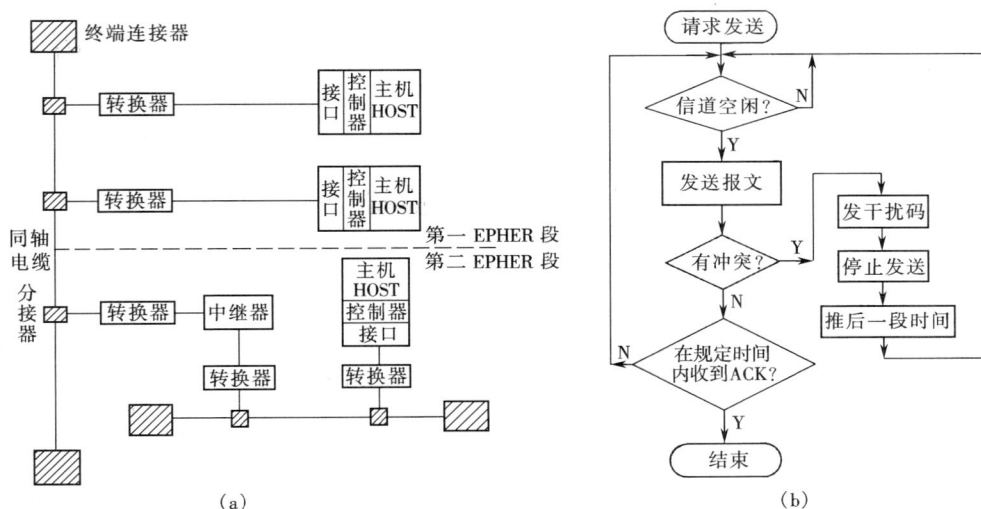

图 5 - 23　以太网（Ethernet）拓扑结构及发送工作流程
(a) 拓扑结构；(b) 发送报文工作流程

　　各主机（Host）发出的报文分组，所有站点均可收到，但只有目的地址所指明的终端才可以接收，不需要路径选择，控制是完全分散的，没有中央计算机来进行网络控制，当网络中某个站发生故障，不会影响整个系统的运行。

　　以太网采用载波监听多重访问/冲突检测方式（CSMA/CD）共享信道，不支持带优先级的实时访问。CSMA/CD 是一种各节点竞争抢占总线发送信息的随机方法。抢到总线节点就占用总线发送信息，其他节点就不能同时发送信息了。为了克服几个节点都有信息要发，同时抢总线的冲突，采用了"先听后发"（Listen before talk）的方法，即先监听总线上是否空闲，若空闲，在稍等一下后立即发出自己的信息。若监听到总线正忙，就一直监听，直到总线空闲后再抢占。不仅如此，已开始发送信息的节点还要边发送边监听（Listen while talk），验证总线上发送的信息是否与本站发送的信息一致。若一致，说明发送成功；否则，说明有冲突，应立即停止发送，退让一个随机控制时间 t 后，重新抢占总线。

　　图 5 - 23（b）为以太网发送的工作流程框图。当发送信息时监听到有冲突，就发一个简短的干扰码以加强冲突。同时停止发送，推迟一段随机延时继续监听信道。发送报文如无冲突，并在规定的时间内收到了对方肯定性回答 ACK，就结束这次通信，否则继续监听，重复发送过程。

　　多路存取是指某一个站发送信息，所有网络节点均可收听总线信息，但只有发送目的地址是本站地址时才抄录接收和处理。如果信息目的地址是"广播地址"，则所有节点站都要将该信息收录到自己的缓存区中。

　　这种方式的主要缺点是不能保证紧急信息优先传送。

八、现场总线

　　在现场设备之间的通信中，各功能模块间大多使用 RS - 422/RS - 485 通信接口相连，实现状态信息和数据相互交换。

然而，在采用 RS-422/RS-485 通信接口时，虽然可实现多个节点（设备）间的互连，但连接的节点数一般不超过 32 个，在变电所规模稍大时，便满足不了综合自动化系统的要求；其次，采用 RS-422/485 通信接口，其通信方式多为查询方式，即由主计算机询问、保护单元或自控装置应答，通信效率低，难以满足较高的实时性要求；再者，使用 RS-422/485 通信接口，整个通信网上只能有一个主节点对通信进行管理和控制，其余皆为从节点，受主节点管理和控制，这样主节点便成为系统的瓶颈，一旦主节点出现故障，整个系统的通信便无法进行；另外，对 RS-422/485 接口的通信规约缺乏统一标准，使不同厂家生产的设备很难互连，给用户带来不便。

基于上述原因，国际上在 20 世纪 80 年代中期就提出了现场总线，并制定了相应的标准。

现场总线是应用在生产现场，在微机化测量控制设备之间实现双向串行多节点数字通信的系统，也被称为开放式、数字化、多点通信的底层控制网络。它在制造业、流程工业、特别在变电所的分层分布式综合自动化系统中，具有广泛的应用前景。

现场总线技术将专用微处理器置入传统的测量控制仪表，使它们各自都具有数字计算和数字通信能力，采用可进行简单连接的双绞线等作为总线，把多个测量控制设备之间以及现场设备与远程计算机之间，实现数据传输与信息交换，形成各种适应实际需要的自动控制系统。简而言之，它把单个分散的测量控制设备变成网络节点，以现场总线为纽带，把它们连接成可以相互沟通信息、共同完成自控任务的网络系统与控制系统。它给自动化领域带来的变化，正如众多分散的计算机被网络连接在一起，使计算机的功能、作用发生变化。现场总线则使自控系统和设备具有通信能力，把它们连接成网络系统，加入到信息网络的行列。因此把现场总线技术说成是一个控制技术新时代的开端并不过分。

九、循环式规约（CDT）和问答式规约（Polling）

（一）通信规约

在通信网中，为了保证通信双方能正确、有效、可靠地进行数据传输，在通信的发送和接收的过程中有一系列的规定，以约束双方进行正确、协调的工作，我们将这些规定称为数据传输控制规程，简称为通信规约。当主站和各个远程终端之间进行通信时，通信规约明确规范以下几个问题。

（1）要有共同的语言。它必须使对方理解所用语言的准确含义。这是任何一种通信方式的基础，它是事先给计算机规定的一种统一的、彼此都能理解的"语言"。

（2）要有一致的操作步骤，即控制步骤。这是给计算机通信规定好的操作步骤，先做什么，后做什么，否则即使有共同的语言，也会因彼此动作不协调而产生误解。

（3）要规定检查错误以及出现异常情况时计算机的应付方法。通信系统往往因各种干扰及其他原因会偶然出现信息错误，这是正常的，但也应有相应的办法检查出这些错误来，否则降低了可靠性；或者一旦出现异常现象，计算机不会处理，就导致整个系统的瘫痪。

图 5-24 形象地说明了在两个数据终端（计算机终端）之间交换数据时，它们所应有的

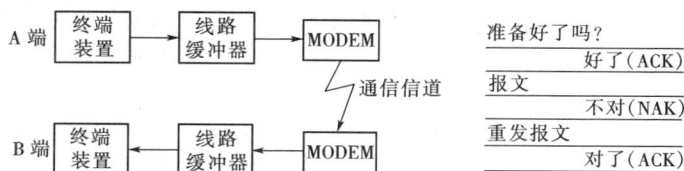

图 5-24 通信规约的含义

简单规约。

一个通信规约包括的主要内容有代码（数据编码）、传输控制字符、传输报文格式、呼叫和应答方式、差错控制步骤、通信方式（指单工、半双工、全双工通信方式）、同步方式及传输速率等。

（二）循环式通信规约

按循环方式工作时，厂、所 RTU 享有发送信息的主动权。每个 RTU 都要独占一条到调度中心的信道（称点对点方式），调度中心与各 RTU 皆由放射式线路相连。发送端与接收端保持严格的同步，信息按事先约定的先后次序排列，并一次次循环发送。规约中对通信信息流的帧结构及信息字结构作出了统一规定。为保证可靠性还要有主、备两种信道，因此信道投资较大。各 RTU 将采集并编码的遥测信息（如 P、Q、U、I 等）和遥信信息（如断路器状态等）一遍接一遍循环不息地传送给调度中心（称为上行信息）。调度中心如发现有错即丢弃不用，等待下一循环该项的新数据传来。

对上行信息也可视实时性要求的不同而进行分级，例如事故时断路器在继电保护作用下自动跳闸，这样的信息必须尽早地上报到调度中心。因此规定"遥信变位"属于最高的优先级，可以在循环传送中插入优先传送。对重要遥测量，每 2s 扫查传送一次；对次要遥测量，可每 5s 扫查传送一次；对一般遥测量，可长达 20s 才扫查传送一次。

由调度中心发给 RTU 的各种遥控、遥调或其他命令，由下行通道随时传送（全双工通道上、下行通信可同时进行），不是循环的。

（三）问答式通信规约

问答通信方式由主站掌握遥测、遥信通信的主动权。主站轮流询问各 RTU。各 RTU 只有在接到主站询问后才可以回答（报送数据）。平时各 RTU 也与循环通信方式一样地采集各项数据。不同之处在于这些数据不马上发送，而是存储起来，当主站轮询到本站时才组装发送出去。

至于遥控、遥调，无论循环方式还是问答方式，都是由主站掌握通信的主动权。

子站的远动数据种类不一，可按其特性和重要程度加以分类，对于重要的、变化快的数据应勤加监视，采样扫描周期应短一些。对于不重要的变化缓慢的数据，采样扫描周期可以长些。各种远动数据可以选择相应的扫描周期。RTU 可提供几种类别的扫描周期，例如 8种，这样也就把远动数据按扫描周期分为 8 个类别。划分类别后，主站在需要时可以向子站查询某些类别的数据。

为了提高效率，通常遥信采用变位传送，遥测采用越阈值（即越死区）传送，因此对遥测量需要规定其死区范围。遥测量配有数字滤波，因而还要规定滤波系数。扫描周期、死区范围和滤波系数等参数应事先确定，使用时由主站给子站初始化时设定。

问答式规约中主站与子站的通信项目可按功能来划分。

主站向子站发送的命令大致可分为如下几方面。

（1）初始化设置参数类，有设置扫描周期、设置死区数值及滤波系数等。

（2）查询类，询问各种类别的远动数据情况等。

（3）管理控制类，控制 RTU 的投入或退出工作等。

（4）其他类，如电源合闸确认，以及遥控、诊断报文等。

子站对主站的响应主要有两类。一类是对主站命令的简短响应，即肯定性确认或否定性确认。肯定性确认表示已正确收到主站发来的命令，或主站询问中的数据无变化；否定性确认表示未能正确收到主站送来的命令。另一类是遵照主站命令回答相应的具体数据。

应答式规约的特点有以下两点。

（1）RTU 有问必答，当 RTU 收到主机查询命令后，必须在规定的时间内应答，否则视为本次通信失败；

（2）RTU 无问不答，当 RTU 未收到主机查询命令时，绝对不允许主动上报信息。

应答式规约的优点如下。

（1）应答式规约允许多台 RTU 以共线的方式共用一个通道。这样有助于节省通道，提高通道占用率，对于区域工作站和为数众多的 RTU 通信情形，这种方式很适合。

（2）应答式规约采用变化信息传送策略，从而大大压缩了数据块的长度，提高了数据传送速度。

（3）应答式规约既可以采用全双工通道，也可以采用半双工通道，即可以采用点对点方式，又可以采用一点多址或环形结构，因此通道适应性强。

无论采用哪种类型的通信规约，报文格式基本相同。例如可以这样组织上行报文：以起始码（标志一个新报文的开始）开始报文，然后依次是厂站码、报文类型码、数据长度、具体数据，最后是校验码。

校验码一般为 1～4 个字节宽度，是用以识别报文传送过程中错误的一种技术。报文校验有多种方法，使用最为广泛的是循环冗余多项式校验方法，计算较为复杂，一般用硬件实现；另一种是和校验或异或校验，即将报文的各字节相加或进行异或运算，结果放在报文最后一起发送，接收端进行同样的运算，如果运算结果同校验字符不同，即表明发生了传输错误。

十、通信信道

（一）电力载波通信

电力线载波通信是利用一载波频率经现有电力线去传送信息，利用架空电力线的某相导线作为信息传输的媒介。电力线载波通信是电力系统特有的一种通信方式，具有可靠性高和经济性好，不需单独架设和维护线路。它是电力系统的基本通信方式之一。

变电所采用电力线载波通信主要传送话音的模拟信息及远动、线路保护、数据等模拟或数字信号。根据不同的要求，可以采用话音、远动、系统保护的复用设备，但远动和数据一般采用单一功能的专用设备。远动和数据的通信速率为 300～1200bit/s。

电力线载波是将送端的远动和数据信号通过调制（调频、调幅或调相）变换成适合电力线传输的高频信号，经高频电缆，结合滤波器和耦合电容器送至电力线上沿电力线输到受端。在受端，再经耦合电容器、结合滤波器、高频电缆进入电力线载波终端设备，再由相应频带的收信滤波器取出高频信号，通过解调还原为送端的远动和数据信号。采用电力线载波传送远动和数据信号的通道构成如图 5-25 所示。

电力线载波通信两端（A 端和 B 端）均具有远动和数据信号发送和接收功能。图中 M 是远动装置或数据传输装置的外接调制解调器，它是将数字信号调制成音频信号，然后再经电力载波终端设备调制成高频信号。调制的过程也是先将电力线上的高频信号经电力载波终端设备反调制成音频信号，后经 M 解调为数字信号，送给远动或数据传输装置。

耦合电容器和结合滤波器的作用，是两者共同构成高频信号的通路，并将电力线上的工

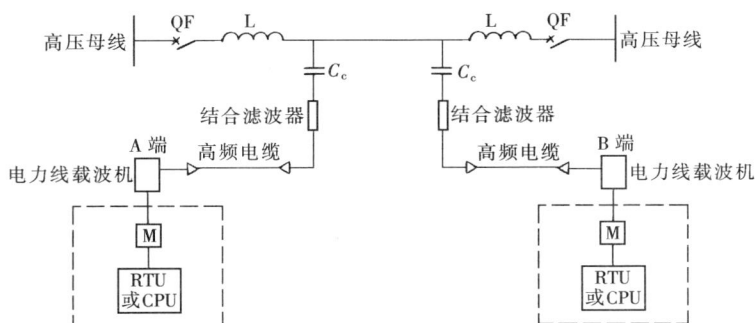

图 5-25　电力线载波传送远动和数据信号通道构成示意图

QF—高压断路器；L—阻波器；M—调制解调器；RTU—远方终端装置；C_c—耦合电容器

频高电压和大电流与通信设备隔开，以保证人身和设备的安全。耦合电容器的额定电容量大小，直接影响电力线载波通带的宽窄；同时，也影响耦合电容器造价的高低。所以，在选择耦合电容器的时候，必须考虑这两方面的因素。

结合滤波器主要用来抵消耦合电容器的高频容抗，减小高频电流在结合滤波器通带内的衰减；另外，还具有对高频电流起阻抗变换作用，使高频电流与电力线的阻抗得到良好的匹配。

高频电缆的作用主要来连接载波终端机与结合滤波器，对它的基本技术要求是要衰减小，阻抗匹配、频率响应好。

线路阻波器主要用来阻止高频信号进入电力设备。因为它既具有工频特性，又具有高频特性，所以，在选择线路阻波器时要兼顾这两方面的情况。

（二）光纤通信

光纤通信就是以光波为载体、以光导纤维作为传输媒质，将信号从一处传输到另一处的一种通信手段。随着光纤通信技术的发展，光纤通信在变电所作为一种主要的通信方式已越来越得到广泛的应用。其特点如下：①光纤通信优于其他通信系统的一个显著特点是它具有很好的抗电磁干扰能力；②光纤的通信容量大、功能价格比高；③安装维护简单；④光纤是非导体，可以很容易地与导线捆在一起敷设于地下管道内；也可固定在不导电的导体上，如电力线架空地线复合光纤（OPGW）；还可以采用与电力线同杆架设的自承式光缆（ADSS）。

光纤通信是用光导纤维作为传输媒介，形式上是采用有线通信方式，而实质上它的通信系统是采用光波的通信方式，波长为纳米波。目前，光纤通信系统是采用简单的直接检波系统，即在发送端直接把信号调制在光波上（将信号的变化变为光频强度的变化），通过光纤传送到接收端。接收端直接用光电检波管将光频强度的变化转变为电信号的变化。

光纤通信系统主要由电端机、光端机和光导纤维组成，如图 5-26 所示为一个单方向通道的光纤通信系统。

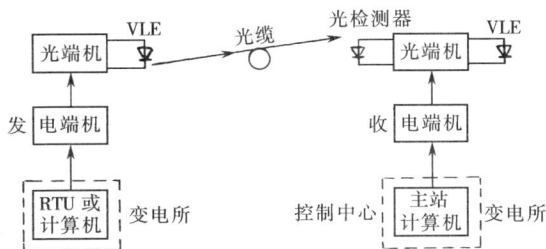

图 5-26　光纤通信构成示意图

发送端的电端机对来自信源的模拟信号进行 A/D 变换，将各种低速率数字信号复接成一个高速率的电信号，进入光端机的发送端。光纤通信的光发射机俗称光端机，实质上是一个电光调制器，它用脉冲编码调制（PCM）电端机发数字脉冲信号驱动电源（如图中发光二极管 VLE），发出被 PCM 电信号调制的光信号脉冲，并把该信号耦合进光纤送到对方。远方的光接收机，也称光端机装有检测器，把光信号转换为电信号经放大和整形处理后再送至 PCM 接收端机还原成发送端信号。远动和数据信号通过光纤通信进行传送，是将远动装置或计算机系统输出的数字信号送入 PCM 终端机。因此，PCM 终端机实际上是光纤通信系统与 RTU 或计算机的外部接口。

光纤通信的设计内容主要包括光纤线路和光缆的选择、调制方式、线路码型的选择、光纤路由的选择、光源和光检测器的选择以及系统接口。

（三）微波中继通信与卫星通信

波长为 0.001～1.0m，频率为 300MHz～300GHz 的无线电波称为微波。微波基本上沿直线传播。由于地球表面是个球面，所以每 40～50km 就要设置一个中继站，按接力的方式将信号一站站地传送下去。微波传递信号的这种方式称为微波中继通信。

微波中继通信的优点是：微波频段的频带很宽，可以容纳数量很多的无线电频道且不致互相干扰；微波收发信机的通频带可以做得很宽，用一套设备可作多路通信；不易受工业干扰，通信稳定；方向性强，保密性好；每公里话路成本比有线通信低。因此适合做电力系统通信网的主干线通信。但微波中继通信的设备比较复杂，技术水平要求较高。

微波中继站分为有源站和无源站两种。由于路径有时被高山阻隔不能视通，常常采用无源中继方式，在高山处安装反射板加以解决。

图 5-27 表示微波中继通信系统的构成。电话、数据等信号首先送入终端机。在终端机中，用频率分割方式或时间分割方式形成多路复用信号，再把这个复用信号送到信道机调制成微波，经过波导管馈线，由抛物面天线向空间辐射电波。在中继站中，用中继机把在传播中损耗了的信号加以放大，再向下一个中继站转发。在收信侧，利用信道机解调成多路信号，再用终端机进一步对每一话路进行解调。最后分别取出电话、数据信号交给交换机、记录器或相连的计算机系统。

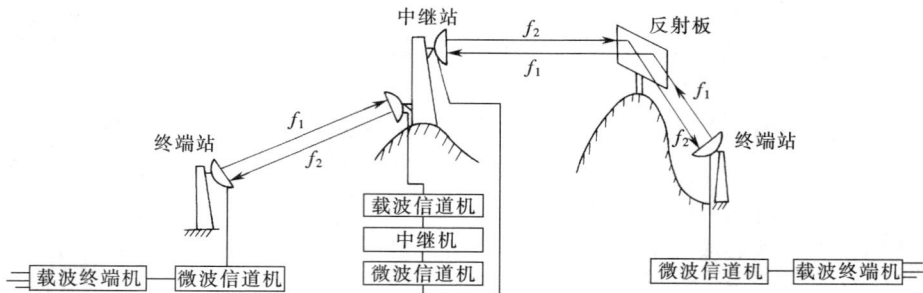

图 5-27　微波中继通信系统的构成示意图

目前，我国采用 2GHz 频段作为电力系统通信的主干线，8GHz 频段用于分支线，11GHz 频段用于近距离的局部系统。

卫星通信也属于微波中继通信。只是中继站是设在地球的同步卫星上。与一般微波通信相比，卫星通信不受地形和距离的限制，通信容量大，不受大气层骚动的影响，通信可靠性高。

卫星通信使用的频率，上行（地球→卫星）为 5925～6425MHz，下行为3700～4200MHz。

第四节 调度中心的计算机系统

一、调度中心 SCADA/EMS 的前置机系统

前置机系统担负着与厂所 RTU 和各分局的数据通信及通信规约解释等任务，是 SCADA/EMS 系统的桥梁和基础。

国内已有多家院、所或公司生产 SCADA/EMS 系统，虽然具体细节不尽相同，但它们的基本配置和功能是相似的。本书只选择一种有代表性的产品予以介绍。Open-2000 前置系统就是目前国内最具代表性并已在几十个省、地调度中心成功运行的一种典型系统。

图 5-28 所示为 Open-2000 系统前置系统结构示意图。

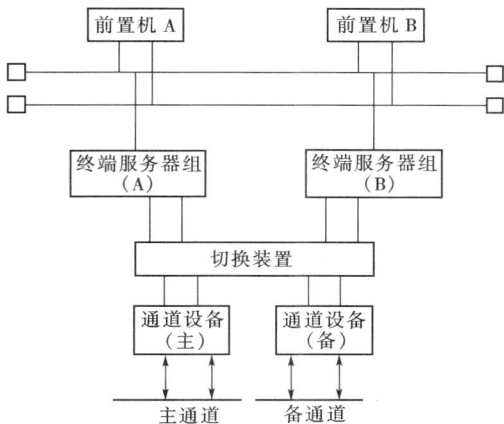

图 5-28 Open-2000 前置系统结构示意图

1. 前置机

前置主机为双机配置，一台为主机，另一台为备用机。由于是网络配置，网络上所有主机只要授权都可以充任前置主机，因而可任取两台工作站兼做前置机。

值班前置主机担负以下任务。

（1）与系统服务器及 SCADA 工作站通信。

（2）与各 RTU 通信及通信规约处理。

（3）控制切换装置的切换动作。

（4）设置各终端服务器的参数。

备用前置机可能担负以下任务中的部分或全部。

（1）监听前置主机的工作情况，一旦前置主机发生故障，立即自动升格为主机，担负起主机的全部工作。

（2）监听次要通道的信息，确定该通道的运行情况。

2. 终端服务器

每台终端服务器有 16 个串行通信口，可与 16 路厂所 RTU 通信，如有 64 个厂所 RTU，就需配置 4 台终端服务器。另外，终端服务器也应双备份，则需配置 8 台终端服务器。运行中一组与前置主机协同工作，另一组则与备用机通信。终端服务器的参数及其切换由前置主机控制。

3. 切换装置

每套切换装置由 16 路独立切换板组成，电路很简洁，除了导线就是自保持继电器。即使电源失去也能保证信道的连通。同时主机还不停地查询它们的状态，因此可靠性很高。

切换装置可以完成对上行双通道信号及下行信号的选择切换。依据前置主机的切换命令动作。切换装置有两种工作模式（如图 5-29 所示）。

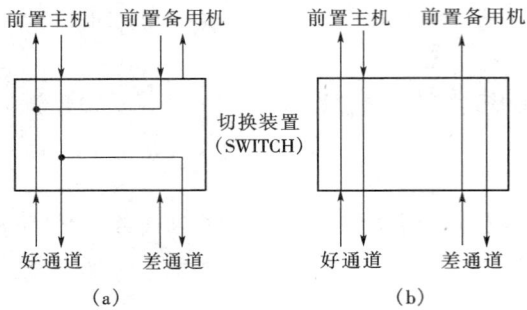

图 5-29　切换装置的两种切换方式

(a) 模式一；(b) 模式二

（1）模式一：选择一路较好的上行信号送给主、备两台前置机；同时将值班主机的下行命令送入主、备两条通道。坏通道的上行信号以及备用主机的下行命令均被封锁。

（2）模式二：切换装置将值班主机与好通道接通，而将备用机与较差通道接通。

4. 通道设备

通道设备包括调制解调器（Modem）、光电隔离板（光隔）及长线驱动器，其作用是与各种不同的通道信号适配。一般情况下，若通道信号为模拟调制信号，应选用调制解调器；若通道信号为 RS-232 数字信号，应选用光电隔离板；若通道信号是 RS-232 数字信号但信号电缆较长时，应采用长线驱动器，同时在其远端加装对应的长线驱动设备。

由于终端服务器只接收异步信号，因此有些型号的调制解调器和光隔板上加装了同步/异步转换装置。这样，系统也可以接收以同步方式传输的 RTU 数据了。

二、调度中心 SCADA/EMS 系统结构

（一）系统结构

SCADA/EMS 系统结构配置如图 5-30 所示。

2000 系统采用三网机制。主网为 100M 平衡负荷双网，由智能化 100M 堆栈式交换机来连接系统服务器和主网计算机节点。双主网均可提供多口的 100M 交换能力，并可进行扩展。两台系统服务器选用 RISC（精简指令集计算机）64 位机，并配有磁盘阵列，以实现服务器的热备用以及信息的热备份。各工作站也优先选用 64 位机，都能从硬件上支持 100M 双网或多网运行并支持标准商用数据库，又能集成其他符合国际标准的实时数据库。工作站系列产品使用寿命长，易于扩充升级。主网各节点，依其重要性和应用的需要，可选双节点备用、多节点备用或共享方式运行。

主网双网配置可实现负荷热平衡及热备用双重使命。在双网均正常情况下，双网自动保持负荷平衡。当其中一网故障，另外一网就完全接管全部的通信负荷，在单网方式下亦可保证系统 100％可靠性。系统通过 MIS 服务器或网桥与电力公司管理信息系统 MIS 连接，通过插入第三网来隔离连接 MIS 系统，还可以通过网络交换机与配电调度自动化系统相连。

（二）主网各节点功能简介

1. 系统服务器（Server）

系统服务器运行 Sybase 商用数据库管理系统，负责保存所有历史数据、登录各类信息：各种电网管理信息、地理信息系统（GIS）所需的多种信息、各类设备信息和用户信息等。其强大的数据库管理功能可方便用户查询和统计各种数据。

2. SCADA 工作站

SCADA 工作站为双机热备用，主要运行 SCADA 软件及 AGC/EDC 软件，完成基本的 SCADA 功能和 AGC/EDC 控制与显示功能。SCADA 工作站通过两组终端服务器接收各厂站 RTU 信息。两组终端服务器直接挂在网上，实现双机、双通道的自动/手动切换，承担前置系统信息处理以及网络信息流优化功能。

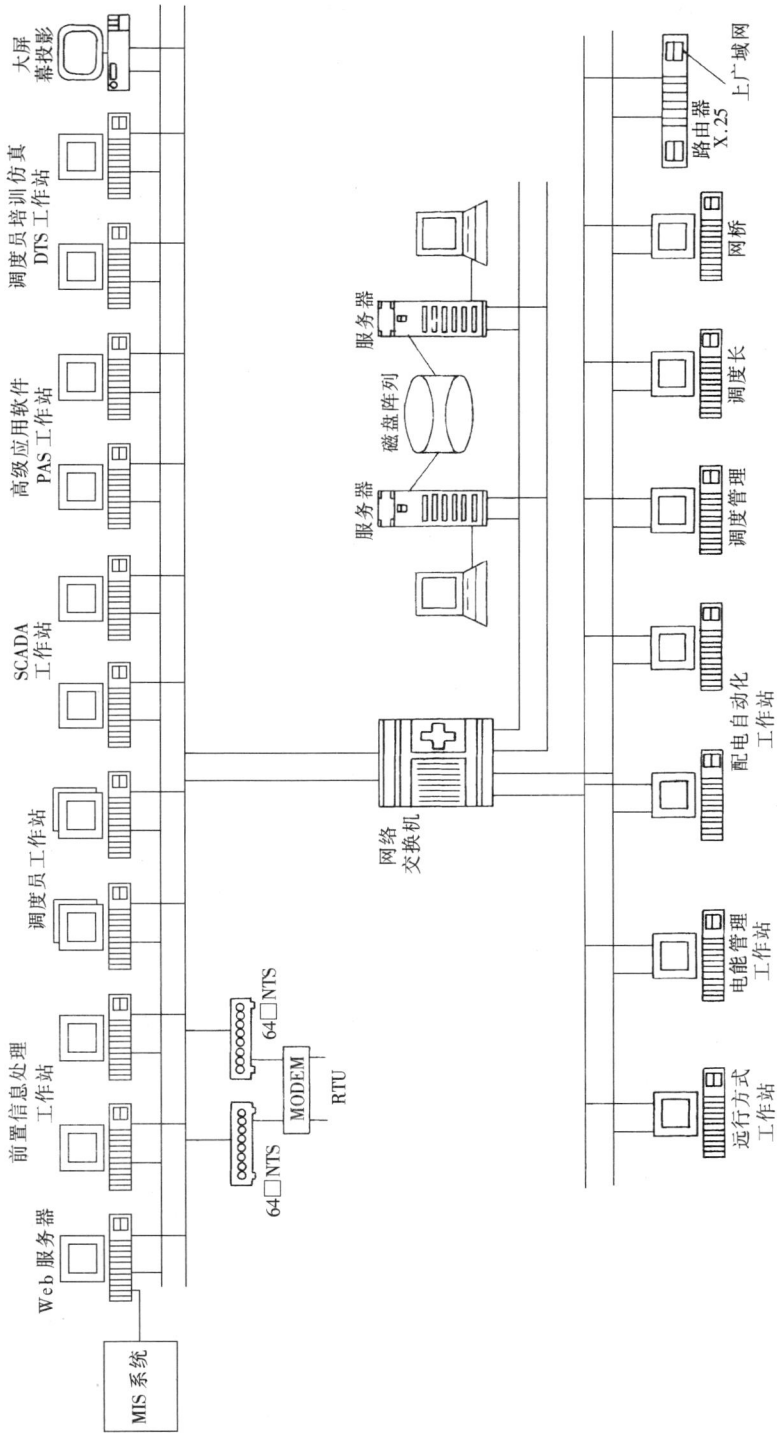

图 5 – 30　SCADA/EMS 系统结构配置

3. PAS 工作站

PAS 是各种电力系统高级应用软件的简称。PAS 工作站用于各项 PAS 计算以实现各项 PAS 功能，如潮流计算、短路计算等，并保存 PAS 的计算结果，如某些结果需历史保存，则同时保存到商用数据库中的历史数据库中。

4. 调度员工作站

调度员工作站承担对电网实时监控和操作的功能，实时显示各种图形和数据，并进行人机交互。其实，在主网的每个工作站上都可以显示 SCADA 数据、PAS 数据、DTS 数据、DMS 数据及 GIS 数据，但其他工作站没有对电网进行操作控制的权限。

5. 配电自动化工作站

配电自动化工作站完成配电自动化管理功能，其地理信息系统（GIS）功能极强。

6. DTS 工作站

DTS 是调度员仿真培训的简写。最好用两台机，一台为教员机，另一台为学员机，可通过图形界面进行直观操作，也有用一台机进行仿真培训的。

7. 调度管理工作站

调度管理工作站负责与调度生产有关的计划和运行设备的管理。

8. 电量管理工作站

电量管理工作站实现电量的自动查询、记录、奖罚电量的计算等功能。

9. 网络

网络是分布式计算机系统的关键部件，2000 系统采用高速双网结构，保证信息能高速可靠传输。集中器（Hub）可灵活配置，既可以采用高速以太网交换机，也可以采用堆栈式高速 Hub 等。网络还配有路由器实现 X.25 通信协议，能方便地与广域网互连或与其他计算机网络进行通信，也可与上级或下级调度交换信息。

第五节　自动发电控制

电网调度中的电网控制功能是多种多样的，包括电压控制、负荷控制以及自动发电控制（AGC）。这里仅介绍 AGC 功能以及与之密切相关的发电计划、负荷预测内容。

一、AGC 的基本功能

因为电力系统负荷预测模型的不精确和算法上考虑的不周全，发电机机组的出力和系统调度 EMS 中的负荷预测得到的负荷总是存在一定的差距。自动发电控制（AGC）就是通过监视电厂输出功率和系统负荷之间的差异，来控制调频机组的出力，以满足不断变化的用户电力需要，达到电能的发供平衡，并且使整个系统处于经济的运行状态。在联合电力系统中，AGC 是以区域系统为单位。AGC 能实现机组出力的自动调节，是电力调度 EMS 系统中最重要的控制功能。在正常的系统运行状态下，AGC 的基本功能如下。

（1）使发电自动跟踪电力系统负荷变化。

（2）响应负荷和发电的随机变化，维持电力系统频率为额定值（50Hz）。

（3）在各区域间分配系统发电功率，维持区域间净交换功率为计划值。

（4）对周期性的负荷变化按发电计划调整发电功率。

（5）监视和调整备用容量，满足电力系统安全要求。

第 1 项目标一般与系统一次调节有关，汽轮机速度调节器按正比例响应当地频率偏差，并在几秒钟内使频率的变化达到零；第 2～3 项目标则由区域控制中心的二次调节实现；第 4 项目标也称为三次调节；第 5 项目标应包含在 2～5 项中实现。AGC 与发电计划跟踪系统负荷如图 5-31 所示。

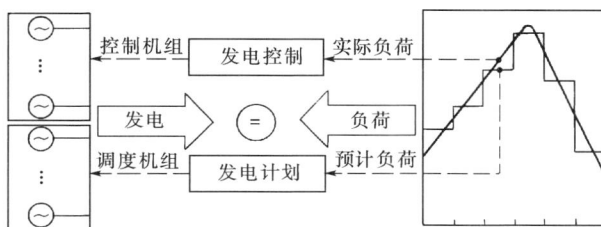

图 5-31　AGC 与发电计划跟踪系统负荷示意图

二、AGC 的一般过程

从 AGC 的功能来看，它主要完成系统区域间交换功率的限制和系统频率的维持功能。可以通过电力系统调度中心的通信系统获取各发电机发出功率、各联络线传输功率以及系统频率的信息，并向各个发电厂甚至是发电机发布相应的控制信号。当系统中出现频率或交换功率的偏差时，就可以通过测量和计算确定区域控制偏差，获得进行系统所需要增减的功率总值。再将这需要增减的功率总值分配给区域或子系统中各调节电厂和调节机组。在进行机组功率分配的时候，如果采用等耗量微增率准则来分配各个机组承担的功率增减，这就是所谓的经济调度计算。

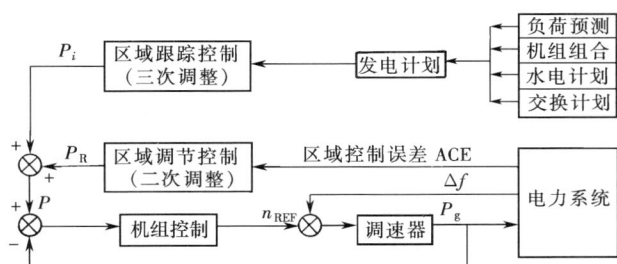

图 5-32　自动发电控制（AGC）结构示意图

图 5-32 画出了 AGC 的结构框图，图中画出了和 AGC 有关的三个控制回路。区域调节控制完成上面提出的第 2、3 项任务。区域跟踪控制用来实现第 4 项；调频器的一次响应回路虽不是 AGC 的直接部分，为了说明其对调频的影响也表示在图中。实际上当系统中用户的负荷增加时，初始的负荷增量是由释放汽轮发电机组的动能来提供的，即整个系统频率开始下降；于是系统中所有调速器响应，并使频率在几秒内实现大幅提高，即一次调频。

二次调频由 AGC 实现。其中的区域调节控制确定机组的调节分量 P_R，它的目的是使区域控制误差 ACE 调到零，这是 AGC 的核心。即可调机组之间分配区域误差 ACE。区域跟踪控制的目的是按计划提供机组发电基点功率（base point）P_i，将 P_R 加到基点功率 P_i 上，它们共同形成的期望发电量 P 作用于调频机组的控制系统。控制调速器的 n_{REF}，形成机组出力的闭环控制。由此可见，AGC 系统基本上是一个输出功率跟踪控制系统。

发电基点功率与负荷预测、机组经济组合、水电计划及交换功率计划有关，担负主要调峰任务，这就是所谓的三次调整。

三、AGC 与其他应用软件的关系

AGC 是 EMS 的有机组成部分，需要在其他应用软件的支持下工作，例如发电计划、负荷预测、机组组合、水电计划、交换计划、状态估计、安全约束调度和最优潮流等应用软件。此外，AGC 的实现与系统调度员和发电厂调度员有着密切的关系。

如图 5-33 所示，系统负荷预测、机组组合、水电计划和交换计划均与发电计划协调，

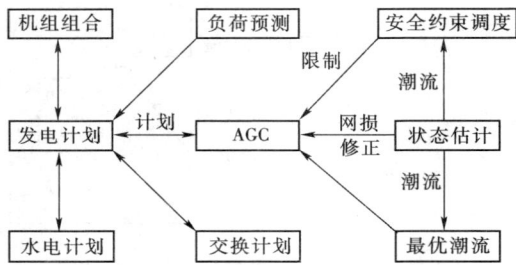

图 5-33　AGC 在其他应用软件支持下工作

并经过发电计划与 AGC 相联系。这种联系一种是按负荷曲线以周期的形式实现，一种是计划外的负荷变动的消化。

AGC 所需的负荷预测不仅是短期的（日至周），还需要超短期的（几分钟至几十分钟），尤其是在升负荷阶段。超短期负荷预测与发电计划相结合，安排升负荷阶段慢速机组每十分钟的计划值，达到尽可能密切的调峰跟踪，这有助于实现 AGC。

状态估计可以每十分钟向 AGC 提供各机组和各联络线交接点的网损微增率，使 AGC 做到最恰当的网损修正。如果状态估计发现有线路潮流过负荷，则启动实时安全约束调度软件，提出解除过负荷的措施，以改变电厂发电功率限值的方式送给 AGC，由下一个周期开始 AGC 将自动进行解除支路过负荷的调整。最优潮流可以代替安全约束调度的功能，还可以及时提供网损修正后的经济负荷分配方案给 AGC，但现在安全实现这几项功能的最优潮流还少见，应该说最优潮流的在线应用理论上不存在问题，但实际应用问题还很多。

AGC 理论上是完全自动化的，但实际上没有系统调度员和发电厂调度员的人工干预是很难实现的。

四、发电计划

发电计划是 EMS 中发电级的核心应用软件，它向 AGC 提供基点功率值，对电力系统经济调度起着关键作用。

发电计划也称火电系统经济调度（EDC），即在已知系统负荷、机组组合、水电计划、交换计划、备用监视计划、机组经济特性、网络损失特性和运行限制等条件下，按照等耗微增率准则，编制火电机组发电计划，使整个系统的发电费用最低。发电计划有两种应用方式：一是编制次日（或周）24h（或 168h）的发电计划，二是编制指定时刻的发电计划（作为模块使用）。

水电计划又称为水电调度计划或水火电协调计划，是一个经济效益显著而计算复杂的问题。水电厂在运行的过程中，必须要做到充分的利用来水，防止弃水，充分利用自然水发电。负荷峰谷的调节，使电力系统的运行费用微增率在周期内波动尽量小。水电计划是一个具有复杂约束的大型非线性规划问题，解决水电计划的方法主要有动态规划法、网络流规划法（简称网流法）、水火电协调方程式解法。

五、交换计划

随着我国电力工业的迅速发展，从小电力系统发展到大的联合电力系统，将临近的大电力系统进一步联合成跨地区的国家级电网。电力系统的联合给安全运行和经济运行带来了很大的效益。电网的扩大和联合成为电力系统发展的趋势。

按照产权划分的运行区域，必须进行必要的协调来实现电能交换和统一调度。交换计划可以通过以下的三种不同的方式进行协调。

（1）自协调方式：各个区域独立进行调度，管理自己的电厂和负荷，根据本区域的发电费用向其他区域通报本区域买电或卖电的价格，双方协商确定交换功率计划。

（2）电力交易市场模式：不同产权的运行区域，按照各自的发电计划，向交易市场通报买卖的电量和价格，市场按照取得最大交换利益原则制定各区域间的交换计划，通知各区域。

（3）协商调度模式：双方设立联合调度中心，各区域平等协商，确定长短期的电力和电量合同，制定调度协议。各区域系统调度本区域发电厂，满足联合调度中心的要求。

从联合系统的发展角度看，这三种调度模式逐步提高，可以达到统一调度的水平。整个电网作为一个整体来编制经济调度计划，各区域按照统一调度中心的计划安排本区域的发电功率。

六、检修计划

电力系统机组检修计划或停机安排是电力系统长期运行计划中一项十分重要的内容。由于机组停机和检修将直接影响电网的总发电功率，所以它对系统运行的可靠性和经济性都有很大的影响。

检修计划属于长期运行计划范畴，即预先安排检修时间、任务、人力、资源等，使电力系统预防性检修的效果为最优。机组检修的目的，从技术方面考虑，是为了使发电设备及各种组成部件的工作特性保持在允许的极限范围之内，增加设备的可靠性。从社会经济效益来看，检修的目的是满足用户对供电可靠性的要求，使电能的生产成本最小，推迟新建电厂的投资。用数学语言描述，检修计划实际上是一个多目标、多约束的优化问题。

（一）电力系统负荷预测的分类

电力系统的负荷预测可以分为系统的负荷预测和母线的负荷预测两类。在这两类中，母线负荷预测可以通过系统负荷预测取得某一时刻系统负荷值，并将它分配到每一条母线上。在系统负荷到每一条母线负荷之间往往再设1～2层负荷区，对某一时刻来说具有一套多层的分配系数，对不同的时刻配有不同的分配系数，这样才能适应上下层之间负荷曲线的不一致性。母线分配系数是由状态估计在线维护的。

按照系统负荷预测的周期来分，电力系统的负荷预测可分为超短期负荷预测、短期负荷预测、中期负荷预测和长期负荷预测。

（1）超短期负荷预测：通常包括用于质量控制需要5～10s的负荷值，用于安全监视需1～5min的负荷值，以及预防控制和紧急状态处理需要10～60min的负荷值。超短期负荷预测的使用对象是调度员。

超短期负荷预测是指未来1h内的负荷预测。正常情况下一般不考虑气象等条件的影响，事实上气象变化对负荷的影响，主要表现在温度改变引起负荷变化，由于温度变化是缓慢的，所以它对负荷的影响一般不会突变。当以负荷历史记录作为负荷预测的资料时，温度的影响实际上就已包含在负荷的历史记录中了。但是，对天气的突变和其他一些对负荷造成一定影响的突发性事件，在预测的前提下必须加以考虑。

（2）短期负荷预测：主要应用在电力系统的火电分配、水火电协调、机组紧急组合和交换功率计划，需要1日～1周的负荷值，使用对象是编制调度计划的工程师。

短期负荷预测通常是指24h的日负荷预测和168h的周负荷预测。对于日负荷来说，工作日和节假日的日负荷曲线是明显不同的，其次，天气因素，特别是温度对日负荷的影响是较大的。同时，对于日负荷和周负荷的变化，受到特别事件（天气）影响明显，同时还存在大量的随机负荷分量。

（3）中期负荷预测：主要用于水库调度、机组检修、交换计划和燃料计划，需要1月～

1年的负荷值，使用对象是编制中长期运行计划的工程师。

中期负荷预测是指未来一年（12个月）之内的用电负荷预测，主要预测指标有月平均最大负荷、月最大负荷和月用电量。中期负荷预测比短期负荷预测考虑的因素要多一些，特别是一些未来的因素和气候条件，都要考虑到。另外，中期负荷预测和地区经济增长，发、供电设备和用电量需求增长也有关系。这些因素具有不确定性，有时还存在一些突变现象。

（4）长期负荷预测：用于电源的发展规划和网络规划等，需要数年甚至是数十年的负荷值，使用对象是系统规划工程师。

长期负荷预测是指未来的负荷预测，一个电网用电负荷的年际变化明显受到该地区社会经济、人口、气候等多方面因素的影响。就长期的用电负荷预测而言，一定是具有增长变化的特性。将社会经济、人工等影响用电负荷的各种因素单独做出经济学计量预测模型，并把握它们对用电负荷的因果关联，用解析的方法给出它们对用电负荷的影响，从而预测年际负荷。

（二）负荷预测的要求及影响负荷预测的因素

衡量电力系统负荷预测软件方法的主要指标是负荷预测的精确度。提高了负荷预测的精确度，就能为电力系统的调度提供精确的负荷数据，同时也就提高了电力系统的安全性和运行的经济性。在衡量电力系统负荷预测软件的质量时，往往将预测软件的精确度作为它的衡量标准。

电力系统中负荷的类型是多种多样的，而且随着科学技术的发展，电力负荷中的用电设备类型也越来越复杂。不同类型的负荷有着不同的变化规律。不同的地区有着不同性质的负荷类型，比例差别也是比较大的。比如空调设备在南方的普及，使得系统的负荷尤其是夏季的负荷受气温变化的影响越来越大；商业负荷主要是硬性晚间负荷，而且随季节变化；工业负荷受气象的影响较小，但大企业成分下降，使晚间低谷负荷增长缓慢，农业的负荷变化和降水的情况关系密切。同时，负荷的大小还受到某些未知的不确定因素引起的负荷变化，对每一个电网来说，随机波动的负荷大小是不同的；而且在进行某个区域的负荷预测时，如果对该区域的负荷区域划分不当，也可能造成负荷预测的精确度降低。

电力系统负荷预测的精确度，首先是决定于对具体电力系统负荷变化规律的掌握，其次才是模型和算法的选择。

另外，不同的负荷预测方法都存在一定的弊端，不可能将各个影响精确度的方面都考虑清楚，因此，负荷预测软件针对某一个具体的电力系统，要确定合适的模型，然后选择最佳的算法。一套成熟的软件中，应该能包含各种周期的预测功能，并有多种计算方法供用户选择，并且能自动确认模型和选择算法。

（三）负荷预测的模型和算法

1. 负荷预测模型

在一个大型的电力系统中，对负荷预测的区域划分是十分重要的。对一个大型的总体负荷进行负荷预测，往往不能取得很好的预测精确度。但是，将一个很大的负荷区域进行划分，划分的区域越多，预测的精确度就越高。

针对电力系统影响负荷的因素，将电力系统的总负荷预测模型按照以下的四个分量描述为

$$L(t) = B(t) + W(t) + S(t) + V(t)$$

式中　　$L(t)$——时刻 t 的系统总负荷；

　　　　$B(t)$——时刻 t 的基本正常负荷分量；

　　　　$W(t)$——时刻 t 的天气敏感负荷分量；

　　　　$S(t)$——时刻 t 的特别事件负荷分量；

　　　　$V(t)$——时刻 t 的随机负荷分量。

可以在进行不同预测周期的负荷预测时，对上述的几个负荷影响分量进行确定。在超短期负荷预测中，负荷预测的模型必须能反映出负荷在短期内的随时间变化的规律，在这期间可以认为 $B(t)$ 是一个常数，而其他的变量就要进行修正。在短期负荷预测中，要预测一天或者是一周内的负荷变化情况，就必须考虑到天气（气候）和重大事件的影响，即对 $S(t)$ 应该考虑的多一些。中期负荷预测中，对一年中不同的月份进行预测，就必须考虑到因为季节和气候的变化对居民消费负荷和工业生产负荷的影响。对总负荷预测模型中的天气敏感负荷分量就要进行详细的建模。

2. 负荷预测算法

负荷预测模型确定之后，进一步就应该确定采取什么样的负荷预测算法。几十年来，各种可能的算法均在负荷预测的课题上进行了试验，目前比较实用的算法主要有线性外推法、线性回归法、时间序列法、卡尔曼滤波法、人工神经网络法、灰色系统和专家系统方法等。各种方法都有一定的使用场合，可以说没有一个算法是既适用于各种负荷预测模型而精确度又都比其他的算法要高。

在实际中，一般是根据不同周期的预测目的，选择合适的预测模型。一旦模型选择好后，就要选择合适的算法进行模型辨识和参数估计。表 5-1 说明了在负荷预测中常用的几种算法和模型。

表 5-1 不同负荷预测周期的常用方法

预测类型	预测周期	用　　途	模　　型	算　　法
超短期	数分至数小时	AGC，安全监视	线性	①②③④
短期	日～周	机组、水电、交换计划	线性×周期	①②④
中期	月～年	水库、检修、燃料计划	线性×周期	①②④
长期	多～年	发电、网络规划	线性×周期	①②⑤

注　①线性外推法；②时间序列法；③卡尔曼滤波法；④人工神经网络法；⑤灰色理论。

第六节　EMS 的网络分析功能

一、网络接线分析（网络拓扑）

（一）网络拓扑的定义及基本功能

网络拓扑分析的基本功能是根据开关的开合状态（遥信信息）和电网一次接线图来确定网络的拓扑关系，即节点—支路的连通关系，为其他应用作好准备。

在网络拓扑分析之前需要进行网络建模。网络建模是将电力网络的物理特性用数学模型来描述，以便用计算机进行分析。电网的数学模型包括发电机组、变压器、导线、电容器、负荷、断路器等。网络建模用于建立和修改网络数据库，为其他应用如状态估计、潮流计算等定义电网的网络结构。

网络模型分为物理模型和计算模型。物理模型（也称节点模型）是对网络的原始描述。计算模型（也称母线模型）是与网络方程联系在一起，随开关状态变化用于网络分析计算用的模型。

网络拓扑根据开关状态和电网元件关系，将网络物理模型转化为计算用模型。运用堆栈原理搜索网络图的树支，以判断支路的连通状态，划分电网中的各拓扑岛。

当电网解列时，网络拓扑分析可以给出各子系统的拓扑结构。此外，利用网络拓扑结果可以标识电网元件的带电状态，进行网络跟踪着色，用直观形象的方式表示网络元件的运行状态和网络接线的连通性。EMS 中的网络拓扑分析可以用于实时模式或研究模式，由开关变位事件驱动或召唤启动。

网络拓扑分析是其他高级应用软件的基础。网络拓扑分析软件应可靠、方便、快速。这里可靠是指能处理任何形式的接线形式。

（二）网络拓扑的基本术语

如图 5 - 34 是一个简单的网络物理模型。图 5 - 34 所示的网络中有 STA、STB、STC 3 个厂站；各厂站之间有 LNAB1，LNAB2，LNAC 和 LNBC 4 条线路相连；厂站 STA 有 9 个开关 CBA1～CBA9（3/2 开关接线），2 台机组 UNA1 和 UNA2，1 个负荷 LDA 和 8 个节点 NDA1～NDA8；厂站 STB 有 4 个开关 CBB1～CBB4（环型接线），1 个负荷 LDB 和 4 个节点 NDB1～NDB4；厂站 STC 有 1 台变压器 XFC，在变压器左侧有 5 个开关 CBC1～CBC5（双母线接线），1 个负荷 LDC 和 6 个节点 NDC1～NDC6；在变压器右侧有一个开关 CBC6，1 台机组 UNC 和 2 个节点 NDC7 和 NDC8。

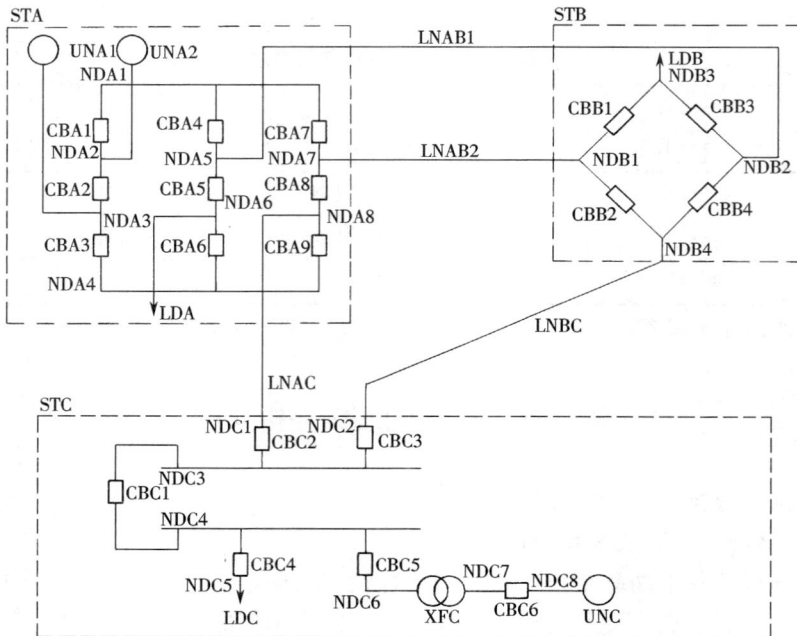

图 5 - 34　网络物理模型（节点模型）

当该网络中的所有开关都闭合时，拓扑分析的结果是如图 5 - 35 所示的 4 母线网络计算

模型。图中母线 1 包含 NDA1～NDA8 共 8
个节点。

下面结合所示图例说明网络拓扑的有
关术语。

（1）网络元件（Component）：开关、
机组、负荷、电容器、电抗器、变压器和
线路等均称为网络元件。其中变压器、线
路和开关等称为双端元件；机组、负荷、
电容器或电抗器等称为单端元件。

（2）节点（Node）：网络元件的连接
点称为节点，元件通过相互公共的节点连
接成电网。

图 5-35 网络计算模型（母线模型）

（3）逻辑支路（Logic Branch）：即开关元件。开关只有开合两种状态。连接两节点的
逻辑支路（开关）不是呈零阻抗（开关闭合）就是呈无穷大阻抗（开关断开），因此开关在
结线分析得到的计算模型中已经消失了。

（4）保留元件（Retained Components）：在计算模型中，所有非逻辑支路被保留下来，
其中包括零阻抗支路，这些保留下来的元件称为保留元件。

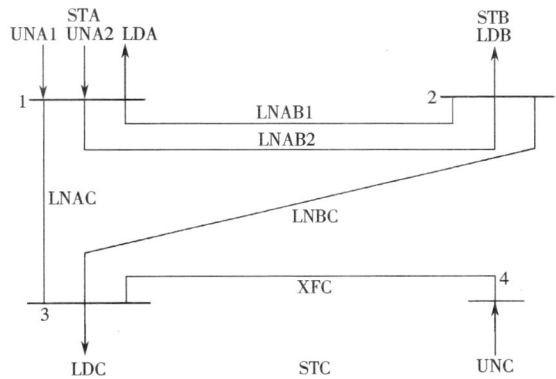

（5）零阻抗支路（Zero impedance Branch）：
阻抗为零的特殊支路，在计算模型中用于隔离母
线。例如在厂站 STC 的节点 NDC3 和 NDC4 之间
增加一个节点 NDC9，在节点 NDC3 和 NDC9 之
间加一零阻抗支路（如图 5-36 所示）。拓扑分析
后，NDC3 和 NDC4 不再属于同一母线，而分别
属于母线 3 和 5，开关 CBC1 消失了，但零阻抗支
路仍保留在计算模型中，这时能计算母联开关
CBC1 中的潮流。

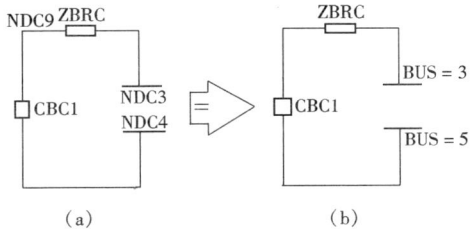

图 5-36 零阻抗支路
(a) 节点模型；(b) 母线模型

（6）母线：是被闭合逻辑支路联系在一起的节点集合，即保留支路的连接点。

（7）活岛和死岛：由闭合支路连接起来的母线集合，并包含发电机、电压调节母线和负
荷，即包括电源的拓扑岛，称为活岛。活岛中元件都处于带电状态。反之，不包括电源的拓
扑岛称为死岛。死岛内的元件不带电。

（8）主母线：当开关即逻辑支路全部闭合时，建立的编号母线称为主母线。无论网络接
线怎样变化，这些母线编号都不会消失。当母线分裂时，为分裂出的母线分配新的编号，但
注明为非主母线；当母线合并时，则消去非主母线。引入主母线的目的是在一系列开关操作
后，开关状态恢复到原来状态时，各厂站的主母线编号能相对固定，即母线模型也恢复到原
来模型。

二、电力系统状态估计

电力系统状态估计是电力系统高级应用软件的一个模块（程序）。许多安全和经济方面
的功能都要用可靠数据集作为输入数据集。而可靠数据集就是状态估计程序的输出结果。所
以，状态估计是一切高级应用软件的基础，真正的能量管理系统必须有状态估计功能。

（一）状态估计的必要性

SCADA 系统收集了全网的实时数据汇成实时数据库—SCADA 数据库。SCADA 数据库存在下面明显缺点。

（1）数据不齐全。为了使收集的数据齐全必须在电力系统的所有厂、所都设置 RTU，并采集电力系统中所有节点和支路的运行参数。这将使 RTU 的数量以及远动通道和变送器的数量大大增加，而这些设备的投资是相当昂贵的。目前的实际情况是，仅在一部分重要的厂、所中设置了 RTU。这样，就有一些节点和支路的运行参数不能被测量到而造成数据收集不全。

（2）数据不精确。数据采集和传送的每个环节如 TA、TV、A/D 转换等都会产生误差。这些误差有时使相关的数据变得相互矛盾，且其差值之大甚至使人不便取舍。

（3）受干扰时会出现不良数据。干扰总是存在的。尽管已经采取了滤波和抗干扰编码等措施，减少了出错误的次数，但个别错误数据的出现仍不能避免。这里所说的错误数据不是误差，而是完全不合道理的数据。

（4）数据不和谐。数据不和谐是指数据相互之间不符合建立数学模型所依据的基尔霍夫定律。原因有二：一是前述各项误差所致，二是各项数据并非是同一时刻采样得到。这种数据的不和谐影响了各种高级应用软件的计算分析。

由于 SCADA 实时数据有这些缺点，因而必须找到一种方法能够把不齐全的数据填平补齐，不精确的数据"去粗取精"，同时找出错误的数据"去伪存真"，使整个数据系统和谐严密，质量和可靠性得到提高。这种方法就是状态估计。

（二）状态估计的功能

"状态估计"是一种计算机程序，有时也按硬件的说法称其为"状态估计器"。状态估计能实现以下这些功能。

（1）根据网络方程和最佳估计准则（一般为最小二乘准则），利用实时网络拓扑结果，对生数据（即 SCADA 实时断面数据）进行计算，以得到最接近于系统真实状态的最佳估计值，给出电网和谐、完整、准确的运行断面数据，即各节点（母线）的电压及其相角、各支路（线路和变压器）的功率潮流。

（2）对生成数据进行不良数据（或叫坏数据）的检测与辨识，删除或改正不良数据，提高数据的可靠性。

（3）推算出齐全而精确的电力系统运行参数，例如根据周围相邻变电所的遥测量推算出某个未装远方终端的变电所的各种运行参数。或者根据现有类型的遥测量推算出另外类型的难于量测的运行参数，例如根据有功功率测值推算各节点电压的相位角。

（4）根据遥测量估计电网的实际结构，纠正偶尔会出现的开关状态遥信错误，保证数据库中电网结构数据的正确性。状态估计的这种功能被称为网络接线辨识或开关状态辨识。

（5）对某些可疑或未知的设备参数，也可以采用状态估计的方法估计出它们的值。例如有载调压变压器分接头位置信号没有传送到调度中心时，就可以作为参数把它估计出来。根据掌握的运行数据，也可以估计某些未知网络（"黑箱"）的参数。状态估计的这种用法称为参数辨识。

（6）可应用状态估计算法以现有数据预测未来的趋势和可能出现的状态，例如电力系统负荷预测和水库来水预测等。

（7）可以通过状态估计确定合理的测点数量和合理的测点分布。将新的量测点设置在关键点，全面优化量测配置，使之达到某一量测指标而付出成本最小。

综上所述，电力系统状态估计程序输入的是低精度、不完整、不和谐偶尔还有不良数据的"生数据"，而输出的则是精度高、完整、和谐和可靠的数据。由这样的数据组成的数据库，称为"可靠数据库"。电网调度自动化系统的许多高级应用软件，都以可靠数据库的数据为基础，因此，状态估计有时被誉为应用软件的"心脏"，可见这一功能的重要程度。图5-37是状态估计在电网调度自动化系统中所起作用的示意图。

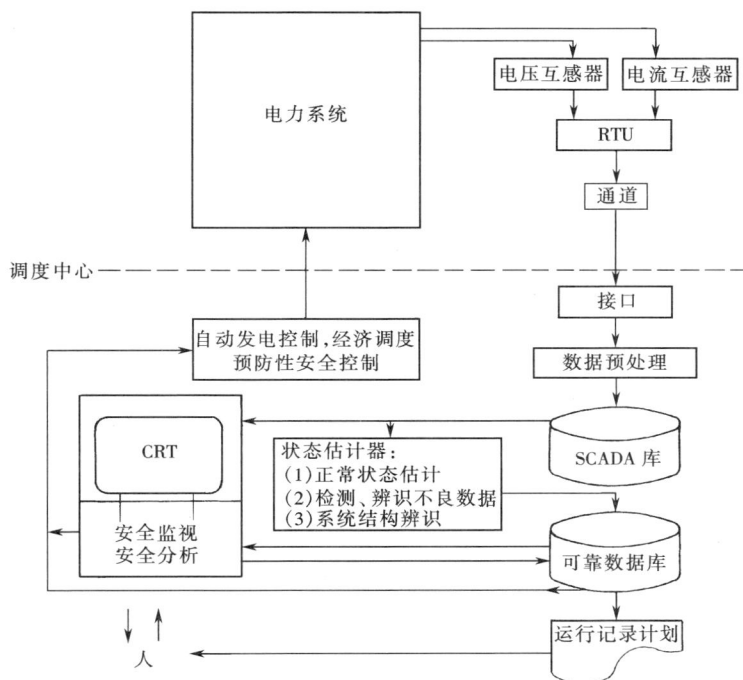

图5-37 状态估计在电力调度自动化系统中所起作用示意图

（三）状态估计的基本原理

1. 测量的冗余度

状态估计算法必须建立在实时测量系统有较大冗余度的基础之上。

对那些不随时间而变化的量，为消除测量数据的误差，常用的方法就是多次重复测量。测量的次数越多，它们的平均值就越接近真值。

但在电力系统中不能采用上述方法。因为电力系统运行参数属于时变参数。消除或减少时变参数测量误差必须利用一次采样得到的一组有多余的测量值。这里的关键是"多余"，多余的越多，估计得越准，但是会造成在测点及通道上投资越多，所以要适可而止。一般要求是

测量系统的冗余度＝系统独立测量数／系统状态变量数＝1.5～3.0

电力系统的状态变量是指表征电力系统特征所需最小数目的变量，一般取各节点电压幅值及其相位角为状态变量。若有 N 个节点，则有 $2N$ 个状态变量。由于可以设某一节点电压相位角为零，所以对于一个电力系统，其未知的状态变量数为 $2N-1$。

图 5-38 为电力系统状态估计示意图。

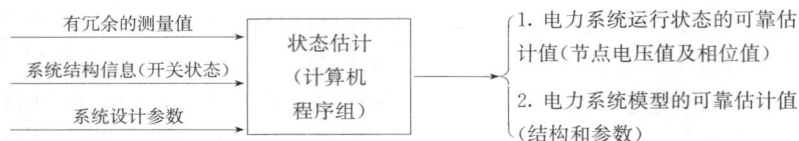

图 5-38　电力系统状态估计示意图

2. 状态估计的步骤

状态估计可分为以下四个步骤。

（1）假定数学模型：是在假定没有结构误差、参数误差和不良数据的条件下，确定计算所用的数学方法。可选用的数学方法有加权最小二乘法、快速分解法、正交化法和混合法等。目前在电力系统中用的较多的是加权最小二乘法。最小二乘法是将目标函数 J 定义为实际测量值与按设定的数学模型计算出来的对应值之差的平方和。当目标函数 J 有最小值时，求得的状态变量值即为最佳估计值。如果再考虑到各测量设备精确度的不同，可令目标函数中对应测量精确度较高的测量值乘以较高的"权值"，以使其对估计的结果发挥较大的影响；相反，对应测量精确度较低的测量值，则乘以较低的"权值"，使其对估计的结果影响小一些。这就是加权最小二乘法。状态变量一般取各母线电压幅值和相位角，测量值选取母线注入功率、支路功率和母线电压数值。测量不足之处可使用预报和计划型的"伪测量"，同时将其权重设置得较小以降低对状态估计结果的影响。另外，无源母线上的零注入测量和零阻抗支路上的零电压测量，也可以为伪测量值。这样的测量值完全可靠，可取较大的权重。

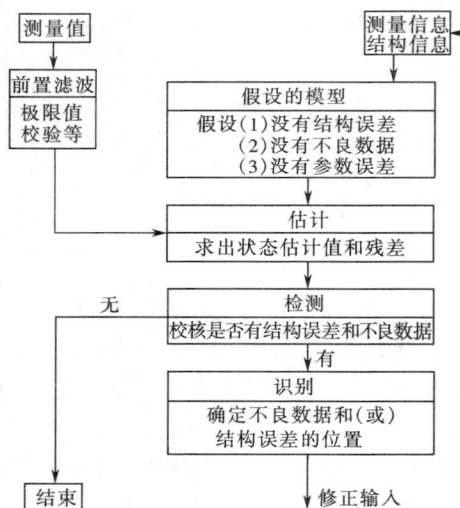

图 5-39　状态估计的步骤

（2）状态估计计算：根据所选定的数学方法，计算出使"残差"最小的状态变量估计值。所谓残差，就是各量测值与计算的相应估计值之差。

（3）检测：检查是否有不良测值混入或有结构错误信息。如果没有，此次状态估计即告完成。如果有，转入下一步。

（4）识别：或叫辨识（Identification），是确定具体的不良数据或网络结构错误信息的过程。在除去或修正已识别出来的不良测值和结构错误后，重新进行第二次状态估计计算，这样反复迭代估计，直至没有不良数据或结构错误为止。图 5-39 示出状态估计的四个步骤及相互关系。

图中看出测量值在输入前还要经过前置滤波和极限值检查。这是因为有一些很大的测量误差，只要采用一些简单的方法和很少的加工就可容易地排除。例如，对输入的节点功率可进行极限值检验和功率平衡检验，这样就可提高状态估计的速度和精确度。

3. 不良数据的检测方法

不良数据的检测与识别是很重要的，否则状态估计将无法投入在线实际应用。当有不良数据出现时，必然会使目标函数 J 大大偏离正常值，这种现象可以用来发现不良数据。为此可把状态估计值代入目标函数中，求出目标函数的值，如果大于某一门槛值，即可认为存在不良数据。

4. 不良数据的辨识方法

发现存在不良数据后要寻找不良数据。对于单个不良数据的情况，一个最简单的方法就是逐个试探。例如，把第一个测量值去掉，重新估计，若正好这个测量值是不良数据，去掉后再检查 J 值时就会变为合格；如是正常数据，去掉后的 J 值肯定还是不合格，这时就把第一个测量值补回，再去掉第二个测量值。如此逐个搜索，一定会找到不良数据，但比较耗时。至于存在多个相关不良数据的辨识就要复杂多了，目前还没有特别有效的坏数据辨识办法。

若遥信出错如何识别呢？可先把遥信出错分为 A、B 两类：A 类错误，开关在合闸位置，而遥信误为断开；B 类错误，开关在断开位置，而遥信误为合闸。

这时只要将开关量和相应线路的测量值做一对比，就可以找到可疑点。因为线路被断开时，其测量值必为零；若线路并没断开，一般情况下测量值总不会为零。

可见，若进行网络结构检测，每条支路至少有一个潮流量测量，才能较快地发现可疑点。发现可疑点后，仍然要采用逐个试探法：将第一个可疑开关位置"取反"，重新进行估计，若错误已被纠正，目标函数 J 就会正常；否则，则试探下一个可疑开关；直到找到为止。

当然，上述介绍的仅是最简单的基本原理，在实际运用中则复杂的多。许多学者提出了不同的方法，读者需要可查阅有关专著。现用一个较为简单的算例进一步说明状态估计的原理。这里采用的是最小二乘法估计。

【例 5 - 1】　已知某系统各支路有功功率 P_i 的测量值如图 5 - 40 所示，忽略线路功率损耗。试求各支路有功功率的最佳估计值 $\hat{P}_i$。

图 5 - 40　无结构错误和坏数据时的正常估计示意图

解　估计后的各 $\hat{P}_i$ 值应是和谐的，即应满足下列方程

$$\hat{P}_1 = \hat{P}_2 + \hat{P}_3$$

$$\hat{P}_2 = \hat{P}_4 + \hat{P}_5$$

$$\hat{P}_6 = \hat{P}_3 + \hat{P}_4$$

这组方程也就是网络的数学模型。

（一）认为无结构错误和坏数据时的正常估计

目标函数 J 的表达式为

$$J = (\hat{P}_1 - 100)^2 + (\hat{P}_2 - 80)^2 + (\hat{P}_3 - 22)^2 + (\hat{P}_4 - 10)^2 + (\hat{P}_5 - 72)^2 + (\hat{P}_6 - 30)^2$$

$$J = (\hat{P}_2 + \hat{P}_3 - 100)^2 + (\hat{P}_2 - 80)^2 + (\hat{P}_3 - 22)^2 + (\hat{P}_4 - 10)^2 + (\hat{P}_2 - \hat{P}_4 - 72)^2$$
$$+ (\hat{P}_3 + \hat{P}_4 - 30)^2$$

J 是包括 $\hat{P}_2$、$\hat{P}_3$、$\hat{P}_4$ 的函数。为求 J 的最小值可令 $\dfrac{\partial J}{\partial \hat{P}_2} = 0$，得

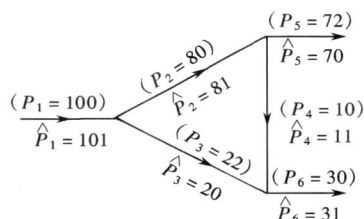

$$2(\hat{P}_2 + \hat{P}_3 - 100) + 2(\hat{P}_2 - 80) + 2(\hat{P}_2 - \hat{P}_4 - 72) = 0$$

$$3\hat{P}_2 + \hat{P}_3 - \hat{P}_4 = 252$$

令 $\dfrac{\partial J}{\partial \hat{P}_3} = 0$，得

$$2(\hat{P}_2 + \hat{P}_3 - 100) + 2(\hat{P}_3 - 22) + 2(\hat{P}_3 + \hat{P}_4 - 30) = 0$$

$$\hat{P}_2 + 3\hat{P}_3 + \hat{P}_4 = 152$$

令 $\dfrac{\partial J}{\partial \hat{P}_4} = 0$，得

$$2(\hat{P}_4 - 10) + 2(\hat{P}_2 - \hat{P}_4 - 72) + 2(\hat{P}_3 + \hat{P}_4 - 30) = 0$$

$$\hat{P}_2 + \hat{P}_3 + \hat{P}_4 = 112$$

联立求解

$$\begin{cases} 3\hat{P}_2 + \hat{P}_3 - \hat{P}_4 = 252 \\ \hat{P}_2 + 3\hat{P}_3 + \hat{P}_4 = 152 \\ \hat{P}_2 + \hat{P}_3 + \hat{P}_4 = 112 \end{cases}$$

解得 $\hat{P}_2 = 81, \hat{P}_3 = 20, \hat{P}_4 = 11, \hat{P}_1 = 101, \hat{P}_5 = 70, \hat{P}_6 = 31$。

残差平方和（即目标函数）为

$$J = (101 - 100)^2 + (81 - 80)^2 + (20 - 22)^2 + (11 - 10)^2 + (70 - 72)^2 + (31 - 30)^2$$
$$= 1^2 + 1^2 + 2^2 + 1^2 + 2^2 + 1^2 = 12$$

量测冗余度 $= \dfrac{6}{3} = 2.0$（如果没有误差，只测 P_2、P_3、P_4 就够了）

估计结果仍标注在图 5 - 40 中。

（二）减少支路功率测点增加节点电压测点重新估计

如图 5 - 41 所示，S_2 支路阻抗为 $7 + j15\Omega$，P_3 支路的阻抗为 $6 + j10\Omega$，另外增加了 $Q_2 = 40$，$U_1 = 120$ 和 $U_2 = 110$ 三个测点，但减少了 P_4 和 P_6 两个测点。

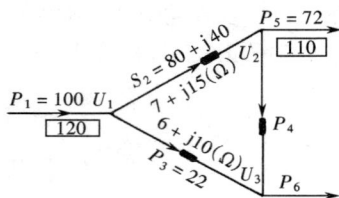

图 5 - 41 增加节点电压量
测后的系统示意图

数学模型变为

$$\hat{P}_1 = \hat{P}_2 + \hat{P}_3$$

$$\hat{P}_2 = \hat{P}_4 + \hat{P}_5$$

$$\hat{P}_6 = \hat{P}_3 + \hat{P}_4$$

$$\hat{U}_2 = U_1 - \dfrac{\hat{P}_2 R_2 + \hat{Q}_2 X_2}{U_1} \quad (U_1 \text{ 为参考电压不再估计})$$

目标函数为

$$J = (\hat{P}_2 + \hat{P}_3 - 100)^2 + (\hat{P}_2 - 80)^2 + (\hat{Q}_2 - 40)^2 + (\hat{P}_3 - 22)^2$$
$$+ (\hat{P}_5 - 72)^2 + \left(U_1 - \dfrac{7\hat{P}_2 + 15\hat{Q}_2}{U_1} - 110\right)^2$$

令 $\dfrac{\partial J}{\partial \hat{P}_2}=0$，得

$$2(\hat{P}_2+\hat{P}_3-100)+2(\hat{P}_2-80)+2\left(120-\dfrac{7\hat{P}_2+15\hat{Q}_2}{120}-110\right)\left(\dfrac{-7}{120}\right)=0$$

即

$$2.003\hat{P}_2+\hat{P}_3+0.007\hat{Q}_2=180.6$$

令 $\dfrac{\partial J}{\partial \hat{P}_3}=0$，得

$$2(\hat{P}_2+\hat{P}_3-100)+2(\hat{P}_3-22)=0$$
$$\hat{P}_2+2\hat{P}_3=122$$

令 $\dfrac{\partial J}{\partial \hat{P}_5}=0$，得

$$2(\hat{P}_5-72)=0$$
$$\hat{P}_5=72$$

令 $\dfrac{\partial J}{\partial \hat{Q}_2}=0$，得

$$2(\hat{Q}_2-40)+2\left(120-\dfrac{7\hat{P}_2}{120}-\dfrac{15\hat{Q}_2}{120}-110\right)\left(-\dfrac{15}{120}\right)=0$$
$$\hat{Q}_2-40-15+0.007\hat{P}_2+0.016\hat{Q}_2+13.75=0$$
$$0.007\hat{P}_2+1.016\hat{Q}_2=41.25$$

$\hat{P}_5=72$ 已求得，其余为 3 个未知数、3 个方程，联立求解

$$\begin{cases} 2.0003\hat{P}_2+\hat{P}_3+0.007\hat{Q}_2=180.6 \\ \hat{P}_2+2\hat{P}_3=122 \\ 0.007\hat{P}_2+1.016\hat{Q}_2=41.25 \end{cases}$$

解得 $\hat{P}_2=79.4$，$\hat{P}_3=21.3$，$\hat{P}_1=100.7$，$\hat{P}_5=72$，$\hat{P}_4=7.4$，$\hat{P}_6=28.7$，$\hat{Q}_2=40.05$，
$\hat{U}_2=120-\dfrac{7\times79.4+15\times40.05}{120}=110.36$。

　　增加节点电压值测后的估计结果图如图 5-42 所示。

　　（三）出现偶尔不良数据时

　　设 $P_5=72$ 在传输中因干扰出现偶然性错误（变成 400），如图 5-43 所示。

　　（1）首先可用合理性检查将其丢弃（该数据空缺），在冗余度 $=\dfrac{5}{3}=1.67$ 的情况下，仍

然可以进行状态估计

$$J=(\hat{P}_1-100)^2+(\hat{P}_2-80)^2+(\hat{P}_3-22)^2+(\hat{P}_4-10)^2+(\hat{P}_6-30)^2$$
$$=(\hat{P}_2+\hat{P}_3-100)^2+(\hat{P}_2-80)^2+(\hat{P}_3-22)^2+(\hat{P}_4-10)^2+(\hat{P}_3+\hat{P}_4-30)^2$$

令 $\dfrac{\partial J}{\partial \hat{P}_2}=0$，得 $\qquad\qquad\qquad 2\hat{P}_2+\hat{P}_3=180$

令 $\dfrac{\partial J}{\partial \hat{P}_3}=0$，得 $\qquad\qquad\qquad \hat{P}_2+3\hat{P}_3=152$

令 $\dfrac{\partial J}{\partial \hat{P}_4}=0$，得 $\qquad\qquad\qquad \hat{P}_3+2\hat{P}_4=40$

解得 $\hat{P}_2=77.6,\hat{P}_3=24.8,\hat{P}_4=7.6,\hat{P}_5=\hat{P}_2-\hat{P}_4=77.6-7.6=70$。

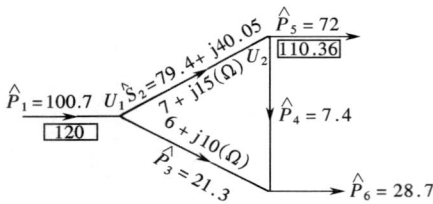

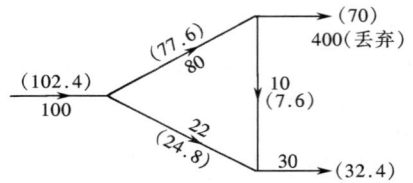

图 5 - 42　增加节点电压量　　　　　　　　图 5 - 43　出现偶然不良数
测后的估计结果图　　　　　　　　　　据时的估计结果功率分布示意图

估计结果功率分布标注在图 5 - 43 中（括号内）。

残差平方和为

$$J=2.4^2+2.4^2+2.8^2+2.4^2+2.4^2=30.88$$

虽然残差看起来稍大些，但不全数据被补齐了。由于数据缺失一项，冗余度有所降低，估计的精确度亦有所降低。

（2）若不能用合理性检查排除，先采用检测方法，则有

$$J=(\hat{P}_2+\hat{P}_3-100)^2+(\hat{P}_2-80)^2+(\hat{P}_3-22)^2+(\hat{P}_4-10)^2$$
$$+(\hat{P}_2-\hat{P}_4-400)^2+(\hat{P}_3+\hat{P}_4-30)^2$$

令 $\dfrac{\partial J}{\partial \hat{P}_2}=0$，得 $\qquad\qquad\qquad 3\hat{P}_2+\hat{P}_3-\hat{P}_4=580$

令 $\dfrac{\partial J}{\partial \hat{P}_3}=0$，得 $\qquad\qquad\qquad \hat{P}_2+3\hat{P}_3+\hat{P}_4=152$

令 $\dfrac{\partial J}{\partial \hat{P}_4}=0$，得 $\qquad\qquad\qquad \hat{P}_2+\hat{P}_3+\hat{P}_4=440$

解得 $\hat{P}_2=327,\hat{P}_3=-144,\hat{P}_4=257$。

残差为

$$J=(183-100)^2+(327-80)^2+(-144-22)^2$$
$$+(257-10)^2+(40-400)^2+(113-30)^2$$
$$=83^2+247^2+166^2+247^2$$
$$+360^2+83^2=272\,252（太大了！）$$

可见混入了坏数据。

出现偶然错误数据时未丢弃不合理数据的估计结果示意图，如图 5-44 所示。

（3）最后进行识别，用逐个排除法。

首先丢弃 $P_1 = 100$，有

$$J = (\hat{P}_2 - 80)^2 + (\hat{P}_3 - 22)^2 + (\hat{P}_4 - 10)^2 + (\hat{P}_2 - \hat{P}_4 - 400)^2 + (\hat{P}_3 + \hat{P}_4 - 30)^2$$

令 $\dfrac{\partial J}{\partial \hat{P}_2} = 0$，得 $\qquad\qquad\qquad 2\hat{P}_2 - \hat{P}_4 = 480$

令 $\dfrac{\partial J}{\partial \hat{P}_3} = 0$，得 $\qquad\qquad\qquad 2\hat{P}_3 + \hat{P}_4 = 52$

令 $\dfrac{\partial J}{\partial \hat{P}_4} = 0$，得 $\qquad\qquad\qquad \hat{P}_2 + \hat{P}_3 + \hat{P}_4 = 440$

解得 $\hat{P}_2 = 327, \hat{P}_3 = -61, \hat{P}_4 = 174$。

残差为

$$J = (266 - 100)^2 + (327 - 80)^2 + (-61 - 22)^2 + (174 - 10)^2 + (153 - 72)^2 + (113 - 30)^2$$
$$= 166^2 + 247^2 + 83^2 + 164^2 + 81^2 + 83^2 = 135\,800 \text{（仍太大）}$$

丢弃 P_1 时的结果如图 5-45 所示。此时应将 $P_1 = 100$ 补回，再丢弃 $P_2 = 80$，重新进行估计，逐次循环，这里不再一一计算。总之，只要没把真正的坏数据丢弃掉，残差 J 就不会下降到合理的门槛值以下。只有做第 5 次试探，将 $P_5 = 400$ 丢弃掉时〔见前面（1）〕，残差才突然下降到 30.88 的较低值，说明坏数据就是 $P_5 = 400$，而估计出来的 $\hat{P}_5 = 70$ 是比较可靠的。

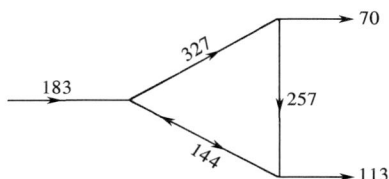

图 5-44　出现偶然错误数据
时未丢弃不合理数据的
估计结果示意图

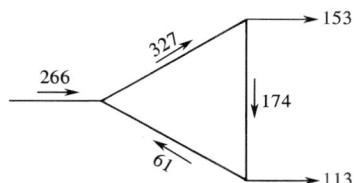

图 5-45　丢弃 P_1 时的结果示意图

（4）出现结构信息错误时。若 SCADA 数据如图 5-46 所示时，本来 P_2 支路已断开，相应线路遥测数据 P_2 应为 0，但因误差变成 2。而遥信数据有误，调度端仍认为 P_2 支路是连通的，前述方程仍被认为正确，即

$$\hat{P}_1 = \hat{P}_2 + \hat{P}_3$$
$$\hat{P}_2 = \hat{P}_4 + \hat{P}_5$$
$$\hat{P}_6 = \hat{P}_3 + \hat{P}_4$$

此时进行估计

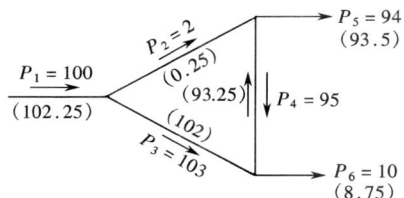

图 5-46　出现结构信息错
误时的示意图

$$J = (\hat{P}_2 + \hat{P}_3 - 100)^2 + (\hat{P}_2 - 2)^2 + (\hat{P}_3 - 103)^2 + [\hat{P}_4 - (-95)]^2$$
$$+ (\hat{P}_2 - \hat{P}_4 - 94)^2 + (\hat{P}_3 + \hat{P}_4 - 10)^2$$

令 $\dfrac{\partial J}{\partial \hat{P}_2} = 0$，得　　　　　　　　　$3\hat{P}_2 + \hat{P}_3 - \hat{P}_4 = 196$

令 $\dfrac{\partial J}{\partial \hat{P}_3} = 0$，得　　　　　　　　　$\hat{P}_2 + 3\hat{P}_3 + \hat{P}_4 = 213$

令 $\dfrac{\partial J}{\partial \hat{P}_4} = 0$，得　　　　　　　　　$\hat{P}_2 + \hat{P}_3 + \hat{P}_4 = 91$

解得 $\hat{P}_2 = 0.25, \hat{P}_3 = 102, \hat{P}_4 = -93.25$。

残差为

$$J = 0.25^2 + 1.75^2 + 1^2 + 1.75^2 + 0.5^2 + 1.75^2 = 10.5$$

可见通过估计，数据趋近真实，支路 $P_2 \approx 0$，可以发现该支路可能已断开。估计结果标注在图 5 - 46 中（括号内）。

［例 5 - 1］只有 3 个节点，用手工计算尚可。实际的电力系统有几十～几百个节点。手工计算已不可能，现在都是采用计算机编程进行矩阵运算。

［例 5 - 1］计算中对各功率测量的准确度看作是相同的。但实际上各种测量点的准确度可能是不同的（TV、TA 的误差、变送器的准确级以及 A/D 变换精确度等不同），应当让准确度较高的测量值对计算结果有较大的影响，而让准确度较低的测量值影响较小，这才比较合理，这正是加权最小二乘法的出发点。

三、安全分析与安全控制

电力系统在运行中始终把安全作为最重要的目标，就是要避免发生事故，保证电力系统能以质量合格的电能充分地对用户连续供电。在电力系统中，干扰和事故是不可避免的，不存在一个绝对安全的电力系统。重要的是要尽量减少发生事故的概率，在出现事故以后，依靠电力系统本身的能力、继电保护和自动装置的作用，以及运行人员的正确控制操作，使事故得到及时处理，尽量减少事故的范围及所带来的损失和影响。

电力系统安全控制的主要任务，包括对各种设备运行状态的连续监视，对能够导致事故发生的参数越限等异常情况及时报警并进行相应调整控制，发生事故时进行快速检测和有效隔离，以及事故时的紧急状态控制和事故后恢复控制等，可以分为以下几个层次。

1. 安全监视

安全监视是对电力系统的实时运行参数（频率、电压和功率潮流等）以及断路器、隔离开关等的状态进行监视。当出现参数越限和开关变位时即进行报警，由运行人员进行适当的调整和操作。安全监视是 SCADA 系统的主要功能。

2. 安全分析

安全分析是在安全监视的基础上，对电力系统的运行状态做出安全评价，即对各种可能发生的假想事故进行快速的计算分析，如发现在可能发生的事故中会出现不安全的状态，则由运行人员根据显示出的分析结果进行必要的调整控制，以改善运行水平。

安全分析包括静态安全分析和动态安全分析。静态安全分析只考虑假想事故后稳定运行状态的安全性，不考虑当前的运行状态向事故后稳态运行状态的动态转移。动态安全分析则是对事故动态过程的分析，着眼于系统在假想事故中有无失去稳定的危险。

3. 安全控制

安全控制是为保证电力系统安全运行所进行的调节、校正和控制。

（一）电力系统的运行状态

电力系统的安全控制与电力系统的运行状态是相关的。电力系统的运行状态可以用一组包含电力系统状态变量（如各节点的电压幅值和相位角）、运行参数（如各节点的注入有功功率）和结构参数（网络连接和元件参数）的微分方程组描述。方程组要满足有功功率和无功功率必须平衡的等式约束条件以及系统正常运行时某些参数（母线电压，发电机输出功率和线路潮流等）必须在安全允许的限值以内的不等约束条件。电力系统的运行状态一般可划分为四种。

1. 正常运行状态

正常运行状态时，系统满足所有的约束条件，即有功功率和无功功率都保持平衡，给所有负荷正常供电，电压、频率均在正常的范围内，各种电力设备都在规定的限额内运行，同时还有足够的备用裕度，因而可以承受各种预计的扰动（如一条输电线或一台发电机断开等），而不产生任何有害的后果（如设备过载等）。

2. 警戒状态

电力系统受到严重的扰动或者一系列小扰动（如负荷持续升高等）逐步积累，使电力系统总的备用裕度减少、安全水平降低后，就可能进入警戒状态。在警戒状态下，各种约束条件也能满足，但随时都有可能由于一个偶然故障或渐进性的负荷增加，使某些不等约束条件被破坏，而校正越限时会导致丢失负荷。因而处于警戒状态的电力系统是欠安全的，应及时采取预防性控制措施，使系统恢复到正常状态。

3. 紧急状态

如果系统发生了一个严重的故障，例如短路和大容量机组被切除，使运行极限被破坏，系统就进入了紧急状态。这时系统频率、电压和某些线路潮流都可能严重越限，如不及时采取有效的控制，系统可能失去稳定，导致大量发电机组跳闸或甩掉大量负荷，使等式约束条件也遭破坏。

4. 恢复状态

在紧急状态时，如果采取了电网解列、切除部分负荷或电源等措施，就能够使频率、电压等运行参数恢复稳定，回到正常限值之内，并重新满足不等式约束条件，从而进入了恢复状态。这时整个系统可能已分成了若干个独立的部分，在失去了许多负荷的条件下，等式约束条件也得到了满足。但大量失去的负荷急待恢复供电，系统也急待重新并列和完全恢复到正常状态。

（二）静态安全分析

一个正常运行的电网常常存在许多的危险因素。要使调度运行人员预先清楚地了解到这些危险并非易事，目前可以应用的有效工具就是在线静态安全分析程序。通过静态安全分析，可以发现当前是否处于警戒状态。

1. 预想故障分析

预想故障分析是对一组可能发生的假想故障进行在线的计算分析，校核这些故障后电力系统稳定运行方式的安全性，判断出各种故障对电力系统安全运行的危害程度。

预想故障分析可分为故障定义、故障筛选和故障分析三部分。

（1）故障定义。

通过故障定义可以建立预想故障的集合。一个运行中的电力系统，假想其中任意一个主要元件损坏或任意一台开关跳闸都是一次故障。预想故障集合主要包括以下各种开断故障。

1）单一线路开断。

2）两条以上线路同时开断。

3）变电所回路开断。

4）发电机回路开断。

5）负荷出线开断。

6）上述各种情况的组合。

（2）故障筛选。

预想故障数量可能比较多，应当把这些故障按其对电网的危害程度进行筛选和排队，然后再由计算机按此队列逐个进行快速仿真潮流计算。

首先需要选定一个系统性能指标（如全网各支路运行值与其额定值之比的加权平方和），作为衡量故障严重程度的尺度。当在某种预想故障条件下系统性能指标超过了预先设定的门槛值时，该故障即应保留，否则即可舍弃。计算出来的系统指标数值可作为排队依据。这样处理后就得到了一张以最严重的故障开头的为数不多的预想故障顺序表。

（3）故障分析（快速潮流计算）。

故障分析是对预想故障集合里的故障进行快速仿真潮流计算，以确定故障后的系统潮流分布及其危害程度。仿真计算时依据的网络模型，除了假定的开断元件外，其他部分则与当前运行系统完全相同。各节点的注入功率采用经过状态估计处理的当前值（也可用由负荷预计程序提供的 $15\sim30\min$ 后预测值）。每次计算的结果用预先确定的安全约束条件进行校核，如果某一故障使约束条件不能满足，则向运行人员发出报警（即宣布进入警戒状态）并显示出分析结果，也可以提供一些可行的校正措施，例如重新分配各发电机组输出功率、对负荷进行适当控制等，供调度人员选择实施，消除安全隐患。

2. 快速潮流计算方法

仿真计算所采用的算法有直流潮流法、$P\text{-}Q$ 分解法和等值网络法等。下面简要说明这些方法。

（1）直流潮流法。

直流潮流法的特点是将电力系统的交流潮流（有功功率和无功功率），用等值的直流电流代替，用直流电路的解法来分析电力系统的有功潮流，不考虑无功分布对有功的影响。这样加快了计算速度，但准确度较差。实时安全分析时采用的是半小时或一小时后的预测负荷进行计算，所以算法也没有必要很准确。

（2）$P\text{-}Q$ 分解法。

$P\text{-}Q$ 分解法占用计算机的内存少，计算速度快，精确度比较高。所以不仅在离线计算中占主导地位，而且也适应实时分析的需要。与直流法相比，$P\text{-}Q$ 分解法不仅可以解出在预想故障下各联络线的潮流分布，用以估计是否过负荷，而且还能求出各节点的电压幅值，用以估计是否过电压。

（3）等值网络法。

现代的大型电力系统规模庞大，往往由成百个节点和线路组成。在实时分析中需要储存大量的网络参数和实时数据，进行大量的计算。这样不仅使调度计算机容量巨大，而且每次分析的时间也较长，对预防性控制的实时性不利。

安全分析的重点是系统中较为薄弱的负荷中心。而远离负荷中心的局部网络在安全分析中所起的作用较小，因此在安全分析中可以把系统分为待研究系统和外部系统两部分。待研究系统就是指感兴趣的区域，也就是要求详细计算模拟的电网部分。而外部系统则指不需要详细计算的部分。安全分析时要保留"待研究系统"的网络结构，而将"外部系统"化简为少量的节点和支路。实践经验表明，外部系统的节点数和线路数远多于待研究系统，所以等值网络法可以大大降低安全分析中导纳方阵的阶数和状态变量的维数，从而使计算过程大为简化。

（三）动态安全分析

稳定性事故是涉及电力系统全局的重大事故。正常运行中的电力系统是否会因为一个突然发生的事故而导致失去稳定，这个问题是十分重要的。校核假想事故后电力系统是否能保持稳定运行的离线稳定计算，一般采用数值积分法，逐时段地求解描述电力系统运行状态的微分方程组，得到动态过程中各状态变量随时间变化的规律，并以此来判别电力系统的稳定性。这种方法计算工作量很大，无法满足实施预防性控制的实时性要求。因此要寻找一种快速的稳定性判别方法。到目前为止，还没有很成熟的算法。下面简单介绍一下已取得一定研究成果的模式识别法、李雅普诺夫法以及我国学者创新研发的扩展等面积法。

1. 模式识别法

模式识别法是建立在对电力系统各种运行方式的假想事故离线模拟计算的基础上的，需要事先对各种不同运行方式和故障种类进行稳定计算。然后选取少数几个表征电力系统运行的状态变量（一般是节点电压和相角），构成稳定判别式。稳定分析时，将在线实测的运行参数代入稳定判别式，根据判别式的结果来判断系统是否稳定。

用图 5-47 所示简单电力系统加以说明，图中 θ_1 和 θ_2 是两个表征电力系统的状态变量，针对不同的运行方式和假想事故，分别在 θ_1—θ_2 平面上就标出了许多稳定情况（用○点表示）和不稳定情况（用△点表示）。如果○点和△点分布各自集中在某一区域，在它们之间有一条明确的分界线，该分界线的方程就是稳定判别式，可根据实时计算的 θ_1 和 θ_2 在 θ_1—θ_2 平面中所处的区域，快速地判别是否稳定。在图 5-47 中分界线如为直线则

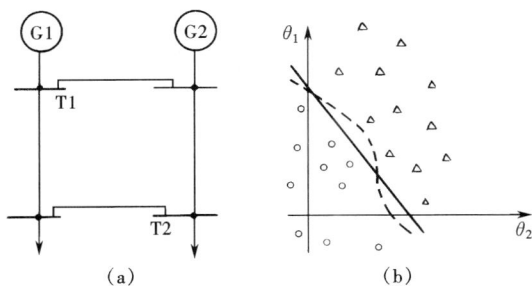

图 5-47　简单电力系统及其特征量平面图
(a) 原理图；(b) θ_1—θ_2 平面坐标图

判别式非常简单，直线的左侧是稳定的，右侧是不稳定的。若分界线是为一曲线，则要稍稍复杂一点。实际上，表征电力系统的特征量是多维的，稳定域和不稳定域之间的分界面（不再是分界线）是一超平面。

上述模式识别法是一个快速的判别电力系统安全性的方法，只要将特征量代入判别式就可以得出结果。所以这个判别式本身必须可靠。误差率很大的判别式没有实用价值。判别式

的建立，不是靠理论推导，而是通过大量"样本"计算后归纳整理出来的。如何使这样归纳整理出来的判别式尽量逼近客观存在的分界面，不是一件容易的事。

2. 李雅普诺夫方法

李雅普诺夫法是在状态空间中找出一个包含稳定平衡点的区域，使得凡是属于这一区域的任何扰动，系统以后的运动最终都趋于稳定平衡点。这一区域称为关于稳定平衡点的渐近稳定域，简称稳定域。为了求得稳定域，需要构造李雅普诺夫函数，或称 V 函数。通过 V 函数和系统状态方程就可以决定稳定域。在进行电力系统动态过程计算时，不必计算出整个动态过程随时间变化的曲线，而只要计算出系统最后一次操作时的状态变量（即故障切除后的状态变量），并相应计算出该时刻的 V 函数值。将该函数值与最邻近的不稳定平衡点的 V 函数值进行比较，如果前者小于后者，系统就是稳定的。反之系统是不稳定的。这个方法避免了常规稳定计算时大量的数值积分计算，计算速度比较快，是一种有前途的适于实时控制的计算方法。但是如何建立适合于复杂系统的李雅普诺夫函数和如何计算最邻近的不稳定平衡点都还没有很好解决。计算结果也偏于保守，所以该方法还尚未在电力系统中得到实际应用。

3. 扩展等面积法 EEAC（Extended Equd—Area Criteron）

扩展等面积法（EEAC）是我国学者首创的一种暂态稳定快速定量计算方法，已成功开发出世界上至今唯一的暂态定量分析商品软件，并已应用于国内外电力系统的各项工程实践中。

该方法分为静态 EEAC、动态 EEAC 和集成 EEAC 三个部分（步骤），构成一个有机集成体。利用 EEAC 理论，发现了许多与常规控制理念不相符合的"负控制效应"现象。例如，切除失稳的部分机组、动态制动、单相开断、自动重合闸、快关汽门、切负荷、快速励磁等经典控制手段，在一定条件下会使系统更加趋于不稳定。

静态 EEAC 采用"在线预算，实时匹配"的控制策略。整个系统分为在线预决策子系统和实时匹配控制子系统两大部分。前者根据电网当前的运行工况，定期刷新后者的决策表，后者根据该表实施控制。实时匹配控制子系统安装在电力系统中有关的发电厂和变电所，监测系统的运行状态，判断本厂、所出线、主变压器、母线的故障状态。它在系统发生故障时，根据判断出的故障类型，迅速从存放在装置内的决策表中查找控制措施，并通过执行装置进行切机、快关、切负荷、解列等稳定控制。在线预决策子系统根据电力系统当前运行工况，搜索最优稳定控制策略。这类方案的精髓是一个快速、强壮的在线定量分析方法和相应的灵敏度分析方法。对这些方法的速度要求，比对离线分析方案的要求高得多，但比对实时计算的要求低得多，完全在 EEAC 的技术能力之内。

（四）正常运行状态（包括警戒状态）的安全控制

为了保证电力系统正常运行的安全性，首先在编制运行方式时就要进行安全校核；其次，在实际运行中，要对电力系统进行不间断的严密监视，对电力系统的运行参数如频率、电压和线路潮流等不断地进行调整，始终保持尽可能的最佳状态；同时，还要对可能发生的假想 $N-1$ 事故进行后果模拟分析；当确认当前属警戒状态时，可对运行中的电力系统进行预防性的安全校正。

编制运行方式是各级调度中心的一项重要工作内容。运行方式编制得是否合理直接影响系统运行的经济性和安全性。运行方式的编制是根据预测的负荷曲线做出的。对运行方式进行安全校核，就是用计算机根据负荷、气象、检修等运行条件的变化，并假定一系列事故条件，对未来某时刻的运行方式进行安全校核计算。其内容有过负荷校核、电压异常校核、短路容量校核、备用容量校核、稳定裕度校核、频率异常校核、继电保护整定值校核等。如果校核结果不能满足安全条件，则要修改计划中的该运行方式，重新进行校核计算，直到满足各项约束条件，找到最佳运行方式为止。安全校核的选择时刻，一般应包括晚间高峰负荷时刻、上午高峰负荷时刻和夜间最小负荷时刻等典型时刻。通过安全校核计算，还要给出系统运行的若干安全界限，如系统最小旋转备用输出功率、最小冷备用输出功率（在短时间内能够发挥作用的发电输出功率）、母线电压极限、输电线路两端电压相位角的安全界限，以及通过线路或变压器等元件的功率潮流安全界限等。在确定这些安全界限时都要留有一定的裕度。

正常运行时，对电力系统进行监控由调度自动化系统的 SCADA 系统完成。SCADA 系统监控不断变化着的电力系统运行状态，如发电机输出功率、母线电压、线路潮流、系统频率和系统间交换功率等，当参数越限时发出警报，使调度人员能迅速判明情况，及时采取必要的调控措施来消除越限现象。此外，自动发电控制（AGC）和无功/电压控制（AVC），也是正常运行时安全监控的重要方面。

对可能发生的假想事故进行分析，由电网调度自动化系统中的安全分析模块完成。电网调度自动化系统可以定时地（例如 5min）或按调度人员随时要求启动该模块，也可以在电网结构有变化（即运行方式改变）或某些参数越限时自动启动安全分析程序，并将分析结果显示出来。根据安全分析的结果，若某种假想事故后果严重，即说明系统已进入警戒状态，可以预先采取某些防范措施，对当前的运行状态进行某些调整，使在该假想事故之下也不产生严重后果。这就是进行预防性安全控制。

预防性安全控制是针对可能发生的假想事故会导致不安全状态所采取的调整控制措施。这种事故是否发生是不确定的。如果预防性控制需要较大地改变现有运行方式，对系统运行的经济性很不利（如改变机组的启停方式等），则需由调度人员根据具体情况做出决断。也可以不采取任何行动，但应当加强监视，做好各种应对预案。

综上所述可见，有了 SCADA/EMS 系统的各种监控和分析功能，电力系统运行的安全性大大提高了。

（五）紧急状态时的安全控制

紧急状态时的安全控制的目的是迅速抑制事故及电力系统异常状态的发展和扩大，尽量缩小故障延续时间及其对电力系统其他非故障部分的影响。在紧急状态中的电力系统可能出现各种"险情"，例如频率大幅度下降、电压大幅度下降、线路和变压器严重地过负荷，系统发生振荡和失去稳定等。如果不能迅速采取有效措施消除这些险情，系统将会崩溃瓦解，出现大面积停电的严重后果，造成巨大的经济损失。紧急状态的安全控制可分为三大阶段。第一阶段的控制目标是事故发生后快速而有选择地切除故障，这主要由继电保护装置和自动装置完成，目前最快可在一个周波内切除故障。第二阶段的控制目标是防止事故扩大和保持系统稳定，这需要采取各种提高系统稳定性的措施。第三阶段是在上述努力均无效的情况下，将电力系统在适当地点解列。

（六）恢复状态时的安全控制

重大事故后的电力系统恢复过程是一个有序的协调过程。恢复状态的安全控制首先要使各独立运行部分的频率和电压都正常，消除各元件的过负荷状态，然后再将各解列部分重新并列，并逐个恢复停电用户的供电。

目前上述操作的绝大部分还是由人工进行的。人工操作费时费事，严重影响了恢复供电的速度。

自动恢复装置是将一系列操作次序事先编好程序存入计算机，当事故发生后，能够自动找到相应的操作程序完成恢复操作。国外在一些变电所和水力发电厂都有自动恢复装置。

单个变电所或发电厂的自动恢复属于分散的恢复控制。在分散控制的基础上，可以协调组成全系统的综合恢复控制。电力系统综合恢复控制的过程，是根据电力系统的在线信息，判断出紧急控制后系统的运行状态和结构，然后在正确的判断基础上做出决策。对单独运行系统，利用已做出的紧急控制，使频率、电压保持正常，条件具备时发出并网指令。对停电系统，选择合适的并网点进行恢复。如不能并网应作为单独运行系统启动内部电源。对未停电系统，应在增加发电机输出功率的同时，按负荷等级逐步恢复供电。

第六章 配电管理系统（DMS)

第一节 配电管理系统（DMS）概述

一、能量管理系统（EMS）与配电管理系统（DMS）

能量管理系统（EMS）是以计算机为基础的现代电力系统的综合自动化系统，主要针对发电和输电系统（如图 6-1 所示），用于大区级电网和省级电网的调度中心。根据能量管理系统技术发展的配电管理系统（DMS）主要针对配电和用电系统，用于 10kV 以下的电网。实际上我国还有城市网、地区网和县级网，电压等级 35～220kV（也有 500kV）这一级网称为次输电网，针对电源和负荷管理亦可以采用能量管理系统或配电管理系统。

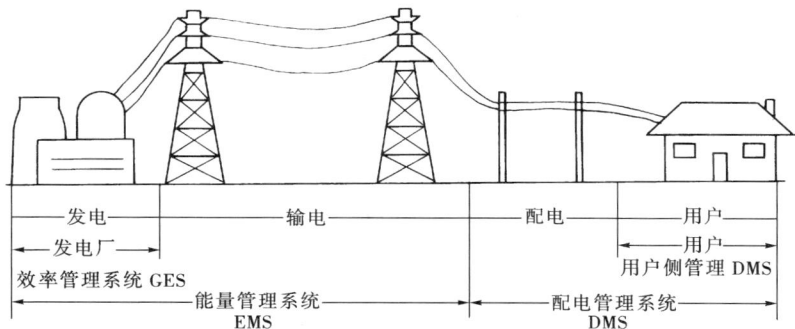

图 6-1 能量管理系统与配电管理系统

在电力系统中，能量管理系统（EMS）所面对的对象是电力系统的主干网络，针对的是高电压系统，而供电和配电是处在电力系统的末端，管理的业务是电力系统的"细枝末节"，主要针对低压网络。主干网络较为集中，而供电和配电网络是相对分散的。配电管理系统和输电系统之间存在一定的差异。

（1）配电网络多为辐射形或少环网，输电系统为多环网。

（2）配电设备（如分段器、重合开关和电容器等）沿线分散配置，输电设备多集中在变电所。

（3）配电系统远程终端数量大，每个远程终端采集少，但总的采集量大，输电系统相反。

（4）配电系统中的许多野外设备需要人工进行操作，而输电设备多为远程操作。

（5）配电系统的非预想接线变化要多于输电系统，配电系统设备扩展频繁，检修工作量大。

在进行配电网络自动化工程中，可以把 EMS 的思想技术应用到配电网络的自动化工程中。配电网络的自动化工程的开发时间较晚，至今尚在开发和完善的过程中。

将具有就地控制功能的馈线自动化和变电所自动化列入配电自动化（DA）。把配网控制中心的各种监视、控制和管理功能，其内容包括配电网数据采集和监控（SCADA）、地理信息系统（GIS）、各种高级应用软件（PAS）和需方管理等，连同配电自动化（DA）一起，称为配电管理系统（Distribution Management System，简称 DMS）。

二、配电 SCADA 系统的特点

配电 SCADA 系统是配电网管理系统（DMS）基本功能的组成，同时它又是 DMS 的基本应用平台。配电 SCADA 系统在 DMS 中的地位和作用与输电 SCADA 系统在输电网能量管理系统（EMS）中的地位和作用是等同的。

由于配电网本身的特点以及配电网管理模式和输电网管理模式的不同，配电 SCADA 系统并不是输电 SCADA 系统的照搬。相对而言，配电 SCADA 系统比输电 SCADA 系统要复杂得多，主要体现在以下几个方面。

（1）配电 SCADA 系统的基本监控对象为变电所 10kV 出线开关及以下配电网的环网开关、分段开关、开关站、公用配电变压器和电力用户。这些监控对象除了集中在变电所的设备，还包括大量的分布在馈电线沿线的设备，例如柱上变压器、断路器和隔离开关等。监控对象的数据量通常要比输电系统多一个数量级，而且由于数据分散、点多面广，采集信息也要困难得多。因此配电 SCADA 系统对数据库和通信系统的要求要比输电 SCADA 系统的要求更高，配电 SCADA 系统的组织模式也有自己的特点。

（2）配电网的操作频度和故障频度远比输电网要多，配电 SCADA 系统还要有故障隔离和自动恢复供电的能力，因此配电 SCADA 系统要求比输电 SCADA 系统对数据实时性的要求更高。此外，配电 SCADA 系统除了采集配电网静态运行数据外，还必须采集配电网故障发生时的瞬时动态数据，如故障发生时的短路电流和短路电压。

（3）配电 SCADA 系统对于数据实时性的要求以及为采集瞬时动态数据的需要，配电 SCADA 系统对远动通信规约具有特殊的要求。

（4）配电网为三相不平衡网络，而输电网为三相平衡网络，为考虑这个因素，配电 SCADA 系统采集的信息数量和计算的复杂性要大大增加，SCADA 图形显示上也必须反映配电网三相不平衡这一特点。

（5）配电网直接面向用户，由于用户的增容、拆迁、改动等原因，使得配电 SCADA 系统的创建、维护和扩展的工作量非常巨大，因此配电 SCADA 系统对可维护性的要求也更高。

（6）配电网管理系统（DMS）集成了管理信息系统（MIS）的许多功能，对系统互连性的要求更高，配电 SCADA 系统必须具有更好的开放性。此外，配电 SCADA 系统必须和配电地理信息系统（AM/FM/GIS）紧密集成，这是输电 SCADA 系统不需要考虑的问题。

三、配电 SCADA 系统的基本组织模式

配电网的 SCADA 系统通过监测装置来收集配电网的实时数据，进行数据处理以及对配电网进行监视和控制等。监测装置除了变电所内的 RTU 和监测配电变压器运行状态的 TTU 之外，还包括沿馈线分布的 FTU（馈线终端装置），用以实现馈线自动化的远动功能。

能量管理系统（EMS）一般采用一个厂、所 RTU 占用一个通道的组织方式，而配电网的 SCADA 系统由于存在大量分散的数据采集点，一对一的组织方式就需要有大量的通信通道，在主站端也需要有与之规模相应的通信端口，这种组织方式实际上是不可能实现的，因此常将分散的户外分段开关控制集结在若干点（称作区域子站）以后再上传至控制中心。若

分散的点太多，还可以做多次集结，子站也可以有二级甚至多级子站，形成分层的组织模式。其体系结构如图 6 - 2 所示。

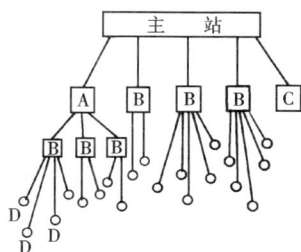

图 6 - 2　配电 SCADA 系统的体系结构
A—二次集结区域子站；
B——一次集结区域子站；
C—开关站 RTU；
D—柱上开关 FTU

四、配电管理系统（DMS）的通信方案

与输电网自动化不同，配电自动化系统要和在数量上多得多的远方终端通信，因此多种通信方式在配电网中的混合使用就难于避免。配电自动化系统采用的通信方式有配电线载波通信、电话线、调幅（AM）调频（FM）广播、甚高频通信、特高频通信、微波通信、卫星通信、光纤通信等多种形式。这里只讨论配电自动化系统的一种典型的通信方案。

（1）主站与子站之间，使用单模光纤。实施配电自动化的电力企业（供电局），大多在调度中心与变电所之间已经建立了单模光纤通信网络，配网自动化系统的主站与子站之间的通信可以借用这个通道，以节省再次铺设通信线路的投资。而且，主站与子站之间的通信距离相对较远，中间又没有中继装置，单模光纤的传输距离在 6km 以上，完全能够满足要求。

（2）子站与 FTU 之间，使用多模光纤。主干通信网络采用光纤作为通信介质，可靠性高，出现故障的可能性低；使用自愈双环网，可以保证通信网络故障时不至于导致整个网络通信的崩溃。因为子站与 FTU 之间形成的通信网络之间，各个通信节点的距离较短，很少超过 3km，多模光纤已经能够满足要求，不需要使用单模光纤。因此子站与 FTU 之间可使用多模光纤，构成自愈式双环网。

1）单环光纤通信。图 6 - 3 所示为单环光纤通信。光收发器既有光收发功能，又有转发功能。在环网中每个 FTU 配一个这样的光收发器，并用一根单芯的光纤与相邻的 FTU 或主站相连。在单环通信结构中，一旦光纤或光收发器发生故障，则整个环就失去了通信。

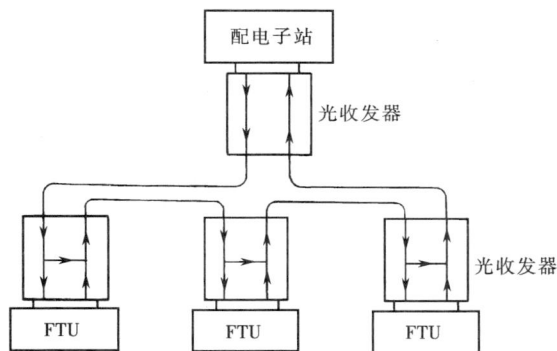

图 6 - 3　单环光纤通信

2）自愈式双环光纤通信。自愈式环网光纤通信可大大提高通信的可靠性，图 6 - 4 是自愈式环网光纤通信的原理图，图中 CP 是自愈型光收发器。

自愈式环网由两个环网组成，即 A 环和 B 环，它们数据流的方向刚好相反。其中一个是主环，如 A 环，B 环就是备用的。一旦其中一个光转发器故障，如图 6 - 4（b）所示，相邻的光转发器能测出数据流断开而自动形成两个环工作，即一个为 A 到 B 的环，另一个为 B 到 A 的，仅将

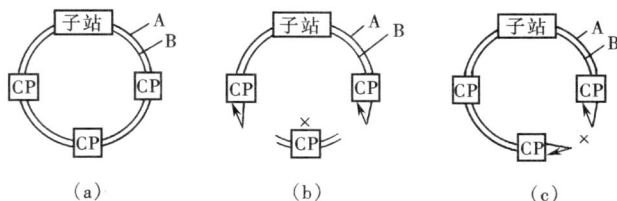

图 6 - 4　自愈式环网光纤通信原理图
(a) 自愈式环网构成；(b) 一个光转发器故障；(c) 一处光纤故障

故障设备退出并通知子站。如果光纤发生故障，如图 6 - 4（c）所示，则故障两侧的光收发器自动构成回路而形成双环工作，不影响系统的通信，并将故障点通知子站。

（3）TTU 与电量集抄系统的数据的转发。如果由 FTU 负责附近 TTU 及电量集抄系统数据的转发，可以利用有线（屏蔽双绞线）方式采用现场总线（如 485 总线，CAN 总线、Lon-Works 总线等）通信。由于 TTU 与电量集抄系统的数据实时性要求不高，通信介质选用屏蔽双绞线已经能够满足要求。FTU 负责附近 TTU 及集抄系统的转发，仅作为数据传输的通道，不进行数据解包工作。

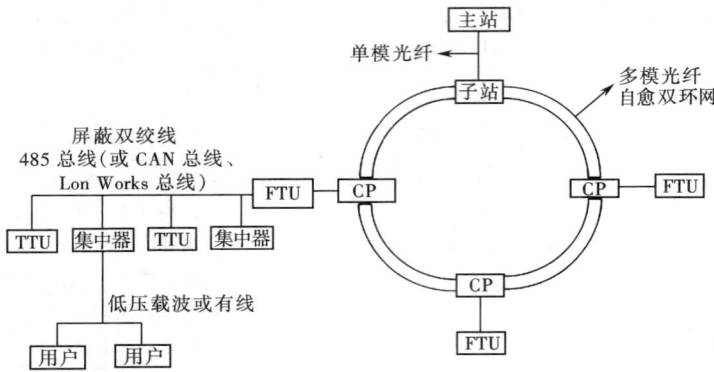

图 6 - 5 配电自动化系统通信方案网络结构图

图 6 - 5 是一个配电自动化系统通信方案网络结构图。

第二节　馈线自动化（FA）

馈线自动化（Feeder Automation，简称 FA）是配网自动化的一项重要功能。馈线自动化是指配电线路的自动化。由于变电所自动化是相对独立的一项内容，实际上在配网自动化实现以前，馈线自动化就已经发展并完善，因此在一定意义上可以说配网自动化指的就是馈线自动化。不管是国内还是国外，在实施配网自动化时，也确实都是从馈线自动化开始的。

在正常状态下，馈线自动化实时监视馈线分段开关与联络开关的状态和馈线电流、电压情况，实现线路开关的远方或就地合闸和分闸操作；在故障时，获得故障记录，并能自动判别和隔离馈线故障区段，迅速对非故障区域恢复供电。

一、馈线终端

配电网自动化系统远方终端有：①馈线远方终端（包括 Feeder Terminal Unit，简称 FTU 和 Distribution Terminal Unit，简称 DTU）；②配电变压器远方终端（Transformer Terminal Unit，简称 TTU）；③变电所内的远方终端（RTU）。

FTU 分为户外柱上 FTU、环网柜 FTU 和开关站 FTU 三类。所谓 DTU，实际上就是开关站 FTU。三类 FTU 应用场合不同，分别安装在柱上、环网柜内和开关站。但其基本功能是一样的，都包括遥信、遥测和遥控，以及故障电流检测等功能。

FTU/TTU 在 DMS 中的地位和作用和常规 RTU 在输电网能量管理系统（EMS）中的地位和作用是等同的。但是配电网远方终端并不等同于传统意义上的 RTU。一方面，配电自动化远方终端除了完成 RTU 的四遥功能外，更重要的是完成故障电流检测、低频减载和备用电源自投等功能，有时甚至还需要提供过电流保护等原来属于继电保护的功能。因而从某种意义上讲，配电远方终端比 RTU 的智能化程度更高，实时性要求也更高，实现的难度也就更大。另一方面，传统的 RTU 往往或集中安装在变电所控制室内，或分层分布地安装在变电所各开关柜上，但总的来说基本上都安装在环境相对较好的户内。而配电自动化远方终端不同，虽然它也有少量设备安装在户内（开关站 FTU），但更多的设备往往安装在电线杆上、马路边的环网柜内等环境非常恶劣的户外。因而对配电自动化远方终端设备的抗震、抗雷击、低功耗、耐高低温等性能要求比传统 RTU 要高得多。

二、馈线自动化的实现方式

馈线自动化方案可分为就地控制和远方控制两种类型。前一种依靠馈线上安装的重合器和分段器自身的功能来消除瞬时性故障和隔离永久性故障，不需要和控制中心通信即可完成故障隔离和恢复供电；而后一种是由 FTU 采集到故障前后的各种信息并传送至控制中心，由分析软件分析后确定故障区域和最佳供电恢复方案，最后以遥控方式隔离故障区域，恢复正常区域供电。

就地控制方式的优点是，故障隔离和自动恢复送电由重合器自身完成，不需要主站控制，因此在故障处理时对通信系统没有要求，所以投资省、见效快。其缺点是，这种实现方式只适用于配电网络相对比较简单的系统，而且要求配电网运行方式相对固定。另外，这种实现方式对开关性能要求较高，而且多次重合对设备及系统冲击大。早期的配网自动化只是单纯的为了隔离故障并恢复非故障区供电，还没有提出配电系统自动化或配电管理自动化，就地控制方式是一种普遍的馈线自动化实现方式。

远方控制方式由于引入了配电自动化主站系统，由计算机系统完成故障定位，因此故障定位迅速，可快速实现非故障区段的自动恢复送电，而且开关动作次数少，对配电系统的冲击也小。其缺点是，需要高质量的通信通道及计算机主站，投资较大，工程涉及面广、复杂；尤其是对通信系统要求较高，在线路故障时，要求相应的信息能及时传送到上级站，上级站发送的控制信息也能迅速传送到 FTU。

随着电子技术的发展，电子、通信设备的可靠性不断提高，计算机和通信设备的造价也会越来越低，预计将来会广泛地采用配电自动化主站系统配合遥控负荷开关、分段器，实现故障区段的定位、隔离及恢复供电，能够克服就地控制方式带来的缺点。

三、重合器

自动重合器是一种能够检测故障电流、在给定时间内断开故障电流并能进行给定次数重合的一种有"自具"能力的控制开关。所谓自具（Self Contained），即本身具有故障电流检测和操作顺序控制与执行的能力，无需附加继电保护装置和另外的操作电源，也不需要与外界通信。现有的重合器通常可进行三次或四次重合。如果重合成功，重合器则自动中止后续动作，并经一段延时后恢复到预先的整定状态，为下一次故障做好准备。如果故障是永久性的，则重合器经过预先整定的重合次数后，就不再进行重合，即闭锁于开断状态，从而将故障线段与供电源隔离开来。

重合器在开断性能上与普通断路器相似，但比普通断路器有多次重合闸的功能；在保护控制特性方面，则比断路器的"智能"高得多，能自身完成故障检测，判断电流性质，执行开合功能，并能记忆动作次数，恢复初始状态，完成合闸闭锁等。

不同类型的重合器，其闭锁操作次数、分闸快慢动作特性及重合间隔时间等不尽相同，其典型的四次分段三次重合的操作顺序为：分 $\xrightarrow{t_1}$ 合分 $\xrightarrow{t_2}$ 合分 $\xrightarrow{t_2}$ 合分，其中 t_1、t_2 可调，随产品不同而异。重合次数及重合闸间隔时间可以根据运行中的需要调整。

四、分段器

分段器是提高配电网自动化程度和可靠性的又一种重要设备。分段器必须与电源侧前级主保护开关（断路器或重合器）配合，在无压的情况下自动分闸。当发生永久性故障时，分段器在预定次数的分合操作后闭锁于分闸状态，从而达到隔离故障线路区段的目的。若分段器未完成预定次数的分合操作，故障就被其他设备切除了，分段器将保持在合闸状态，并经一段延时后恢复到预先整定状态，为下一次故障作好准备。分段器可开断负荷电流、关合短路电流，但不能开断短路电流，因此不能单独作为主保护开关使用。

电压—时间型分段器有两个重要参数需要整定，即时限 X 和时限 Y。时限 X 是指从分段器电源侧加压开始，到该分段器合闸的时间，也称为合闸时间。时限 Y 称为故障检测时间，它的作用是：当分段器关合后，如果在 Y 时间内一直可检测到电压，则 Y 时间之后发生失压分闸，分段器不闭锁，当重新来电时还会合闸（经 X 时限）；如果在 Y 时间内检测不到电压，则分段器将发生分闸闭锁，即断开后来电也不再闭合。X 时限＞Y 时限＞t_1（t_1 为从分段器源端断路器或重合器检测到故障起到跳闸止的时间）。

电压—时间型分段器有两种功能：第一种是在正常运行时闭合的分段开关；第二种是正常运行时断开的分段开关。当电压—时间型分段器作为环状网的联络开关并开环运行时，作为联络开关的分段器应当设置在第二种功能；而其余的分段器则应当设置在第一种功能。

五、就地控制馈线自动化

（一）辐射状网的故障隔离

图 6-6 为一个典型的辐射状网在采用重合器与电压—时间型分段器配合时，隔离故障区段、恢复正常线路供电的过程示意图。图 6-7 为各开关的动作时序图。

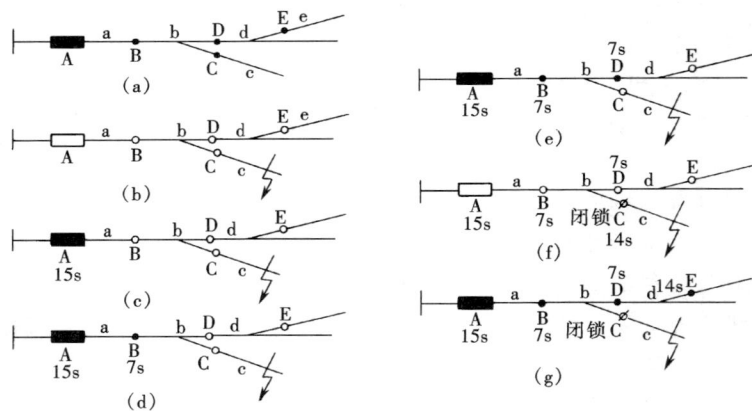

图 6-6　辐射状网故障区域隔离的过程

(a) 正常时；(b) 永久性故障后；(c) 重合闸 A 第一次合闸；(d) 分段器 B 合闸；

(e) 分段器 D 合闸；(f) 分段器 C 合闸；(g) 恢复正常状态

▬—重合器合闸状态；▭—重合器断开状态；●—分段器合闸状态；

○—分段器断开状态；ø—分段器闭锁状态

图 6-6 中，A 为重合器，整定为一慢一快，第一次重合时间为 15s，第二次重合时间为 5s。B 和 D 为电压—时间型分段器，它们的 X 时限均整定为 7s；C 和 E 也是电压—时间型分段器，其 X 时限整定为 14s；所有分段器的 Y 时限均整定为 5s。由于都是动断开关，分段器都设置在第一种功能。

该辐射网正常运行时，重合器合闸，各分段器闭合［如图6-6（a）所示］。当c区段发生永久性故障后，重合器A跳闸，导致线路失压，造成分段器B、C、D和E均分闸［如图6-6（b）所示］。事故跳闸15s后，重合器A第一次重合［如图6-6（c）所示］。经过7s的时限后，分段器B自动合闸，将电供至b区段［如图6-6（d）所示］。又经过7s的时限后，分段器D自动合闸，将电供至d区段［如图6-6（e）所示］。分段器B合闸，经过14s的时限后，分段器C自动合闸，由于c段存在永久性故障，再次导致重合器A跳闸，从而线路失压，造成分段器B、C、D和E均分闸，由于分段器C合闸后未达到时限（5s）就又失压，所以该分段器闭锁［如图6-6（f）所示］。重合器

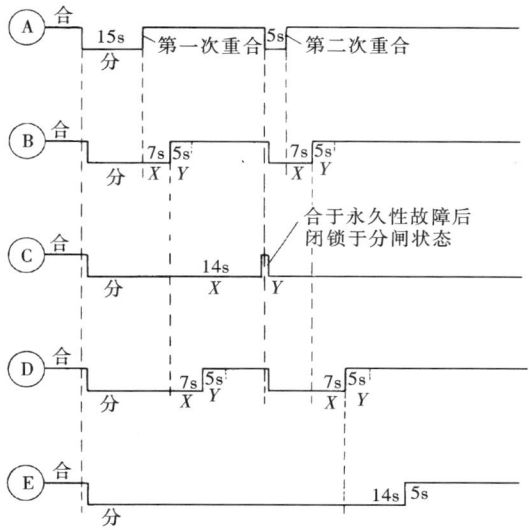

图6-7　图6-4中各开关的动作时序图
X—合闸时间；Y—故障检测时间

A再次跳闸后，又经过5s进行第二次重合，分段器B、D和E依次自动合闸，而分段器C因闭锁保持分闸状态，从而隔离了故障区段，恢复了正常区段的供电［如图6-6（g）所示］。

（二）环状开环运行时的故障隔离

图6-8为一典型的开环运行的环网在采用重合器与电压—时间型分段器配合时隔离故障区段的过程示意图。图6-9为各开关的动作时序图。

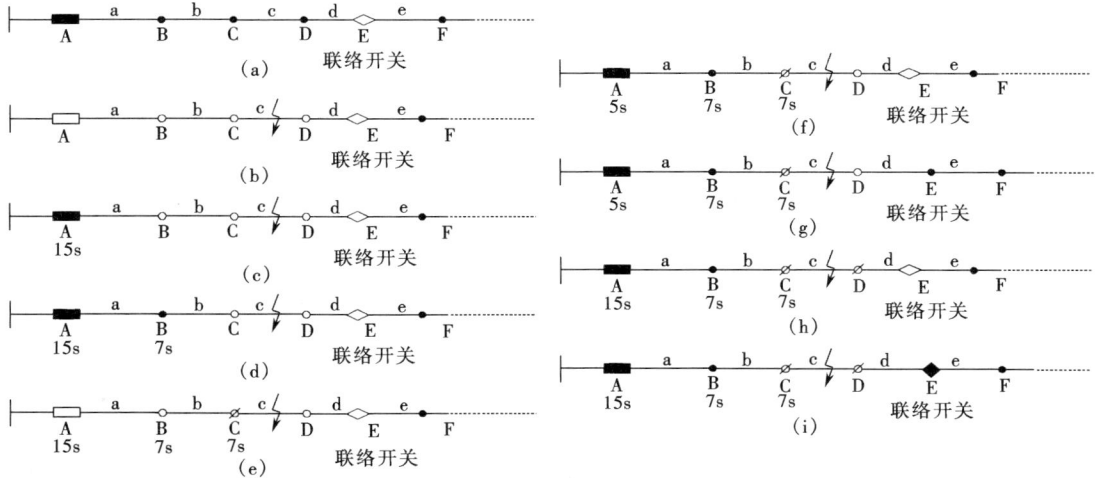

图6-8　环状网开环运行时故障区段隔离的过程

（a）正常时；（b）永久性故障；（c）重合器A跳闸；（d）分段器B自动合闸；（e）分段器C自动合闸；

（f）重合器A再次跳闸后第二次重合；（g）分段器E自动合闸；

（h）分段器E闭锁在分闸状态；（i）恢复正常状态

■—重合器合闸状态；□—重合器断开状态；●—分段器合闸状态；○—分段器断开状态；

ø—分段器闭锁状态；◆—联络开关

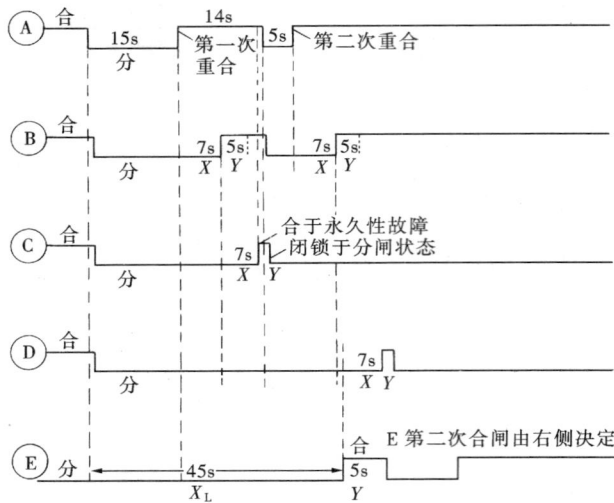

图 6-9　图 6-8 中各开关的动作时序图

图 6-8 中 A 为重合器，整定为一慢一快，即第一次重合时间为 15s，第二次重合时间为 5s。B、C 和 D 为电压—时间型分段器并且设置在第一种功能，它们的 X 时限均整定为 7s，Y 时限整定为 5s。E 为联络开关处的电压—时间型分段器，设置在第二种功能，其 X 时限整定为 45s，Y 时限整定为 5s。

该环状网正常运行时，重合器 A 和分段器 B、C、D、F 闭合，作为联络开关的分段器 E 断开［如图 6-8（a）所示］。当 c 区段发生永久性故障后，重合器 A 跳闸，导致联络开关左侧线路失压，造成分段器 B、C 和 D 均分闸，分段器 E 的时间记数器启动［如图 6-8（b）所示］。事故跳闸后 15s，重合器 A 第一次重合［如图 6-8（c）所示］。再经过 7s 的时限后，分段器 B 自动合闸，将电供至 b 区段［如图 6-8（d）所示］。又经过 7s 的时限后，分段器 C 自动合闸，此时由于 c 段存在永久性故障，再次导致重合器 A 跳闸，从而线路失压，造成分段器 B 和 C 均分闸，由于分段器 C 合闸后未达到时限 5s 就又失压，该分段器将被闭锁在分闸状态［如图 6-8（e）所示］。重合器 A 再次跳闸后，又经过 5s 进行第二次重合，随后分段器 B 自动合闸，而分段器 C 因闭锁保持分闸状态［如图 6-8（f）所示］。重合器 A 第一次跳闸后，经过 45s 的时限后，分段器 E 自动合闸，将电供至 d 区段［如图 6-8（g）所示］。又经过 7s 的时限后，分段器 D 自动合闸，此时由于 c 段存在永久性故障，导致联络开关右侧的线路的重合器跳闸，从而右侧线路失压，造成其上所有分段器均分闸，由于分段器 D 合闸后未达到时限（5s）就又失压，该分段器将被闭锁在分闸状态［如图 6-8（h）所示］。联络开关右侧的重合器重合后，联络开关以及其右侧的分段器又依顺序合闸，而分段器 D 保持分闸状态，从而隔离了故障区段，恢复了正常区段的供电［如图 6-8（i）所示］。

可见，当隔离开环运行的环状网的故障区段时，要使联络开关另一侧的健全区域所有的开关都分一次闸，造成供电短时中断。东芝公司的电压—时间型分段器就这个问题作出了改进，具体做法是在分段器上又设置了异常低压闭锁功能，即当分段器检测到其任何一侧出现低于额定电压 30％ 的异常低电压的时间超过 150ms 时，该分段器将闭锁。这样在图 6-8（e）中，分段器 D 也会被闭锁，从而在图 6-8（g）中，只要合上联络开关就可完成故障隔离，而不会发生联络开关右侧所有开关跳闸再顺序重合的过程。

六、远方控制的馈线自动化

前面已经介绍过，FTU 是一种具有数据采集和通信功能的柱上开关控制器。在故障时，FTU 将故障时的信息通过通道送到变电所，而与变电所自动化的遥控功能相配合，对故障进行一次性的定位和隔离。这样，既免去了由于开关试投所增加的冷负荷，又可大大加速自动恢复供电的时间（由大于 20min 加快到约 2min）。此外，如有需要，还可以自动启动负荷管理系统，切除部分负荷，以解决可能还需对付的冷负荷问题。

　　典型的基于 FTU 的远方控制馈线自动化系统的组成如图 6-10 所示。图示的系统中，各 FTU 分别采集相应柱上开关的运行情况，如负荷、电压、功率和开关当前位置、储能完成情况等，并将上述信息由通信网络发向远方的配电网自动化控制中心。各 FTU 接受配电网控制中心下达的命令进行相应的远方倒闸操作。在故障发生时，各 FTU 记录下故障前及故障时的重要信息，如最大故障电流和故障前的负荷电流、最大故障功率等，并将上述信息传至配电网控制中心，经计算机系统分析后确定故障区段和最佳供电恢复方案，最终以遥控方式隔离故障区段、恢复正常区段供电。

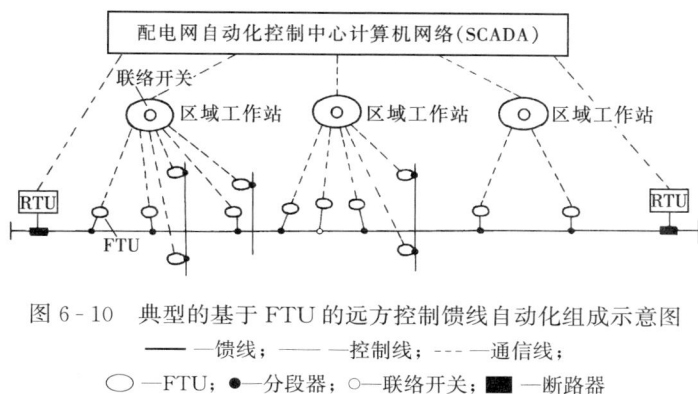

图 6-10　典型的基于 FTU 的远方控制馈线自动化组成示意图
——馈线；——控制线；----通信线；
○—FTU；●—分段器；○—联络开关；■—断路器

第三节　负荷控制技术及需方用电管理（DSM）

一、电力负荷控制的必要性及其经济效益

　　"电力负荷控制系统"是实现计划用电、节约用电和安全用电的技术手段，也是配电自动化的一个重要组成部分。

　　不加控制的电力负荷曲线是很不平坦的，上午和傍晚会出现负荷高峰；而在深夜负荷很小又形成低谷，一般最小日负荷仅为最大日负荷的 40% 左右。这样的负荷曲线对电力系统是很不利的。从经济方面看，如果只是为了满足尖峰负荷的需要而大量增加发电、输电和供电设备，在非峰荷时间里就会形成很大的浪费，可能有占容量 1/5 的发变电设备每天仅仅工作 1~2h。而如果按基本负荷配备发变电设备容量，又会使 1/5 的负荷在尖峰时段得不到供电，也会造成很大的经济损失。上述矛盾是很尖锐的。另外，为了跟踪负荷的高峰低谷，一些发电机组要频繁地启停，既增加了燃料的消耗，又降低了设备的使用寿命。同时，这种频繁的启停及系统运行方式的相应改变，都必然会增加电力系统故障的机会，影响安全运行，从技术方面看对电力系统也是不利的。

　　如果通过负荷控制，削峰填谷，使日负荷曲线变得比较平坦，就能够使现有电力设备得到充分利用，从而推迟扩建资金的投入，并可减少发电机组的启停次数，延长设备的使用寿命，降低能源消耗；同时对稳定系统的运行方式，提高供电可靠性也大有益处。对用户来说，如果让峰用电，也可以减少电费支出。因此，建立一种市场机制下用户自愿参与的负荷控制系统，会形成双赢或多赢的局面。

二、电力负荷控制种类

目前，电力系统中运行的有分散负荷控制装置和远方集中负荷控制系统两种。分散的负荷控制装置功能有限，不灵活，但价格便宜，可用于一些简单的负荷控制。例如，用定时开关控制路灯和固定让峰装置设备；用电力定量器控制一些用电指标比较固定的负荷等。远方集中负荷控制系统的种类比较多，根据采用的通信传输方式和编码方法的不同，可分为音频电力负荷控制系统、无线电电力负荷控制系统、配电线载波电力负荷控制系统、工频负荷控制系统和混合负荷控制系统五类。在我国，负荷控制方式主要有无线电负荷控制和音频负荷控制，此外还有工频负荷控制、配电线载波负荷控制和电话线负荷控制等。在欧洲多地采用音频控制，在北美较多的采用无线电控制方式。

电力负荷控制系统由负荷控制中心和负荷控制终端组成。电力负荷控制中心是可对各负荷控制终端进行监视和控制的主控站，应当与配电调度控制中心集成在一起。电力负荷控制终端是装设在用户处，受电力负荷控制中心的监视和控制的设备，也称被控端。

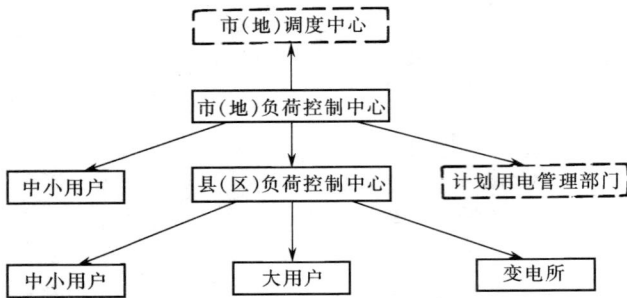

图 6-11　负荷控制系统的基本层次

负荷控制终端又可分为单向终端和双向终端两种。单向终端只能接收电力负荷控制中心的命令；双向终端能与电力负荷控制中心可进行双向数据传输和实现当地控制功能。

三、负荷控制系统的基本层次

根据目前负荷管理的现状，负荷控制系统以市（地）为基础较合适，整个负荷控制系统的基本层次如图6-11所示。在规模不大的情况下，可不设县（区）负荷控制中心，而让市（区）负荷控制中心直接管理各大用户和中、小重要用户。

四、无线电负荷控制系统

在配电控制中心内装有计算机控制的发送器。当系统出现尖峰负荷时，按事先安排好的计划发出规定频带（目前为特高频段）的无线电信号，分别控制一大批可控负荷。在参加负荷控制的负荷处装有接收器，当收到配电控制中心发出的控制信号时，将负荷开关跳开。这种控制方式适合于控制范围不大、负荷比较密集的配电系统。

国家无线电管理委员会已为电力负荷监控系统划分了可用频率，并规定调制方式为移频键控（数字调频）方式（2FSK-FM），传输速率为 $50\sim600\text{bit/s}$。具体使用的频率要与当地无线电管理机构商定。

在无线电信息传输过程中，信号受到干扰的可能性很大，会影响负荷控制的可靠性。为了提高信号传输过程中的抗干扰能力，常采取一些特殊的编码，图 6-12 是其中的一种。这种编码方式用三个频率组成一个码

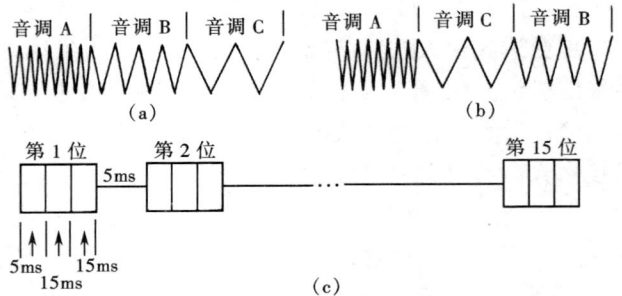

图 6-12　一种无线电负荷控制码的单元结构
(a) 码元为"1"；(b) 码元为"0"；(c) 一组信息码

位，每一位都由具有固定持续时间和顺序的三个不同频率组成。每个频率的持续时间为15ms，每一位码为45ms，每个码位间隔5ms。当音调顺序为ABC时，表示该码元为"1"〔如图6-12（a）所示〕；当音调顺序为ACB时，则表示该码元为"0"〔如图6-12（b）所示〕。每15位码元组成一组信息码，持续时间为750ms〔如图6-12（c）所示〕。译码器必须按每一码元的频率、顺序和每一频率的持续时间接收、鉴别和译码。要对每一码元进行计数，如果不是15位就认为有误而拒收。在一组码中，前面7位是被控对象的地址码，接下去2位是功能码（有告警、控制、开关状态显示、模拟量遥测四种功能），最后6位为数据码，即告警代号、开关号或模拟量的读数。

主控制站利用控制设备和无线电收发信装置发出指令，可同时控制128个被控站。主控制站也能从被控站接收各种信息，并自动打印和显示出来，同时存入磁盘中供分析检查之用。

五、音频负荷控制系统

音频负荷控制系统是指将167～360Hz的音频电压信号叠加到工频电力波形上直接传送到用户进行负荷控制的系统。这种方式利用配电线作为信息传输的媒体，是最经济的传送控制信号的方法，适合于控制范围很广的配电系统。

音频控制的工作方式与电力线载波类似，只是载波频率为音频范围。与电力线载波相比，它传播更有效，有较好的抗干扰能力。在选择音频控制频率时，要避开电网的各次谐波频率，选定前要对电网进行测试，使选用的频率具有较好的传输特性，又不受电网谐波的影响。目前，世界上各国选用的音频频率各不相同，例如，德国为183.3Hz和216.6Hz；法国是175Hz，也有采用316.6Hz。另外，采用音频控制的相邻电网需要选用不同的频率。

因为音频信号也是工频电源的谐波分量，它的电平太高会给用户的电器设备带来不良影响。多种试验研究表明，注入到10kV级时，音频信号的电平可为电网电压的1.3%～2%；注入到110kV级时，则可高些到2%～3%。音频信号的功率约为被控电网功率的0.1%～0.3%。

1. 音频负荷控制系统的基本原理

音频负荷控制系统的构成如图6-13所示，主要由中央控制机、当地控制器、音频信号发生器、耦合设备、注入互感器和音频信号接收器等几部分组成。

中央控制机安装在负荷控制中心（一般在配电网调度所内），根据负荷控制的需要发出各种指令。这些指令脉冲序列通过调制器送到传输信道上，传输到设在配电变电所的当地控制器。从配电网调度所到配电变电所之间的信道可以共用配电网SCADA的已有信道。

站控机接到从中央控制机传来的控制信号之后，控制音频信号发生器调制成音频信号，然后通过耦合设备注入到10kV配电网中。载有负荷控制命令的音频信号从配电变电所出来，沿着中压（10kV）配电线在中压配电网中传播，然后通过配电变压器传到低压（220/380V）配电网。设在低压配电网的音频信号接收器接到音频控制信号后进行检波，将控制命令还原出来，由接收器的译码鉴别电路判断是否是本机地址及执行何种操作，如是，则执行相应操作。反之，则不予理睬。"音频"部分是指当地站控机到低压负荷开关部分，这是一个很庞大的网络，控制信号传输的距离很长，控制的负荷点很多。

2. 中央控制机及音频编码方式

中央控制机可以是一台独立工作的微型计算机，并配有显示、打印和人机联系等外部设

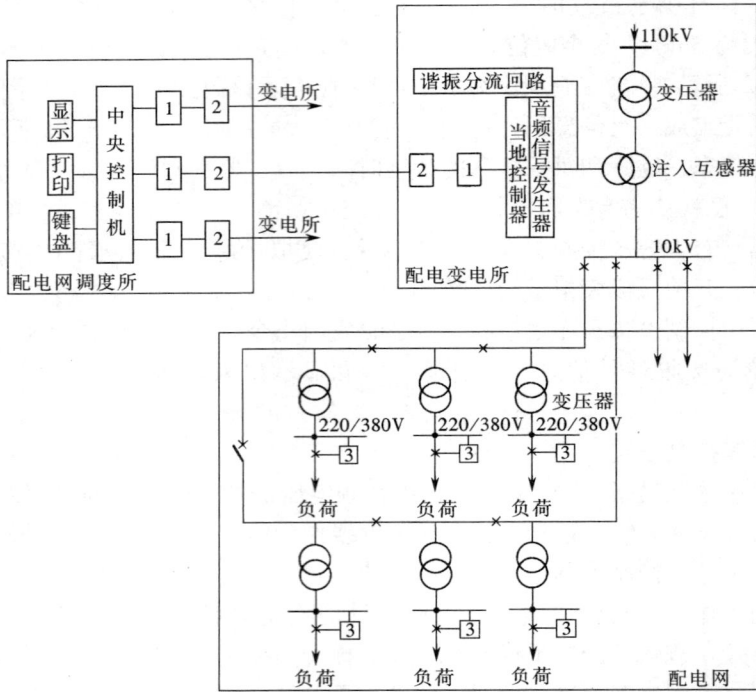

图 6-13　音频负荷控制系统示意图
1—信道匹配器；2—传输信道设备；3—音频信号接收器

备；也可以是配电网自动化系统的一个组成部分。负荷控制命令或按照预先设定的控制规律自动定时发出，或由配电网调度人员发出。中央控制机可以对发出的命令进行返回校核，如指令不正确，则重发一次，直到音频信号接收器正确收到指令为止。

各国音频负荷控制指令码的结构不尽相同。图 6-14 是某电力公司采用的脉冲间隔指令码结构图。从图中可见一条指令从起始到结束历时 101 600ms（101.6s），共包含 50 个码位，每个码位占用 27 个工频周波，一条指令总共占用 5080 个工频周波。用这样长的时间发完一条指令是为了加强抗干扰能力，提高可靠性。如果配电线重合闸的动作时间大于信号脉冲周期时间，信号将被中断，接收器拒绝动作。这种情况出现时，中央控制机将再发控制指令信号。接收器只有在收到完整正确的信号时，才会执行控制命令。

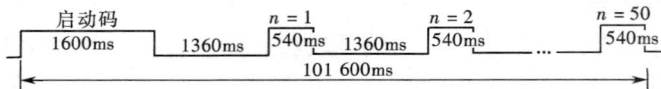

图 6-14　某电力公司采用的脉冲间隔指令码结构图

控制信号编码中的第一个是启动码，占用 80 个工频周波。启动码后面有 50 个码位，以若干位为一组，分别组成指令的地址码和操作码。例如，用前 10 个码位作为音频发射器的地址，用 10 取 2 的组合，可以在一个配电网中同时安装 45 台有不同地址码的音频发生器（也可以几台发射器共用一个地址码来扩大控制范围），把其后的 20 个码位作为接收机的地址码，采用 20 取 2 的组合，可以有 190 个不同的地址码。实际应用时常将几个、几十个以至几百个同一类别的被控负荷用同一地址码表示，可更加扩大负荷控制的范围。例如，如果将 100 个接收器为一组，上述的 190 个地址就能控制19 000个负荷。其余的码位为操作码的编码，指明何种操作。

六、负荷管理（LM）与需方用电管理

负荷管理（LM）的直观目标，就是通过削峰填谷使负荷曲线尽可能变得平坦。这一目标的实现，有的由 LM 独立完成，有的则需与配电 SCADA、AF/FM/GIS 及应用软件 PAS 配合实现。

需方用电管理（DSM）则从更大的范围来考虑这一问题。它通过发布一系列经济政策以及应用一些先进的技术来影响用户的电力需求，以达到减少电能消耗、推迟甚至少建新电厂的效果。这是一项充分调动用户参与积极性，充分利用电能，进而改善环境的一项系统工程。

第四节　配电图资地理信息系统（AM/FM/GIS）

一、概述

配电图资地理信息系统是自动绘图 AM（Automated Mapping）、设备管理 FM（Facilities Management）和地理信息系统 GIS（Geographic Information System）的总称，是配电系统各种自动化功能的公共基础。

和输电系统不同，配电系统的管辖范围从变电所、馈电线路一直到千家万户的电能表。配电系统的设备分布广、数量大，所以设备管理任务十分繁重，且均与地理位置有关。而且配电系统的正常运行、计划检修、故障排除、恢复供电以及用户报装、电量计费、馈线增容、规划设计等，都要用到配电设备信息和相关的地理位置信息。因此，完整的配电系统模型离不开设备和地理信息。配电图资地理信息系统已成为配电系统开展各种自动化（如电量计费、投诉电话热线、开具操作票等）的基础平台。

二、地理信息系统（GIS）

地理信息系统（GIS）产生于 20 世纪 60 年代中期，当时主要是用于土地资源规划、自然资源开发、环境保护和城市建设规划等。在国内起步较晚，20 世纪 80 年代初，一些科研单位与大学才开始这方面的研究。

地理信息系统是计算机软硬件技术支持下采集、存储、管理、检索和综合分析各种地理空间信息，以多种形式输出数据与图形产品的计算机系统。

地理是地理信息系统的重要数据源。这里的地图是指数字地图。数字地图是一种以数字形式表示的地图，将地图上的地图实体分布范围分别用点、线、面来描述。"点"是地面上的水井、高程水准点那样的物体。地理实体的位置采用 (X, Y) 坐标来表达。"线"表示河流和河道之类的线状地物。这类物体的位置采用一组有序的 (X, Y) 坐标来表达。数字地图上的线有起始点和终止点，是有方向性的，称为矢量数据。"面"是指地图上具有边界和面积的区域，如建筑群、湖泊等。"面"可采用一组首尾位置重合的有序线段来表达地理实体的边界位置，即"面"是由一组有序线段包围所构成的区域。

地图数字化是建立地理信息系统的重要环节。根据上述"点"、"线"、"面"的定义，地图上的各种地物的空间分布信息就可以用数字准确地表示出来。数字化的地理底图如同字模

一样，可以一次制作，多次使用，从而降低成本。

三、自动绘图和设备管理系统（AM/FM）

标明有各种电力设备和线路的街道地理位置图，是配电系统管理维修电力设备以及寻找和排除设备故障的有利工具。原来这些图资系统都是人工建立的，即在一定精确度的地图上，由供电部门标上各种电力设备和线路的符号，并建立相应的各种电力设备和线路的技术档案。现在这些工作都可以由计算机完成，即 AM/FM 自动绘图和设备管理系统来完成。

AM 自动绘图包括制作、编辑、修改与管理图形；FM 设备管理包括各种设备及其属性的管理。自动绘图就是通过扫描仪将地图图形输入计算机；设备管理就是将各种电力设备和线路符号反映在计算机的地理背景图上，并通过检索可得到各设备的坐标位置以及全部有关技术档案。AM/FM 不仅可以根据设备信息自动生成配电网络接线或从地理图上按设备、线路或区域直接调出有关的信息，而且还具有缩放、分层消隐、漫游、导航以及旋转等功能。

20 世纪 70 年代至 80 年代中期的 AM/FM 系统大都是独立系统。近些年来，随着地理信息系统 GIS 的快速发展以及 GIS 的优良特性，目前的大多数 AM/FM 系统均建立在 GIS 基础上，即利用 GIS 来开发功能更强的 AM/FM 系统，形成由多学科技术集成的基础平台，因而也称为 AM/FM/GIS 系统。

四、AM/FM/GIS 系统在配电网中的实际应用

AM/FM/GIS 系统以前主要是离线应用，是用户信息系统 CIS（Customer Information System）的一个重要组成部分。近年来，随着开放系统的兴起，新一代的 SCADA/EMS/DMS 开始广泛采用商用数据库。这些商用数据库（如 ORACLE，SYBASE）能支持表征地理信息的空间数据和多媒体信息，这样就为 SCADA/EMS/DMS 与 AM/FM/GIS 的系统集成提供了方便，使 AM/FM/GIS 得以在线应用，成为电力系统数据模型的一个重要组成部分。

（一）AM/FM/GIS 系统在离线方面的应用

AM/FM/GIS 系统作为用户信息系统的一个重要组成部分，提供各种离线应用。

1. 在设备管理系统中的应用

在以地理图为背景所绘制的单线图上，能分层显示变电所、线路、变压器、断路器、隔离开关直至电杆路灯和电力用户的地理位置。只要激活一下所检索的厂、所或设备图标，就可以显示有关厂、所或设备的相关信息。

设备信息包括生产厂家、出厂铭牌、技术数据、投运日期、检修次数等基本信息，还包括设备的运行工况信息和数据。根据这些厂家数据和运行工况，设备管理系统对设备进行经常维护和定期检修，使设备处于良好状态，延长其使用寿命。

设备管理系统虽然是一个独立的应用系统，但可以通过网络通信，与其他应用共享设备信息和数据。

2. 在用电管理系统上的应用

业扩报装、查表收费、负荷管理等是供电部门最为繁重的几项用电管理业务。使用 AM/FM/GIS，可方便基层人员核对现场设备运行状况，及时更新配电、用电的各项信息数据。

业扩报装时，可在地理图上查询有关信息数据，有效地减少现场勘测工作量，加快新用户报装的速度。

查表收费包括电能表管理和电费计费。使用 AM/FM/GIS 按街道的门牌编号为序建立用户档案，查询起来非常直观方便。计费系统还可根据自动抄表或人工抄表的数据，自动核算电费，打印收款通知或直接进入银行账号；还可随时调出任一用户的安装容量及历年用电量数据，进行各类分类统计和分析。

用电管理系统的另一个功能是制定各种负荷控制方案，根据变压器、线路的实际负荷，以及用户的地理位置和负荷可控情况，实现对负荷的调峰、错峰和填谷。

3. 在规划设计上的应用

配电系统在合理分割变电所负荷、馈电线路负荷调整以及增设配电变电所、开关站、联络线和馈电线路，直至配电网改造、发展规划等规划设计任务都比较烦琐，一般都由供电部门自行完成。采用地理图上所提供的设备管理和用电管理信息和数据，与小区负荷预报的数据相结合，共同构成配电网规划和设计计算的基础。

配网的设计计算任务较多，且与 AM/FM/GIS 信息和数据密切相关，因此，一般用于配网的规划设计系统，都具有与 AM/FM/GIS 和 AUTOCAD 的接口，以便借助于 AUTOCAD 丰富的软件工具，高效率地完成各种设计计算任务。

（二）AM/FM/GIS 系统在在线方面的应用

1. 反映配电网的运行状况

读取 SCADA 系统实时遥信量，通过网络拓扑着色，能直观地反映配电系统实时运行状况。对于模拟量，通过动态图层进行数据的动态更新，确保数据的实时性。对于事故，可推出报警画面（含地理信息），用不同的颜色来显示故障停电的线路及停电区域，做事故记录。

2. 在线操作

可在地理接线图上直接对开关进行遥控，对设备进行各种挂牌、解牌操作。

（三）AM/FM/GIS 在投诉电话热线中的应用

投诉电话热线也是 DMS 的一个重要组成部分，其目的是为了快速、准确地利用用户打来的大量故障投诉电话，来判断发生故障的地点和故障影响范围，并根据抢修队目前所处的位置，及时地派出抢修人员，使停电时间最短。

这时，需要了解设备目前的运行状态和故障发生的地点，以及抢修人员所处的位置（应是具体的地理位置，如街道名称、门牌号等），因此，AM/FM/GIS 系统提供的最新地图信息、设备运行状态信息极为重要。

上述任务需要用 DMS 的"故障定位与隔离"和"恢复供电"两个功能来实现。调度员输入用户停电投诉电话的地点，故障定位与隔离程序根据投诉地点的多少和位置分析出故障停电范围，并排出可能的故障点顺序；然后，参照有地理图背景的单线图，用移动电话指挥现场人员准确找到故障点，并予隔离；故障定位与隔离完成后，启动"恢复供电"程序，按程序所指出的最优顺序尽快安全地恢复供电。

第五节　远程自动抄表计费系统

一、概述

随着现代电子技术、通信技术以及计算机及其网络技术的飞速发展，电能计量手段和抄表方式也发生了根本的变化。电能自动抄表系统 AMR（Automatic Meter Reading）是一种采用通信和计算机网络技术，将安装在用户处的电能表所记录的用电量等数据，通过遥测、传输汇总到营业部门，代替人工抄表及后续相关工作的自动化系统。

电能自动抄表系统的实现提高了用电管理的现代化水平。采用自动抄表系统，不仅能节约大量人力资源，更重要的是可提高抄表的准确性，减少因估计或誊写而造成账单出错，使供用电管理部门能得到及时准确的数据信息。同时，电力用户不再需要与抄表者预约抄表时间，还能迅速查询账单，因此自动抄表系统也深受用户的欢迎。随着电价的改革，供电部门为迅速出账，需要从用户处尽快获取更多的数据信息，如电能需量、分时电量和负荷曲线等，使用自动抄表系统可以方便地完成上述功能。电能自动抄表计费系统已成为配电网自动化的一个重要组成部分。

二、远程自动抄表系统的构成

远程自动抄表系统主要包括具有自动抄表功能的电能表、抄表集中器、抄表交换机和中央信息处理机四个部分。抄表集中器是将多台电能表连接成本地网络，并将它们的用电量数据集中处理的装置，其本身具有通信功能，且含有特殊软件。当多台抄表集中器需再联网时，所采用的设备就称为抄表交换机，它可与公共数据网接口。有时抄表集中器和抄表交换机可合二为一。中央信息处理机是利用公用数据网将抄表集中器所集中的电能表数据抄回并进行处理的计算机系统。

1. 电能表

具有自动抄表功能，能用于远程自动抄表系统的电能表有脉冲电能表和智能电能表两大类。

（1）脉冲电能表。它能够输出与转盘数成正比的脉冲串。根据其输出脉冲的实现方式的不同，又可分为电压型脉冲电能表和电流型脉冲电能表两种。电压型电能表的输出脉冲是电平信号，采用三线传输方式，传输距离较近；而电流型表的输出脉冲是电流信号，采用两线传输方式，传输距离较远。

（2）智能电能表。它传输的不是脉冲信号，而是通过串行口，以编码方式进行远方通信，因而准确、可靠。按智能电能表表的输出接口通信方式划分，智能电能表可分为RS-485接口型和低压配电线载波接口型两类。RS-485智能电能表是在原有电能表内增加了RS-485接口，使之能与采用RS-485型接口的抄表集中器交换数据；载波智能电能表则是在原有电能表内增加了载波接口，使之能通过220V低压配电线与抄表集中器交换数据。

（3）电能表的两种输出接口比较。输出脉冲方式可以用于感应式和电子式电能表，其技术简单，但在传输过程中，容易发生丢脉冲或多脉冲现象，而且由于不可以重新发送，当计算机因意外中断运行时，会造成一段时间内对电能表的输出脉冲没有计数，导致计量不准。此外，输出脉冲方式电能表的功能单一，一般只能输送电能信息，难以获得最大需量、电压、电流和功率因数等多项数据。

串行通信接口输出方式可以将采集的多项数据，以通信规约规定的形式作远距离传输，一次传输无效，还可以再次传输，这样抄表系统即使暂时停机也不会对其造成影响，保证了数据可靠的上传。但是串行通信方式只能用于采用微处理器的智能电子式电能表和智能机械电子式电子表，而且由于通信规约的不规范，使各厂家的设备之间不便于互连。

2. 抄表集中器和抄表交换机

抄表集中器是将远程自动抄表系统中的电能表的数据进行一次集中的装置。对数据进行集中后，抄表集中器再通过电力载波等方式将数据继续上传。抄表集中器能处理脉冲电能表的输出脉冲信号，也能通过 RS-485 方式将数据继续上传。抄表集中器能处理脉冲电能表的输出脉冲信号，也能通过 RS-485 方式读取智能电能表的数据，通常具有 RS-232、RS-485 方式或红外线通道用于与外部交换数据。

抄表交换机是远程抄表系统的二次集中设备。它集结的是抄表集中器的数据，然后再通过公用电话网或其他方式传输到电能计费中心的计算机网络。抄表交换机可通过 RS-485 或电力载波方式与各抄表集中器通信，而且也具有 RS-232、RS-485 方式或红外线通道用于与外部交换数据。

3. 电能计费中心的计算机网络

电能计费中心的计算机网络是整个自动抄表系统的管理层设备，通常由单台计算机或计算机局域网再配合以相应的抄表软件组成。

三、远程自动抄表系统的典型方案

1. 总线式抄表系统

总线式抄表系统是由电能表、抄表集中器、抄表交换机和电能计费中心组成的四级网络系统，其系统框图如图 6-15 所示。

图示系统中抄表集中器通过 RS-485 网络读取智能电能表数据或直接接收脉冲电能表输出脉冲。抄表集中器与抄表交换机之间采用低压配电线载波方式传输数据。抄表交换机与电能计费中心的计算机网络之间，通过公用电话网传输数据。

在总线式抄表系统中，抄表集中器还可以通过低压配电线载波方式读取电能表数据，抄表交换机与抄表集中器也可以采用 RS-485 网络传输数据。

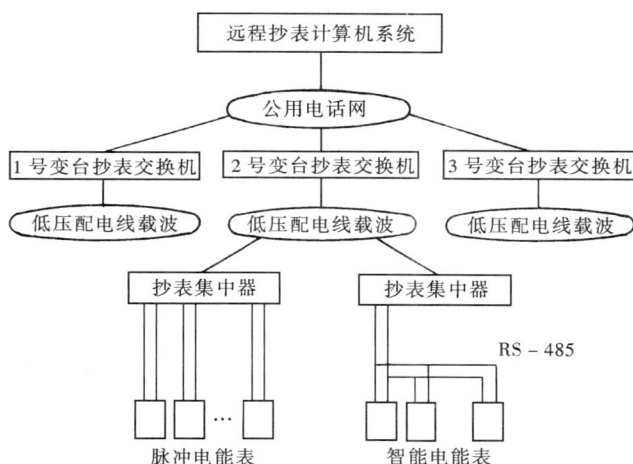

图 6-15 总线式远程自动抄表系统框图

远方抄取居民用户电量时，可将一个楼道内的电能表采用一台抄表集中器集中，再将多台抄表集中器通过抄表交换机连接到公用电话网进行远程自动抄表。

2. 三级网络的远程自动抄表系统

图 6-16 所示是一个三级网络的远程自动抄表系统。该系统中的抄表交换机和抄表集中器合二为一，它通过 RS-485 网或者低压配电线载波方式读取智能电能表数据，直接采集脉冲电能表的脉冲，然后通过公用电话网将数据送至电能计费中心的计算机网络。

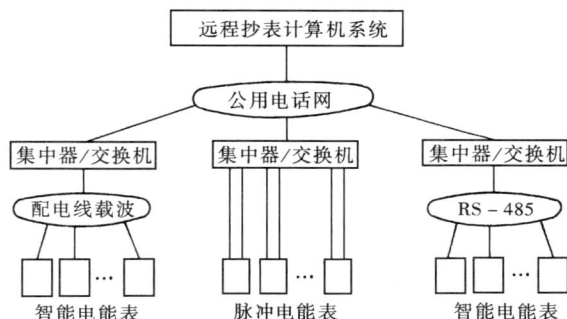

图 6-16 采用三级网络的远程自动抄表系统

3. 采用无线电台的远程自动抄表系统

图 6-17 所示是一个采用无线电台的远程自动抄表系统。

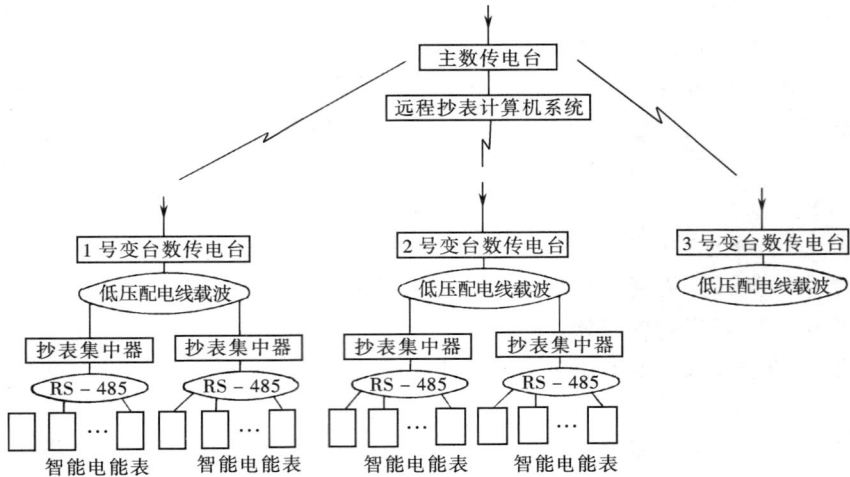

图 6-17 采用无线电台的远程自动抄表系统

4. 利用远程自动抄表防止窃电

利用远程自动抄表系统还可以及时发现窃电行为，以便及时地采取必要的措施。

仅从电能表本身采取技术手段已经难以防范越来越高明的窃电手段。根据低压配电网的结构，合理设置抄表集中器和抄表交换机，并在区域内的适当位置采用总电能表来核算各分支电能表数据的正确性，就可以较好地防范和侦查窃电行为，即针对居民用户电能表，在每条低压馈线分支前的适当位置（比如一座居民楼的进线处）安装一台抄表集中器，并在该处安装一台用于测量整条低压馈线总电能的低压馈线总电能表，该表也和抄表集中器相连。在居民小区的配电变压器处设置抄表交换机，并与安装在该处的配电区域总电能表相连。这样，当配变区域总电能表的数据明显大于该区域所有的居民用户电能表读数之和时，在排除了电能表故障的可能性后，就可认定该区域发生了窃电行为。

第七章　变电所综合自动化和数字化变电所

第一节　变电所综合自动化

变电所综合自动化是将变电所的二次设备（包括测量仪器、信号系统、继电保护、自动装置和远动装置等）经过功能的组合和优化设计，利用先进的计算机技术、现代电子技术、通信技术和信号处理技术，实现对全变电所的主要设备和输、配电线路的自动监视、测量、自动控制和保护，以及与调度通信等综合性的自动化功能。变电所综合自动化系统中，不仅利用多台微型计算机和大规模集成电路组成的自动化系统，代替了常规的测量、监视仪表和常规控制屏，还用微机保护代替常规的继电保护屏，弥补了常规的继电保护装置不能自检也不能与外界通信的不足。变电所综合自动化可以采集到比较齐全的数据和信息，利用计算机的高速计算能力和逻辑判断能力，可方便地监视和控制变电所内各种设备的运行和操作。变电所综合自动化技术是自动化技术、计算机技术和通信技术等高科技在变电所领域的综合应用。

配电变电所是配电网的重要组成部分，因此配电变电所自动化程度的高低，直接反映了配电自动化的水平。配电变电所自动化和输电网中变电所自动化主要有两点不同：①配电变电所自动化不考虑电力系统的稳定问题，因此，保护和故障录波的要求都比较简单；②量大面广的馈电线路开关体积较小，较易与二次自动化设备组合成一体，构成机电一体化的智能式开关。

当代的变电所自动化正从传统的单项自动化向综合自动化方向过渡，而且是电力系统自动化中系统集成最为成功、效益较为显著的一个例子。

一、变电所综合自动化系统的基本功能

变电所综合自动化系统是由各个子系统组成的。在研制过程中，一个值得重视的问题是如何把变电所各个单一功能的子系统（或单元自控装置）组合起来，实际上是如何使上位机（监控主机）与各子系统之间建立起数据通信或互操作。在综合自动化系统中，由于综合或协调工作的需要，网络技术、分布式技术、通信协议标准、数据共享等问题，必然成为研究综合自动化系统的关键问题。

变电所综合自动化系统的基本功能体现在下述 5 个子系统的功能中。

1. 监控子系统

监控子系统应取代常规的测量系统，取代指针式仪表；改变常规的操作机构和模拟盘，取代常规的告警、报警、中央信号、光字牌；取代常规的远动装置等等。总之，其功能应包括数据量采集（包括模拟量、开关量和电能量等数据的采集），事件顺序记录 SOE，故障记录、故障录波和故障测距，操作控制功能，安全监视功能，人机联系功能，打印功能，数据处理与记录功能，谐波分析与监视功能等。

2. 微机保护子系统

微机保护是综合自动化系统的关键环节。微机保护应包括全变电所主要设备和输电线路

的全套保护，具体有高压输电线路的主保护和后备保护、主变压器的主保护和后备保护、无功补偿电容器组的保护、母线保护、配电线路的保护、不完全接地系统的单相接地选线。

　　3. 电压、无功综合控制子系统

　　在配电网中，实现电压合格和无功基本就地平衡是非常重要的控制目标。在运行中，能实时控制电压/无功的基本手段是有载调压变压器的分接头调挡和无功补偿电容器组的投切。

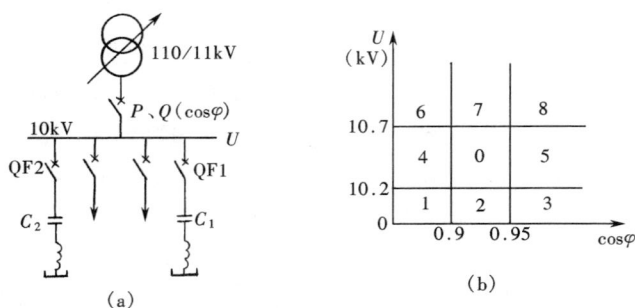

图 7 - 1　九区域法的电压/无功自动控制
(a) 接线图；(b) 九区域图

　　目前多采用一种九区域控制策略进行电压/无功自动控制，可用图 7 - 1 来说明这一方法的原理。

　　变电所综合自动化系统采集并实时监视 10kV 母线电压以及主变压器 10kV 侧 P、Q（并可计算 $\cos\varphi$），当母线电压 $U<10.2\text{kV}$、$\cos\varphi<0.9$ 时，判定处于第 1 区中，首先合闸 QF1 投入一组电容 C_1，如监测到 $\cos\varphi>0.9$，但仍为 $U<10.2\text{kV}$ 时，则判定处于 2 区，此时可控制主变压器分接头降低一挡（使降压变比减小），再监测如果 $10.2\text{kV}<U<10.7\text{kV}$；$0.9<\cos\varphi<0.95$，则判定已处于 0 区，0 区是符合控制目标的正常工作区域。

　　总之，一旦监测到工作点离开了 0 区，即自动控制电容的投切和变压器分接头挡位，使其迅速回到 0 区。

　　这种由微机实现的电压/无功控制，可使变电所 10kV 母线电压合格率大大提高，同时也可使变电所电源进线上的损耗降低，取得了很好的效益。

　　这种电压/无功控制是一种局部 AVC，还不是采集全网数据进行优化控制以实现总网损最低的全网 AVC。由于点多面广，实现全网优化的 AVC 难度是比较大的。

　　另一个需注意的问题是每天分接头挡位调节和电容投切次数均需有一定限制，过于频繁的调节对设备寿命十分不利，甚至引发事故。已有软件对此给予了约束。

　　4. 低频减负荷及备用电源自投控制子系统

　　低频减负荷是一种"古老"的自动装置。当电力系统有功严重不足使系统频率急剧下降时，为保持系统稳定而采取的一种"丢车保帅"手段。

　　但传统常规的低频减负荷有着很大的缺点。例如某一回路已被定为第一轮切负荷对象，可是此时该回路负荷很小，切了它也起不到多少作用，如果第一轮中各回路中这种情况多几个，则第一轮切负荷就无法挽救局势。

　　在变电所综合自动化系统中，可以避免这种情况。当监测到该回路负荷很小时，可不切除它，而改切另一路负荷大的备选回路。这就改变了"呆板"形象，而具有一定的智能。

　　5. 通信子系统

　　通信功能包括所内现场级之间的通信和变电所自动化系统与上级调度的通信两部分。

　　（1）综合自动化系统的现场级通信。综合自动化系统的现场级通信，主要解决自动化系统内部各子系统与上位机（监控主机）及各子系统间的数据通信和信息交换问题。通信范围是变电所内部。对于集中组屏的综合自动化系统，就是在主控室内部；对于分散安装的自动化系统，其通信范围扩大至主控室与各子系统的安装地（开关室），通信距离加长了一些。

现场级的通信方式有并行通信、串行通信、局域网络和现场总线等多种方式。

（2）综合自动化系统与上级调度通信。综合自动化系统应兼有 RTU 的全部功能，能够将所采集的模拟量和开关状态信息，以及事件顺序记录等传至调度端；同时应能接收调度端下达的各种操作、控制、修改定值等命令，即完成新型 RTU 的全部四遥及其他功能。

通信子系统的通信规约应符合部颁标准。最常用的有 POLLING 和 CDT 两类规约。

二、变电所综合自动化的结构形式

变电所综合自动化系统的发展与集成电路、微计算机、通信和网络等方面的技术发展密切相关。随着这些高科技技术的不断发展，综合自动化系统的体系结构也不断发生变化，其性能和功能以及可靠性等也不断提高。从国内外变电所综合自动化系统的发展过程来看，其结构形式有集中式、分布集中式、分散与集中相结合式和全分散式等四种。

1. 集中式的结构形式

集中式的综合自动化系统，是指集中采集变电所的模拟量、开关量和数字量等信息，集中进行计算与处理，再分别完成微机监控、微机保护和一些自动控制等功能。集中式结构不是指由一台计算机完成保护、监控等全部功能。集中式结构的微机保护、微机监控和与调度通信的功能可以由不同计算机完成的，只是每台微型计算机承担的任务多些。这种结构形式的存在与当时的微机技术和通信技术的实际情况是相关的。在国外，20 世纪 60 年代由于电子数字计算机和小型机价格昂贵，只能是高度集中的结构形式。我国变电所综合自动化研究初期也是以集中式结构为主导，如图 7-2 所示。

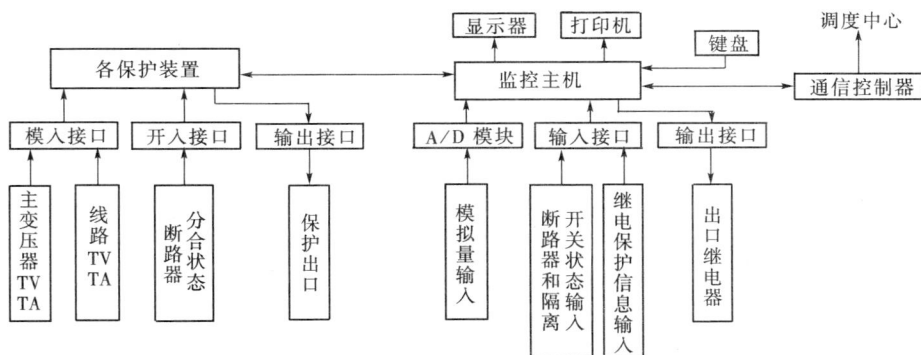

图 7-2 集中式结构的变电所综合自动化系统框图

这种集中式的结构是根据变电所的规模，配置相应容量的集中式保护装置和监控主机及数据采集系统，将它们安装在变电所中央控制室内。

主变压器和各进出线及所内所有电气设备的运行状态，通过 TA、TV 经电缆传送到中央控制室的保护装置和监控主机（或远动装置）。继电保护动作信息往往是取自保护装置的信号继电器的辅助触点，通过电缆送给监控主机（或远动装置）。

这种集中式结构系统造价低，且其结构紧凑、体积小，可大大减少占地面积。其缺点是软件复杂，修改工作量很大，系统调试麻烦；且每台计算机的功能较集中，如果一台计算机出故障，影响面大，因此必须采用双机并联运行的结构才能提高可靠性。另外，该结构组态不灵活，对不同主接线或规模不同的变电所，软、硬件都必须另行设计，二次开发的工作量很大，因此影响了批量生产，不利于推广。

2. 分层（级）分布式系统集中组屏的结构形式

所谓分布式结构，是在结构上采用主从 CPU 协同工作方式，各功能模块（通常是各个从 CPU）之间采用网络技术或串行方式实现数据通信，多 CPU 系统提高了处理并行多发事件的能力，解决了集中式结构中独立 CPU 计算处理的瓶颈问题，方便系统扩展和维护，局部故障不影响其他模块（部件）正常运行。

所谓分层式结构，是将变电所信息的采集和控制分为管理层、站控层和间隔层三个级分层布置，如图 7-3 所示。

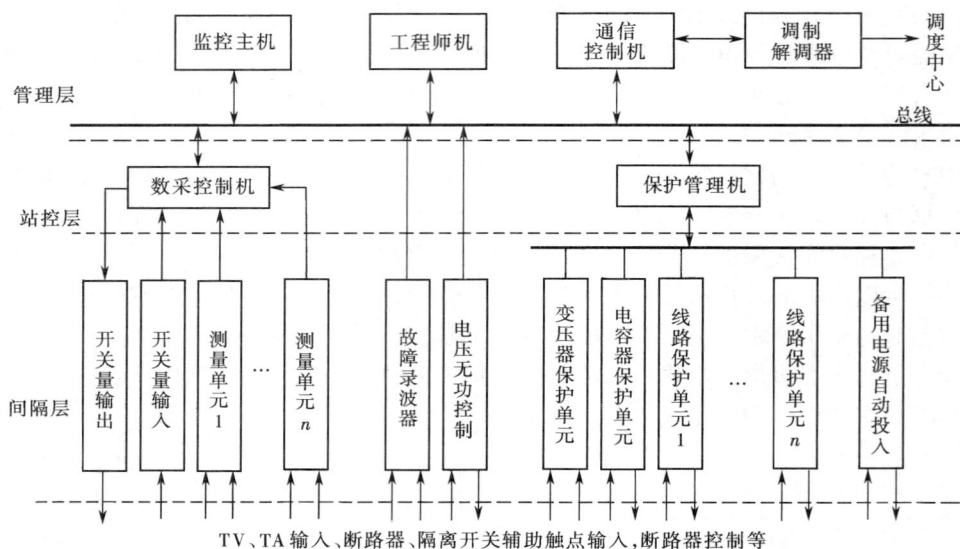

图 7-3　大型变电所分层分布式集中组屏综合自动化系统结构框图

间隔层按一次设备组织，一般按断路器的间隔划分，具有测量、控制和继电保护部分。测量、控制部分负责该单元的测量、监视、断路器的操作控制和连锁，以及事件顺序记录等；保护部分负责该单元线路或变压器或电容器的保护、各种录波等。因此，间隔层本身是由各种不同的单元装置组成，这些独立的单元装置直接通过总线接到站控层。

站控层的主要功能就是作为数据集中处理和保护管理，担负着上传下达的重要任务。一种集中组屏结构的站控层设备是保护管理机和数采控制机。正常运行时，保护管理机监视各保护单元的工作情况，一旦发现某一保护单元本身工作不正常，立即报告监控机，并报告调度中心。如果某一保护单元有保护动作信息，也通过保护管理机，将保护动作信息送往监控机，再送往调度中心。调度中心或监控主机也可通过保护管理机下达修改保护定值等命令。数采控制机则将数采单元和开关单元所采集的数据和开关状态送给监控机和送往调度中心，并接受由调度或监控机下达的命令。总之，这第二层管理机的作用是可明显减轻监控机的负担，协助监控机承担对间隔层的管理。

变电所的监控主机或称上位机，通过局部网络与保护管理机和数采控制机以及控制处理机通信。在无人值班的变电所，监控机主要负责与调度中心的通信，使变电所综合自动化系统具有 RTU 的功能，完成四遥的任务；在有人值班的变电所，除了仍然负责与调度中心通信外，还负责人机联系，使综合自动化系统通过监控机完成当地显示、制表打印、开关操作等功能。

分层分布式系统集中组屏结构的特点如下。

（1）由于分层分布式结构配置，在功能上采用可以下放的尽量下放原则，凡事可以在本间隔层就地完成的功能，绝不依赖通信网。这样的系统结构与集中式系统比较，明显优点是：可靠性高，任一部分设备有故障时，只影响局部；可扩展性和灵活性高；所内二次电缆大大简化，节约投资也简化维护。分布式系统为多 CPU 工作方式，各装置都有一定数据处理能力，从而大大减轻了主控制机的负担。

（2）继电保护相对独立。继电保护装置的可靠性要求非常严格，因此，在综合自动化系统中，继电保护单元宜相对独立，其功能不依赖于通信网络或其他设备。通过通信网络和保护管理机传输的只是保护动作的信息或记录数据。

（3）具有和系统控制中心通信的能力。综合自动化系统本身已具有对模拟量、开关量、电能脉冲量进行数据采集和数据处理的功能，还收集继电保护动作信息、事件顺序记录等，因此不必另设独立的 RTU 的装置，不必为调度中心单独采集信息。综合自动化系统采集的信息可以直接传送给调度中心，同时也可以接受调度中心下达的控制、操作命令和在线修改保护定值命令。

（4）模块化结构，可靠性高。综合自动化系统中的各功能模块都由独立的电源供电，输入/输出回路也相互独立，因此任何一个模块故障，都只影响局部功能，不会影响全局。由于各功能模块都是面向对象设计的，所以软件结构较集中式的简单，便于调试和扩充。

（5）室内工作环境好，管理维护方便。分级分布式系统采用集中组屏结构，屏全部安放在控制室内，工作环境较好，电磁干扰比放于开关柜附近弱，便于管理和维护。

分布集中式机构的主要缺点是安装时需要的控制电缆相对较多，增加了电缆投资。

3. 分布分散式与集中相结合的结构

分布集中式的结构，虽具备分级分布式、模块化结构的优点，但因为采用集中组屏结构，因此需要较多的电缆。随着单片机技术和通信技术的发展，可以考虑按每个电网元件为对象，集测量、保护、控制为一体，设计在同一机箱中。对于 6～35kV 的配电线路，这样一体化的保护、测量、控制单元就分散安装在各开关柜内，构成所谓智能化开关柜，然后通过光纤或电缆网络与监控主机通信，这就是分散式结构。考虑环境等因素，高压线路保护和变压器保护装置，仍可采用组屏安装在控制室内。这种将配电线路的保护和测控单元分散安装在开关柜内，而高压线路保护和主变压器保护装置等采用集中组屏的系统结构，就称为分布和集中相结合的结构，其框图如图 7-4 所示，这是当前综合自动化系统的主要结构形式，也是今后的发展方向。

图 7-4 所示的系统中，10～35kV 馈线保护采用的是分散式结构，就地安装（实现开关柜智能化），节约控制电缆，通过现场总线与保护管理机通信；而高压线路保护和变压器保护采用的是集中组屏结构，保护屏安装在控制室或保护室中，同样通过现场总线与保护管理机通信。这些重要的保护装置处于比较好的工作环境，对可靠性较为有利；其他自动装置中，备用电源自投控制装置和电压、无功综合控制装置采用集中组屏结构，则安装于控制室或保护室。

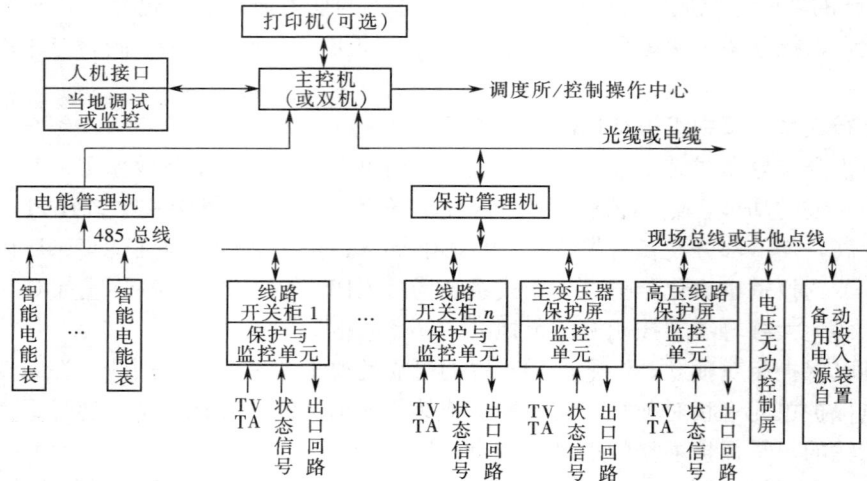

图 7 - 4　分散与集中相结合的变电所综合自动化系统结构框图

分散与集中相结合的变电所综合自动化系统有以下优点。

（1）简化了变电所二次部分的配置，大大缩小了控制室的面积。配电线路的保护和测控单元，分散安装在各开关柜内，减少了主控室保护屏的数量，再加上采用综合自动化系统后，原先常规的控制屏、中央信号屏和站内模拟屏可以取消，因此使主控室面积大大缩小，利于实现无人值班。

（2）减少了设备安装工程量。智能化开关柜的保护和测控单元在开关柜出厂前已由厂家安装和调试完毕，再加上敷设电缆的数量大大减少，因此现场施工、安装和调试的工期都随之缩短。

（3）简化了变电所二次设备之间的互连线，节省了大量连接电缆。

（4）分散与集中相结合的变电所综合自动化系统可靠性高、组态灵活、检修方便。分层分散式结构，由于分散安装，减小了 TA 的负担。各模块与监控主机间通过局域网络或现场总线连接，抗干扰能力强，可靠性高。

第二节　数 字 化 变 电 所

在传统变电所中，采用强电电缆在一次设备和二次设备之间传输控制和模拟量信号。这种方式电缆利用率低（一根电缆只能传输一路控制信号或者一路交流信号），接线复杂，受电磁干扰影响严重。变电所综合自动化系统中采用通信的方式实现二次设备之间的信息交换，节省了大量的强电电缆，也大大简化了接线。如果通信媒介采用光纤，则更能够大大提高自动化系统的抗电磁干扰水平。然而由于传统的电磁式电流和电压互感器的二次交流模拟量必须通过强电电缆输出；传统断路器也需要电缆传输状态信号和接受控制命令，因而一、二次设备之间仍然存在大量的强电电缆联系。近二十年来，随着技术的发展，出现了新型互感器、智能断路器等许多新设备；结合网络通信技术、微电子技术和计算机技术的新成果，变电所自动化系统逐步具备了信息采集、传输、处理和输出的完全数字化的可能性，于是出现了数字化变电所。

数字化变电所作为一个正在不断发展完善的新生事物，它的准确定义和具体内容尚未统一。一般来说，数字化变电所指的是变电所信息的采集、传输、处理全过程实现数字化。它的主要技术特点包括以下 4 点。

（1）采用新型电流、电压互感器代替常规电流、电压互感器，将大电流、高电压直接变换为数字信号或者低电平信号；

（2）利用高速以太网构成变电所数据采集及状态和控制信号的传输系统；

（3）数据和信息实现基于 IEC 61850 标准的统一建模；

（4）采用智能断路器等一次设备，实现一次设备控制和监视的数字化。

下面分别就数字化变电所的相关技术内容做一个简单介绍。

一、新型电流和电压互感器

传统的电磁式互感器基于法拉第电磁感应原理，广泛应用在电力系统的保护、测量、计量等方面。随着电力系统的发展，传统互感器的一些弊端日益突出。例如电磁式电压互感器 TV 存在铁磁谐振的问题，会造成谐振过电压；超高压、特高压系统上电磁式电流互感器 TA 的绝缘技术难度大、价格昂贵；一次电流从小负荷到短路电流，变化范围大，电磁式电流互感器 TA 在低端精度低，在高端容易饱和等等。随着电子技术的发展，一些新原理和新方案的互感器逐渐达到或接近实用化，使得人们看到了彻底解决传统互感器弊端的希望。

以电流互感器为例，有基于 Rogowski 线圈的电子式电流互感器，基于法拉第磁致炫光效应的光学电流互感器，以及低功率电磁式电流互感器等等，这些电流互感器统称非传统电流互感器。下面就目前已经实用化或者接近实用化的几种非传统电流互感器做简单介绍。

1. 基于 Rogowski 线圈的电子式电流互感器

Rogowski 线圈又称为罗柯夫斯基线圈、罗氏线圈，是由俄罗斯工程师 Walter Rogowski 于 1912 年提出的。基于 Rogowski 线圈的电流互感器原理结构如图 7 - 5 所示。它仍然应用法拉第电磁感应定律进行电磁信号传变，其传变公式为

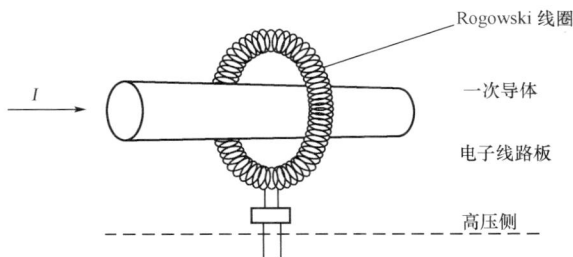

图 7 - 5 基于 Rogowski 线圈的电流互感器原理结构图

$$u(t) = \frac{M \cdot \mathrm{d}i(t)}{\mathrm{d}t} \tag{7 - 1}$$

式中 $u(t)$——二次侧输出的电压瞬时信号随时间变化的函数；

$\quad i(t)$——一次侧大电流瞬时值随时间变化的函数；

$\quad M$——变比系数。

与传统电磁式电流互感器不同，Rogowski 线圈中没有铁芯，因而不会出现饱和现象，这是它的突出优点。但是同样是因为没有铁芯，所以它输出的二次电压量非常小，一般在毫伏级，必须就地转换成数字量，才能够传输给二次设备；并且由式（7 - 1）得到的电压量，需要进行一次积分转换才能还原成与一次电流量成比例的值。因此，基于 Rogowski 线圈的电子式电流互感器需要有电子器件实现积分、模/数转换等环节，由于 Rogowski 线圈的带负载能力非常弱，所以由这些电子器件组成的电子线路板必须就近放置在线圈的二次出口，

非常靠近高压一次设备，因而抗电磁干扰能力的要求非常高；电子器件需要由二次系统供给低压直流电源（例如5V或者12V直流电等），由于电子线路板靠近高压一次设备，考虑到绝缘问题，不适合采用电缆的方式从二次系统供电，因此这种电流互感器的供电问题需要采用特殊的技术手段解决。

此外，保证电流互感器输出的稳定性，就是要尽量维持式（7-1）中变比系数M的恒定，还需考虑Rogowski线圈受温度影响的问题、在电磁力作用下线圈的变形问题，以及长期运行时电子器件的使用寿命等问题。

2. 基于法拉第磁致旋光效应的光学电流互感器

法拉第磁致旋光效应是指，一束线偏振光沿外加磁场方向或磁化强度方向通过介质时，偏振面发生旋转的现象，如图7-6所示。

在法拉第磁致旋光效应中，线偏振光的偏振面的旋转角度θ，与沿光束方向的磁场强度H和光在介质中传播的长度L之积成正比，即

$$\theta = VHL \tag{7-2}$$

式中　V——韦尔德（verdet）常数，表示在单位磁场强度下线偏振光通过单位长度的磁光介质后偏振方向旋转的角度。

基于法拉第磁致旋光效应的光学电流互感器示意图如图7-7所示。其中，围绕在一次导体周围的光学介质可以是磁光玻璃或者特种光纤。由于光学介质的材料和尺寸、结构固定之后，式（7-2）之中的V和L就确定了，于是通过测量旋转角度θ，就可以得到磁场强度H，从而算出一次导体中的电流大小。

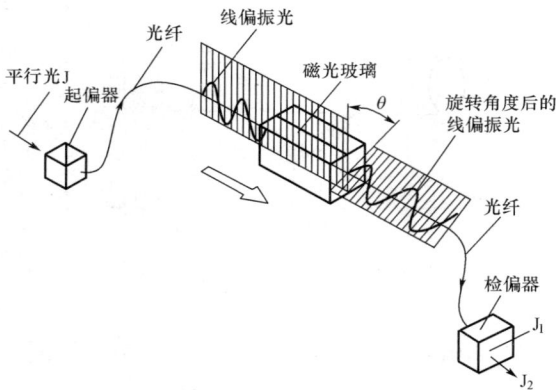

图7-6　法拉第磁致旋光效应原理示意图　　　图7-7　基于法拉第磁致旋光效应的光学电流互感器示意图

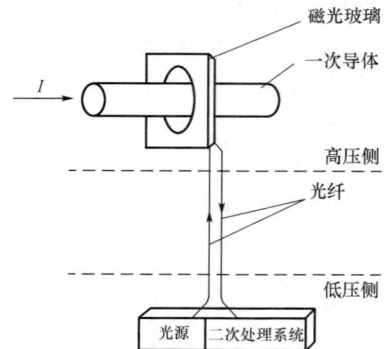

从图7-7中可以看出，这种光学电流互感器在高压侧不需要电源，因此称为无源光学电流互感器。无源光学电流互感器在原理上具有突出的优点，但是在工程应用上，需要解决光学介质材料和结构的一致性、光学特性的温度漂移等一系列问题。

3. 低功率电磁式电流互感器

低功率电磁式电流互感器与传统电流互感器一样，采用带有铁芯的线圈实现电流量的变换。传统电流互感器二次回路中，由于负载比较重，因而在大电流情况下容易出现饱和问

题，为了提高带负载能力，电流互感器的体积必须比较大。电流互感器二次回路的负载包括串接在电流互感器二次侧的各种保护、测量等二次设备，以及从电流互感器二次出口到这些二次设备之间的电缆。

低功率电流互感器（Low Power TA，简称 LPTA）实际上是一种具有低功率输出特性的电磁式电流互感器，由于它的输出一般是直接提供给电子电路，因而电缆负载非常小；电子电路直接将模拟量转换成数字量，所以二次负载比较小；其铁芯一般采用微晶合金等高导磁性材料，在较小的铁芯截面（铁芯尺寸）下，就能够满足测量准确度的要求。在 IEC 标准中，它被列为电子式电流互感器的一种实现形式，代表着电磁式电流互感器的一个发展方向。

在中、低压系统中，相对于传统的电磁式电流互感器，基于 Rogowski 线圈的电子式互感器和基于法拉第磁致旋光效应的光学电流互感器的成本都比较高，因而采用 LPTA 是一种比较合适的方式，因而具有较好的应用前景。

除了上述介绍的几种电流互感器之外，还存在其他种类的非传统电流互感器。各种原理的非传统电流互感器及电压互感器，都具有直接数字量输出，体积小、质量轻，动态范围宽，无铁磁谐振无磁饱和等一系列优点。然而传统电磁式电流、电压互感器也具有许多显著的优势，例如可靠性高、使用寿命长、运行稳定、设计制造技术完善、运行经验丰富等。因此，非传统互感器要真正实现大规模工业应用，还需要解决许多的工程实际问题，还有很长的路要走。

二、智能断路器

非常规互感器的出现以及计算机的发展，使得对于断路器设备内部的电、磁、温度、机械、机构动作状态监测已经成为可能，可通过收集分析检测数据，判断断路器设备运行的状况及趋势，安排检修和维护时间，实现设备的状态检修，代替传统的定期检查试验和预防性试验。智能化一次设备采用数字化的监视和控制手段，机械结构简单，体积小。既减少了设备停电检修的几率和时间，减少了运行成本，也减少了人为因素造成的设备损坏。

智能操作断路器是根据所检测到的电网中断路器开断前一瞬间的各种工作状态信息，自动选择和调整操动机构以及与灭弧室状态相适应的合理工作条件，以改变现有断路器的单一分闸特性。例如，在无载时以较低的分闸速度开断，而在系统故障时又以较高的分闸速度开断等。这样，就可获得开断时电气和机构性能上的最佳开断效果。

对于目前现场大量使用的常规断路器而言，可以通过在断路器附近就近安装智能二次装置，采集断路器的位置、机构状态等信息，就地转换为数字信号通过通信网络传输给二次系统；并通过通信网络接受二次系统的控制命令，转换成合适的控制信号控制断路器，从而实现常规断路器的智能化升级。

三、国际电工委员会 IEC 61850 标准

1. 概述

随着变电所自动化技术的发展，一个需要解决的主要问题就是互操作问题。以前由于没有一个统一的网络和系统标准，不同厂家的设备和系统往往使用不同的网络、通信协议和信息描述方法，导致变电所自动化系统中不同厂家设备之间无法进行互操作。必须使用种类繁多的协议转换器进行转换，才能集成为一个系统。这种情况在国内外普遍存在。协议转换器的存在，使得系统集成周期长、系统集成费用高、系统可靠性降低、后期维护不方便。

为了适应变电所自动化技术的迅速发展，1995 年国际电工委员会第 57 技术委员会（IEC TC57）成立了 3 个工作组，负责制定 IEC 61850 标准，目的就是为了实现变电所内部不同厂商产品之间的互操作性。

IEC 61850 标准的草案于 1999 年提出，并于 2004 年正式颁布标准的第一版。标准的全称是《变电所通信网络和系统》。整个标准系列包括 10 个部分，其中第 7 和第 9 部分分别包含了几个子部分，而第 8 部分目前只有一个子部分，如下所示：

- IEC 61850 - 1：介绍和概述
- IEC 61850 - 2：术语
- IEC 61850 - 3：总体要求

  包括质量要求（可靠性、可维护性、系统可用性、轻便性、安全性），环境条件，辅助服务，其他标准和规范。

- IEC 61850 - 4：系统和项目管理

  包括工程要求（参数分类、工程工具、文件），系统使用周期（产品版本、工程交接、工程交接后的支持），质量保证（责任、测试设备、典型测试、系统测试、工厂验收、现场验收）。

- IEC 61850 - 5：功能通信要求和装置模型
- IEC 61850 - 6：与变电所有关的 IED 的通信配置描述语言
- IEC 61850 - 7：变电所和馈线设备的基本通信结构
  - IEC 61850 - 7 - 1：原理和模型
  - IEC 61850 - 7 - 2：抽象通信服务接口（ACSI）
  - IEC 61850 - 7 - 3：公用数据类
  - IEC 61850 - 7 - 4：兼容逻辑节点类和数据类
- IEC 61850 - 8：特定通信服务映射（SCSM）
  - IEC 61850 - 8 - 1：对 MMS（ISO 9506 - 1 和 ISO 9506 - 2）及 ISO/IEC 8802 - 3 的映射
- IEC 61850 - 9：特定通信服务映射（SCSM）
  - IEC 61850 - 9 - 1：单向多路点对点串行通信链路上的采样值
  - IEC 61850 - 9 - 2：映射到 ISO/IEC 8802 - 3 的采样值
- IEC 61850 - 10：一致性测试

IEC 61850 是基于网络通信平台的变电所自动化系统唯一的国际标准，自颁布以来获得了广泛的关注和应用。在我国，由全国电力系统控制及其通信技术委员会负责将此国际标准转换为国家标准，标准的名称为 DL/T 860.1—2004《变电所通信网络和系统》，等同采用 IEC 61850 国际标准。国家电网调度通信中心组织国内外多个厂商先后进行了 6 次互操作试验，国内许多单位陆续实施了多个数字化变电所的示范工程。在这些工作的基础上，提出了适合我国实际情况的 IEC 61850《标准工程应用技术规范》。

由于 IEC 61850 获得的巨大成功，解决了变电所内部的互操作问题，国际电工委员会正努力扩展 IEC 61850 的应用范围。在正在制订的第二版标准中，增加了水电厂、分布式能源等相关内容，应用领域从变电站内部扩展到变电所之间、变电所和控制中心之间等的通信，并且将标准的名称变为《公用电力事业自动化的通信网络和系统》。

下面将依据 IEC 61850 第一版 DL/T 860.1—2004《变电所通信网络和系统》，简要介绍标准的相关内容。

2. 面向对象的建模

IEC 61850 标准的主要目的是为了实现互操作。所谓互操作是指，同一厂家或者不同厂家的两个或多个智能电子设备（Intelligent Electric Devices，IEDs）具有交换信息并使用这些信息进行正确协同操作的能力。

为了实现互操作，首先必须要规范变电所自动化系统所完成功能的通信要求和装置模型，辨别所有已知的功能和通信要求。IEC 61850 中将各种变电所自动化系统的功能分解为若干相互交换数据的部分组成，这些部分称为逻辑节点（Logical Node，简称 LN）。在 IEC 61850 标准中规定，只有逻辑节点才能交换数据。因此，一个同其他功能交换数据的功能必须由一个或者多个逻辑节点组成，这些逻辑节点既可以在单独一个 IED 中实现，也可以存在于在不同的 IED 中。

在该标准的第一版中，共定义了 12 类共 80 多个逻辑节点。标准中对各个逻辑节点的功能进行了描述，并且规定了逻辑节点之间可以交换的数据和所要求的性能。需要注意的是，标准中只是规定了逻辑节点与通信有关的内容，如数据、通信服务等，对于功能的具体实现，则是 IED 内部的事情。

一个 IED 要完成特定的变电所自动化功能，就必须包含多个逻辑节点。为了方便管理，可以将 IED 中个完成同一个或者同一类功能的逻辑节点组成一个逻辑设备（Logical Device，简称 LD）。作为物理装置（Physical Device，简称 PHD）的 IED，可以包含一个或者多个逻辑设备。物理装置或者逻辑设备作为变电所通信系统中的服务器，提供数据和通信服务，同时也作为通信系统的客户端访问其他服务器的数据。

每一个逻辑节点都包含有许多的数据和通信服务等内容。而每一个数据，又有多个属性，并且对于每一种数据，还规定了其功能约束（例如该数据是只读的，还是可读写的等）。例如，对于我们常见的保护装置中的电流、电压测量功能，图 7-8 给出了逻辑节点及其数据的模型示意图。

这个示意的模型包含在某个物理设备（PD）中，物理设备连接在网络上，具有独立的网络地址。物理装置包含一个保护逻辑设备（LD），命名为 Relay1。当然这个物理装置还可以包含其他

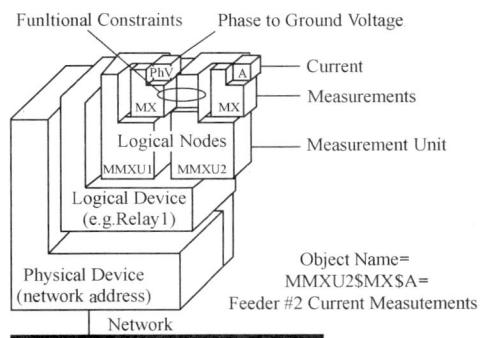

图 7-8　逻辑节点及其数据模型示意图

任意定义的逻辑设备，例如测量逻辑设备、控制逻辑设备等。逻辑设备 Relay1 中包含了两个逻辑节点 MMXU1 和 MMXU2，它们都是测量逻辑节点。Relay1 还要包含许多其他的逻辑节点。MMXU1 和 MMXU2 中分别包含了相电压数据 PhV 和相电流数据 A，这两个数据的功能约束（Functional Constraints）都是 MX，也就是测量量（模拟值），允许读操作、取代操作、做报告或记入日志，但不能写。

在网络上的其他功能或者设备可以作为客户，以名称 Relay1 $ MMXU2 $ MX $ A 通过请求本设备的读数据值 GetDataValues 服务，读取本装置测量到的相电流值。这里，符号

"＄"是 IEC 61850 规定的各部分名称之间的分隔符，而 GetDataValues 是定义在数据模型之上的服务之一。根据变电所自动化通信的需要，IEC 61850 定义了多种服务接口模型及其相应的服务，称为抽象通信服务接口（Abstract Communication Service Interface，简称 ACSI）。

逻辑节点中包含有许多不同种类的数据，每种数据有许多属性。IEC 61850 中归纳收集了变电所自动化系统中所需要的各种数据，将它们分成了 30 个公用数据类。例如，对于一个复数测量值（CMV）数据类，包含有相量瞬时值 instCVal、测量值的质量 q、测量的时间标签 t 等许多属性。这些属性有些是强制的，也就是在数据中必须出现的（例如质量 q、时间标签 t 等），有些是可选的（例如瞬时值 instCVal 等），以及其他的选择类型。对数据的各个属性的访问，需要受到一定的限制（例如是否可读、可写等），这就是功能约束（Functional Constraints）。

一个数据除了包含许多属性之外，还可以包含其他数据。例如，上述的数据相电压 Phv 和相电流 A，都是属于 WYE 类（三相系统中相对地相关测量值数据类），包含了 phsA、phsB、phsC 等属于 CMV 数据类的数据，作为三相电压/电流的测量值。

对于经常需要通信查询的数据和数据属性，为了节省通信资源，可以事先在逻辑设备中定义数据集（Data Set）。则只要通信的双方都知道数据集中内容的含义及顺序，就可以直接用数据集交换信息了，而不再是每次交换单个数据或者单个数据属性了。

简短来说，为了实现互操作性，IEC 61850 将变电所自动化系统中的功能分解成了 80 多种逻辑节点，规定了逻辑节点的数据和抽象通信服务接口。针对逻辑节点中的不同数据归纳了 30 种公用数据类，对每一个数据类都定义了数据中的属性。

由于逻辑节点的功能的具体实现方式不同，以及通信要求不同，逻辑节点中的数据以及数据中的属性有的是必须的（强制的），有的是可选的，有的是相互之间有依赖的，这些都在标准中进行了规定。除此而外，作为一个开放性的标准，IEC 61850 也给出了逻辑节点和数据的自定义方法，允许用户根据需要进行扩展。

3. 通信体系结构

IEC 61850 按照变电所自动化系统所要完成的控制、监视和继电保护三大功能从逻辑上将系统分为 3 层，即变电所层、间隔层和过程层。

（1）所控层设备包括监控主机、远动主机等。其主要功能为变电所提供运行、管理、工程配置的界面，并记录变电所内的相关信息。远动、调度等与所外传输的信息可转换为远动和集控设备所能接受的协议规范，实现监控中心远方控制。

（2）间隔层设备主要包括保护装置、测控装置等一些二次设备。

（3）过程层设备包括电子式电流、电压互感器、开关设备的智能单元。

IEC 61850 总结了变电所内信息传输所必需的通信服务，设计了独立于所采用网络和应用层协议的抽象通信服务接口（ACSI），例如上一小节的 GetDataValues 就是 ACSI 中定义的数据模型中的读数据值服务。

ACSI 的提出，是为了细致而全面地描述变电所自动化中所需要的通信服务，而不论通信技术的具体实现方式。然而，ACSI 必须依托现实的通信技术才能够实现。这种 ACSI 到现实通信技术的转换，称为特定通信服务映射（Specific Communication Service Mapping，简称 SCSM）。随着通信技术的不断发展，ACSI 可能有不同的特定通信服务映射，但是在一定的时段内特定通信服务映射应当固定。目前，IEC 61850 规定的 SCSM 有如下几种。

（1）单向多路点对点串行通信链路上的采样值 SCSM。这是由 IEC 61850 - 9 - 1 定义的用于间隔层和过程层之间传输采样值的特定通信服务映射。由于采用点对点通信方式，因此这种映射不利于采样值数据的网络共享，根据 IEC 的规划，这个 SCSM 将在第 2 版中废除。

（2）映射到 ISO/IEC 8802 - 3 的采样值。这是由 IEC 61850 - 9 - 2 定义的传输采样值的特定通信服务映射。它通过将采样值等数据直接映射到以太网的链路层从而实现高效的数据传输。

（3）对 MMS 及 ISO/IEC 8802 - 3 的映射。这是由 IEC 61850 - 8 - 1 定义的将 ACSI 映射到 MMS，利用以太网进行实时和非实时数据交换的方法。这里的 MMS，是指"制造报文规范"（Manufacturing Message Specification），是一种成熟的工业自动化系统的通信技术规范，因此 IEC 61850 就能够利用 MMS 成熟的技术完成变电所自动化系统的中的通信服务。

特别的，对于跳闸命令、断路器位置状态信息等实时性非常高的通信服务，IEC 61850 - 8 - 1 中定义了通用面向对象变电所事件（Generic Object Oriented Substation Event，GOOSE）和通用变电所状态事件（Generic Substation Status Event，GSSE）（其中常用的是 GOOSE）。通过将实时性数据及数据属性定义为数据集，直接映射到以太网协议的链路层，实现高效的数据传输。

图 7 - 9 给出了 IEC 61850 通信协议栈的示意图。

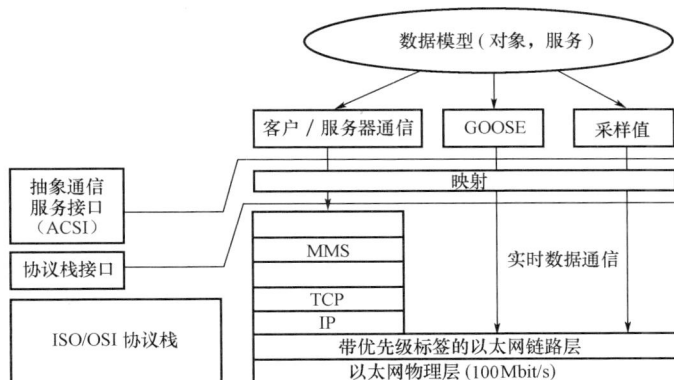

图 7 - 9　IEC 61850 通信协议栈的示意图

4. 变电所配置描述语言 SCL

变电所自动化系统中各个功能以及设备之间要实现互操作，首先就需要能够互相知道对方所包含的功能、数据等，也就是 IED 的模型的内容。IEC 61850 - 6 中提出了变电所配置描述语言（Substation Configuration description Language，简称 SCL），规定了描述与通信有关的智能电子设备（IED）的配置和 IED 的参数、通信系统配置、开关站结构及它们之间关系的文件格式。

SCL 语言是以目前互联网世界中比较通用的可扩展标记语言——XML 语言为基础的。XML 是万维网联盟 W3C 制定的用于描述数据文档中数据的组织和安片结构的语言。XML 定义了如何利用简单、易懂的标签对数据进行标记的语法，而不同的应用领域和用户可以根据行业需求定义各类不同的标签，对 XML 进行扩展以满足各种不同的需要。

因此，在 IEC 61850 - 6 定义了用于描述变电所自动化系统的各种模型的一整套标签，命名为变电所配置描述语言。由于 XML 语言是纯文本语言，因此基于 SCL 语言的 IED 和变电所系统等的配置文件可以方便地在各种不同的硬件和操作系统平台之间进行交换。

IEC 61850 是目前全世界唯一的变电所网络通信标准，获得了国际电气领域的广泛认同。以 IEC 61850 为技术支撑之一的数字化变电所技术正在蓬勃发展，IEC 61850 标准本身也在不断完善进步过程中。在实践过程中，IEC 61850 标准体系将会越来越体现出其优越性，实现国际电工委员会提出的"一个世界，一种技术，一个标准"的目标。

四、智能变电所

随着 IEC 61850 标准体系的成功和数字化变电所的不断发展，大量在线和实时的电气量数据和设备状态信息能够在变电所自动化系统中实现网络共享，并且这些数据和信息都是按照统一标准描述的，因而具备了应用计算机人工智能技术对这些数据进行深入分析、挖掘和实现智能判断和推理的可能性。在此基础上，作为智能电网的一个重要组成部分，提出了智能变电所的概念。

按照国家电网公司企业标准《智能变电所技术导则》中的定义，智能变电所是指采用先进、可靠、集成、低碳、环保的智能设备，以全所信息数字化、通信平台网络化、信息共享标准化为基本要求，自动完成信息采集、测量、控制、保护、计量和监测等基本功能，并可根据需要支持电网实时自动控制、智能调节、在线分析决策、协同互动等高级功能的变电所。

虽然目前数字化变电所和智能变电所还不完善，还需要在实践过程中不断完善，但是随着技术的进步和相关实践的不断深入，智能变电所将会是变电所自动化系统必然的发展方向。

参 考 文 献

[1] 周双喜，李丹. 同步发电机数字式励磁调节器. 北京：中国电力出版社，1998.

[2] 蔡邠编. 电力系统频率. 北京：中国电力出版社，1998.

[3] 于尔铿，刘广一，周京阳，等. 能量管理系统（EMS）. 北京：科学出版社，2001.

[4] 郭培源. 电力系统自动控制新技术. 北京：科学出版社，2001.

[5] 黄益庄. 变电站综合自动化技术. 北京：中国电力出版社，2000.

[6] 熊信银. 发电厂电气部分. 4 版. 北京：中国电力出版社，2009.

[7] 陈珩. 电力系统稳态分析. 3 版. 北京：中国电力出版社，2006.

[8] 方富淇. 配电网自动化. 北京：中国电力出版社，2000.

[9] 李先彬. 电力系统自动化. 5 版. 北京：中国电力出版社，2007.

[10] 杨冠城. 电力系统自动装置原理. 4 版. 北京：中国电力出版社，2007.

[11] 王明俊，于尔铿，刘广一. 配电系统自动化及其发展. 北京：中国电力出版社，1998.

[12] 涂光瑜. 汽轮发电机及电气设备. 北京：中国电力出版社，1998.

[13] 罗毅，丁毓山，李占柱. 配电网自动化实用技术. 北京：中国电力出版社，1998.

[14] 张力平. 电网调度员培训模拟（DTS）. 北京：中国电力出版社，1999.

[15] 四川省电力工业局、四川省电力教育协会. 电网调度管理. 北京：中国电力出版社，1999.

[16] 方思立，朱方. 电力系统稳定器的原理及其应用. 北京：中国电力出版社，1996.

[17] 樊俊，陈忠，涂光渝. 同步发电机半导体励磁原理及应用. 2 版. 北京：水利电力出版社，1991.

[18] 杨奇逊. 变电站综合自动化技术发展趋势. 变电站综合自动化技术研讨会论文集，1995：1～3.

[19] 陶晓农. 分散式变电站监控系统中的通道技术方案. 电力系统自动化，1998，22（4）：51～54.

[20] 袁季修. 现场总线在变电站自动化系统中的应用. '97 变电站自动化学术研讨会论文集，1997：11～17.

[21] IEEE Committee Report. Load Forecast Bibliography. PhaseⅠ. IEEE Trans. on Power and System. Vol. PAS‐99. No. 1，1980.

[22] IEEE Committee Report. Load Forecast Bibliography. PhaseⅡ. IEEE Trans. on Power and System. Vol. PAS‐99. No. 1，1980.

[23] 赵希人，王晓陵，郑焱，马宏颖. 电力系统负荷的分解建模及预报方法. 自动化学报，Vol. 17. No. 6，1991.

[24] S. A. Koubia and G. D. Papadoppoulos. Modern Field bus Communication Architectures for Real time Industrial Application. Computer in Industry（26），1995：243～252.

[25] 罗颐寿，等译. SCADA 系统基础. 电力系统自动化杂志社，1990.

[26] 方富淇. 配电网自动化. 北京：中国电力出版社，2000.

[27] 陈堂，赵祖康，陈星莺，胡大良. 配电系统及其自动化技术. 北京：中国电力出版社，2003.

[28] 丁书文，黄训诚，胡启宙. 变电站综合自动化原理及应用. 北京：中国电力出版社，2003.

[29] 王士政. 电网调度自动化与配网自动化技术. 北京：中国水利水电出版社，2003.

[30] 高翔. 数字化变电站应用技术. 北京：中国电力出版社，2008.

[31] 任雁铭，秦立军，杨奇逊. IEC 61850 通信协议体系介绍和分析. 电力系统自动化，2000，8：62～64.

[32] 李永亮，李刚. IEC 61850 第 2 版简介及其在智能电网中的应用展望. 电网技术，2010，34（4）：11～16.